아리스토파네스 희극 전집 1
—
제1판 1쇄 2010년 11월 10일
제1판 5쇄 2024년 10월 10일
—
지은이 — 아리스토파네스
옮긴이 — 천병희
펴낸이 — 강규순
—
펴낸곳 — 도서출판 숲
등록번호 — 제406-2004-000118호
주소 — 경기도 파주시 돌곶이길 108-14
전화 — (031)944-3139 팩스 — (031)944-3039
E-mail — book_soop@naver.com
—
ⓒ 천병희, 2010. Printed in Seoul, Korea
ISBN 978-89-91290-38-9 94890
ISBN 978-89-91290-37-2 94890 (세트)
값 33,000원
—
디자인 — 씨디자인

아리스토파네스 희극 전집 1

아리스토파네스 지음 | 천병희 옮김

아리스토파네스 희극 전집 2_차례

일러두기 • 6
옮긴이 서문 • 7

뤼시스트라테 *Lysistrate*/라 *Lysistrata* • 13
테스모포리아 축제의 여인들 *Thesmophoriazousai*/라 *Thesmophoriazusae* • 91
개구리 *Batrachoi*/라 *Ranae* • 167
여인들의 민회(民會) *Ekklesiazousai*/라 *Ecclesiazusae* • 265
부(富)의 신 *Ploutos*/라 *Plutus* • 337

참고문헌 • 407
주요 이름 찾아보기 • 409

아리스토파네스 희극 전집 1_차례

일러두기 ·· 6
옮긴이 서문_ 세계 문학사상 가장 위대한 희극작가 아리스토파네스 ············ 7

구름 ·· 13
Nephelai/라 Nubes

기사 ·· 99
Hippes/라 Equites

벌 ·· 179
Sphekes/라 Vespae

아카르나이 구역민들 ·· 271
Acharnes/라 Acharnenses

평화 ··· 345
Eirene/라 Pax

새 ·· 425
Ornithes/라 Aves

일러두기

1. 코로스의 노래 가운데 strophe('돌아섬'이라는 뜻으로 코로스가 한쪽으로 움직이며 부르는 노래)는 '좌'로, antistrophe('되돌아섬'이라는 뜻으로 코로스가 반대방향으로 되돌아서서 움직이며 부르는 노래)는 '우'로 번역하였다.

2. 고유명사는 앗티케 방언에 따라 읽었다.

3. 5행마다 행수를 표시하여 참고하기 편리하게 했다. 코로스의 노래에서 행수가 맞아떨어지지 않는 것은 텍스트를 따른 것이며, 대화 부분에서 행수가 늘어나 보이는 것은 1행을 등장인물들이 나누어 말할 때 이를 독립된 행으로 처리했기 때문이다.

4. 본문 중 설명이 필요하다고 생각되는 곳에는 각주를 달았다.

5. 처음 네 희극의 실제 공연 연대는 『아카르나이 구역민들』, 『기사』, 『구름』, 『벌』의 순서이다. 이 책에서 『구름』을 맨 앞에 내세운 것은 이 작품이 『아카르나이 구역민들』보다 더 잘 알려져 있기 때문이다. 나머지 작품의 순서는 실제 공연 연대를 따랐다.

옮긴이 서문_세계 문학사상 가장 위대한 희극작가 아리스토파네스

아리스토파네스는 기원전 5세기 이른바 앗티케 '구(舊)희극'(archaia)을 대표하는 작가이며, 오늘날 우리에게 작품이 전해지는 유일한 구희극작가이기도 하다. 그의 생애에 관해서는 알려진 것이 거의 없다.

아리스토파네스는 기원전 445년경 아테나이에서 태어나 기원전 385년경 세상을 떠난 것으로 추정된다. 『아카르나이 구역민들』(652행 이하)에 근거해 그가 아이기나(Aigina) 섬에 거주했거나 토지를 소유하고 있었을 것으로 추정하는 이들도 있다. 그러나 그와 사이가 나빴던 당시의 유력 정치가 클레온(Kleon)이 아리스토파네스는 아테나이 토박이가 아니며, 따라서 그가 아테나이 시민권을 가진다는 것은 부당하다는 점을 밝혀내려고 백방으로 노력했지만 성공하지 못한 점으로 미루어 이는 잘못된 추정인 듯하다. 아리스토파네스에게는 아라로스(Araros)를 비롯해 세 아들이 있었는데, 이들도 희극작가였다.

아리스토파네스의 전성기는 27년 동안 지속된 펠로폰네소스 전쟁(기원전 431~404년) 기간과 겹친다. 따라서 그가 당시 아테나이 민중에게 절박한 이슈였던 '전쟁과 평화' '소피스트들의 새로운 사고방식' 등에 지대한 관심을 쏟았던 것은 당연한 일이다. 그래서 그의 희극을 '정치 희극'이라고 표현하는 이들도 있는데, 여기서 '정치'는 '이념'이라는 뜻보다는 '공동체 생활

일반'이라는 뜻이다.

아리스토파네스는 아테나이가 스파르테와 몇 번이나 휴전조약을 체결할 기회가 있었음에도 이를 외면하고 파괴적인 전쟁을 계속하는 것은 정권을 장악한 사이비 민주주의자들이나 민중선동가들이 자신의 영향력을 계속 행사하며 치부하기 위한 것으로 보았다. 그는 또 돈을 받고 젊은이들에게 웅변술을 가르치는 소피스트들을 위험시했는데, 이들은 필요에 따라서는 옳지 않은 것도 옳은 것을 이기게 해줄 수 있다고 선전하고 다녔다. 그래서 아리스토파네스는 이들이야말로 아테나이의 전통적인 가치관을 철저히 파괴하는 위험인물로 보게 되었으며, 그의 보수적인 성향은 점점 극단으로 흘렀다. 마침내 그는 오히려 반(反)소피스트의 대표자로서 상대 진리가 아니라 절대 진리를 추구하던 소크라테스와 계몽사상에 앞장섰던 비극작가 에우리피데스 같은 지식인들마저 이들과 한통속으로 몰아 비판했다. 아리스토파네스는 이들이 가장 널리 알려져 있었던 만큼 이들을 풍자 대상으로 삼아야 파급효과가 크다고 보았던 듯하다.

아리스토파네스는 37년에 걸쳐 40여 편의 희극을 썼다고 하지만 지금은 11편만이 온전하게 전해지는데, 그 공연 연대와 경연에서의 등수는 다음과 같다.

- 『아카르나이 구역민들』(기원전 425년)_레나이아(Lenaia) 제(祭)에서 우승. 칼리스트라토스(Kallistratos)가 연출했는데, 아리스토파네스는 기준 연령에 미달했던 것 같다.
- 『기사』(기원전 424년)_레나이아 제에서 우승. 아리스토파네스가 직접 연출했다.
- 『구름』(기원전 423년)_대(大)디오뉘소스 제(Dionysia)에

서 3등, 즉 꼴찌. 지금의 텍스트는 나중에 고쳐 쓴 것으로, 큰 축제에서 경연에 참가했다는 기록은 없다.

- 『벌』(기원전 422년)_레나이아 제에서 2등. 필로니데스(Philonides) 연출.
- 『평화』(기원전 421년)_대디오뉘소스 제에서 2등.
- 『새』(기원전 414년)_대디오뉘소스 제에서 2등. 칼리스트라토스 연출.
- 『뤼시스트라테』(기원전 411년)_칼리스트라토스 연출.
- 『테스모포리아 축제의 여인들』(기원전 411년)_대디오뉘소스 제에서도, 레나이아 제에서도 공연했다.
- 『개구리』(기원전 405년)_레나이아 제에서 우승.
- 『여인들의 민회』(기원전 392년)
- 『부의 신』(기원전 388년)_고쳐 쓴 것이다.

기원전 421년까지 아리스토파네스의 희극은 ①코로스가 오르케스트라에 등장하기 전에 플롯의 핵심을 설명하는 **프롤로고스**(prologos), ②코로스가 오르케스트라에 등장하며 노래하는 **파로도스**(parodos), ③주인공이 제시한 기발한 해결책을 놓고 주인공과 반대파가 논쟁을 벌이는 **아곤**(agon), ④배우들이 모두 퇴장한 가운데 코로스가 '앞으로 나서서' 관객에게 직접 말을 거는 **파라바시스**(parabasis), ⑤대체로 떠들썩한 잔치 분위기로 끝나는 **엑소도스**(exodos)라는 일정한 패턴을 따른다.

그러나 『새』 이후에는 사건의 전개와 무관한 코로스의 노래를 도입하고 있다. 이러한 경향은 펠로폰네소스 전쟁이 끝난 기원전 404년 이후에 발표한 후기 작품 『여인들의 민회』와 『부의 신』으로 갈수록 더욱 뚜렷해지는데, 심지어 『부의 신』에서는 코로스를 사건 전개에 장애물로 여기는 듯한 인상을 주기까지 한다. 동시에 『여인들의 민회』와 『부의 신』에서는 시사 문제에 관한 언급이 현저히 줄어든다. 이것은 메난드로스(Menandros 기원전 342~292년경)로 대표되는 이른바 앗티케 '신(新)희극'(nea)의 특징들이다. 이제 아테나이인들은 '정치' 문제보다는 개인의 '사생활'에 더 많은 관심을 기울이게 되는데, 이러한 경향은 알렉산드로스의 세계 제국, 로마, 중세, 프랑스 고전주의, 셰익스피어를 거쳐 현대에까지 이어졌으며, 지금은 아무 플롯도 없이 즉흥적이고 임기응변적인 개그에 자리를 내주고 있다.

아리스토파네스는 누구든 공동체에 유해한 영향을 끼친다 싶으면 남녀노소를 불문하고 실명으로(『구름』의 소크라테스, 『테스모포리아 축제의 여인들』과 『개구리』의 에우리피데스) 또는 익명으로(『기사』의 클레온) 무차별적인 인신공격을 펼쳤다. 그의 언어는 다채롭고 다층적인데, 대체로 점잖은 편이었지만 상황에 따라서는 성행위와 배설물과 방귀 따위를 거침없이 언급한다. 이는 앗티케 구희극이, 당시의 도자기 그림에서 볼 수 있듯 동물로 분장한 술 취한 자들이 어깨와 엉덩이 부분에 심을 넣고 발기한 남근이 달린 옷을 입고 행렬을 지어 돌아다니면서(komos) 구경꾼에게 남근을 보여주며 음담패설을 늘어놓던 풍년제에서 유래했다는 점을 고려하면 어느 정도 이해할 수 있을 것이다.

앗티케 구희극을 공연하려면 3~4명의 배우와 여러 명의 단역, 남자들로만 구성된 24명의 코로스가 필요하다. 코로스의 역할은 매우 중요하며, 『아카르나이 구역민들』 『벌』 『새』 등 몇몇 희극은 코로스에서 제목을 따오기도 했다. 코로스의 가면과 의상, 춤은 오늘날의 뮤지컬에서 볼 수 있을 정도의 볼거리였던 것으로 여겨진다. 남자로 분장할 때는 대개 발기된 큼직한 남근이 달린 옷을 입었고, 그들이 던지는 농담은 아무런 제약이 없어 음담패설에 가까울 때가 많다.

　아테나이에서 희극은 비극과 마찬가지로 국가의 후원을 받아 경연되었다. 희극은 비극보다 더 나중에 국가의 후원을 받았으며, 그전에는 경비를 시인이 스스로 부담했다. 희극은 대디오뉘소스 제에서는 기원전 486년에, 또 다른 디오뉘소스 제인 레나이아 제에서는 기원전 440년경 처음 공연되었다. 펠로폰네소스 전쟁 이전과 이후에는 각 축제에서 해마다 5편의 희극이 공연되었으나, 전쟁 기간에는 경비 문제 때문에 3편만 공연되었다.

　희극작가 또는 희극시인(희극도 운문으로 씌어진다)이 축제를 관장하는 공직자에게 코로스를 신청하면, 공직자가 검토한 뒤 코로스의 의상과 훈련에 드는 적잖은 비용을 부유한 시민에게 부담시키는데, 그런 부유한 시민을 코레고스(choregos)라고 했다. 코로스를 배정받은 희극작가들은 각자 한 편씩만 공연했으며, 경연에서 1등을 한 우승자에게는 담쟁이덩굴 관이 상으로 주어졌다.

　레나이아 제에서는 최고 희극 배우에게도 상을 준 것 같으나, 대디오뉘소스 제에서는 기원전 4세기 말까지 상을 주지 않았다. 경연 담당 공직자는 시민들 가운데 10개 부족에서 1명씩 모두 10명의 심사위원을 추첨으로 뽑은 다음, 그중 다시 5명을 무작위로 뽑아 그들의 의견에 따라 등수를 결정했다고 한다. 심사위원들의 판정은 대체로 공정한 편이었지만, 관객의 반응으로부터 완전히 자유로울 수는 없었다고 한다.

　앞서 말했듯이 아리스토파네스는 넓은 의미의 '정치'에 너무 깊이 개입하여 유명 정치인과 소크라테스, 에우리피데스 같은 계몽적 지식인을 무차별로 인신공격하였다. 또한 성행위나 배설물을 자주 언급한 탓에 그가 세상을 떠나기 전에 이미 그의 '구희극'은 메난드로스의 앗티케의 '신희극'에서 볼 수 있는 '풍속 희극'에 주도권을 내주게 된다.

그러나 일단 그의 생기발랄하고 재기 넘치는 작품을 읽어보면 아리스토파네스가 세계 문학사상 가장 위대한 희극작가라는 데 이의를 제기할 사람은 아무도 없을 것이다. 그래서 랑프리에르(John Lemprière)는 『고전 사전』(Classical Dictionary)에서 "아리스토파네스는 세계 문학사상 가장 위대한 희극작가이다. 그에 비하면 몰리에르(Molière)는 무뎌(dull) 보이고, 셰익스피어는 어릿광대 티가 난다(clownish)"고 말하는 것이다.

2010년 10월

천병희

구름
Nephelai

작품 소개

『구름』은 철학자 소크라테스를 돈만 주면 젊은이들에게 옳은 것과 그른 것을 마음대로 뒤집을 수 있는 방법을 가르쳐주는 소피스트의 원흉으로 풍자하고 있다. 원래 기원전 423년 대디오뉘소스 제 경연에서 3등, 즉 꼴찌를 했지만 아리스토파네스는 그때까지 자신이 쓴 가장 훌륭한 희극이라 믿고 기원전 418~416년에 고쳐 썼는데, 우리에게 전해지는 것은 공연된 적이 없는 것으로 보이는 이 나중 작품이다.

농부 스트렙시아데스는 허영심 많은 아내와 전차 경주와 말[馬]에 미친 아들을 뒷바라지하느라 파산할 지경에 이르러 고민에 빠진다. 그러던 중 소크라테스가 정(正)과 사(邪)를 마음대로 바꿀 수 있다는 말을 듣고는 그에게서 채권자들을 따돌리는 방법을 배울 수 있으리라 믿고 아들 페이딥피데스를 그의 사색장(思索場)으로 보내 비법을 배워오게 한다.

유식해진 아들 덕분에 스트렙시아데스는 이제 채권자들을 따돌릴 수 있게 된다. 그러나 곧 형세가 반전되어 똑같은 논리로 아들이 아버지를 치기 시작하며 어머니마저 치겠다고 위협하자, 스트렙시아데스는 새로운 교육 방법에 넌더리가 나서 소크라테스의 사색장에 불을 지르고 그의 제자들을 내쫓는다.

등장인물

스트렙시아데스(Strepsiades) 나이 지긋한 농부

페이딥피데스(Pheidippides) 스트렙시아데스의 아들

하인 스트렙시아데스의

제자 소크라테스의

소크라테스 철학자

코로스 구름들의

정론(正論 Kreitton 또는 Dikaios Logos)

사론(邪論 Hetton 또는 Adikos Logos)

파시아스(Pasias) 채권자

아뮈니아스(Amynias) 채권자

카이레폰 철학자

그 밖에 무언 배우인 채권자들의 증인들과 스트렙시아데스의 노예들

이 작품의 대본은 *Aristophanis comoediae*, ed. by F.W. Hall and W.M. Geldart, 2vols., Oxford ²1907의 그리스어 텍스트이다. 주석은 K.J. Dover (Oxford 1963), A.H. Sommerstein (Warminster 1991), Th. Kock (Berlin ³1876)의 것을 참고했다. 현대어 번역으로는 B.B. Rodgers, W. Arrowsmith, A.H. Sommerstein의 영어 번역과 L. Seeger의 독어 번역을 참고했다.

| 장소 | 동틀 무렵. 아테나이(Athenai) 교외에 있는 스트렙시아데스의 집. 침대 두 개가 보인다. 한 침대에는 페이딥피데스가 곤히 잠들어 있고, 다른 침대에서는 스트렙시아데스가 이리저리 뒤척거리다가 하품을 하며 일어나 앉는다. 이 집 바로 옆에 허름한 오두막 한 채가 보이는데, 다름 아닌 소크라테스의 사색장(思索場)이다. |

| 스트렙시아데스 | 아아, 아아! |

제우스[1] 왕이시여, 밤이 참 길기도 하네요.

끝이 없으니 말예요. 언제쯤 날이 새려나?

수탉들의 울음소리가 들린 지 꽤 오랜데 하인들은

코를 골며 자고 있다니, 그전 같으면 어림도 없는 일이지.   5

빌어먹을 전쟁[2] 같으니라고! 지금은 제 하인들한테

손찌검도 못해. 그러면 적진으로 도주해버린다니까.

그건 그렇고, 여기 이 귀하신 내 아드님께서는

밤새도록 깨지 않고 쿨쿨 주무시며

담요 다섯 장을 몸에 감고는 방귀만 뀌시는구나.   10

도리 없지. 나도 이불을 덮고 잠을 청해봐야지.

(누웠다가 잠시 뒤 도로 일어나 앉으며)

잠이 통 오질 않네. 하긴 무슨 잠이 오겠어, 온몸이

물어뜯기는데. 비용에, 구유에, 그리고 빚에.[3]

그게 다 여기 이 아드님 덕분이지. 머리를 길게

기르고는[4] 승마를 하고, 경주용 쌍두전차를   15

---

1 그리스 신화에서 최고신(最高神).
2 펠로폰네소스 전쟁(기원전 431~404년) 동안 많은 노예가 도주했다고 한다.
3 예나 지금이나 말을 먹이는 데는 비용이 많이 든다.
4 그 무렵 부잣집 아들들 사이에서는 장발이 유행이었다고 한다.

타고 다니고, 꿈을 꿔도 말 꿈만 꾸니 말이야.
그래서 나는 매달 20일이 지나면 죽을 지경이야.
이자를 갚아야 하니까. *(안에다 대고 외친다)* 이봐,
램프를 켜고 장부 좀 가져와. 얼마나 많은 사람들에게
빚을 졌으며, 이자가 얼마나 되는지 알아야겠어.

(하인이 램프와 장부를 갖고 오더니 스트렙시아데스가 장부를 보는 동안 뒤에서 램프를 들고 서 있다)

내가 볼 수 있게 해봐. 내 빚이 얼마지? 파시아스에게
12므나[5]라. 파시아스에게 왜 12므나였지? 어디 썼더라?
그래, 콥파 자(字) 낙인[6]이 찍힌 말을 사느라 썼지.
아아, 차라리 내가 돌에 맞아 코피가 터졌더라면![7]

페이딥피데스 *(잠결에)* 필론, 그건 반칙이야. 자네 주로(走路)를 달려야지.
스트렙시아데스 이것 보라고. 이게 바로 내 신세를 망친 화근이야.
잠을 자면서도 노상 말 꿈만 꾸니 말이야.
페이딥피데스 다음 경주에서는 전차(戰車)[8]를 몇 바퀴 달릴 참이지?
스트렙시아데스 모르긴 해도 네가 이 아비를 뺑뺑이 돌린 만큼은 아니겠지.

(다시 장부를 들여다보며)

파시아스 다음에는 또 누구에게 빚졌더라? 아뮈니아스에게
소형 전차의 차대와 차바퀴들 대금으로 3므나를 빚졌구먼.
페이딥피데스 이봐 마부, 말을 한 번 뒹굴게 하고[9] 나서 집으로 몰고 가야지!
스트렙시아데스 *(큰 소리로)*
네가 그러느라 나를 내 집에서 몰아내는구나, 이 녀석아!
너 때문에 몇 번이나 패소했고, 몇몇 채권자는 이자를
갚지 않으면 내 재산을 압류하겠다고 으름장을 놓으니 말이야.
페이딥피데스 *(잠을 깨며)*
도대체 왜 밤새도록 뒤척거리며 투덜대세요, 아버지?

| 스트렙시아데스 | 뭐가 나를 깨물어 잠자리에서 내쫓지 뭐야. 아마도 집행관 같아.
| 페이딥피데스 | 제발 잠 좀 자게 내버려둬요! *(도로 누워 이불을 뒤집어쓴다)*
| 스트렙시아데스 | *(악이 올라)*

아니, 누가 자지 말라니? 하지만 내 빚이 언젠가는

모두 네 머리 위에 떨어진다는 것쯤은 알아둬! 40

빌어먹을! 네 어머니와 결혼하도록 나를 꼬드긴

그 중매쟁이 여편네나 비참하게 뒈졌으면 좋겠다.

나는 시골에서 더없이 즐겁게 살아가고 있었지.

몸치장도 하지 않고 더운물에 목욕도 하지 않았지만,

벌 떼와 양 떼와 올리브와 함께하는 행복한 생활이었는데, 45

그때 시골내기인 내가 메가클레스의 아들 메가클레스[10]의

5 당시 아테나이의 주화들은 은화 1오볼로스(obolos: 가장 작은 단위의 은화로 요리용 쇠꼬챙이 obolos 하나의 값어치가 있었다)는 12칼코스(chalkos: '동전'이라는 뜻), 1드라크메(drachme)는 6오볼로스, 1므나(mna)는 100드라크메, 1탈란톤(talanton)은 60므나의 비율로 사용되었다.

6 당시 순종 말들의 엉덩이에는 초기에만 사용되던 문자(文字)들인 콥파(Koppa) 자(Ο)와 산(San) 자(로마자 M/m의 대문자가 아니라 코린토스에서는 Σ 대신 사용되었다)의 낙인이 찍혔다고 한다.

7 원전에는 '눈이 빠졌더라면!'(exekopen)으로 되어 있는데, 이는 '콥파 자 낙인이 찍힌'(koppatian)과 발음이 비슷한 것을 가지고 언어유희를 하는 것이다. 그러나 우리말로는 '코피가 터졌더라면'이라고 번역하는 것이 koppatian과 더 잘 맞는 듯하다.

8 말 두 필이 끄는 전차는 전쟁터에서는 벌써 오래전부터 쓰지 않았으나, 경기에서는 여전히 쓰고 있었다.

9 경주가 끝난 말은 모래판에 한 번 뒹굴게 했다고 한다.

10 메가클레스(Megakles: '크게 명성을 떨치는 자'라는 뜻)는 기원전 428/7년 아테나이의 재무관을 지낸 실재 인물의 이름이기도 하지만, 여기서는 아테나이의 명문가에서 흔히 쓰이던 이름이기 때문에 사용한 것 같다. 그러나 할아버지가 손자에게 이름을 물려주는 경우는 흔해도, 아버지가 아들에게 이름을 물려주는 것은 흔치 않은 일이다.

질녀와 결혼했는데, 그녀는 도회지 아가씨로
거만하고 사치스럽기가 제2의 코이쉬라[11]였지.
그리하여 내가 그녀와 함께 결혼침상에 올랐을 때,
나는 지게미와 치즈와 양털 냄새가 나는데   50
그녀는 향수와 사프란색 옷[12]과 혀를 빠는 키스와
낭비와 식도락과 애욕과 욕정 덩어리였지. 그녀가 아무것도
안 한다는 말을 하려는 게 아냐. 아니, 그녀는 길쌈을 하지.
그래서 나는 여기 이 저고리를 그녀에게 내보이며 말하곤
했지. "여보, 당신은 길쌈을 너무 촘촘히 하는군그래!"[13]   55

하인 램프에 기름이 떨어진 것 같은데요.

스트렙시아데스 아니, 왜 기름을 많이 먹는 램프를 켰지?
이리 좀 와봐! 넌 혼 좀 나야겠어.

하인 제가 왜 혼나야 하죠?

스트렙시아데스 이렇게 굵은 심지를 꽂았으니까 그렇지.

(스트렙시아데스가 때리려 하자 하인이 달아난다)

그 뒤 나와 내 착한 아내에게   60
여기 이 아드님이 태어나셨을 때, 이번에는
아이의 이름 때문에 한바탕 입씨름을 했지.
그녀는 이름에다 힙포스[14]라는 말을 덧붙여 크산팁포스
또는 카립포스 또는 칼립피데스[15]로 하자고 했고, 나는
아이의 할아버지 이름을 따서 페이도니데스로 하자고   65
했으니까. 우린 한참 입씨름을 하다가
결국 페이딥피데스[16]라고 하기로 타협을 보았지.
내 아내는 여기 이 아드님을 품에 안고 어르며 말하곤
했지. "네가 커서 메가클레스처럼 자줏빛 외투를 입고
아크로폴리스로 마차를 몰았으면!" 나는 말하곤 했지.   70

"네가 커서 네 아비가 그랬듯이 해진 가죽옷을 입고
울퉁불퉁한 언덕들에서 염소 떼를 집으로 몰았으면!"
하지만 다 부질없는 짓이었어. 녀석은 내 말이라고는
듣지 않고 말에 미쳐 내 재산을 결딴냈으니까.
그래서 나는 밤새도록 장고한 끝에 드디어 75
한 가지 방도를 찾아냈어. 쉽지는 않겠지만 듣기만 한다면
기발한 방법이지. 여기 이 녀석이 따라만 준다면
나는 구원받을 수 있을 텐데. 일단 녀석을 깨워야지.
어떻게 해야 기분 좋게 깨울 수 있을까? 어떡하지?
페이딥피데스야, 귀염둥이 페이딥피데스야! 80

페이딥피데스 왜 이러세요, 아버지?
스트렙시아데스 내게 입 맞추고, 네 오른손을 다오!17
페이딥피데스 자요! 그런데 왜 이러시는 거죠?
스트렙시아데스 말해봐, 너 날 사랑하지?

11 코이쉬라에 관해서는 달리 알려진 바 없으나 부잣집 마님이었던 듯하다.
12 사프란(saffraan)으로 염색한 샛노란 옷은 당시 여자들이 가장 아끼던 옷으로, 의식 때나 남편을 유혹하고 싶을 때 입었다고 한다.
13 여기서 '길쌈을 너무 촘촘히 한다'는 것은 낭비가 심하다는 뜻인 듯하다. '길쌈을 하다'(spathan)를 성교를 암시하는 말로 보는 이들도 있다.
14 힙포스(hippos)는 '말'〔馬〕이라는 뜻이다.
15 크산팁포스(Xanthippos)는 xanthos('금빛의' '금발의')와 힙포스의 합성어로, 아테나이의 이름난 정치가 페리클레스(Perikles)의 아버지 이름이기도 하다. 이 역시 메가클레스처럼 부귀영화를 연상케 하는 이름이다. 카립포스(Charippos)는 charis('우아함')와 힙포스의 합성어이고, 칼립피데스(Kallippides)는 kallos('아름다움')와 힙포스의 합성어이다.
16 페이도니데스(Pheidonides 134행에서는 Pheidon)는 pheidomai('나는 절약하다')에서 파생된 이름으로 '검약가'(儉約家)라는 뜻이다. 페이딥피데스(Pheidippides)는 pheidomai와 힙포스의 합성어이다.
17 오른손을 잡는 것은 애정의 표시이자 신뢰의 표시이기도 하다.

페이딥피데스	*(방 안에 있는 포세이돈 신의 입상을 가리키며)*	
	말(馬)의 신이신 저 포세이돈[18]에 맹세코!	
스트렙시아데스	제발 말의 신은 끌어들이지 마! 그분은 내게	
	불행의 원인이시니까. 네가 나를 진심으로	85
	사랑한다면, 얘야, 내 부탁 하나 들어주렴!	
페이딥피데스	무슨 부탁인데요?	
스트렙시아데스	지금 당장 네 생활방식을 바꾸고	
	내가 원하는 것을 배우는 거야.	
페이딥피데스	말씀해보세요, 어떤 분부인가요?	
스트렙시아데스	들어주는 거지?	
페이딥피데스	들어드리죠, 디오뉘소스[19] 신에 맹세코.	90
스트렙시아데스	자, 저쪽을 봐! 저기 저 문과 오두막이 보이니?	
페이딥피데스	보여요. 그런데 저게 도대체 뭐죠, 아버지?	
스트렙시아데스	저건 영리한 두뇌들을 위한 사색장이야.	
	저곳에 사는 사람들은 증명하려고 하지.	95
	하늘은 우리를 둘러싸고 있는 큰 솥뚜껑[20]이고,	
	우리는 그 안에 있는 숯이라는 것을.	
	그리고 그들은 수업료만 내면 옳든 그르든	
	말로 소송에 이기는 법을 가르쳐준단다.	
페이딥피데스	그들이 대체 누군데요?	100
스트렙시아데스	이름은 잘 모르지만 사색가이자 신사들인가 보더라.	
페이딥피데스	쳇, 그 악당들! 알겠어요. 창백한 얼굴에	
	맨발로 다니는[21] 그 협잡꾼들 말씀이죠?	
	귀신에 씐 소크라테스와 카이레폰[22] 같은 무리죠.	
스트렙시아데스	쉿! 그런 철딱서니 없는 말을 하면 안 되지!	105
	조금이라도 이 아비의 생계가 걱정된다면	

	너는 말(馬)은 잊어버리고 저들과 어울려봐라!
페이딥피데스	디오뉘소스 신에 맹세코 싫어요. 설사 레오고라스가
	기르는 꿩들을 내게 주신다 해도 싫다고요.²³
스트렙시아데스	세상에서 가장 귀여운 내 아들아, 제발 저리 가서 110
	배우도록 해라!
페이딥피데스	저더러 뭘 배우라는 거죠?
스트렙시아데스	사람들이 말하기를, 저기 저들에게는 매사에
	정론과 사론의 두 가지 논리가 있대.
	그리고 그중 하나인 사론은
	아무리 나빠도 소송에서는 반드시 이긴대. 115
	네가 만약 그 사론을 배우면,
	지금까지 너 때문에 진 빚을 나는
	누구에게나 한 푼도 안 갚아도 되는 거야.
페이딥피데스	싫어요. 누렇게 뜬 얼굴로 내가 어찌 감히
	기사(騎士) 친구들의 눈을 똑바로 쳐다볼 수 있겠어요! 120
스트렙시아데스	그러면 데메테르²⁴ 여신에 맹세코, 너는 결코 내 것을

18 포세이돈은 크로노스의 아들로, 바다와 지진의 신이자 말의 보호자이다.
19 디오뉘소스, 일명 박코스는 제우스와 세멜레의 아들이며 포도주와 연극의 신이다.
20 하늘이 큰 솥뚜껑이라는 이론은 철학자 힙폰(Hippon)의 발상이라고 한다.
21 당시 아테나이에서는 외출할 때 샌들을 매어 신고 다녔지만, 스파르테의 엄격함을 좋아하는 일부 사람들은 겨울에도 맨발로 다녔다고 한다.
22 카이레폰은 젊어서부터 소크라테스를 따라다닌 제자이자 친구로, 희극에서는 소크라테스 못지않게 조롱의 대상이 되고 있다.
23 레오고라스는 웅변가 안도키데스(Andokides)의 아버지로 귀족 가문 출신이었는데, 사치스러운 생활 탓에 가산을 탕진했다고 한다. 또한 그 무렵 아테나이에서 꿩은 희귀조였다고 한다.
24 데메테르는 크로노스의 딸로 농업과 곡물의 여신이다.

	먹지 못해. 너도, 전차를 끄는 말도, 산 자(字) 낙인이	
	찍힌 말도 집에서 나가거라! 아무 데고 꺼져버려!	
페이딥피데스	하지만 외삼촌 메가클레스께서는 제게 말이 없다면 가만히	
	안 계실걸요. 그리로 갈게요. 아버지는 나와 상관없으시니까.	125
	(방에서 나간다)	
스트렙시아데스	나도 넘어졌다고 해서 그대로 누워 있어선 안 돼.	
	신들께 기도 드린 다음 몸소 사색장으로 가서	
	그곳에서 뭔가를 배워야겠어.	
	(외투를 몸에 걸치고 소크라테스의 사색장을 찾아간다)	
	하지만 늙고 건망증 심하고 느림보인 내가	
	날카로운 논리의 미세한 구석구석까지 어떻게 다 배운담?	130
	그래도 가야지. 내가 왜 이렇게 망설이지,	
	문을 두드리지 않고? 여봐라, 게 아무도 없느냐?	
제자	*(밖으로 나오며)* 빌어먹을! 누가 문을 두들겨대는 거야?	
스트렙시아데스	나는 페이돈의 아들 스트렙시아데스로 키퀸나²⁵ 출신이오.	
제자	무식꾼 같으니라고! 이렇게 지각없이	135
	문을 쾅 쳐서 배태(胚胎) 중인	
	내 사상을 유산시키다니!	
스트렙시아데스	용서하시구려. 나는 워낙 먼 시골 사람이 돼나서.	
	하지만 말해주시오, 유산되었다는 게 뭐죠?	
제자	제자가 아닌 사람들에게 말하는 것은 위법이오.	140
스트렙시아데스	그렇다면 말해주시오. 나는 제자가 되려고	
	여기 이 사색장을 찾아왔으니까요.	
제자	그렇다면 말하죠. 하지만 이건 비밀이라는 걸 알아두시오.	
	방금 소크라테스 님께서 카이레폰에게 물으셨소.	
	벼룩은 자기 발의 몇 배를 뛸 수 있냐고.	145

	벼룩 한 마리가 카이레폰의 눈썹을 물고 나서	
	소크라테스 님의 머리에 뛰어올랐기 때문이죠.	
스트렙시아데스	그걸 어떻게 쟀지요?	
제자	아주 재치 있게 재셨어요. 먼저 밀랍을 녹인 다음	
	벼룩을 잡아서 그 두 발[26]을 거기에 담그셨지요.	150
	밀랍이 식으면서 벼룩이 페르시아풍의 신발[27]을	
	신게 되자, 그걸 벗겨서 그것으로 거리를 재셨던 것이오.	
스트렙시아데스	오오, 제우스 왕이시여, 이 얼마나 총명한 두뇌이옵니까!	
제자	소크라테스 님의 또 다른 발상을 들으면 뭐라고 말할 참이오?	
스트렙시아데스	어떤 발상이죠? 어서 말해주시오!	155
제자	스펫토스[28] 출신 카이레폰이 그분께 물었소.	
	각다귀가 입으로 노래하는지 항문으로 노래하는지,	
	어느 쪽 의견을 옳다고 여기시는지 말이오.	
스트렙시아데스	그래 그분께서는 각다귀에 관해 뭐라고 하시던가요?	
제자	그분 말씀인즉, 각다귀의 내장은 매우 좁아서	160
	공기가 어쩔 수 없이 항문 쪽으로	
	곧장 통과하게 되는데,	
	그러면 항문이 좁은 통로의 출구가 되면서	
	공기의 힘 때문에 울리게 된다는 것이었소.	

25 키퀸나(Kikynna)는 앗티케 지방의 구역(區域 demos) 가운데 하나로, 그 위치는 알 수 없다. 앗티케 지방은 아테나이를 포함하여 모두 174개 구역으로 나뉘어 있었다.
26 긴 뒷다리 2개만 다리로 여기고, 나머지는 팔로 여긴 듯하다.
27 당시 여자들은 페르시아풍의 신발을, 남자들은 스파르테풍의 신발을 신었다고 하는데, 그 모양에 관해서는 확실하게 알려진 바가 없다.
28 앗티케의 구역 중 하나.

| 스트렙시아데스 | 그러니까 각다귀의 항문은 나팔인 셈이군요. | 165 |

오오, 내장 연구자에게 큰 축복 있기를!

각다귀의 내장을 통과하는 사람이라면

법망도 쉽게 빠져나갈 수 있겠구먼.

제자   그저께 그분께서는 도마뱀 때문에 위대한 사상을 놓쳐버리셨지요.

스트렙시아데스   어떻게 말이오? 말해주시오!   170

제자   그분께서 달의 궤도와 회전을 규명하시느라 입을 벌리고

하늘을 쳐다보고 계셨는데, 그 도마뱀이란 녀석이

지붕에서 — 밤이었으니까[29] — 그분에게 싸버렸지 뭐예요.

스트렙시아데스   *(포복절도하며)*

거참 재미있는 도마뱀이로구먼. 소크라테스 님에게 싸버리다니!

제자   그리고 엊저녁에 우리는 아무것도 먹을 게 없었소.   175

스트렙시아데스   그래서 그분께선 먹을거리를 구하려고 무슨 수를 쓰셨나요?

제자   레슬링 연습장에 가셔서 식탁 위에다[30] 고운 재를

조금 뿌리시고는 꼬챙이를 집어 컴퍼스 모양으로 휘시더니

그걸로 누군가의 겉옷을 슬쩍 하셨지요.

스트렙시아데스   그런데도 우리가 저 탈레스[31]를 찬탄한단 말이오?   180

자, 어서 사색장의 문을 열어 되도록 속히

소크라테스 님을 만나게 해주시오!

나는 배우고 싶어 미치겠소. 문을 열란 말이오.

오오, 헤라클레스[32] 님, 이들은 대체 어떤 짐승들인가요?

(문이 열리며 사색장 안이 들여다보인다.

소크라테스의 제자들이 땅바닥에 웅크리고 앉아 사색에 몰입해 있다)

제자   왜 그리 놀라시오? 저들이 뭘로 보이나요?   185

스트렙시아데스   퓔로스에서 붙잡혀온 라코니케의 포로들 같군요.[33]

저들은 왜 땅바닥만 보고 있지요?

제자	저들은 지하에 있는 것들을 찾는 중이오.
스트렙시아데스	양파를 찾는 게로군요. 그렇게 애쓸 것 없어요.
	굵고 탐스러운 것들이 있는 곳을 내가 아니까요. 190
	저기 저들은 대체 뭘 하기에 머리를 깊숙이 숙이고 있죠?
제자	저들은 타르타로스[34]의 밑까지 지하세계를 탐구하는 중이오.
스트렙시아데스	그럼 엉덩이는 왜 하늘을 쳐다보고 있죠?
제자	그것은 그것대로 천문학을 배우는 중이오.

(다른 제자들이 몰려오자)

	안으로 들어들 가시오. 여기 있다가 그분에게 들키지 않도록! 195
스트렙시아데스	잠깐만! 저들더러 잠시만 머물라고 하시오.
	저들에게 내 용건을 말하고 싶소.
제자	아니, 저들은 바깥 공기를 너무 많이 마시면 안 돼요.
	그러니 더 이상 바깥에 나와 있으면 안 된단 말이오.

·

29　어두워서 잘 보지 못했다는 뜻이다.
30　당시에는 기하학의 도형을 그리거나 논문을 쓰거나 하는 특수한 경우에는 파피루스를 사용했지만, 그러지 않을 때는 대개 밀랍을 입힌 서판(書板)이나 운동장의 먼지 또는 모래, 아니면 여기서처럼 식탁 위에 그렸다고 한다.
31　소아시아 이오니아 지방의 밀레토스 시 출신 자연학자로, 고대 그리스의 일곱 현인(賢人) 가운데 한 명.
32　그리스의 대표적인 영웅 헤라클레스는 제우스와 알크메네의 아들로 사후에 신격화되었다. 그의 12고역이 말해주듯 헤라클레스는 인류를 위협하던 수많은 괴물을 퇴치했다. 그는 희극에서 가끔 대식가(大食家)로 나온다. 여기서 헤라클레스를 부르는 것은 사색장 안에 있는 소크라테스 제자들이 괴물들로 보였기 때문이다.
33　기원 425년 여름 펠로폰네소스 반도 서남부 퓔로스 항 앞바다의 스팍테리아(Sphakteria) 섬에서 다수의 스파르테인들이 포로로 잡혀 기원전 421년 봄까지 아테나이에 억류당한 적이 있었다.
34　타르타로스는 지하에서 가장 깊숙한 곳으로, 티탄(Titan) 신족처럼 신들에게 대항한 자들이 갇혀 있는 것으로 여겨졌다.

스트렙시아데스	*(물러가는 제자들을 따라 안으로 들어가다가 도구들을 발견하고는)*	
	맙소사, 이게 뭐요? 말해주시오.	200
제자	이건 천문학이오.	
스트렙시아데스	저건 뭐요?	
제자	기하학이오.	
스트렙시아데스	저건 어디에 쓰는 거요?	
제자	땅을 재는 데 쓰지요.	
스트렙시아데스	정복한 땅을 분배하는 데 말인가요?[35]	
제자	아니, 땅 전체를 재는 거죠.	
스트렙시아데스	근사한 이야기네요. 그거야말로 민주적인 유익한 발상이로구먼.[36]	205
제자	그리고 이게 전 세계의 지도요. 보이시오? 여기가 아테나이고.	
스트렙시아데스	그게 대체 무슨 말이오? 믿을 수 없소이다.	
	배심원들[37]이 앉아 있는 게 안 보이니 말이오.	
제자	내 말 믿어요! 여기가 앗티케 땅이오.	
스트렙시아데스	그렇다면 키퀸나의 내 고향 사람들은 어디 있죠?	210
제자	바로 여기에 있지요. 그리고 보시오. 그 옆으로	
	길게 뻗은 것이 에우보이아[38] 섬이오.	
스트렙시아데스	알아요. 우리와 페리클레스에 의해 길게 뻗은 거죠.	
	그런데 라케다이몬[39]은 어디 있죠?	
제자	어디 있냐고요? 여기!	
스트렙시아데스	우리와 이렇게 가깝다니! 잘 연구해보시오.	215
	우리한테서 아주 멀리 떼어놓을 수 없겠는지!	
제자	그건 될 일이 아니오.	
스트렙시아데스	그러다간 후회하게 될걸요.	
	(그사이 소크라테스가 비극에 나오는 신들처럼 밧줄에 매달린 해먹을 타고 등장한다)	
	아니, 저기 저 해먹을 탄 사람은 대체 누구요?	

제자	그분 자신이시오.
스트렙시아데스	그분 자신이라니, 누구 말이오?
제자	소크라테스 님 말이오.
스트렙시아데스	소크라테스 님! *(제자에게)* 이봐요, 저분을 큰 소리로 불러주시오!
제자	당신이 부르시구려. 난 그럴 겨를이 없으니까요. 220
스트렙시아데스	오오, 소크라테스 님! 오오, 친애하는 소크라테스 님!
소크라테스	왜 날 부르나? 그대 하루살이여!
스트렙시아데스	청컨대, 먼저 뭘 하고 계시는 것인지 말씀해주십시오.
소크라테스	나는 대기 위를 거닐며 태양에 관해 명상하고 있느니라. 225
스트렙시아데스	신[40]들에 관해 명상해야 한다면 왜 광주리 안에서 하시고, 대지 위에서 하지 않으시는 겁니까?
소크라테스	미묘한 사색이 동류(同類)인 대기와 섞이지 않고서야 하늘의 일을

35 아테나이는 기원전 427년 소아시아 레스보스 섬의 뮈틸레네(Mytilene) 시의 반란을 진압한 뒤 그곳의 토지를 몰수해 다수의 아테나이인들에게 분배해준 적이 있는데, 그 뒤에도 이런 일이 몇 번 반복되었다.

36 스트렙시아데스는 세상의 땅을 모두 자기 같은 아테나이 시민들에게 무상으로 분배해주는 줄 알고 기하학을 민주적이라고 말하는 것이다.

37 당시 아테나이에서는 추첨으로 뽑힌 민중이 일당을 받고 배심원으로서 재판 업무를 관장했다. 아테나이인들은 좀 심하게 말하면 재판광들이었는데, 아리스토파네스는 아테나이인들의 그런 병폐를 희극 『벌』에서 풍자하고 있다.

38 그리스에서 두 번째로 큰 섬으로, 그리스 중동부 지방 앞바다에 남북으로 길게 뻗어 있다. 기원전 466년 에우보이아 섬의 여러 도시가 아테나이에 반란을 일으켰다가 페리클레스가 지휘하던 아테나이군에 진압된 바 있다.

39 스파르테는 수도를, 라코니케는 그 주변 지역을, 라케다이몬(Lakedaimon)은 수도인 스파르테를 가리킬 때도 있고 그 주변 지역인 라코니케를 가리킬 때도 있지만 스파르테와 동의어로 많이 쓰인다.

40 소크라테스는 태양을 말하는데, 스트렙시아데스는 태양신을 생각하고 있다.

어찌 제대로 파악할 수 있겠는가? 230
대지에서 위를 쳐다보아서는 아무것도
발견할 수 없느니라. 대지는 사색의 이슬을
자신에게로 강제로 끌어당기는 법이니까.
미나리의 경우와 같다고나 할까.

스트렙시아데스 뭐라고 하셨죠? 235
사색이 이슬을 미나리에게로 끌어당긴다고요?
자, 이제 친애하는 소크라테스 님, 제게로 내려오셔서
제가 배우러 온 것들을 가르쳐주십시오.

소크라테스 *(땅으로 내려오며)* 자네, 뭘 배우러 왔나?

스트렙시아데스 말하는 법을 배우러 왔습니다. 이자와 심술궂은 240
채권자들이 제 재산을 빼앗아가기 때문이죠.

소크라테스 어쩌다가 자신도 모르는 사이에 그런 빚을 지게 되었지?

스트렙시아데스 무섭게 먹어치우는 말〔馬〕병(病)에 녹아버렸지요.
자, 나리의 두 가지 논리 가운데
한 푼도 갚지 않는 법을 가르쳐주십시오. 사례는 245
얼마가 되든 간에 신들에 맹세코 꼭 하겠습니다.

소크라테스 어떤 신들 말인가? 자네가 먼저 알아두어야 할 것은
우리 사이에서 신들은 통하지 않는다는 것일세.

스트렙시아데스 그렇다면 나리들은 어떻게 맹세하시나요?
뷔잔티온에서처럼 무쇠 돈에 걸고 맹세하시나요?[41]

소크라테스 자네는 신들에 관한 일을 확실히 알고 싶다는 겐가? 250

스트렙시아데스 제우스에 맹세코. 그것이 정말 가능하다면요.

소크라테스 그리고 우리의 신인 구름들과 직접 대화하고 싶은가?[42]

스트렙시아데스 몹시요.

소크라테스 그렇다면 여기 이 신성한 침상에 앉게!

스트렙시아데스	자, 앉았습니다.
소크라테스	자, 여기 이 화관(花冠)을 받게!
스트렙시아데스	화관은 뭘 하게요? 오오, 소크라테스 님, 나리들이 설마 저를 아타마스[43]처럼 제물로 바치시려는 것은 아니겠지요?
소크라테스	천만에! 이것은 누구나 처음 입문할 때는 빠짐없이 다 하게 되어 있는 것이라네.
스트렙시아데스	그렇게 하면 제게 무슨 이득이 있지요?
소크라테스	*(침상 위의 자루에서 보릿가루를 조금 덜어내며)* 자네는 닳아빠지고 유창하고 가루처럼 섬세한 언변가가 되리라. 가만 좀 있게!

255

260

(스트렙시아데스에게 보릿가루를 뿌린다)

스트렙시아데스	아니, 이건 장난이 아닌데. 이렇게 뿌려져서 어느새 내가 보릿가루가 되었으니 말이야.

파로도스[44]

소크라테스	*(근엄하게)*

41 뷔잔티온인들은 그리스의 여느 도시들과는 달리 기원전 5세기에도 무쇠 돈을 썼다고 한다.
42 252~274행은 비의(秘儀)의 입문 의식과 기도를 패러디한 것이다.
43 아타마스(Athamas)는 아이올로스(Aiolos)의 아들로 훗날 테바이 왕이 되었다. 소포클레스는 『아타마스』라는 이름의 비극을 두 편 썼는데, 그중 한 편에서는 아타마스가 전처 네펠레(Nephele: '구름'이라는 뜻)의 소생들에게 잘못한 탓에 화관을 쓰고 제우스의 제단 가에서 제물로 바쳐지려는 순간 헤라클레스에 의해 구출되었다고 한다.
44 파로도스(parodos: 코로스의 '입장'이라는 뜻)는 코로스가 오르케스트라(orchestra)에 입장하며 관객들에게 소개되는 장면으로, 대개 주인공이나 그 적대자들의 생각을 강력히 반박한다.

영감은 침묵을 지키고 기도를 경청할지어다. 오오 주인이시여, 왕이시여,
대지를 공중에 떠 있게 하는 그대 무한한 대기여, 찬란한 대기[45]여,
그리고 우렁찬 우레를 보내는 근엄하신 구름의 여신들이여, 떠올라   265
그대들의 사색가들을 위해 공중에 나타나소서, 전능하신 여신들이여!

스트렙시아데스 *(급히 겉옷을 머리에 뒤집어쓰며)*

잠깐만 기다려주십시오. 제가 흠뻑 젖지 않게 이 겉옷을 뒤집어쓸
때까지! 모자도 안 쓰고 나오다니, 난 참 재수가 없구나.

소크라테스 크게 존경받으시는 구름의 여신들이여, 이리 오셔서 이자에게 그대들의
모습을 드러내소서. 그대들이 눈 덮인 신성한 올림포스[46]의 봉우리에   270
앉아 계시든, 아버지 오케아노스[47]의 정원에서 요정들[48]을 위해 신성한
원무를 추고 계시든, 네일로스 강 하구에서 황금 동이로 물을 긷고 계시든,
아니면 마이오티스 호(湖)[49]나 멀리 미마스[50]의 눈 덮인 정상에 머물러
계시든 내 기도를 들어주시고 신성한 의식의 제물을 기꺼이 받아주소서!

코로스 좌 (275~290행)

(멀리서)

영원한 구름들이여, 자, 우리   275
아침 이슬에 젖은 찬란한 모습으로 떠올라요.
노호하는 아버지 오케아노스의 품에서
숲이 우거진 산봉우리들로 올라가
거기서 내려다봐요.   280
멀리 떨어진 망대들과
곡식들에 물을 대주는 신성한 대지와
신성한 강들의 요란한 물소리와
둔중하게 신음하는 바다를!
아이테르의 지칠 줄 모르는 눈[51]이   285

	찬란한 광채 속에서 반짝이고 있어요.	
	비를 머금은 안개를 불사(不死)의 몸에서	
	떨쳐버리고 멀리 보는 눈으로	
	대지를 굽어봐요!	290

소크라테스 더없이 거룩하신 구름의 여신들이여, 확실히 내 기도를
들어주셨나이다.

(스트렙시아데스에게)
자네는 저 목소리와 신과 같은 천둥의 굉음을 들었는가?

스트렙시아데스 그대들 크게 존경받는 분들이여, 저는 그대들을 경배하며
천둥소리에 방귀로 화답하고 싶어요. 그만큼 두렵고 떨려요.
옳건 그르건 저는 똥이 마려워요. 더는 참을 수가 없어요. 295

소크라테스 농담 좀 작작 하고, 우거지상 좀 그만 짓게. 경청하게.
수많은 여신들께서 노래 부르며 다가오고 계신다네.

코로스 우 (298~313행)

---

45 Aither. 상공의 맑은 공기.
46 올림포스는 그리스 북부 텟살리아 지방과 마케도니아(Makedonia) 사이에 있는 그리스에서 가장 높은 산으로, 고대 그리스인들은 그곳에 자신들의 12 신이 살고 있다고 믿었다.
47 오케아노스는 우라노스(Ouranos 하늘)와 가이아(Gaia 대지)의 아들 중 한 명으로 대지를 감돌아 흐르는 거대한 강으로 생각되었다. 수많은 강들의 아버지인 그는 제우스처럼 흔히 아버지라고 일컬어졌다.
48 여기서 요정들이란 밤의 딸들로, 오케아노스의 정원에서 황금 사과나무를 지키던 헤스페리데스들(Hesperides)을 말한다.
49 마이오티스(Maiotis) 호란 흑해 북동쪽, 지금의 아조프(Azov) 해를 말한다.
50 미마스(Mimas)는 서아시아 레스보스 섬 남쪽에 있는 곶(岬)이다.
51 태양.

비를 가져다주는 처녀들이여,

팔라스[52]의 빛나는 나라를, 케크롭스[53]의 수많은   300

영웅들을 배출하는 사랑스러운 나라를 보러 가요.

그곳에서는 비의[54]가 행해지는데

비의가 행해질 때면

입문자들을 받는 신전[55]이 모습을 드러내고,

하늘의 신들에게는 선물과   305

우뚝 솟은 신전과 장식물들[56]이 바쳐져 있고,

축복받은 자들의 축제 행렬과

아름다운 화관으로 장식된 제물들과

축제가 철철이 이어진다오.   310

오늘은 새봄을 맞아 브로미오스[57]의 축제가 열리니,

낭랑한 목소리의 코로스[58]들이

묵직한 피리[59] 소리와 다투어 노래하는구려.

스트렙시아데스 소크라테스 님, 제발 말씀해주십시오, 저렇게 엄숙하게 노래하는

저 여인들은 대체 누구지요? 설마 여걸[60]들은 아니겠지요?   315

소크라테스 천만에! 저분들은 하늘의 구름 여신들로 게으름뱅이들의

수호여신들이시지. 바로 저분들께서 우리에게 판단과 토론과

이성을, 그리고 허풍과 수다와 기만과 호소력을 주신다네.

스트렙시아데스 그래서 저분들의 음성을 듣자 제 혼은 날아올라 벌써

꼬치꼬치 캐고, 미세한 것을 따지고, 논증을 더 작은 논증으로   320

찌르고, 다른 논리로 반박하고 싶어지는 게로군요.

그래서 가능하다면 저분들과 맞대면하고 싶어요.

소크라테스 그렇다면 저기 저 파르네스[61] 산을 보게.

그분들께서 벌써 사뿐사뿐 내려오시는 게 보이는군.

스트렙시아데스	어디에? 가리켜주십시오.
소크라테스	저기 그분들께서 계곡과 수풀을 지나 다가오시는군. 한꺼번에 모두. 저 옆으로 해서 말일세.
스트렙시아데스	대체 무슨 말씀을 하시는 거죠? 제 눈에는 안 보여요.
소크라테스	저기 저 입구를 지나서 말일세.
스트렙시아데스	흔적도 안 보이는데요.

(구름의 여신들이 구름무늬의 긴 옷을 입은 여인의 모습으로 오르케스트라에 등장한다)

소크라테스	자, 이제는 보이겠지. 자네 눈이 호박이 아니라면 말이야.
스트렙시아데스	과연, 과연! 오, 존경받으시는 분들! 사방이 그분들로 가득 차는군요.
소크라테스	그런데 자네는 이분들이 여신들이라는 걸 알지도 믿지도 않았지.

---

52 아테나 여신의 별명 가운데 하나로 '처녀' 또는 '무기를 휘두르는 자'라는 뜻이다.

53 아테나이의 전설적인 왕.

54 아테나이에서 서쪽으로 20킬로미터쯤 떨어져 있는 항구도시 엘레우시스(Eleusis)에서 행해지던 데메테르 여신의 비의를 말한다.

55 엘레우시스에 있는 데메테르와 그녀의 딸 페르세포네의 신전.

56 페이디아스의 감독 아래 세워진 건조물들, 즉 승리의 여신 니케의 신전과 파르테논(Parthenon) 신전과 아테나 여신의 거대한 신상을 말한다.

57 브로미오스는 주신 디오뉘소스의 별명 중 하나로 '떠들썩한 자'라는 뜻이다. 여기서 브로미오스의 축제란 3월 말에 열리던 대디오뉘소스 제를 가리킨다.

58 합창가무단.

59 당시의 피리(aulos)는 지금의 클라리넷에 가까운 악기로 큰 소리를 냈다고 한다. 그래서 떠들썩한 디오뉘소스 제에서는 피리가, 아폴론 신의 축제에서는 발현악기인 뤼라(lyra)와 이를 개량한 키타라(kithara)가 사용되었다.

60 여기서 '여걸'(heroine)들이란 헬레네, 페넬로페(Penelope) 같은 걸출한 여인들을 말하는 것 같다.

61 파르네스(Parnes)는 앗티케와 보이오티아 지방의 경계를 이루는 산이다.

스트렙시아데스   아닌 게 아니라 저는 여태까지 이분들을 안개로, 이슬로,

               연기로 여겼어요.   330

소크라테스   그럴 테지. 그러니까 자넨 이분들이 소피스트[62]들, 투리오이의 점쟁이[63]들,

               돌팔이 의사들, 손톱 있는 데까지 반지를 끼고 있는 자들,[64]

                   원형 코로스[65]를 위한

               엉터리 작곡가들과 점성가들을 먹여 살린다는 것을 몰랐구먼. 이분들이

                   아무것도

               안 하는 게으름뱅이들을 먹여 살리는 까닭은 그들이 이분들을 글로

                   찬미하기 때문이지.

스트렙시아데스   그래서 그자들이 "물기를 머금은 구름의 화광을 휘두르는 사나운 돌진"[66] 335

               "머리가 백 개인 튀포스[67]의 머리카락" "광란하는 돌풍"

               "허공에 떠 있는 무(無)" "하늘을 노 젓는 구부정한 발톱의 새들"

               "물기를 머금은 구름에서 쏟아지는 억수" 따위의 글을 썼던 게로군요.

               또 그 대가로 굵고 잘생긴 장어고기와 지빠귀고기를 먹는 게로군요.

소크라테스   그게 다 이분들 덕분이고, 그건 또 당연하지 않은가?

스트렙시아데스   당연하고말고요. 한 가지만 설명해주십시오. 이분들께서   340

               진실로 구름이시라면, 어째서 여인처럼 보이는 거죠?

               저 위의 구름들은 이렇지가 않잖아요?

소크라테스   그 구름들이 어떻게 생겼는데?

스트렙시아데스   정확하게 말할 수는 없어도, 널어놓은 양털 같다고나 할까요.

               아무튼 전혀 여인들 같지 않아요. 그리고 이분들은 코가 있잖아요.

소크라테스   이번에는 내 질문에 대답해주게.

스트렙시아데스   어서 원하시는 바를 말씀해보십시오.   345

소크라테스   자네는 하늘에서 켄타우로스[68]나 표범이나 늑대나 황소를 닮은

               구름을 본 적이 없는가?

스트렙시아데스   물론 있죠. 그게 어떻다는 거죠?

소크라테스	구름은 무엇이든 원하는 대로 될 수 있지. 그래서
	크세노판토스의 아들[69] 같은 털북숭이 비역꾼을 보게 되면
	그 광기를 놀려주려고 스스로 켄타우로스로 변하는 거지. 350
스트렙시아데스	그럼 공금을 횡령한 시몬[70]을 보게 되면 어떻게 할까요?
소크라테스	그의 본성을 드러내기 위해 당장 늑대가 되는 거지.
스트렙시아데스	그래서 어제 방패를 내던진 클레오뉘모스[71]를 보자
	그 비겁자를 보는 순간 사슴이 된 거로군요.
소크라테스	그리고 이번에는 클레이스테네스[72]를 본 까닭에,

62 소피스트(sophistes)라는 말은 아리스토파네스 시대에도 여전히 '어떤 기술에 능한 자'라는 뜻으로 쓰인 것 같다.

63 아테나이가 남이탈리아에 투리오이(Thourioi) 시를 건설했을 때 이에 기여했던 예언자 람폰은 예언술을 학문적으로 정립하려 했는데, 그의 이런 계획에 소피스트와 웅변가도 다수 참여했다고 한다.

64 손가락에 반지를 많이 끼고 손톱과 머리 손질에 관심이 많았던 당시의 멋쟁이들을 조롱하는 말이다.

65 원형 코로스란 주신 디오뉘소스를 찬미하는 디튀람보스(dithyrambos)의 코로스를 말한다. 비극의 코로스는 직사각형이다.

66 고주석(古註釋 scholia)에 따르면 이 시행(詩行)은 퀴테라(Kythera) 출신 필록세노스의 것이라고 한다. 나머지 디튀람보스 시행들은 아직 출전이 밝혀지지 않았다.

67 불을 내뿜는 거대한 괴물로 사나운 돌풍의 신.

68 켄타우로스는 상반신은 사람이고 하반신은 말인 괴물로 호색한이다.

69 크세노판토스(Xenophantos)의 아들이란 비극작가이자 디튀람보스 작가인 히에로뉘모스를 말한다.

70 시몬(Simon)에 관해서는 달리 알려진 바 없다.

71 목숨을 건지려고 메고 있던 방패를 내던지고 싸움터에서 도망쳤다는 겁쟁이 비역꾼이다. 아리스토파네스의 다른 희극『새』290, 1473행 이하 참조. 그는 거듭된 인신공격에도 아리스토파네스를 고소하지는 않았다.

72 여자만 밝히는 수염도 나지 않은 나약한 사내이다.『새』829행 이하, 2권의『뤼시스트라테』1092행,『개구리』57, 426행 이하 참조.

보다시피, 그들은 여인들이 된 것이지. 355

스트렙시아데스 *(코로스에게)*
반갑습니다, 여주인님들이시여. 그리고 그러신 적이 있다면 지금
  저에게도
하늘에 울려 퍼지는 목소리를 들려주소서, 위대한 여왕님들이시여!

코로스장(長) *(스트렙시아데스에게)*
나도 반갑소, 연로한 노인이여, 학문의 사냥꾼이여! *(소크라테스에게)*
그대도 반갑소, 교묘한 논리의 사제여! 그대의 용건을 말하시오!
우리는 지금 천문학에 관심이 있는 소피스트들에게는 귀를
  기울이지 않소. 360
지혜와 사상 때문에 그럴 가치가 있는 프로디코스[73]와 그대 말고는.
그대는 거리를 당당히 활보하고, 사람들을 어깨너머로 보고, 늘 맨발로
허름한 옷을 입고 다니고, 우리를 믿고는 근엄한 표정을 짓기 때문이오.

스트렙시아데스 세상에 저런 목소리가! 얼마나 신성하고 엄숙하고 경이로운가!

소크라테스 당연하지. 이분들만이 신들이시고, 나머지는 모두 헛소리니까. 365

스트렙시아데스 아니, 그럴 수가! 그렇다면 올륌포스의 제우스는 신이 아니란
  말씀인가요?

소크라테스 어떤 제우스 말인가? 헛소리 말게. 제우스는 존재하지 않아.

스트렙시아데스 무슨 말씀이죠? 그럼 비는 누가 오게 하죠? 이것부터 설명해주십시오.

소크라테스 이분들이지. 내가 확실히 증명해 보이겠네.
자네는 일찍이 구름 없이 비가 오는 걸 본 적이 있나? 370
자네 말대로라면, 제우스는 이분들께서 출타 중이실 때도
맑은 하늘에서 비가 오게 할 수 있어야 할 게 아닌가?

스트렙시아데스 거참, 잠시 전에 말씀하신 것과 썩 잘 들어맞는군요. 정말이지 나는
전에는 제우스가 체에다 오줌을 누면 비가 오는 줄 알았어요.
그럼 천둥소리를 울려 저를 떨게 하는 건 누구죠? 말씀해주십시오.

소크라테스 : 그것도 이분들께서 하시는 거지. 빙글빙글 뒹구실 때 말일세.
스트렙시아데스 : 정말 못 말릴 분들이시군요. 방금 뭐라 하셨죠? 375
소크라테스 : 이분들께서 물기로 가득 차 움직이시지 않을 수 없게 되고,
비의 무게로 필연적으로 아래로 처지실 때면,
무거워진 몸들이 서로 부딪쳐 부서지며 굉음을 내는 거지.
스트렙시아데스 : 누가 이분들을 움직이지 않을 수 없게 만들죠? 제우스 아닌가요?
소크라테스 : 천만에! 그건 하늘의 소용돌이라네.
스트렙시아데스 : 소용돌이라뇨? 그런 말은 금시초문인데요. 제우스는 존재하지 380
않고 그 대신 지금은 소용돌이가 지배한다는 것 말입니다.
아무튼 굉음과 천둥에 관해서는 아직 설명해주시지 않았습니다.
소크라테스 : 듣지 못했나? 구름들이 물기로 가득 차 그 밀도 때문에
서로 부딪치며 굉음을 내는 것이라고 내가 설명했을 텐데.
스트렙시아데스 : 저더러 그것을 믿으라는 말씀이신가요?
소크라테스 : 자네를 예로 들어 증명해 보이겠네. 385
자네는 판아테나이아 제[74] 때 고깃국으로 배를 잔뜩 채우는
바람에 갑자기 배가 요동치며 으르렁거린 적이 없었나?
스트렙시아데스 : 없기는요. 그럴 때면 배가 금세 성을 내며 뒤죽박죽이 되지요.
고깃국이 천둥처럼 소음을 내며 소리 지르니까요. 처음에는
나직이 뽕뽕 하다가 나중에는 뽕뽕뽕 하지요. 그러다 결국 390
똥을 누면 우르르 쾅 하고 쏟아지죠, 여기 이분들처럼.
소크라테스 : 그것 봐. 그토록 작은 배에서도 그렇게 큰 소리가 나는데
끝이 없는 하늘에서 어찌 천둥소리가 나지 않겠는가?

---

73 케오스(Keos) 출신 소피스트로 소크라테스와 같은 시대에 활동했다.
74 판아테나이아 제(祭)는 올림피아 기(紀) 세 번째 해에 도시의 수호여신 아테나(Athena polias)를 위해 개최되던 아테나이의 큰 민중 축제이다. 이때 수많은 행렬이 시내를 통과하고 각종 경연이 개최되었다.

스트렙시아데스	그래서 옛날에는 천둥과 방귀라는 말이 비슷했던 게로군요.[75]
	한데 번개가 불을 번쩍이며 어디서 오는 건지 그걸 가르쳐주십시오. 395
	번개가 우리를 치게 되면 재로 태워버리거나 산 채로 그스는데,
	이것은 위증한 자를 벌주기 위해 제우스가 보내는 게 틀림없어요.[76]
소크라테스	이 시대에 뒤떨어진 케케묵은 멍텅구리 같으니라고! 제우스가
	위증한 자를 치는 것이라면 시몬은, 클레오뉘모스는, 테오로스[77]는
	왜 박살 내지 않았지? 그들이야말로 진짜로 위증한 자들인데. 400
	그는 왜 자신의 신전들과 수니온[78] 곶과 키 큰 참나무[79]들을
	치는 거지? 무슨 생각에서지? 참나무가 위증을 하나?
스트렙시아데스	몰라요. 아무튼 나리의 말씀은 그럴듯하군요. 그럼 번개는 뭐죠?
소크라테스	건조한 바람이 하늘로 올라가 이분들 속에 갇히면 이분들을
	방광처럼 부풀리게 되고, 그러다가 필연적으로 그 압력 때문에 405
	갑자기 이분들을 찢고 밖으로 터져나오게 되는데, 그때 그 바람이
	충격과 마찰에 의해 요란스레 자신을 불태우는 거지.
스트렙시아데스	그렇구나. 저도 언젠가 디아시아 축제[80] 때 똑같은 일을 당했지요.
	친척들을 위해 속을 채운 내장을 굽고 있는데, 깜빡 잊고
	구멍을 내지 않았더니, 내장이 부풀어 올라 갑자기 터지면서 410
	제 두 눈에 오물을 튀기며 얼굴을 태워 놓았지 뭐예요.

코로스장	*(스트렙시아데스에게)*
	오오, 인간이여, 우리한테서 위대한 지혜를 얻으려는 자여,
	아테나이와 헬라스[81]인들 사이에서 그대는 얼마나 복 받은 자가
	될 것인가! 만약 그대가 기억력이 좋고, 생각이 깊고,
	인내심이 강하고, 서 있든 걷든 지치지 않고, 415
	추위를 잘 견디고, 아침식사를 거르고,
	술과 체육관과 그 밖의 어리석은 것들을 멀리한다면.

|스트렙시아데스| 그리고 그대가 올바른 사람답게 변론과 회의와
언쟁에서 이기는 것을 가장 훌륭한 일로 여긴다면.

스트렙시아데스 안심하십시오. 굳건한 마음과 잠을 설치는 근심 걱정과 420
검소하고 보잘것없는 채식(菜食)에 관해서라면
저는 얼마든지 단련받을 수 있으니까요.

소크라테스 그리고 자네는 우리가 믿고 있는, 카오스[82]와 구름의 여신들과
혀라는 세 가지 말고 다른 신은 믿지 않는 것이겠지?

스트렙시아데스 다른 신들은 만나더라도 말도 걸지 않을 것이며, 425
구운 제물도 제주도 바치지 않고 향도 피우지 않을래요.

코로스장 그렇다면 우리가 그대에게 무엇을 해주기를 원하는지 말하라.
그대는 다행히도 우리를 존경하고 찬탄하고 올바른 사람이
되려고 하니까.

---

75   고대 그리스어로 천둥은 bronte, 방귀는 porde이다. 그러나 r는 다음 모음과 자리바꿈할 때가 더러 있는데, 그럴 경우 천둥은 bornte가 되어 porde와 발음이 비슷해진다.
76   제우스는 맹세의 보호자(Zeus horkios)이기도 하다.
77   클레온의 추종자.
78   수니온(Sounion) 곶은 앗티케 지방 동남단에 있는 곳으로, 기원전 440년 그곳에 포세이돈 신전이 세워졌으나 지금은 도리스식 대리석 기둥 10여 개만 남아 있다.
79   참나무는 제우스에게 바쳐진 나무이다.
80   디아시아 축제는 안테스테리온(Anthesterion 지금의 2월 중순에서 3월 중순) 달 23일에 제우스 메일리키오스(meilichios : '상냥한'이라는 뜻이지만 여기에서는 '달래야 할'이라는 뜻으로 봐야 할 것이다)를 위해 개최되던 축제인데, 과일이나 케이크를 제물로 바쳤다고 한다. 이 축제는 친척 또는 친구들과 회식도 하고 아이들에게 선물도 사주는 등 사적인 성격이 강했다고 한다.
81   그리스의 그리스어 이름.
82   여기서 카오스는 허공을 뜻하는 듯하다.

스트렙시아데스   여주인님들이시여, 그렇다면 아주 작은 부탁 하나만 들어주소서.
                제가 헬라스인들 중에서 100스타디온[83]이나 앞서가는 가장 뛰어난
                언변가가 되게 해주소서!   430

코로스장   그대의 부탁을 들어주겠노라. 앞으로 백성들 사이에서[84]
                아무도 그대보다 더 많은 법안을 통과시키지 못하리라.

스트렙시아데스   중요한 법안 상정에 관해서는 말씀하지 마소서. 그런 것에는 관심
                   없으니까요.
                제가 바라는 것은 이런저런 핑계를 대며 채권자들에게서 빠져나가는
                   것이옵니다.

코로스장   그대의 소원은 이루어지리라. 그대가 청하는 것은 큰 것이   435
                아니니까. 그대를 우리 사제들에게 안심하고 맡기도록 하라!

스트렙시아데스   그대들을 믿고 그렇게 하겠나이다. 콤파 자 낙인이 찍힌
                말들과 결혼으로 패가망신한 터라 그렇게 할 수밖에 없으니까요.
                이제 제 몸을 그들에게 맡기니,
                때리든, 굶기든, 목마르게 하든,   440
                살이 트게 하든, 추위에 떨게 하든,
                가죽을 벗기든 그들 좋을 대로 하십시오.
                빚에서 벗어날 수만 있다면 저는
                세상 사람들한테서 뱃심 좋고,
                입심 좋고, 뻔뻔스럽고, 치사하고,   445
                구역질 나고, 거짓말을 잘 둘러대고,
                송사에 닳아빠졌고, 살아 있는 법전이고,
                견강부회에 능하고, 교활한 여우고, 약삭빠르고,
                시치미 잘 떼고, 끈적거리고, 허풍쟁이고,
                악당이고, 더럽고, 잘 돌려대고, 성가시고,   450
                식객 근성이 있다는 말을 들어도 좋습니다.

	세상 사람들이 모두들 저를 뭐라 불러도 좋으며,	
	이분들이 원하기만 하면	
	무슨 짓을 해도 좋습니다.	
	아니, 데메테르 여신께 맹세코, 저를 순대로 만들어	455
	이 사색가 양반들에게 내놓아도 좋습니다.	
코로스	거참, 비겁하기는커녕	
	결연한 의지로구먼. 알아둘지어다.	
	우리한테 배우면	
	그대의 명성은 하늘에 닿게 되리라.	460
스트렙시아데스	그러면 저는 어떻게 되는 거죠?	
코로스	우리와 더불어 그대는 사람들 중에서	
	가장 부러워할 만한 삶을 영원히 살게 될 것이니라.	
스트렙시아데스	하지만 제가 과연 그것을 보게 될까요?	465
코로스	그리하여 그대의 문전에는 날마다	
	사람들이 장사진을 치게 되리라.	
	그대와 면담하고,	
	그대에게 문의하고,	470
	그대의 재능에 걸맞은 송사에 관해	
	거액을 내고 그대에게 자문을 구하려고.	475
코로스장	*(소크라테스에게)*	

83 스타디온(stadion)은 고대 그리스에서 사용한 거리 단위로, 1스타디온은 약 175~200미터였다. 가장 유명했던 올륌피아 경주로가 1스타디온(192미터)이었던 데서 스타디온(라/stadium)이라는 말은 경주로, 경기장을 뜻하게 되었다.

84 '백성들 사이에서'란 여기서 민회(民會)를 말한다. 민회에서 법안을 상정해 통과시키려면 뛰어난 언변이 필요할 것이다.

	그대는 이 영감을 맡아서 예비교육을 시작하되	
	그의 마음을 조금 흔들어 그의 재능을 시험해보시오.	
소크라테스	자, 자네 기질을 말해주게.	
	내가 그것을 알고 거기에 맞춰	
	자네에게 새로운 기법을 쓸 수 있도록.	480
스트렙시아데스	그건 왜요? 제 성벽을 공격하시려고요?[85]	
소크라테스	아니! 우선 자네에게 묻겠는데, 자넨 기억력이 좋은 편인가?	
스트렙시아데스	그렇기도 하고 그렇지 않기도 하죠. 누가 나에게	
	빚지고 있을 때는 기억력이 아주 좋고, 제가 빚지고	
	있을 때는 가련하게도 건망증이 아주 심하죠.	485
소크라테스	자네는 말재주는 타고났겠구먼.	
스트렙시아데스	말재주가 아니라 속이는 재주를 타고났지요.	
소크라테스	그럼 어떻게 배우지?	
스트렙시아데스	걱정하실 것 없어요.	
소크라테스	좋아. 그럼 내가 천문(天文)에 관한 지혜를 자네 앞에	
	던질 테니 잽싸게 낚아채게나!	490
스트렙시아데스	뭐라고요? 저더러 지혜를 개처럼 먹으란 말씀이신가요?	
소크라테스	이 무식한 야만인 같으니라고! 영감, 나는	
	자네가 매를 맞아야 하는 게 아닌지 두렵구먼.	
	누가 자네를 치면 자네는 어떻게 하는가?	
스트렙시아데스	얻어맞지요. 그러다가 잠시 뒤 증인을 세우고 나서	495
	지체 없이 법정으로 가죠.	
소크라테스	자, 이제 겉옷을 벗게!	
스트렙시아데스	제가 무슨 나쁜 짓을 했나요?[86]	
소크라테스	그게 아니라, 여기는 벗고[87] 들어오는 것이 관행이니까.	
스트렙시아데스	하지만 저는 도난당한 물건을 찾으러 온 게 아닌데요.[88]	

소크라테스	벗으라니까! 웬 잔소리야.
스트렙시아데스	자, 말씀해주십시오.
소크라테스	뭘?
스트렙시아데스	(겉옷과 신발을 벗으며) 제가 마음먹고 열심히 배우면 나리의 제자들 가운데 누구와 대등해지는 거죠?
소크라테스	자네는 본성이 카이레폰을 빼닮게 될걸세.
스트렙시아데스	맙소사, 산송장이 된다고요!
소크라테스	(문 앞에서) 허튼소리 작작 하고 어서 나를 따라 이리로 들어오지 못할까?
스트렙시아데스	그전에 먼저 제 손에 꿀빵을 쥐여주십시오. 트로포니오스의 동굴[89]로 내려가는 것처럼 무서우니까요.
소크라테스	자, 가세. 왜 문 앞에서 꾸물대는 거지?

(소크라테스와 스트렙시아데스, 사색장 안으로 퇴장)

파라바시스[90] (510~626행)

85 앞에서 소크라테스는 mechane('기계'라는 뜻)라는 말을 '기법'이라는 뜻으로 썼으나, 스트렙시아데스는 '공성(攻城) 기계'라는 뜻으로 이해하고 있다.
86 자기를 때리려는 줄 알고 하는 말이다.
87 '겉옷을 벗고'라는 뜻이다.
88 당시에는 자기가 도난당한 물건을 남의 집에서 수색하려면 먼저 옷을 벗고 나서 들어가야 했는데, 이는 문제의 물건을 몰래 갖고 들어가 남에게 누명을 씌우지 못하게 하려는 것이었다.
89 보이오티아 지방의 레바데이아(Lebadeia) 시 근처에는 영웅 트로포니오스(Trophonios)에게서 예언을 듣고 싶어 하는 사람들이 찾는 동굴이 있는데, 들어가기 전에 먼저 꿀빵으로 그 안에 살고 있던 뱀들을 달랬다고 한다.
90 파라바시스(parabasis)는 '앞으로 나섬'이라는 뜻으로, 등장인물들이 모두 무대를 떠난 뒤 코로스가 앞으로 나서는 가운데 코로스장이 관객들에게 직접 말을 거는 장면을 말한다. 이때의 주제는 그 희극의 플롯과는 무관하다.

〈작별의 노래 510~517행〉

코로스장　그런 용기를 보여주었던　　　　　　　　　　　　510
　　　　　그대, 부디 잘 가시게!

코로스　　행운이 그와 함께하기를!
　　　　　이미 연로함에도
　　　　　그는 젊은이들처럼
　　　　　자신의 본성을 연구로써　　　　　　　　　　　　515
　　　　　새로 색칠하고는
　　　　　지식 탐구에 매진하니까.

코로스장　관객 여러분, 나를 길러주신 디오뉘소스 신에 맹세코,
　　　　　나는 여러분에게 진실을 솔직히 말하겠소. 오늘
　　　　　내가 우승을 바라고 지혜로운 자로 인정받고 싶은 것이　　520
　　　　　사실이듯, 나는 사실 여러분이야말로 올바른 관객이며,
　　　　　여기 이 희극이야말로 내 희극들 중 가장 지혜로운 작품이라
　　　　　믿었소. 그래서 내게 가장 많은 노고를 안겨주었던 이 희극을
　　　　　맨 먼저 여러분에게 감상하도록 내놓았으나, 부당하게도
　　　　　하찮은 자들에게 져[91] 물러났소. 그래서 난 지혜로운 여러분에게　525
　　　　　불만이오. 여러분을 위해 그런 노고를 아끼지 않았던 것이니까요.
　　　　　그러나 나는 여러분 가운데 올바른 분들을 결코 저버리지 않을
　　　　　것이오. 여기 이 자리에서 말을 건네기만 해도 마음 흐뭇한
　　　　　분들에게서 나의 '착실한 자'와 '방탕한 자'[92]가 칭찬받은 이래로—
　　　　　나는 아직 처녀였기에 아이를 낳는 것이 허용되지 않아[93]　　530
　　　　　내다버렸더니 다른 여인이 아이를 거두어주었고, 여러분이
　　　　　자애롭게 길러주고 가르쳐주었소—내게는
　　　　　여러분의 호의적인 통찰력이 확실히 보증되었기 때문이오.

이번에 내 희극이 저 엘렉트라[94]처럼 이리로 찾아온 것은
혹시 그토록 지혜로운 관객들을 만날까 해서였소. 내 희극은   535
오라비의 머리 타래를 보면 알아보게 될 테니 말이오.
여러분은 내 희극이 얼마나 품행이 단정한지 보시오.
그것은 우선 아이들[95]을 웃기려고 끝이 온통 빨갛고 굵은
가죽으로 된 물건[96]을 차고 나오지 않았소. 대머리[97]들을
놀려주거나 코르닥스[98] 춤을 추며 돌아다니지도 않으며,   540
저질스러운 익살에 대한 웅성거림이 들리지 않게 하려고 노인이

91 아리스토파네스는 기원전 423년 대디오뉘소스 제의 희극 경연에서 『구름』을 공연하여 맨 꼴찌인 3등을 한 적이 있다. 그러나 지금 우리가 알고 있는 『구름』은 이것을 다시 손질한 수정판으로, 실제로는 공연되지 않았던 것으로 추정된다.

92 기원전 427년 공연된 아리스토파네스의 처녀작 『잔치 손님들』(*Daitaleis*)에서는 마치 『구름』에서 '정론'과 '사론'이 대립하듯 '착실한 자'와 '방탕한 자'라는 두 형제가 대립했다고 한다. 이 희극은 지금 남아 있지 않다.

93 처녀가 아이를 낳으면 자기 아이라고 못하듯 아리스토파네스도 자신의 처녀작을 자기 이름이 아니라 다른 작가의 이름으로 연출했다는 뜻이다.

94 아가멤논(Agamemnon)의 딸 엘렉트라(Elektra)는 아버지 무덤에 제주를 바치러 갔다가 자기 머리와 똑같은 머리 타래를 발견하고는 오래전에 추방당한 오라비 오레스테스가 고향으로 돌아왔다고 믿는다. 아이스퀼로스, 『제주를 바치는 여인들』(*Choephoroi*) 164~200행 참조.

95 노예들과 젊은이들. 당시 희극 공연장에는 아이들을 입장시키지 않았다.

96 당시 남자 역을 맡은 희극배우들은 으레 비정상적으로 큰 모조 남근(男根)이 달린 옷을 입고 나왔다. 여기서 아리스토파네스가 말하고자 하는 바는 자기는 전통적인 우스개를 전혀 사용하지 않는 것은 아니지만, 깊이 있는 내용과 진정한 예술성에 더 중점을 둔다는 뜻이다.

97 아리스토파네스도 대머리였다고 한다.

98 코르닥스(kordax) 춤은 점잖지 못한 춤으로, 술에 취하지 않거나 희극 코로스 단원이 아닌데도 이 춤을 추면 제정신이 아닌 사람으로 취급받았다고 한다.

열변을 토하면서 옆 사람을 다짜고짜 치게 하지도 않으며,
횃불을 들고 뛰어들어와 "와와!" 하고 고함 지르지도 않소.
내 희극은 자기 자신과 자신의 내용을 믿고 나온 것이라오.
그런 시인이지만 나는 머리를 길게 기르지도 않으며,[99] 545
같은 것을 두 번 세 번 갖고 나와 여러분을 속이려 들지도 않소.
나는 늘 새로운 발상을 보여주려고 애쓰는데,[100] 그것들은
서로 같은 것이 하나도 없고 모두가 제대로 된 것이오.
클레온[101]이 권세의 절정에 있을 때 나는 그의 배를 쳤지만,[102]
그가 쓰러지자 차마 그에게 다시 덤벼들지 못했소. 550
그런데 그자들[103]은 휘페르볼로스[104]가 한 번 허점을 드러내자
가엾게도 그와 그의 어머니를 계속해서 짓밟았소.
맨 먼저 에우폴리스[105]가 『마리카스』[106]를 무대 위로 끌어냈는데,
그자는 사악하게도 내 『기사』를 개악했던 위인이오.
그리고 그자는 코르닥스 춤을 위해 술 취한 노파[107]를 붙였는데, 555
이는 전에 프뤼니코스[108]가 만들어낸 인물로 바다 괴물의 밥이
될 뻔했지요. 그러자 헤르밉포스[109]도 휘페르볼로스를 공격했고,
다른 자들도 모두 휘페르볼로스에게 덤벼들었지요.
'물을 흘려놓고 뱀장어를 잡는다'는 내 비유[110]를 흉내 내며.
그런 자들이 재미있다고 여기는 분은 내 작품을 관람하지 560
마시라! 하지만 여러분이 내 창작물을 보고 즐기신다면
언제까지나 지혜로운 사람이라는 평을 듣게 될 것이오.

첫번째 반(半)코로스[111] 좌 (563~574행)

저 높은 곳에서 다스리시는 제우스이시여,
신들의 위대한 왕이시여, 먼저 그대를
우리의 코로스로 부르나이다. 565

삼지창[112]의 강력한 주인이시고, 대지와

짠 바닷물을 세차게 흔드시는 그대도 부르나이다.

그리고 우리의 명성이 자자한 아버지이시고

모든 생명을 부양하는 가장 신성하신 아이테르도. 570

99 주 4 참조.
100 아리스토파네스는 새로운 사상과 교육 방법에 매우 비판적인 보수주의자인데도 자신의 새로운 발상에 대해서는 자랑스럽게 여기고 있다.
101 부유한 무두장이의 아들로 페리클레스의 적대자이자 후계자. 펠로폰네소스 전쟁 전반기 아테나이에서 가장 영향력 있는 정치가였다. 그는 스파르테와의 화해를 거부했으며 아테나이의 민중을 위해서는 수단과 방법을 가리지 않는 민중선동가였다.
102 기원전 424년 아리스토파네스가 자신의 희극 『기사』에서 클레온을 공격했을 때, 클레온은 지난해에 있었던 퓔로스에서의 승리(주 33 참조)에 힘입어 실제로 권력의 절정에 있었다.
103 아리스토파네스의 경쟁자들.
104 휘페르볼로스는 아테나이의 민중선동가로, 기원전 417/6년에 도편추방(陶片追放)당하고 기원전 411년 사모스(Samos)에서 살해당했다.
105 에우폴리스(Eupolis)는 아리스토파네스와 동시대의 희극작가이다.
106 『마리카스』(Marikas)는 기원전 421년 레나이아 제에서 공연된 희극으로 '가두 남색 매춘소년'이라는 뜻이다. 페르시아 냄새가 나는 이 이름으로 에우폴리스가 휘페르볼로스를 공격했다고 한다.
107 휘페르볼로스의 어머니.
108 프뤼니코스는 아리스토파네스의 선배 희극작가이다. 고주석에 따르면 프뤼니코스의 이 희극에서는 안드로메다가 바다 괴물에게 위협받는 우스꽝스러운 장면이 나온다고 한다.
109 헤르밉포스(Hermippos)는 아리스토파네스보다 조금 나이 많은 희극작가인데, 페리클레스를 맹렬히 공격했다고 한다.
110 『기사』864행 이하 참조.
111 희극의 코로스는 24명으로 구성되는데, 때로는 이들이 12명씩 나뉘어 노래를 주고받는다.
112 삼지창은 해신 포세이돈의 권위를 상징하는 무기로, 그는 이것으로 지진과 파도를 일으키기도 하고 잠재우기도 한다.

그리고 말을 몰며
더없이 찬란한 광채로 대지를 비추시고
신들과 인간들 사이에서
위대한 통치자이신 그분[113]도 부르나이다.

코로스장 가장 지혜로운 관객들이여, 이쪽으로 귀를 기울이시오. 575
여러분의 처사가 부당하다고 면전에서 나무라지 않을 수
없소. 모든 신들 중에서 우리가 여러분의 도시에 가장 큰 이익을
가져다주건만, 신들 중에서 유독 여러분을 지켜주는 우리에게는
여러분이 제물도, 제주도 바치지 않기 때문이오. 여러분의
원정 계획이 멍청하다 싶으면 우리는 천둥을 치거나 비를 내리기에 580
하는 말이오. 신들께 미움받는 저 파플라고니아의 무두장이[114]를
여러분이 장군으로 선출하려 했을 때, 우리는 미간을
찌푸리고 험상궂은 얼굴을 보이며 천둥과 번개를 날렸소.
그러자 달은 궤도에서 벗어났고 태양은 즉시
자신 속으로 심지를 낮추며,[115] 만약 클레온이 585
장군이 된다면 여러분을 비추지 않겠노라고 말했소.
그럼에도 여러분은 그자를 선출했소.
그 까닭은 이 도시에는 그릇된 조언이 그치지 않지만
신들께서 실수를 성공으로 바꿔놓으신다고 사람들이
말하기 때문이지요. 이번 일도 어떻게 하면 이익이 될 수 590
있는지 가르쳐주겠소. 여러분이 게걸스레 뇌물을 먹고
도둑질해대는 클레온의 목덜미를 잡아 목에다 칼을
씌운다면, 이번에도 그전처럼 여러분의 실수가
도시에 이익을 가져다줄 것이오.

두 번째 반코로스	우 (596~606행)	
	이리 오소서,	595
	퀸토스[116] 산의 우뚝 솟은 암벽 위에	
	군림하시는 포이보스[117]이시여, 델로스의 주인이시여,	
	뤼디아[118]의 처녀들이 그대를 진심으로 경배하는	
	에페소스[119]의 순금 신전에 사시는 축복받은 여신이시여,	600
	우리의 여신으로서	
	아이기스[120]로 무장하신 도시의 수호신 아테나이시여,	
	파르낫소스[121] 산의 암벽 위에 머무르며	
	횃불 빛이 빛나는 가운데	
	델포이의 박코스 여신도들 사이에서 돋보이시는	605
	주신 디오뉘소스이시여![122]	

113 태양신 헬리오스(Helios).
114 클레온에 관해서는 주 101 참조. 클레온은 『기사』 2행에서도 파플라고니아인으로 나온다. 파플라고니아(Paphlagonia)는 흑해 남안 지역이다. 클레온은 기원전 424/3년에 10명의 장군(strategos) 중 한 명으로 선출되었다.
115 기원전 425년 10월 29일에는 월식이, 이듬해 3월 21일에는 일식이 있었다고 한다.
116 퀸토스(Kynthos)는 델로스 섬의 산으로, 여신 레토가 아폴론과 아르테미스 남매 신을 낳을 때 이 산에 기댔다고 한다.
117 '빛나는 자'라는 뜻으로, 태양신으로서의 아폴론의 별명.
118 뤼디아(Lydia)는 소아시아 중서부 지방이다.
119 에페소스(Ephesos)는 소아시아 이오니아 지방의 도시로, 세계 7대 불가사의 가운데 하나인 아르테미스 신전이 있었다.
120 아이기스(aigis)는 염소 가죽으로 만든 제우스의 방패 또는 가슴받이인데, 나중에는 아테나의 전유물로 생각되었다.
121 파르낫소스는 그리스 중부지방의 큰 산으로, 그 남쪽 사면에 아폴론의 신탁으로 유명했던 델포이가 자리 잡고 있다.

| 코로스장 | 우리가 이리로 떠날 채비를 하고 있을 때,
달님이 우리를 만나 말을 전해달라고 했소.
먼저 아테나이인들과 그 동맹자들에게 안부 전하라 했소.
달님은 화가 나 있었는데, 자기는 여러분 모두에게   610
말로써가 아니라 명백히 이익을 주는데도 푸대접받기
때문이라 했소. 우선 달님은 매달 1드라크메 이상의 횃불 비용을
절약하게 해준다 했소. 그래서 모두들 저녁에 외출할 때 노예에게
"얘야, 달이 밝아서 횃불은 사지 않아도 되겠구나!"라고 말한다는
것이었소. 그 밖에 다른 혜택도 주건만 여러분은 날짜를   615
제대로 계산하지 않고 뒤죽박죽으로 만든다는 것이었소.[123]
그래서 신들은 옛 계산법에 맞춰 왔다가 축제를 놓치게 되어
제물도 받지 못한 채 집으로 돌아가며 달님을 야단친다는
것이었소. 제물을 바쳐야 할 날에 여러분은 고문을 하고
재판을 하니까요. 그런가 하면 우리 신들이   620
단식(斷食)을 할 때면, 이를테면 멤논과 사르페돈[124]의
운명을 슬퍼할 때면, 여러분은 종종 술을 마시며
희희낙락하지요. 그래서 휘페르볼로스가 금년에
인보동맹(隣保同盟)[125] 사절이 되었을 때, 우리 신들이
그의 머리에서 화관을 빼앗았던 것이오. 그래야만 인생의 나날을   625
달님에 맞춰야 한다는 것을 그자가 잘 알게 될 테니까요.

| 소크라테스 | *(사색장에서 등장하며)*
숨결에 맹세코, 카오스와 공기에 맹세코,
저렇게 안 통하고 서투르고
건망증 심한 멍텅구리는 처음 봤어.
하찮은 것을 가르쳐주려 해도 배우기도 전에   630

		잊어버리니 말이야. 하지만 그자를 여기 햇빛이 비치는 곳으로 불러내봐야지. 스트렙시아데스, 어디 있는가? 침상을 들고 나오게!
스트렙시아데스	*(안에서)*	
		빈대들이 못 가져가게 하는데요.
	(침상을 들고 나온다)	
소크라테스		어서 거기 놓고 정신 좀 차리게!
스트렙시아데스	*(침상을 내려놓으며)* 그러지요.	635
소크라테스		자, 자네가 아직 배우지 않은 것들 중에 지금 무얼 먼저 배우고 싶나? 말해보게. 재는 법에 관해선가, 어법(語法)에 관해선가, 아니면 리듬에 관해선가?
스트렙시아데스		그야 재는 법에 관해서죠.

122 아폴론이 델포이를 떠나고 없는 겨울에는 주신 디오뉘소스가 그곳에 가 있었는데, 한 해 걸러 한 번씩 파르낫소스 산 정상 바로 밑의 고원에서 인근의 여자들이 밤에 횃불을 들고 디오뉘소스를 위해 축제를 벌였다고 한다.

123 고대 그리스의 모든 국가들은 29일과 30일이 교체되는 12개 태음월(太陰月)로 된 상용년(常用年)을 썼는데, 매 태음월은 신월(新月)로 시작되었다. 그럴 경우 1년은 354일에 불과하므로, 태양년(太陽年)에 맞추기 위해 적어도 솔론 이후부터 펠로폰네소스 전쟁 때까지 사용되던 8년 주기(週期)의 경우 30일짜리 윤달 셋을 도입해 3개년에 할당했는데, 그 결과 354일짜리 5개년과 384일짜리 3개년이 생겨나게 되었다. 8년 주기로 계산하면 날짜가 실제 달의 위상(位相)과 일치하지 않았지만, 축제들은 상용 달력에 맞춰 진행되었다.

124 멤논은 새벽의 여신 에오스(Eos)의 아들이고 사르페돈(Sarpedon)은 제우스의 아들인데, 이들은 트로이아에 원군으로 갔다가 전사했다.

125 인보동맹(amphiktyonia)은 인근 여러 나라들의 동맹체로, 가장 유명한 것이 델포이의 인보동맹이다. 이 동맹체에 속하는 나라들의 사절들은 봄에는 델포이의 아폴론 신전에서, 가을에는 테르모퓔라이(Thermopylai)의 데메테르 신전에서 모임을 가졌다.

스트렙시아데스	일전에 어떤 양곡상한테 근 한 되나 속았으니까요. 640
소크라테스	내가 묻는 것은 그게 아니라, 어떤 운율이 가장 자네 마음에 드느냐는 거야. 3절운율이야, 4절운율[126]이야?
스트렙시아데스	저야 물론 반(半) 헥테우스[127]가 제일 좋지요.
소크라테스	거 무슨 헛소리야!
스트렙시아데스	반 헥테우스가 4메트론이 아닌지 내기를 할까요? 645
소크라테스	빌어먹을! 이 바보 멍텅구리 같으니라고! 그러나 리듬에 관해서는 뭘 좀 배울 수 있겠지.
스트렙시아데스	리듬이 식량을 구하는 데 무슨 도움이 되죠?
소크라테스	첫째, 모임이 있을 때 교양이 있어 보이지. 어떤 리듬이 행진곡풍이고, 어떤 리듬이 650 닥튈로스[128]풍인지 알고 있으면 말이야.
스트렙시아데스	닥튈로스풍이라고요? 그쯤은 저도 알아요.
소크라테스	말해보게!
스트렙시아데스	*(손가락으로 남근을 흉내 내 보이며)* 여기 이 손가락밖에 더 있겠어요. 예전에 어릴 때 배웠죠. 이렇게!
소크라테스	이 바보 멍텅구리 같으니라고!
스트렙시아데스	원, 참. 그런 건 배우고 싶지 않다 이거요. 655
소크라테스	그렇다면 뭘 배우고 싶은가?
스트렙시아데스	저 거시기, 가장 부당한 논리요.
소크라테스	그 전에 다른 것부터 배워야 해. 네발짐승 가운데 어떤 것들이 진짜 남성[129]이지?
스트렙시아데스	수컷들을 모른다면 제가 제정신이 아니게요. 660 숫양, 숫염소, 수소, 수캐, 닭.
소크라테스	그것 보라니까. 자네는 암컷도 수컷도

	똑같이 닭이라고 부르지 않는가.	
스트렙시아데스	어떻게요?	
소크라테스	어떻게라니? 이것도 닭, 저것도 닭이라 하지 않았는가.	
스트렙시아데스	포세이돈에 맹세코, 그렇군요. 그럼 어떻게 불러야 하죠?	665
소크라테스	하나는 암탉이고, 다른 것은 수탉이지.	
스트렙시아데스	암탉이라고요? 공기에 맹세코, 거참 그럴듯하군요. 그걸 가르쳐주신 대가로 나리의 반죽통을 보릿가루로 가득 채워드릴게요.	
소크라테스	그것 봐, 또 실수를 하는군. 반죽통은 여성인데도 남성으로 부르니 말일세.[130]	670
스트렙시아데스	어째서 제가 반죽통을 남성으로 부른다는 거죠?	
소크라테스	그렇지 않고! 클레오뉘모스[131]라 말하듯 그냥 반죽통이라 하는데!	
스트렙시아데스	어째서요? 말씀해주십시오.	
소크라테스	자네에게는 반죽통과 클레오뉘모스가 같은 것[132]이니까 그렇지.	
스트렙시아데스	하지만 이것 보십시오. 클레오뉘모스에겐 반죽통이 없었어요.	675

126 그리스어로 3절운율은 trimetron이고, 4절운율은 tetrametron이다.
127 여기서 소크라테스는 메트론(metron)이라는 말을 시행(詩行)을 이루는 단위라는 뜻으로 쓰고 있는데, 스트렙시아데스는 용량의 단위로 이해하고 있다. 당시 그리스의 용량 단위는 1메딤노스(medimnos) = 6헥테우스(hekteus), 1헥테우스=8코이닉스(choinix)였다. 따라서 반(半) 헥테우스는 4코이닉스이다. 1choinix는 1.08리터로 한 사람의 하루분 식량이었다.
128 닥튈로스(daktylos: '손가락'이라는 뜻)는 장단단(長短短) 운각(−∪∪)이다.
129 여기서 '남성'이란 남성명사를 말한다.
130 반죽통의 그리스어 he kardopos는 남성어미 −os를 갖고 있지만 여성명사이다.
131 주 72 참조.
132 같은 남성명사라는 뜻이다.

	그래서 그는 둥근 절구에다 반죽을 했던 거예요.¹³³	
	그건 그렇고, 반죽통을 앞으로 어떻게 불러야 하죠?	
소크라테스	어떻게라니? 반죽통 양이라 불러야지. 소스트라테 양이라 부르듯 말일세.	
스트렙시아데스	반죽통 양으로, 여성으로 부르란 말씀이죠?	
소크라테스	그렇게 말해야 옳지.	
스트렙시아데스	그러니까 반죽통 양, 클레오뉘메¹³⁴ 양이라고 하란 말씀이죠?	680
소크라테스	자네는 이름에 관해 더 배워야 할 것 같네.	
	그중 어떤 것이 남성이고, 어떤 것이 여성인지.	
스트렙시아데스	어떤 것이 여성인지 저는 잘 알고 있는데요.	
소크라테스	말해보게!	
스트렙시아데스	뤼실라, 필린나, 클레이타고라, 데메트리아.¹³⁵	
소크라테스	어떤 이름들이 남성이지?	685
스트렙시아데스	부지기수죠. 필록세노스, 멜레시아스, 아뮈니아스.¹³⁶	
소크라테스	바보 같으니라고. 그들은 남성이 아니야.	
스트렙시아데스	나리들에겐 그들이 남성이 아니라고요?	
소크라테스	절대 아니지. 그럴 것이, 자네는 아뮈니아스를 만나면 뭐라고 부르나?	
스트렙시아데스	어떻게 부르냐고요? "어이, 이리 와, 이리 와, 아뮈니아¹³⁷!"라고 하죠.	690
소크라테스	그것 봐. 아뮈니아는 여자 이름 아닌가!	
스트렙시아데스	당연하죠. 그자는 전쟁터에도 나가지 않았으니까요.	
	그런데 누구나 다 알고 있는 걸 제가 왜 배우죠?	
소크라테스	*(침상을 가리키며)* 그런 걱정 말고 거기 앉게!	
스트렙시아데스	어떡하라는 거죠?	
소크라테스	자네 자신의 일들에 관해 숙고해보도록 하게!	695
스트렙시아데스	여기는 안 되겠어요. 부탁입니다. 꼭 그래야 한다면	
	땅바닥에 앉아 숙고하게 해주십시오.	

소크라테스	다른 방법이 없어서 그러네.
스트렙시아데스	*(침상에 앉으며)*
	재수 없구먼. 오늘 빈대들한테 얼마나 당하게 될지!
	(소크라테스, 사색장 안으로 퇴장)

코로스	좌 (700~706행)	
	온갖 방법으로 그대 자신을 숙고하며 꿰뚫어보라.	700
	몸이 뒤틀리더라도 정신을 집중하고는.	
	궁지에 빠지게 되면	
	얼른 다른 생각으로 옮겨 뛰어	
	달콤한 잠이 그대의 눈에 앉지 못하게 하라.	705
	・ ・ ・ ・ ・ ・ [138]	
	・ ・ ・ ・ ・ ・	

스트렙시아데스	어이쿠, 어이쿠!	707
코로스	무슨 일인가? 왜 괴로워하는가?	
스트렙시아데스	아이고, 나 죽네. 침상에서	

---

133 용두질을 했다는 뜻인 것 같다.
134 클레오뉘메(Kleonymē)는 클레오뉘모스의 여성형이다.
135 고주석에 따르면 뤼실라(Lysilla), 필린나(Philinna), 클레이타고라(Kleitagora), 데메트리아(Demetria)는 창녀였다고 하는데, 아테나이의 여인들 사이에서는 흔한 이름이었다.
136 필록세노스, 멜레시아스(Melesias), 아뮈니아스(Amynias)가 실재 인물인지, 그럴 경우 어떤 의도에서 거명되었는지 알 길이 없다.
137 아뮈니아스는 남자 이름이지만, 그 호격(呼格) Amynia는 -a로 끝나는 여성 명사처럼 보인다.
138 여기서 몇 행이 없어진 것으로 추정된다.

　　　　　　　코린토스 병정들[139]이 기어나와 나를 물어뜯는구나!　　　710
　　　　　　　녀석들은 양쪽 옆구리를 뜯어내고,
　　　　　　　피를 빨아 마시고,
　　　　　　　불알을 끌어당기고,
　　　　　　　엉덩이에 구멍을 뚫으며
　　　　　　　나를 죽이는구나!　　　715
　　코로스　　너무 괴로워하지 말게!
스트렙시아데스　어떻게 괴로워하지 않을 수 있죠?
　　　　　　　재산도 없어지고, 안색도 나빠지고,
　　　　　　　피도 마르고, 구두도 없어진 데다,
　　　　　　　이 모든 재앙에 겹쳐 설상가상으로　　　720
　　　　　　　노래를 부르며 불침번을 서다가
　　　　　　　저 자신이 없어질 판인데!

　　소크라테스　(등장하며) 이봐, 뭐 하는 거야? 숙고는 하지 않고.
스트렙시아데스　저 말인가요? 안 하기는요.
　　소크라테스　뭘 숙고했나?
스트렙시아데스　빈대들 등쌀에 제 몸이 남아날까 하고요.　　　725
　　소크라테스　뒈져버려라, 이 악당아!
스트렙시아데스　그러잖아도 금세 뒈지겠어요.
　　소크라테스　자자, 그렇게 나약해지지 말고 옷을 뒤집어쓰게!
　　　　　　　그리고는 빼앗고 속이는 수법을 생각해내게!
스트렙시아데스　맙소사! 어떻게 이런 양모피 위에서
　　　　　　　빼앗는 수법이 떠오를 수 있겠어요?　　　730
　　　　　　　(옷을 뒤집어쓰고 앉아 있다)
　　소크라테스　자, 저자가 뭘 하는지 지켜봐야지.

	이봐, 자는 거야?	
스트렙시아데스	자기는요.	
소크라테스	뭐 좀 잡았나?	
스트렙시아데스	잡기는요.	
소크라테스	아무것도?	
스트렙시아데스	그래요. 제 오른손에 있는 이것140 말고는요.	
소크라테스	냉큼 뒤집어쓰고 숙고하지 못할까?	735
스트렙시아데스	무엇에 관해서요? 그걸 말씀해주셔야죠, 소크라테스 님!	
소크라테스	우선 자네가 원하는 걸 찾아내어 내게 말해주게!	
스트렙시아데스	제가 원하는 게 무언지 골백번도 더 말씀드렸을 텐데요. 그것은 어느 누구에게도 이자를 갚지 않는 것이랍니다.	
소크라테스	자, 이제 뒤집어쓰고 정신을 집중해 사실을 꼼꼼히 숙고하는 거야. 정확히 분석하고 고찰하며.	740
스트렙시아데스	*(몸을 긁어대며)* 어이쿠, 죽겠다!	
소크라테스	조용히 해! 어떤 생각이 막히면 잠시 내버려두었다가 다시 그 생각으로 되돌아가 그걸 저울질해보는 거야.	745
스트렙시아데스	오오, 경애하는 소크라테스 님!	
소크라테스	무슨 일이지, 영감?	
스트렙시아데스	이자를 떼먹을 수법을 찾아냈어요.	
소크라테스	말해보게!	
스트렙시아데스	말씀해보십시오. 만약 제가….	

139 빈대들(koreis)을 '코린토스 병정들'(hoi Korinthioi)이라고 한 이유는 두 단어의 발음이 비슷한 데다 당시 코린토스와 아테나이가 적대관계에 있었기 때문인 듯하다.

140 남근. 스트렙시아데스는 용두질을 하고 있었던 것 같다.

소크라테스	어떻게 한다는 거지?
스트렙시아데스	텟살리아[141]의 마녀를 사서

밤중에 달님을 끌어내려

거울처럼 둥근 투구함에다

단단히 보관한다면…. |

750

소크라테스	그게 자네에게 무슨 도움이 되지?
스트렙시아데스	무슨 도움이 되냐고요? 달님이 더 이상 아무 데도

뜨지 않는다면 이자를 갚지 않아도 되기 때문이죠. |

소크라테스	어째서?

755

스트렙시아데스	이자는 달로 계산하기 때문이죠.
소크라테스	좋았어. 그럼 두 번째 문제를 내지. 누가

자네에게 5탈란톤의 손해배상 소송을 제기한다면,

거기서 어떻게 벗어날 것인지 말해보게! |

760

스트렙시아데스	어떻게냐고요? 잘 모르겠는데요. 하지만 알아내야죠.
소크라테스	자네 생각을 늘 자네 주위에서만 맴돌게 하지 말고

하늘 높이 날게 하는 거야.

발에 실을 매단 쇠똥구리처럼 말일세. |
| 스트렙시아데스 | 재판에서 벗어날 가장 현명한 방법을 생각해냈어요.

나리께서도 인정하시게 될 겁니다. |

765

소크라테스	어떤 방법인데?
스트렙시아데스	약국에서 돌을 보신 적이 있으시죠?

불을 붙이는 데 쓰이는 아름답고 투명한 돌 말입니다. |
| 소크라테스 | 화경(火鏡) 말인가? |
| 스트렙시아데스 | 그래요. 자, 어떨까요?

서기(書記)가 제 사건을 기록하고 있을 때,

제가 화경을 들고 이렇게 해를 등지고 서서 |

770

	저에 대한 소장(訴狀)을 녹여 없애버린다면.¹⁴²	
소크라테스	카리스¹⁴³ 여신들에 맹세코, 좋은 수법이로군.	
스트렙시아데스	아아, 5탈란톤의 소송을 물리치니 얼마나 기쁜지 모르겠어요.	
소크라테스	자, 이것도 냉큼 낚아채보게!	775
스트렙시아데스	뭐 말씀이죠?	
소크라테스	누가 자네에게 소송을 제기했는데 증인들이 없어서 질 것 같을 때는 어떻게 할 참인가?	
스트렙시아데스	그야 식은 죽 먹기죠.	
소크라테스	말해보게!	
스트렙시아데스	제가 소환되기 전 아직 다른 소송이 심리되고 있는 사이 달려가 목을 매는 거죠.	780
소크라테스	말도 안 되는 소리.	
스트렙시아데스	제가 죽고 나면 아무도 제게 소송을 제기하지 못할 텐데요?	
소크라테스	헛소리 마. 꺼져버려. 나는 더 이상 자네를 가르치고 싶지 않네.	
스트렙시아데스	왜죠? 제발 부탁입니다, 소크라테스 님!	
소크라테스	자네는 무얼 배우건 금세 까먹어버리니까. 자, 그러면 처음에 무얼 배웠는지 말해보게!	785
스트렙시아데스	가만 있자. 처음에 뭐였더라? 처음에 뭐였지? 그 안에서 보릿가루를 반죽하는 게 뭐였지? 아이고, 뭐더라?	
소크라테스	꺼져버려, 세상에서 제일 건망증 심한 멍청한 영감태기야!	790
스트렙시아데스	아아, 난 불운하구나. 난 대체 어떻게 되는 거지?	

141 그리스 북부 텟살리아의 여인들은 마술에 능하기로 정평이 나 있었다.
142 당시 소장은 밀랍을 입힌 서판에다 썼다. 주 30 참조.
143 우미(優美)의 여신.

	혀를 돌리는 재주를 배우지 못하면 나는 끝장이야.	
	오오, 구름의 여신들이시여, 제게 좋은 조언을 해주소서!	
코로스장	영감, 우리가 조언을 해주리라.	
	그대에게 장성한 아들이 있으면	795
	그대 대신 그를 보내 배우게 하라!	
스트렙시아데스	제겐 신사 아들이 하나 있기는 하죠.	
	하지만 배우려 하지 않으니, 전들 어떡하겠어요?	
코로스장	그런데도 내버려둔단 말인가?	
스트렙시아데스	그 애는 힘이 세고 팔팔해요. 게다가 배포가 큰	
	코이쉬라 같은 여인들의 피를 타고났지요.	800
	아무튼 그 애를 데려오지요. 배우지 않겠다면	
	집에서 내쫓을 수밖에 없지요.	
	(소크라테스에게) 잠시 안으로 드셔서 기다려주십시오. *(자기 집 안으로 퇴장)*	

코로스	우 (804~813행)	
	(소크라테스에게) 그대는 보지 못하시오?	
	그대가 모든 신들 가운데 우리한테서	805
	가장 많은 혜택을 받는다는 것을.	
	저자는 그대가 원하는 것이면	
	무엇이든 기꺼이 행하니 말이오.	
	저자가 감탄하여 마음이 들떠 있다 싶으면	
	그대는 되도록 많이 빨아먹도록 하시오.	810
	어서 빨리! 이런 일은 언제 변할지 모르니까.	
	(소크라테스 퇴장하고, 스트렙시아데스가 페이딥피데스를 데리고 등장)	

스트렙시아데스	안개의 여신에 맹세코, 더 이상 여기 머물지 말고

	가서 메가클레스의 기둥들이나 갉아 먹으렴!		815
페이딥피데스	참 이상하시네요. 어떻게 되신 거예요, 아버지?		
	올림포스의 제우스에 맹세코, 제정신이 아니신 것 같아요.		
스트렙시아데스	그것 보라니까. 올림포스의 제우스라니!		
	멍청하게 그 나이에 아직도 제우스를 믿다니!		
페이딥피데스	대체 그게 뭐가 우습다는 거죠?		820
스트렙시아데스	내가 보기에 너는 어린애고 생각이 고리타분하니까 그렇지.		
	자, 이리 따라와봐. 네가 더 잘 알도록 내가		
	말해주는 것을 배우면 너는 어른이 될 거야.		
	하지만 그걸 다른 사람에게는 아무한테도 말하면 안 돼!		
페이딥피데스	그게 뭔데요?		825
스트렙시아데스	너 방금 제우스에 걸고 맹세했지?		
페이딥피데스	그래요.		
스트렙시아데스	배우는 게 얼마나 좋은 일인지 알아?		
	페이딥피데스야, 제우스 같은 건 없어.		
페이딥피데스	그럼 누가 있죠?		
스트렙시아데스	지금은 소용돌이가 통치하지. 제우스를 내쫓고.		
페이딥피데스	쳇, 무슨 헛소리를 하시는 거예요!		
스트렙시아데스	알아둬. 그건 사실이야.		
페이딥피데스	누가 그렇게 말했죠?		830
스트렙시아데스	멜로스[144]의 소크라테스와 벼룩의 발자국을 알고 있는		

---

144 멜로스(지금의 Milo) 섬 출신의 디튀람보스 시인 디아고라스는 그리스의 민간신앙을 맹렬히 공격함으로써 atheos('신을 모독하는 자' '불경한 자'라는 뜻)라는 별명을 얻었는데, 그 뒤로 누구든 전통신앙을 공격하거나 부정하는 자는 ho Melios('멜로스 사람'이라는 뜻)라고 불렸다.

	카이레폰이 그랬어.	
페이딥피데스	아버지는 완전히 실성하셨군요. 그런 미치광이들을 믿으시다니!	
스트렙시아데스	닥치지 못해!	
	그런 올바르고 현명한 분들을	
	비방해서는 안 돼. 그분들은 검소해서	835
	아무도 삭발하거나,¹⁴⁵ 기름을 바르거나,¹⁴⁶	
	몸을 씻으러 목욕탕에 가신 적이 없어.	
	그런데 너는 내가 마치 죽은 사람인 양 내 재산을	
	씻어 없애지 않느냐.¹⁴⁷ 냉큼 가서 나를 위해 배우도록 해!	
페이딥피데스	하지만 저들에게서 어떤 유익한 것을 배울 수 있죠?	840
스트렙시아데스	뭘 배울 수 있냐고? 인간들 사이의 모든 지혜를	
	배울 수 있지. 너는 네가 얼마나 무식하고 아둔한지	
	알게 될 거야. 여기서 잠깐만 기다려라!	
	(사색장 안으로 퇴장)	
페이딥피데스	아아, 아버지가 실성하셨으면 어떡하지?	
	아버지가 실성한 사실을 관청에 알려야 하나, 아니면	845
	관(棺) 짜는 자들에게 아버지의 정신착란을 말해야 하나?	
스트렙시아데스	*(수탉과 암탉을 양팔에 안고 등장하며)*	
	자, 너는 이걸 뭐라고 부르느냐? 말해봐!	
페이딥피데스	닭이라 부르죠.	
스트렙시아데스	좋았어. 이것은?	
페이딥피데스	닭이라 부르죠.	
스트렙시아데스	둘 다 같다고? 너 참 가소롭구나.	
	앞으로는 그러지 말고, 이것은 암탉,	850
	이것은 수탉이라 부르도록 해!	
페이딥피데스	암탉이라고요? 저 대지의 자식들¹⁴⁸ 한테서	

	이 알량한 것들을 배우려고 안으로 들어가셨던가요?	
스트렙시아데스	그 밖에도 많이 배웠지. 그러나 연만한 탓에	
	배울 때마다 금세 잊어버린단 말이야.	855
페이딥피데스	겉옷을 잃어버리신 것도 그 때문인가요?	
스트렙시아데스	잃어버린 게 아니라 사색하느라 날린 거지.	
페이딥피데스	그럼 구두는 어디로 갔죠? 망령 드셨나요?	
스트렙시아데스	페리클레스의 말마따나 꼭 필요한 곳에다 잃어버렸지.	
	자, 어서 가자. 이 아비의 부탁을 들어주고 나서는	860
	네 마음대로 하렴! 나도 전에 아직	
	옹알대던 여섯 살배기인 네 부탁을 들어주려고	
	배심원으로 일해서 처음 받은 일당(日當)[149]으로	
	디아시아 제를 위해 작은 수레를 사준 기억이 나는구나.	
	(사색장 쪽으로 걸어간다)	
페이딥피데스	*(마지못해 따라가며)*	
	시간이 지나면 언젠가는 후회하시게 될 거예요.	865

145 이들이 삭발하지 않고 머리를 길게 기르는 것은 멋을 내기 위해서가 아니라 절약하기 위해서라는 뜻이다.
146 당시 그리스에서는 운동하거나 식사하기 전에 청결과 건강을 위해 몸에 올리브기름을 발랐다.
147 아리스토파네스가 즐겨 쓰는 예상외(豫想外 para prosdokian) 표현의 하나이다. 독자나 청자는 입관하기 전에 시신을 닦아주는 행위를 예상하고 있는데, 뜻밖에도 재산이라는 말이 나온 것이다.
148 소크라테스와 그의 제자들은 여기서 대지의 여신 가이아(Gaia)의 아들들로 올림포스 신들에게 대항했던 기가스(Gigas 복수형 Gigantes)라고 일컬어지고 있다.
149 당시 아테나이에는 송사(訟事)가 폭주하여 시민들이 추첨으로 뽑혀 배심원으로 봉사했다. 처음에는 일당으로 2오볼로스를 받았으나, 이 희극이 쓰여졌을 때는 3오볼로스로 인상되었다.

스트렙시아데스	네가 순종해주어서 다행이구나. *(문간에서)* 이리 나오십시오, 소크라테스 님! 제가 아들을 데려왔습니다. 싫다는 것을 설득해서 말입니다.
소크라테스	*(밖으로 나오며)*

아직 풋내기로구먼. *(해먹들을 가리키며)* 여기 있는

이 광주리들에 아직 익숙하지 않겠구먼.

페이딥피데스	당신이나 매달려요! 익숙해지게.	870
스트렙시아데스	저런, 저런! 선생님을 욕하다니!	
소크라테스	저것 보라니까. "매달려요"라니!	

바보처럼 입을 조금만 벌리고 발음하는 꼴이라니!

저래서야 어찌 소송을 회피하고, 고소를 하고, 배심원들

앞에서 무의미한 호언장담을 늘어놓는 법을 배울 수 있겠나? 875

하지만 휘페르볼로스는 1탈란톤이나 주고 그것을 배웠지.

스트렙시아데스	염려 말고 가르쳐주십시오. 이 애는 원래 재주가 있어요.

이 애는 아주 어려서부터 집 안에서

집을 짓고, 배를 깎아 만들고,

가죽으로 수레를 만들고, 석류열매 껍질로 880

개구리를 만들곤 했지요. 정말이라니까요.

이 애에게 두 가지 논리를 다 가르쳐주십시오.

그것이 무엇이든 더 나은 것과 더 못한 것을 말입니다.

더 못한 것은 옳지 못한 말로 더 나은 것을 넘어뜨리죠.

둘 다는 안 된다면 옳지 못한 것만이라도 꼭 가르쳐주십시오. 885

소크라테스	그는 두 논리한테 직접 배우게 될 터이니

나는 가겠네.

스트렙시아데스	*(사색장으로 들어가는 소크라테스에게)*

그러나 명심하시고 이 애가 모든 정당한 것들에 대해

반론을 제기할 수 있게 해주십시오!

코로스 ‧ ‧ ‧ ‧ ‧ ‧ [150]

(정론과 사론 등장)

정론 자, 이리 와서 관객들에게 자네 모습을 보이게.
　　　자네 비록 대담하긴 하지만. 890

사론 어디든 자네 좋은 곳으로 가게. 사람들이 많은 곳일수록
　　　나는 자네를 더 확실히 말로 칠 수 있을 테니까.

정론 친다고? 자네가 대체 누구기에?

사론 논리지.

정론 열등한 논리겠지.

사론 하지만 나는 나보다 더 우월하다고 말하는 자네를
　　　이기고 말걸세.

정론 무슨 수로? 895

사론 신식 수법을 찾아냄으로써.

정론 신식 수법들이 번창하는 것은 *(관객들을 가리키며)*
　　　이 지각없는 자들 탓이지.

사론 천만의 말씀! 그들은 현명한 분들일세.

정론 내 자네를 심히 치리라.

사론 말해봐, 어떻게?

정론 옳은 것을 말함으로써. 900

사론 하지만 나는 반론을 제기함으로써 그걸 막을 테다.
　　　내 말하노니, 정의의 여신은 존재하지 않으니까.

150　여기서 코로스의 노래가 없어진 것으로 추정된다.

정론 존재하지 않는다고?

사론 그럼 어디 있지?

정론 신들 곁에 있지.

사론 정의의 여신이 있다면, 제우스가 자기 아버지를 묶어놓고도[151]
      어째서 망하지 않았지?   905

정론 또 그 이야기로구먼. 어이쿠, 괴로워. 대야 좀 가져와![152]

사론 이 고리타분하고 붙임성 없는 구닥다리야!

정론 이 버르장머리 없는 파렴치한아!

사론 자네가 하는 말은 내겐 장미 향기 같으이.   910

정론 더러운 아첨꾼!

사론 내게 백합 화관을 씌워주는군!

정론 아비를 죽일 놈!

사론 그런 줄도 모르고 내게 황금을 뿌리는구먼!

정론 전에는 분명 황금이 아니라 납이었는데.

사론 하지만 지금은 그게 내 장식물이지.

정론 뻔뻔스럽기 짝이 없군!

사론 자네는 케케묵었고.   915

정론 아이들이 아무도 학교에 가려 하지 않는 것은
      다 자네 때문이야.
      그러나 이 지각없는 자들에게 자네가 뭘 가르치고 있는지
      아테나이인들도 언젠가는 알게 될걸세.

사론 자네는 초라해 보이는군.

정론 자네는 잘나가고. 하지만 전에는 걸식을 했고,   920
      자신을 뮈시아의 텔레포스[153]에 비기며 자루에서
      판델레토스[154]의 금언(金言)을 꺼내 먹곤 했었지.

사론 아아, 지혜여….

정론	아아, 광기여….	925
사론	자네가 방금 헐뜯었던.	
정론	자네 자신의. 그리고 아이들을 망치라고 자네를 부양해주는 도시의!	
사론	*(페이딥피데스를 가리키며)* 자네는 구닥다리여서 이 젊은이를 가르치지 않겠지.	
정론	가르쳐야지. 이 젊은이가 구원받고, 쓸데없는 잡담만 늘어놓도록 교육받지 않게 하려면.	930
사론	자, 이리 오게. 저자는 미쳐 날뛰도록 내버려두고!	
정론	혼내줄 테다. 어디 한번 손대보시지!	
코로스장	그대들은 말다툼과 험담일랑 그만두라. *(정론에게)* 그대는 전에 가르쳤던 것을, *(사론에게)* 그대는 신식 교육방법을 말해보라! 이 젊은이가 양쪽 말을 다 들어보고 어느 쪽 학교로 갈 것인지 결정할 수 있도록!	935
정론	그건 내가 바라던 바요.	
사론	나도 마찬가지요.	

151 제우스 형제들과 그 자식들은 제우스의 아버지 크로노스가 이끌던 티탄 신족과 싸워 고전한 끝에 10년 만에 승리를 거두고, 이들을 지하 가장 깊숙한 곳인 타르타로스에 유폐한다.

152 여기에서는 '그 구역질나는 이야기 좀 그만해!'라는 뜻이다.

153 아킬레우스의 창에 부상을 입은 소아시아 뮈시아 왕 텔레포스는 부상을 입힌 자가 부상을 낫게 해줄 것이라는 신탁에 따라 거지로 변장하고는 일단 그리스로 퇴각한 그리스군 진영을 찾아간다. 거기에서 그것이 아킬레우스의 창에 슨 녹이라는 것을 알고 치유받고는 그리스군을 트로이아로 안내한다.

154 판델레토스(Pandeletos)는 소피스트로 다른 데서는 거의 언급되지 않는데, 정치가이자 밀고자였다고 한다. 여기서 '금언'이란 궤변이라는 뜻이다.

| 코로스장 | 자, 둘 중 어느 쪽이 먼저 말할 텐가? | 940 |

| 사론 | 이자에게 양보하겠소.
나는 이자의 논증에서
신식 말과 사상을 뽑아내
그것으로 이자를 쏘아 넘어뜨릴 것이오.
그리고 마지막에는 이자가 종알대기만 해도 | 945 |
내 말들이 벌 떼처럼 이자의 온 얼굴과
두 눈을 쏘아 이자를 죽이게 될 것이오.

아곤[155] (949~1164행)

| 첫 번째 반코로스 | 좌 (949~958행)

이제 둘은 빈틈없는 세심한 말과 사상과
경구로 보여주도록 하라, 950
둘 중 어느 쪽이 더 훌륭한 언변가로 드러날 것인지!
지금 이곳에서는 지혜가 온갖 위험에 노출되어 있고, 955
지혜에 관한 싸움은 우리 친구들에게 가장 큰 싸움이니까.

| 코로스장 | *(정론에게)*

수많은 훌륭한 성품의 화관으로 우리 선조들을 장식했던 자여,
그대 마음에 드는 말로 그대의 본성을 말하도록 하라! 960

| 정론 | 그러면 그 옛날 내가 정의의 대변자로서 번창하고 절제가
존중되었을 때, 소년들의 교육방법이 어떠했는지 말하겠소.
첫째, 소년들한테서 절대로 투덜대는 소리가 들려서는 안 되었소.
그다음, 한 구역의 소년들은 거리를 따라 질서정연하게
음악교사의 집으로 함께 걸어갔소. 함박눈이 내려도 외투를

  입지 않고. 965

그러면 음악교사는 먼저 양다리를 꼬지 않고 얌전히 앉아
"두려운 도시의 파괴자 팔라스여"[156] 또는 "멀리 울려 퍼지는
뤼라 소리"[157] 같은 노래를 부르도록 가르쳤소. 그들 아버지들이
부르던 선법(旋法)에 맞춰. 그리고 그들 가운데 누가 돌출하거나
전조(轉調)를 시도하며 요즘 유행하는 프뤼니스[158]풍 장식음을 970
달면 무사 여신[159]들을 모독한 죄로 몰매를 맞았지요.
한편 체조교사 집에서 소년들은 다리를 앞으로 뻗고
앉았는데, 구경꾼들에게 꼴사나운 모습을 보이지 않기
위해서였소.[160] 그리고 일어설 때는 언제나 자기들이
모래에 앉았던 자국을 지워버렸는데, 자신들의 동성연인들에게 975
젊음의 모습을 남기지 않기 위해서였소. 그때는 아무도
배꼽 밑에 기름을 바르지 않았고, 그래서 남근 주위에는
복숭아 솜털같이 부드러운 잔털이 나 있었소. 또한 소년은
목소리를 부드럽게 꾸미며 눈짓으로 스스로 자신의 뚜쟁이가
되어 연인에게 다가가지 않았소. 소년은 또 식사할 때 980

155 아곤(agon: '토론'이라는 뜻)은 드라마의 주요 쟁점에 대한 두 적대자 사이
  의 토론을 말하는데, 이때 먼저 발언하는 쪽이 늘 진다. 아곤은 모든 희극에
  공통된 것은 아니다.
156 이 시행은 아테나이 출신의 디튀람보스 시인 람프로클레스가 쓴 노래의 첫
  부분이라고 한다. 팔라스는 아테나 여신의 별명 중 하나이다.
157 누구의 노래인지 확실하지 않다.
158 프뤼니스(Phrynis)는 소아시아 레스보스 섬의 뮈틸레네 출신 키타라 연주
  자이다. 그는 기원전 456년 판아테나이아 제에서 우승한 적이 있으며, 아리
  스토파네스 때 신음악의 발전에 중요한 역할을 했다고 한다.
159 무사 여신들은 제우스와 기억의 여신 므네모쉬네(Mnemosyne)의 딸들로
  시가(詩歌)의 여신들이다.
160 그러지 않으면 남근이 보일 수 있기 때문이다.

무 뿌리에 손을 내밀어도 안 되었고,¹⁶¹ 어른들보다 먼저
미나리나 파슬리를 먹어서도 안 되었소. 그리고 미식(美食)도,
킬킬대고 웃는 것도, 다리를 꼬는 것도 허용되지 않았소.

사론   그건 케케묵고, 옛 농경 축제들과
매미 모양의 비녀와 케케이데스¹⁶² 냄새가 물씬 나는구먼.   985

정론   하지만 이것이 마라톤¹⁶³ 전사들을 길러낸 그 교육방법이지.
그런데 자네는 요즘 소년들에게 어릴 적부터 곧장 겉옷으로 몸을
싸도록 가르쳐서, 그들이 판아테나이아 제(祭)에서 춤추어야 할 때
트리토게네이아¹⁶⁴의 명예도 아랑곳없이 방패가 엉덩이를 치는 것을
보면, 나는 화가 나서 숨이 막힐 지경이야. 그러니 젊은이여, 안심하고   990
나를 택하도록 하라! 그러면 그대는 차츰 장터를 싫어하고,
목욕탕을 멀리하고, 수치스러운 것을 부끄러워하고, 누가 그대를
  놀리면 발끈하게 되리라.
그대는 또 노인이 다가오면 자리에서 일어서고, 부모를
버릇없이 대하지 않고, 수치스러운 짓은 일절 하지 않게 되리라.
그러지 않으면 그대는 경외(敬畏)의 여신상을 더럽히게 될 테니까.   995
그대는 또 무희의 집에 다가가, 그런 일에 열을 올리다가
창녀의 사과에 얻어맞아¹⁶⁵ 명예가 실추되지 않을 것이며, 아버지에게
말대꾸하거나 아버지를 구닥다리라 부르며 그대가 양육이 필요한
병아리였을 때 맞았던 매를 되갚지도 않게 되리라.

사론   젊은이, 이자의 말을 듣는다면, 디오뉘소스 신에 맹세코, 그대는   1000
힙포크라테스¹⁶⁶의 아들들을 닮아 응석둥이라 불리게 될걸세.

정론   천만에! 그대는 토실토실하고 건강미 넘치는 모습으로 운동장을
거닐게 되고, 요즘 젊은이들처럼 장터에서 되지못한 잡담과
재담을 늘어놓거나 지저분한 송사에 말려드는 일이 결코 없으리라.
아니, 그대는 아카데메이아¹⁶⁷로 가서 올리브나무들 아래   1005

머리에 흰 갈대관[168]을 쓰고, 사려 깊은 동년배와 함께

달리게 되리라. 아름다운 봄철 플라타너스가 느릅나무에

나직이 속삭일 때. 메꽃 향과 백양나무에 둘러싸여.

내가 말한 대로 한다면,

그리고 내가 한 말을 명심한다면,   1010

그대는 언제나 튼튼한 가슴과,

해맑은 피부와, 넓은 어깨와,

작은 혀와, 큰 엉덩이와,

작은 남근을 갖게 되리라.[169]

161 아이들은 음식의 가장 좋은 부분은 어른들에게 양보해야 한다는 뜻이다.
162 고주석에 따르면 케케이데스(Kekeides)는 구식 디튀람보스 시인이었다.
163 아테나이 북동쪽의 들판. 기원전 490년 이곳에서 벌어진 전투에서 밀티아데스(Miltiades)가 이끌던 아테나이군이 페르시아 육군에 크게 이겼다.
164 트리토게네이아(Tritogeneia) 또는 트리토게네스(Tritogenes)는 아테나 여신의 별명 중 하나로 어원이 확실하지 않지만, 일설에 따르면 여신이 리뷔에(지금의 북아프리카)의 트리토니스(Tritonis) 호반에서 태어났기 때문에 얻은 이름이라고 한다.
165 사과는 사랑의 여신 아프로디테에게 바쳐진 과일로, 사과를 선물하거나 던지거나 나누어 먹는 것은 무언의 사랑 고백이다.
166 여기서 힙포크라테스는 기원전 424년 보이오티아 지방의 해안도시 델리온(Delion) 전투에서 전사한 아테나이 장군으로, 그의 세 아들은 버릇없고 무식하기로 정평이 나 있었다.
167 아카데메이아(Akademeia)는 아테나이 북서쪽 교외 지역이다. 처음에는 이곳 영웅인 아카데모스(Akademos)에게 바쳐진 공원과 운동장이었으나, 훗날 플라톤이 이곳에서 제자들을 가르쳤다.
168 갈대관은 디오스쿠로이들('제우스의 아들들'), 즉 카스토르(Kastor)와 폴뤼데우케스(Polydeukes)가 즐겨 쓰던 관이다. 이들은 전투에서 용감하고 체육에 능한 이상적인 젊은이들이었다.
169 당시의 도자기들을 보면 신과 영웅과 젊은이는 비정상적으로 작게, 이민족 출신 노예와 몇몇 사튀로스들은 비정상적으로 크게 남근을 그려놓았다.

그러나 요즘 젊은이들처럼 하면, 1015
그대는 우선 창백한 피부와, 작은 어깨와,
큰 혀, 작은 엉덩이와, 큰 남근을 갖게 되고,
민회에서 긴 연설을 함으로써 새로운
법안을 발의하게 되리라.[170]
(사론을 가리키며) 이자는 그대를 설득하게 되리라, 1020
수치스러운 것은 모두 아름답게, 아름다운 것은 수치스럽게
여기도록. 게다가 이자는 안티마코스[171]의 음탕으로
그대를 가득 채우게 되리라.

두 번째 반코로스 우 (1024~1033행)

오오, 가장 찬양받는 지혜의 성탑을 지키는 자여, 1025
그대의 말에서 얼마나 달콤한 덕망의 꽃향기가 피어오르는가!
옛날에 그대와 함께 살았던 자들은 행복하도다!
(사론에게) 이에 대해, 기지가 넘치는 자여, 그대는 뭔가 1030
새로운 것을 말해야 하리라. 이자는 갈채를 받았으니까.

코로스장 (사론에게)

이자에 대해 그대에게는 교묘한 논증이 필요할 것 같구려.
그대가 이자를 이기고 웃음거리가 되지 않으려면. 1035

사론 나는 아까부터 밸이 꼴려 이자가 한 말을
모두 반론으로 뒤엎고 싶었소.
나는 이 사색가들 사이에서 열등한 논리라 불리는데,
그것은 내가 맨 처음으로 소송에서
법률에 반박하려 했기 때문이오. 1040
그리고 열등한 논리를 사용하고서도 이긴다면

그것은 만금의 값어치가 있는 일일 것이오.

(페이딥피데스에게)

그대는 이자가 자랑하는 교육법을 내가 어찌 논박하는지 보시게!
첫째, 이자는 그대에게 더운물 목욕을 허용하지 않겠다고 했는데,
(정론에게) 무슨 이유로 자네는 더운물 목욕이 나쁘다 하는가? 1045

정론   그것은 가장 사악한 것으로 남자를 나약하게 만들기 때문이지.

사론   잠깐. 자네는 내게 허리를 잡혔으니 벗어나지 못하리라.
자, 말해보게. 자네는 제우스의 아들 중에 누가 가장 용감하다고
생각하나? 그리고 누가 노고를 가장 잘 이겨냈다고 생각하나?

정론   내가 판단하기에는, 헤라클레스보다 더 용감한 남자는 없네. 1050

사론   자네는 일찍이 헤라클레스의 찬물 목욕에 관해 들어본 적이
있나?[172] 그런데도 그보다 더 용감한 자는 없지 않은가?

정론   바로 그런 헛소리 탓에 목욕탕은 온종일 잡담을 늘어놓는
젊은이들로 가득 차고, 체육관은 텅텅 비는 거지.

사론   그다음, 자네는 장터에서의 소일을 나쁘다 했지만, 나는 좋다고 1055
생각하네. 그게 나쁘다면, 호메로스는 결코 네스토르[173]와 그 밖에

---

170   민회에서 언제나 긴 연설을 하며 새로운 법안을 발의하는 대중연설가를 조롱해서 하는 말이다.

171   안티마코스(Antimachos)에 관해서는 달리 알려진 바 없다. 그는 『아카르나이 구역민들』 1150행에서도 조롱의 대상이 되고 있다.

172   노고에 지친 헤라클레스를 위해 아테나 또는 헤파이스토스가 테르모퓔라이에 온천이 솟아나게 했다고 한다. 그 밖에도 헤라클레스의 온천이라고 불리는 곳이 여러 군데 있다고 한다.

173   네스토르(Nestor)는 『일리아스』에 나오는 언변과 계략에 능한 그리스군 노장이다. 그는 1권 248행과 4권 294행에서 agoretes라 불리는데, 이 말은 단순히 '회중 앞의 연설가'라는 뜻인데도 사론은 '장터(agora)의 연설가'라고 해석하고 있다.

모든 지혜로운 자들을 '장터의 대중연설가'로 만들지 않았을걸세.
그다음, 이자는 혀와 관련해, 젊은이들은 혀를 훈련시켜서는
안 된다고 했는데, 나는 그래야 한다고 생각하오. 이자는 또
젊은이들은 순결해야 한다고 했는데, 둘 다 가장 큰 악이오.   1060
(정론에게) 자네는 순결한 자가 그 때문에 덕을 보는 것을
본 적이 있는가? 자, 어서 내 말을 반박해보게!

정론   많이 보았지. 펠레우스가 칼을 얻은 것도 다 순결 덕분이었지.[174]

사론   칼이라고? 그 불운한 자가 대단한 보답을 받았군그래.
램프 상가(商街) 출신의 휘페르볼로스만 해도 사악한 속임수로[175]   1065
수만금도 더 벌지 않았던가, 칼이 아니라?

정론   하지만 펠레우스가 테티스와 결혼한 것은 그가 순결했기 때문이었네.

사론   그러나 테티스는 그를 버리고 가버렸지. 그것은 그가 이불 밑에서
밤새도록 즐겁게 해주는 호색한이 아니었기 때문이야.
여자란 조금은 세게 닿는 것을 좋아해. 자네는 구닥다리야.   1070
(페이딥피데스에게) 젊은이여, 보시게. 순결에 깃든 온갖 피해를!
그리고 그대가 얼마나 많은 즐거움을 빼앗기게 될 것인지.
자식, 아내, 콧타보스 게임,[176] 요리, 술, 킬킬대는 웃음,
이런 것들이 없다면 사는 게 무슨 재미가 있겠나!
그건 그렇고, 이번에는 자연의 필연으로 넘어가겠네.   1075
그대는 뭔가 실수를 하고, 사랑을 하고, 간통하다 붙잡히는
날에는 끝장이야. 말할 줄을 모르니까. 자, 내 제자가 되어
멋대로 하고, 뛰고, 웃고, 아무것도 수치스럽게 여기지 말게.
간통하다 붙잡히면 그 남편에게 다음과 같이 논박하게.
그대는 아무 잘못도 저지르지 않았다고. 그리고 제우스를   1080
예로 들며 그분도 사랑과 여자에 졌거늘, 인간인 그대가
어떻게 신보다 더 위대할 수 있겠느냐고!

정론	그가 자네 말을 듣다가 엉덩이에 무가 박히거나, 뜨거운 재에 음모를 뜯기게 된다면,[177] 자신이 오입쟁이가 아니라고 어떻게 변명하지?	
사론	오입쟁이면 뭐가 손해지?	1085
정론	그보다 더 큰 손해가 어디 있어?	
사론	여기서 자네가 지면 뭐라고 말할 셈이지?	
정론	입을 다물 수밖에 없겠지.	
사론	자, 말해보게. 변호사들은 어떤 사람들에게서 나오나?	
정론	오입쟁이들이지.	1090
사론	동감이야. 어때, 비극작가들은 어떤 사람들에게서 나오나?	
정론	오입쟁이들이지.	
사론	좋았어. 대중연설가는?	
정론	오입쟁이들이지.	
사론	그럼 자네 말이 헛소리라는 걸 인정하는 거지? 그리고 관객들 가운데 어느 쪽이 더 많은지 둘러보게!	1095
정론	둘러보고 있네.	
사론	뭐가 보이는가?	

174 펠레우스는 바다의 여신 테티스(Thetis)와 결혼하여 영웅 아킬레우스의 아버지가 되기 전 이올코스(Iolkos) 왕 아카스토스(Akastos)의 아내 힙폴뤼테(Hippolyte)의 구애를 거절한 까닭에 그녀를 유혹하려 했다고 무고당한다. 그래서 아카스토스가 사냥 나갔다가 무기도 주지 않고 야수들이 득실대는 산속에 버리자 헤파이스토스가 그에게 무기를 가져다주었다고 한다.

175 그는 램프를 만들 때 청동에다 납을 섞었다고 한다.

176 콧타보스(kottabos)는 포도주를 뿌려 특정 목표물을 맞히는 게임으로 술자리에서는 인기 있는 놀이의 하나였다고 한다.

177 그 시대에는 간통하다가 현장에서 붙잡히면 죽임을 당해도 항의할 수 없었지만, 대개 여기서 언급된 수치를 당하고 벌금을 물었다고 한다.

정론   맙소사! 훨씬 많아,
       오입쟁이들이. 나는 알고 있어,
       적어도 이 남자가 그렇다는 것을.
       그리고 저 남자도. 그리고 저기 저 머리 긴 남자도.
사론   그렇다면 뭐라고 말할 셈인가?
정론   내가 졌네그려.
       자, 침대 위의 운동선수들이여,
       제발 내 겉옷을 받아주시게.
       내가 그대들에게로 탈주할 수 있도록.

       (정론과 사론 퇴장하고, 소크라테스와 스트렙시아데스 등장)

소크라테스   어때, 자네 아들을 데려갈 참인가?
             아니면 내가 말하는 법을 가르쳐줄까?
스트렙시아데스   가르치고 벌주십시오. 그리고 명심하시고
                 이 애의 입을 날카롭게 하시어, 한쪽 날은
                 작은 소송들에, 다른 쪽 날은
                 큰 소송들에 알맞게 해주십시오.
소크라테스   염려 말게. 이 애를 훌륭한 소피스트로 만들어줄 테니까.
페이딥피데스   아마도 창백하고 불쌍한 놈이 되겠지요.

       (소크라테스, 페이딥피데스를 데리고 사색장으로 퇴장)

코로스장   그대들은 가시라! *(스트렙시아데스에게)* 그대는 후회하게 되리라.

       (스트렙시아데스 퇴장)

       (관객들에게) 심사원들이 이 코로스를 정당하게 대접한다면
       어떤 덕을 보게 될 것인지 우리가 말하겠소.
       첫째, 그대들이 정해진 계절에 밭을 갈려고 하면,
       우리는 다른 사람들을 제쳐두고 맨 먼저 그대들에게

비를 내릴 것이오. 그다음, 우리는 곡식과 포도송이를
돌볼 것이오. 가뭄과 폭우에 상하지 않도록. 1120
그러나 어떤 인간이 여신들인 우리를 무시하면,
우리한테서 어떤 불행을 당하는지 경청하시오. 그자는
자신의 농토에서 포도주도, 다른 아무것도 거두지 못할 것이오.
올리브나무와 포도 덩굴에서 싹이 틀 때마다 우리가 쳐서
떨어뜨릴 것이오. 그만큼 강력한 투석구(投石具)를 우리가 1125
휘두를 것이오. 그자가 지붕을 이는 것이 보이면, 우리는
비를 내리고 지붕의 기와를 굵은 우박으로 박살 낼 것이오.
그리고 그자나 그자의 친척 또는 친지 중 누가 결혼식을 올리면,
우리는 밤새도록 비를 내릴 것이오. 그러면 그자는 심사를
잘못하느니 차라리 아이귑토스[178]에라도 가 있었으면 할 것이오. 1130

스트렙시아데스 (제 집에서 등장하며) 닷새, 나흘, 사흘, 그다음엔 이틀.
그다음엔 모든 날들 중에서 내가
가장 두려워 떠는 진절머리 나는 날이고,
그다음이 바로 구신일(舊新日)[179]이지.
그러면 채권자들이 몰려와 공탁금을 걸어놓고는[180] 1135
나를 파멸시키고 집에서 내쫓겠다고 맹세하며

178 이집트의 그리스어 이름. 이집트는 그리스에서 멀고 불편한 곳이지만 비가 귀한 곳이다.
179 구신일(舊新日 hene kai nea)이란 천문학상의 신월(新月)과 상용월(常用月)의 신월 사이의 차이에서 발생하는 날을 말한다. 상용월의 신월은 초승달이 뜨는 것이 보이는 저녁부터 시작되는데, 이는 천문학상의 신월과 하루 이상 차이가 난다. 이 기간이 지난달과 새달의 모호한 경계 구간이어서 구신일이라 불렸다.
180 당시 채권자가 채무자를 고소하려면 법원에 공탁금을 걸어야 했다.

위협하곤 하지. 내가 "제발 일부는 지금 받지 마시고,
일부는 연기해주시고, 일부는 면제해주시오"라고
약간의 정당한 부탁을 하는데도 말이야.
그러면 그들은 그렇게는 돈을 받고 싶지 않다며   1140
나를 사기꾼이라 욕하고 고소하겠다고 으르대지.
이젠 고소할 테면 하라지 뭐! 난 조금도 겁나지 않아.
페이딥피데스가 말 잘하는 법을 배웠다면 말이야.
사색장의 문을 두드리고 지체 없이 알아봐야지.
여봐라, 게 아무도 없느냐?

소크라테스 *(문간으로 나오며)*

안녕한가, 스트렙시아데스?   1145

스트렙시아데스 안녕하십니까? 먼저 이것을 받아주십시오.

(밀가루 자루를 내려놓는다)

선생님에겐 뭔가 보답해야 하는 법이니까요.
자, 말씀해주십시오. 나리께서 잠시 전에 데려가신
제 아들이 그 논리를 배웠는지 말입니다.

소크라테스 배웠지.

스트렙시아데스 위대한 여왕이신 속임수여!   1150

소크라테스 그러니 자네는 어떤 소송에서도 벗어날 수 있을걸세.

스트렙시아데스 제가 돈을 꿀 때 증인들이 있었어도 말입니까?

소크라테스 그럴수록 더 좋지. 수천 명의 증인이 있었다 해도.

스트렙시아데스 그렇다면 나는 목청껏 환호성을 올리리라.
아아, 그대들은 비명을 질러라, 채권자들이여.   1155
그대들 자신도, 원금도, 이자의 이자도!
그대들은 더 이상 나를 해코지하지 못하리라.
내게는 그런 아들이

이 집에서 자라고 있으니까.
쌍날 혀를 번쩍이는 그 애는
나의 보루, 우리 집안의 구원자,
적들의 재앙, 아비의 큰 불행의 해결사로다.
달려가시어 저를 위해 그 애를 안에서 불러주십시오!

(소크라테스 안으로 퇴장)

오오, 내 아들아, 밖으로 나오너라!
얘야, 네 아비의 목소리가 들리지 않느냐?[181]

소크라테스 *(페이딥피데스를 데리고 나오며)*
자, 여기 이자일세.

스트렙시아데스 오오, 사랑하는 내 아들아!

소크라테스 데려가게!

스트렙시아데스 오오, 내 아들아, 얼씨구절씨구!
먼저 네 안색을 보니 얼마나 기쁜지 모르겠구나.
이제 너는 우선 부정적 반론의 모습을 하고 있고,
이 나라 특유의 "그게 무슨 뜻이죠?"가
입가에 활짝 피어 있구나. 나쁜 짓과 범행을 저지르고도
오히려 당한 척하는 것, 나도 알아,
그것이 앗티케적(的)인 눈길이라는 것을. 넌 예전에는
내 파멸이었지만 이제는 구원자가 되어다오!

페이딥피데스 뭐가 두려우세요?

스트렙시아데스 구신일이.

페이딥피데스 구신일이라니, 그게 어떤 날이죠?

스트렙시아데스 사람들 말로는 공탁금을 거는 날이지.

---

181 이 부분은 에우리피데스의 비극 『헤라클레스』 171행 이하를 패러디한 것이다.

페이딥피데스	그러면 그들은 공탁금을 잃게 될 텐데요.
	하루가 이틀이 될 수 없을 테니까요.
스트렙시아데스	될 수 없다니?
페이딥피데스	어떻게 될 수 있겠어요? 한 여자가 동시에
	노파와 젊은 여자가 될 수 없다면 말예요.
스트렙시아데스	하지만 법에는 그렇게 되어 있는걸!
페이딥피데스	사람들이 법을 잘못 알고 있는 것 같아요. 1185
	그런 뜻이 아닌데.
스트렙시아데스	그렇다면 무슨 뜻이지?
페이딥피데스	옛날의 솔론[182]은 민중을 좋아하는 기질이었어요.
스트렙시아데스	그게 구신일과 무슨 상관이지?
페이딥피데스	그래서 그는 법정 소환일을 구일과 신일,
	이렇게 이틀로 정한 거죠. 그중 둘째 날인 1190
	신월일(新月日)에 공탁금을 걸게 하려고요.
스트렙시아데스	그럼 무엇 때문에 구일을 붙였지?
페이딥피데스	뭘 모르시네요. 피고들이 하루 전에 나타나
	타협을 하고, 그게 안 되면
	신월일에 아침부터 시달리게 하려는 거죠. 1195
스트렙시아데스	그럼 왜 재판관들은 공탁금을 신월일이 아니라
	구신일에 받는 거지?
페이딥피데스	축제 때 제물을 미리 받는 자들[183]의 행동과
	같다고나 할까요. 되도록 빨리 공금을 가로챌 양으로
	하루 전에 그것을 맛보는 거죠. 1200
스트렙시아데스	좋았어. *(관객들에게)* 이 가련한 자들이여, 왜 그렇게
	멍청하게 앉아들 있지? 우리들 현명한 자들의 밥이여,
	돌덩이들이여, 숫자들이여, 단순한 양 떼여,

쌓아놓은 술독들이여! 우리는 대박 났으니, 내 마땅히
나와 내 아들을 위해 찬가를 불러야겠지.   1205
"복되도다, 스트렙시아데스여!
그대 자신도 현명하지만,
어떤 아들을 그대는 길렀는가!"
친구들과 이웃들은 부러워하며
그렇게 말하겠지. 네가 소송에서   1210
말로 이기면. 그러나 우선은 너를
집으로 데려가 잔치를 벌여주고 싶구나.

(스트렙시아데스와 페이딥피데스 집 안으로 퇴장하고,

채권자 파시아스가 증인 데리고 등장)

파시아스 그러니까 내 돈의 일부를 잃으란 말이오?
그건 안 되지. 이런 일에 말려드느니   1215
그때 대뜸 냉정하게 거절했어야 하는 건데.
지금 내 돈 때문에 당신을
증인으로 세우고, 게다가 이웃과
원수가 되게 생겼으니 말이오.
나는 살아서 조국을 욕되게 하고 싶지 않소.[184]   1220
그래서 나는 스트렙시아데스를 소환하는 것이오.

스트렙시아데스 *(집에서 나오며)* 게 뉘시오?

파시아스 구신일에 법정에 나오도록 당신을 소환하오.

---

182 아테나이의 입법자이자 시인.
183 제물로 쓸 고기를 관장하는 관리들을 말하는 것 같다.
184 파시아스는 소송도 하지 않고 자기 재산을 포기하는 것을 조국을 욕되게 하는 짓이라고 생각하고 있다.

스트렙시아데스	*(관객들에게)* 모두들 증인이 되어주시오. 그는 이틀을 말하고 있소.	
	(파시아스에게) 용건이 뭐요?	
파시아스	당신이 진회색 말을 살 때 빌려간 12므나 때문이오.	
스트렙시아데스	말이라니? 다들 들었소?	1225
	난 말이라면 딱 질색이라는 걸 세상 사람들이 다 알고 있소.	
파시아스	제우스에 맹세코, 당신은 꼭 갚겠다고 신들의 이름으로 맹세했소.	
스트렙시아데스	제우스에 맹세코, 그때는 페이딥피데스가	
	무적(無敵)의 논리를 아직 몰랐기 때문이오.	
파시아스	그래서 지금은 못 갚겠다는 거요?	1230
스트렙시아데스	그게 바로 그 애가 교육받은 덕분이 아니고 뭐겠소?	
파시아스	당신은 내가 요구하는 곳에서 신들의 이름으로	
	그렇다고 맹세할 수 있겠소?	
스트렙시아데스	어떤 신들 말이오?	
파시아스	제우스와 헤르메스[185]와 포세이돈 말이오.	
스트렙시아데스	그래, 제우스의 이름으로. 내가 맹세할 수 있다면 3오볼로스를 더 얹지.[186]	1235
파시아스	이런 파렴치 때문에 당신은 언젠가는 망하리라.	
스트렙시아데스	*(파시아스의 배를 쿡쿡 찌르며)* 소금으로 문지르면 좋은 술 부대가 되겠구먼.	
파시아스	아니, 조롱까지 하다니.	
스트렙시아데스	좋이 열 되는 들어가겠구먼.	
파시아스	위대한 제우스와 여러 신들께 맹세코, 그냥 두지 않겠다.	
스트렙시아데스	"여러 신들"이라, 참 재미있군.	1240
	제우스에 맹세하는 것은 식자(識者)에겐 웃음거리야.	
파시아스	당신은 때가 되면 그 대가를 치르게 되리라.	
	그건 그렇고, 내 돈을 갚을 것인지 안 갚을 것인지	
	대답해주구려. 그래야 내가 갈 것 아닌가.	
스트렙시아데스	잠깐만 기다려주구려. 내가 곧 확답을 할 테니.	1245

(집 안으로 퇴장)

파시아스 *(증인에게)* 저자가 어떻게 나올 것 같소?

증인 내가 보기엔 갚을 것 같은데요.

스트렙시아데스 *(반죽통을 들고 나오며)*
나더러 돈을 갚으라는 자는 어디 있나? 말해보구려, 이게 뭐지?

파시아스 뭐긴 뭐야, 반죽통이지.

스트렙시아데스 그러고도 나더러 돈을 갚으라고?
반죽통 양을 반죽통이라 부르는 자에게는   1250
한 푼도 못 갚아.

파시아스 못 갚겠다고?

스트렙시아데스 못 갚지. 내가 알고 있는 한.
냉큼 문간에서 꺼지지 못해?

파시아스 가지. 그러나 이것만은 알아두구려.
공탁금을 걸지 않는다면 나는 죽어도 좋아!   1255

스트렙시아데스 그러면 당신은 12므나에 공탁금마저 날리게 돼.
나는 당신이 그런 일을 당하지 않기를 바라지만,
그게 다 당신이 어리석게도 반죽통이라 말했기 때문이지.

(파시아스 퇴장하고, 채권자 아뮈니아스가 역시 증인을 데리고 절름거리며 등장)

아뮈니아스 아아, 슬프도다!

스트렙시아데스 아니, 누가 이렇게 비탄하는 거지?   1260
설마 카르키노스[187]의 신들 중 한 명이 소리치는 것은 아니겠지.

---

185 제우스와 마이아(Maia)의 아들로 신들의 전령.
186 재미있을 테니까.
187 카르키노스가 쓴 비극들은 남아 있지 않아 그 내용을 알 수 없지만, 적어도 그가 쓴 어느 비극에서는 신들이 비탄하는 장면이 나온 것 같다.

구름 **85**

아뮈니아스	왜, 내가 누군지 알고 싶다는 거요? 불운한 사내라오.	
스트렙시아데스	그렇다면 당신 혼자서 가보시오!	
아뮈니아스	"오오, 내 수레를 부숴버리는 잔인한 운명이여!	
	오오, 팔라스여, 그대가 나를 파멸케 했구려!"[188]	1265
스트렙시아데스	틀레폴레모스가 당신에게 도대체 무슨 해코지를 했단 말이오?	
아뮈니아스	여보시오, 날 놀리지 말고 당신 아들에게	
	내 돈을 갚으라고 말해주시오.	
	무엇보다 나는 지금 사고를 당했으니 말이오.	
스트렙시아데스	그게 무슨 돈이오?	
아뮈니아스	그가 나한테 빌려간 돈이오.	1270
스트렙시아데스	보아하니, 당신은 정말로 잘못된 것 같구려.	
아뮈니아스	마차를 몰다가 밖으로 떨어졌소. 정말이라니까.	
스트렙시아데스	그래서 당신이 당나귀에서[189] 떨어진 사람처럼 헛소리를 하는 거요?	
아뮈니아스	돈 갚으라는 게 헛소리란 말이오?	
스트렙시아데스	아무래도 당신 자신이 잘못된 것 같소그려.	1275
아뮈니아스	어째서?	
스트렙시아데스	당신이 뇌를 다친 것 같단 말이오.	
아뮈니아스	돈을 갚지 않으면, 헤르메스 신에 맹세코, 당신은	
	아마 법정으로 소환될 것이오.	
스트렙시아데스	그럼 말해보시오. 비가 올 때마다 매번 제우스가	
	새로운 물을 보낸다고 생각하시오, 아니면 태양이	1280
	같은 물을 밑에서 도로 끌어 올린다고 생각하시오?	
아뮈니아스	나는 어느 쪽인지 모르겠고, 관심도 없소.	
스트렙시아데스	하늘의 현상도 모르는 주제에	
	무슨 권리로 돈을 갚으라는 거요?	
아뮈니아스	돈이 궁하면 이자라도 갚으시오.	1285

스트렙시아데스	이자라니, 그게 대체 어떤 짐승이죠?
아뮈니아스	다름 아니라 시간이 경과함에 따라 날마다 달마다 돈이 점점 더 커지는 것을 말하죠.
스트렙시아데스	옳은 말이오. 어때요, 당신은 바다가 지금 전보다 더 크다고 생각하시오?
아뮈니아스	아니, 똑같죠. 크다면 잘못된 거죠.
스트렙시아데스	바다는 강물이 많이 흘러들어도 더 커지지 않는데, 당신은 당신 돈이 커지기를 바란단 말이오, 이 악당아? 당장 이 집에서 꺼지지 못해? *(노예에게)* 얘, 채찍 좀 가져와!

1290

1295

(아뮈니아스에게 채찍을 휘두른다)

아뮈니아스	*(코로스에게)* 모두들 내 증인이 되어주시오!
스트렙시아데스	꺼져! 뭘 꾸물거려? 달려라, 산 자(字) 낙인이 찍힌 말이여!
아뮈니아스	이건 명백한 폭행이야!
스트렙시아데스	뛰지 못해? 당신 엉덩이에 채찍질할 테다, 이 경주마야!

1300

(아뮈니아스 달아난다)

달아나는 거야? 그렇지, 나는 그렇게 벗어나려 했어.
당신과 당신 바퀴들과 당신과 한 조(組)를 이룬 다른 말들에게서!

188 이 시행들은 카르키노스의 아들로 역시 비극시인이 된 크세노클레스의 『뤼킴니오스』(Lykimnios)에서 인용한 것이라고 한다. 헤라클레스의 아들 틀레폴레모스(Tlepolemos)는 아버지 집에 있을 때 화가 나 아버지의 외삼촌 뤼킴니오스를 죽이고 도망친 적이 있었다.

189 ap' onou ('당나귀로부터')와 apo nou ('이성으로부터')의 발음이 비슷한 것을 가지고 언어유희를 하고 있다.

(스트렙시아데스, 술잔치를 벌이러 집 안으로 들어간다)

첫 번째 반코로스 좌 (1303~1230행)

이 무슨 못된 짓에 대한 갈망인가?

저기 저 영감이 빌린 돈을

떼먹지 못해   1305

안달이 났구나.

그러나 오늘은 틀림없이

그에게 무슨 일이 일어나,

자기가 시작한 악행으로 인해 저 소피스트가

갑자기 불상사를 당하게 되리라.   1310

두 번째 반코로스 우 (1311~1320행)

생각건대, 그는 오래전부터

바라던 것을 곧 얻게 되리라.

그의 아들이 올바른 사람들에게도

반대 의견을 능숙하게 말하여,

누구를 만나든 간에   1315

전적으로 틀린 말을 하면서도

모두 다 이기기 때문이라네. 하지만,

하지만 그는 아들이 벙어리이기를 바라게 되리라.   1320

(집 안에서 서로 다투는 소리가 나더니 스트렙시아데스가 비명을 지르며 뛰어나오고 페이딥피데스가 뒤따라 등장한다)

스트렙시아데스 어이쿠, 어이쿠,

이웃들과 친척들과 같은 구역민들이여,

얻어맞고 있는 나를 힘을 다해 도와주시오!
아아, 내 머리, 내 턱! 나야말로 불운하구나!
이 못된 녀석, 네가 아비를 쳐? 1325

페이딥피데스   그래요, 아버지.

스트렙시아데스   *(코로스에게)*
보십시오. 녀석은 제가 아비를 쳤다고 인정하고 있습니다.

페이딥피데스   인정하고말고요.

스트렙시아데스   고약한 녀석, 아비를 치는 녀석, 가택 침입자!

페이딥피데스   그런 말이라면 얼마든지 하세요.
저는 욕을 많이 먹는 게 즐겁다는 것도 모르세요?

스트렙시아데스   오입쟁이!

페이딥피데스   제게 장미를 듬뿍 뿌려주세요. 1330

스트렙시아데스   네가 아비를 쳐?

페이딥피데스   제우스에 맹세코, 증명해드리죠.
제가 아버지를 친 것은 정당하다는 것을.

스트렙시아데스   정말 고약한 녀석이로구나. 아비를 치는 것이 정당하다니!

페이딥피데스   제가 증명해드리고 아버지를 말로 이기겠어요.

스트렙시아데스   네가 이기겠다고?

페이딥피데스   식은 죽 먹기죠. 두 가지 논리 중 어느 쪽이든 마음대로 고르세요. 1335

스트렙시아데스   어떤 논리들 중에서?

페이딥피데스   열등한 논리와 우월한 논리 말예요.

스트렙시아데스   아비가 아들에게 얻어맞는 것이 정당하고
아름답다는 것을 네가 증명할 수 있다면,
이 고약한 녀석아, 나는 정말로 올바른 사람들을 1340
반박하는 법을 네게 가르치게 한 셈이 되겠구나.

페이딥피데스   제가 아버지에게 확실히 증명해드리죠.

	아버지 자신도 듣고 반박하시지 못하게 말예요.	
스트렙시아데스	네가 무슨 말을 하는지 들어보고 싶구나.	

좌 (1345~1350행)

첫 번째 반코로스	영감, 지금 그대가 할 일은	1345
	저자를 이길 방법을 궁리하는 것이니라.	
	뭔가 믿는 구석이 없다면 저자가	
	저렇게 방종할 수 없으리라.	
	분명 믿는 구석이 있어. 저자의	
	태도가 그걸 말해주고 있어.	1350

코로스장	이 싸움이 처음에 무엇 때문에 시작되었는지	
	코로스에게 말하라. 아무튼 그렇게 하라!	
스트렙시아데스	말다툼이 처음에 어디서 시작되었는지 말씀드리죠.	
	그대들도 아시다시피 우리는 잔치를 벌였는데,	
	잔치가 끝나자 나는 녀석에게 뤼라[190]를 들고	1355
	"크리오스는 털이 깎였다네"[191]라는 시모니데스[192]의 노래를	
	부르라고 했지요. 그러자 녀석은 대뜸 술자리에서 키타라를 켜고	
	노래하는 것은 보리 빻는 여인[193]처럼 케케묵었다고 하더군요.	
페이딥피데스	아버지께서 마치 매미들을 접대하는 것처럼	
	노래를 청하셨으니 얻어맞고 차여도 싸지요.	1360
스트렙시아데스	녀석은 그때도 집 안에서 똑같은 말을 했지요.	
	그리고 시모니데스는 시시한 시인이라고 했어요.	
	나는 처음에는 가까스로 참았지요. 그리고 나서 내가	
	녀석에게 도금양 가지를 손에 들고 아이스퀼로스[194]의	
	시구라도 읊으라고 했더니, 녀석이 대뜸 말하지 뭐요.	1365

"제가 아이스퀼로스를 으뜸가는 시인으로 여길 것 같아요?
시끄럽고 앞뒤가 맞지 않고 허풍과 과장이 센 그를."
생각해보십시오, 그 말을 듣고 내 심장이 얼마나 뛰었겠는지!
그럼에도 나는 분을 삭이며 말했지요.
"그러면 요즘 시인들 중에서 뭣이든 현명한 것을 들려다오!" 1370
그러자 녀석은 대뜸 오라비가, 맙소사, 배가 같은 누이와
동침했다는 에우리피데스의 이야기[195]를 노래하지 뭐예요.
참다못해 나는 녀석에게 당장 욕설을 마구 퍼부어댔지요.
그리하여 흔히 그러하듯, 우리는 서로 거친 말을
주고받았지요. 그러다가 마침내 녀석이 벌떡 일어서더니 1375
나를 짓이기고 두들기고 목 조르고 부스러뜨렸어요.

페이딥피데스 당연하죠. 가장 현명한 시인인 에우리피데스를 칭찬하지 않으셨으니.

스트렙시아데스 뭣이, 그자가 가장 현명하다고! 너를 뭐라고 부를까?
하지만 그러다간 또 얻어맞겠지.

페이딥피데스 물론이죠. 당연하기도 하고요.

---

190 뤼라(lyra)는 고대 그리스에서 피리(aulos)와 함께 가장 널리 쓰이던 악기로, 길이가 똑같은 세로 현들로 이루어진 발현악기이다. 키타라(kithara)는 이를 개량한 것이다.
191 이 시행은 크리오스(Krios '숫양')를 이긴 레슬링 선수를 찬양하는 승리의 송시(epinikion) 가운데 일부라고 한다.
192 케오스(Keos) 섬 출신의 서정시인이자 비가시인.
193 여자들은 예나 지금이나 단조로운 작업을 계속하다 보면 노래를 부르게 마련이다.
194 그리스의 3대 비극작가 중 맏이.
195 그리스 3대 비극작가 중 막내인 에우리피데스의 현존하지 않는 비극 『아이올로스』(Aiolos)에 오누이 사이인 마카레우스(Makareus)와 카나케(Kanake)가 동침한 이야기가 나온다. 오누이 사이라도 배가 다를 때는 법적으로 결혼이 허용되었으나, 그런 일은 몹시 드물었다고 한다.

| 스트렙시아데스 | 어째서 당연하냐? 이 뻔뻔스러운 녀석아! 나는 너를 길러주었고, | 1380 |

어째서 당연하냐? 이 뻔뻔스러운 녀석아! 나는 너를 길러주었고,

스트렙시아데스: 어째서 당연하냐? 이 뻔뻔스러운 녀석아! 나는 너를 길러주었고, 1380
네가 옹알거리면 매번 네 뜻을 알아차리곤 했는데.
네가 "무무" 하면 알아차리고 마실 것을 가져다주고,
"밥바" 하면 가서 빵을 가져오곤 했지.
그리고 네 입에서 "응가"라는 말이 떨어지기도 전에
너를 집 밖으로 데리고 나가 앞으로 내밀곤 했지. 1385
그런데 지금 네가 내 목을 졸라?
내가 마렵다고 아무리 고함을 질러도,
이 고약한 녀석아, 너는 나를 문 밖으로
데리고 나가기는커녕 내 목을 조르는 바람에
내가 그만 그 자리에서 응가를 하고 말았단 말이야. 1390

우 (1391~1396행)

두 번째 반코로스: 젊은이들은 아마도 이자의 변명을
듣고 싶어 가슴이 두근거리겠지.
그도 그럴 것이, 이자가 그런 짓을 하고도
자기에게 잘못이 없다고 설득할 수 있다면,
앞으로 노인들의 살갗 따위는 1395
한 푼의 값어치도 없을 테니까.

코로스장: 새로운 말들의 창안자이자 기술자여, 그대가 할 일은
그대의 말이 옳다는 것을 우리에게 설득하는 것이니라.

페이딥피데스: 새롭고 올바른 행동방식과 친숙해지고, 정해진 관습을
내려다볼 수 있다는 것은 얼마나 즐거운 일인가! 1400
나는 말[馬]들에 정신이 팔려 있는 동안에는
단 세 마디 말도 실수 없이 할 수가 없었소.

	그러나 여기 이분이 나더러 그런 짓을 못하게 하여	
	내가 오묘한 사상과 논리와 관심사와 함께하는 지금은	
	아버지를 치는 게 정당하다는 것을 증명할 수 있을 것 같아요.	1405
스트렙시아데스	그럼 말들에게 돌아가거라. 내게는 네 필의 말을 기르는 편이	
	맞아 죽는 것보다 훨씬 낫겠다!	
페이딥피데스	아버지께서 제 말〔語〕을 가로채셨던 곳으로 되돌아가서	
	먼저 묻겠는데, 어릴 적에 저를 때리셨나요?	
스트렙시아데스	물론 때렸지. 너를 사랑하고 염려해서 말이야.	1410
페이딥피데스	그럼 말씀해보세요. 제가 염려하여 아버지를 때리는 것도	
	정당하지 않겠어요? 염려하는 것이 때리는 거라면.	
	그도 그럴 것이, 아버지의 몸은 매를 맞아서는 안 되는데	
	제 몸은 왜 맞아야 되죠? 저도 자유민으로 태어났어요.	
	아이들은 맞아도 아버지는 맞아서는 안 된다고 생각하세요?[196]	1415
	아버지께서는 아이들이 맞는 것은 관습이라고 말씀하시겠지만	
	저는 이렇게 반박하겠어요. 노인들은 도로 아이들이 된다고.	
	그래서 노인들은 실수할 경우 잘못이 더 크니까 당연히	
	젊은이들보다 더 심하게 매를 맞아야 한다고 말예요.	
스트렙시아데스	아버지가 그런 일을 당하게 되어 있는 곳은 세상 어디에도 없을 게다.	1420
페이딥피데스	하지만 처음에 그런 법을 상정하여 그것을 받아들이도록	
	옛날 사람들을 설득한 것은 아버지나 나 같은 인간이	
	아니었을까요? 그렇다면 저는 왜 앞으로는 아버지들에게 매를	

196 에우리피데스의 『알케스티스』(*Alkestis*) 691행에 대한 패러디이다. 거기에서 아버지 페레스(Pheres)는 대신 죽어주기를 바라는 아들 아드메토스(Admetos)에게 이렇게 말한다. "너는 햇빛을 보고 좋아하면서 이 아비는 좋아하지 않을 것이라고 생각하느냐?"

되돌려주라는 새로운 법을 아들들에게 만들어주면 안 되죠?
그러나 이 법이 제정되기 전에 우리가 맞았던 매는   1425
포기하겠어요. 우리가 맞았던 매는 선물로 드릴게요.
닭이나 다른 짐승을 보세요! 그것들도 아버지에게
대항하지 않던가요? 그런데 그것들이 우리와 무슨 차이가
있겠어요? 우리가 민회의 결의를 기록해두는 것 말고는.

스트렙시아데스 모든 점에서 닭을 흉내 내겠다면, 넌 왜 거름 더미에서   1430
모이를 쪼아 먹고 횃대 위에서 자지 않는 게냐?

페이딥피데스 어리석긴! 그건 경우가 다르죠. 소크라테스 님도 그렇게 생각하실걸요.

스트렙시아데스 그렇다면 나를 치지 말아야지. 그러지 않으면 넌 후회하게 될 거야.

페이딥피데스 어째서죠?

스트렙시아데스 내가 너를 때리는 게 정당하다면 너도 아들을 낳아
때릴 수 있을 테니까.

페이딥피데스 제게 아들이 태어나지 않으면 저는 공매(空-)를 맞은   1435
셈이 되고, 아버지께서는 비웃으며 돌아가시게 될 텐데요.

스트렙시아데스 *(관객들에게)*
나와 같은 또래의 사람들이여, 내 생각엔 녀석의 말이
옳은 것 같소. 젊은이라도 옳으면 우리가 양보해야지요.
우리도 옳지 못한 짓을 하면 당연히 맞아야 하니까요.

페이딥피데스 그렇다면 또 다른 생각도 경청해주세요.

스트렙시아데스 아니야. 그럼 난 끝장이야.   1440

페이딥피데스 하지만 그러시면 방금 당한 일이 억울하지 않으실 거예요.

스트렙시아데스 어째서? 말해봐! 거기서 내가 어떤 이득을 얻을 수 있는지.

페이딥피데스 저는 아버지를 때렸듯이 어머니도 때릴래요.

스트렙시아데스 뭐야? 그게 무슨 소리야? 그건 더 큰 악이다.

페이딥피데스 그러나 제가 열등한 논리를 써서

	어머니도 때려야 한다는 것을	1445
	증명하게 된다면 어떡하시겠어요?	
스트렙시아데스	그렇게 한다면	
	너는 소크라테스와	
	열등한 이론과 함께	
	구덩이[197] 속으로	1450
	뛰어들 수밖에 없겠지.	
	(코로스에게) 구름의 여신들이여, 이게 다 그대들 덕분이오.	
	내가 내 일을 전적으로 그대들에게 일임했으니 말이오.	
코로스장	천만의 말씀! 모든 책임은 그대에게 있느니라.	
	그대가 제 발로 악행으로 향했으니까.	1455
스트렙시아데스	왜 그대들은 내게 말해주지 않았소?	
	왜 그대들은 시골 노인인 나를 부추겼소?	
코로스장	누가 악행을 사랑하는 것을 보면	
	우리는 늘 그렇게 하느니라.	
	그자가 파멸의 나락에 떨어져	1460
	신들을 두려워할 줄 알도록!	
스트렙시아데스	아, 슬프도다! 구름의 여신들이여, 그대들의 말씀은	
	가혹하지만 옳소. 난 빌린 돈을 떼먹으려 하지	
	말았어야 하니까요. *(페이딥피데스에게)* 애야,	
	자, 가자! 나와 함께 가서 너와 나를 속인	1465
	악당 카이레폰과 소크라테스를 없애버리자꾸나!	

197 아테나이에서 페이라이에우스 항(港)으로 가는 대로변에 있는 지금의 천문대 서쪽에 약 20미터 높이의 절벽이 있고 그 아래로 돌담을 두른 구덩이가 있었는데, 국사범(國事犯)을 처형하면 이곳에 내던졌다고 한다.

페이딥피데스	제 선생님들을 해칠 순 없어요.
스트렙시아데스	아버지 신이신 제우스께 경의를 표해야 할 것 아닌가!¹⁹⁸
페이딥피데스	아버지 신이신 제우스라뇨? 그 무슨 케케묵은 말씀!
	제우스 같은 게 있나요?
스트렙시아데스	있지. 1470
페이딥피데스	없어요. 지금은 소용돌이가 통치해요. 제우스를 내쫓고.¹⁹⁹
스트렙시아데스	내쫓은 게 아니라, *(사색장 문 앞에 있는 독²⁰⁰을 가리키며)*
	여기 이 독 때문에 나는 그렇게 생각했지 뭐야. 질그릇에
	불과한 너를 신으로 여기다니, 나야말로 한심하구나!
페이딥피데스	그런 정신 나간 헛소리는 혼자서나 지껄이세요! 1475
	(집 안으로 퇴장)
스트렙시아데스	아아, 그런 정신 나간 짓을 하다니! 소크라테스 때문에
	신들을 내쫓으려 했으니 내가 미쳤지!
	(집 앞에 있는 헤르메스 상 앞으로 다가서며)
	친애하는 헤르메스 신이시여, 내게 화가 나시어
	나를 멸하지 마시고, 내가 정신이 나가
	헛소리를 떠벌린 것을 용서해주소서! 1480
	내게 조언을 해주소서. 내가 저들을 고소할까요,
	아니면 어떻게 하는 것이 좋겠나이까?
	(헤르메스 상에 귀를 대고 듣는다)
	좋은 조언을 해주시는군요. 나는 소송을 하지 않고
	되도록 빨리 저 떠버리들의 집을 불태워버리겠나이다.
	(집 안에 대고 소리친다) 이봐, 크산티아스,²⁰¹ 1485
	사다리와 쇠스랑을 갖고 나와!
	그리고 네가 주인을 사랑한다면,
	저 사색장으로 올라가 지붕을 헐어버려!

                    저들의 머리 위로 집이 무너져 내릴 때까지.

                    (크산티아스, 사다리를 타고 올라가 지붕을 헐기 시작한다)

                    그리고 누가 불붙은 횃불을 가져다다오! 1490
                    이번에는 꼭 저들 중 몇 명이 벌 받게 해주겠다.
                    저들이 아무리 허풍을 쳐도 소용없어.

                    (횃불을 받아 들고 역시 지붕 위로 올라간다)

제자 1   *(안에서)* 어이쿠, 어이쿠!
스트렙시아데스   횃불아, 네가 할 일은 화염을 세게 내뿜는 거야.

                    (지붕에 불을 지른다)

제자 1   *(다른 제자들과 함께 밖으로 뛰어나오며)*

                    이봐, 거기서 뭘 하는 거야? 1495
스트렙시아데스   내가 뭘 하냐고? 나는 이 집의 서까래들과
                    재치 있는 문답법(問答法)을 즐기는 중이라네.
제자 2   *(창가에서)* 누가 우리 집에 불을 지르는 거야?
스트렙시아데스   누구긴 누구야, 너희들에게 겉옷을 빼앗긴 그 사람이지.
제자 3   당신이 우리를 죽이는구먼!
스트렙시아데스   그게 내 소원이야. 이 쇠스랑이 내 희망을 저버리거나 1500
                    내가 굴러떨어져 목이 부러지지 않는다면 말이야.
소크라테스   *(연기 속을 뚫고 나오며)* 이봐, 거기 지붕 위에서 대체 뭘 하는 거야?

198   아버지의 원수를 갚아야 한다는 뜻인 듯하다.
199   원전 기준으로 828행 참조.
200   '소용돌이'의 그리스어 dinos에는 '독'이라는 뜻도 있다. 당시 대문 옆에는 대개 헤르메스 상이 있었지만 소크라테스의 사색장 출입문 옆에는 소피스트들이 경배하는 신들의 상징으로 독이 놓여 있었는데, 스트렙시아데스는 소크라테스가 독을 신으로 숭배하는 줄 알았던 것 같다.
201   크산티아스(Xanthias)는 스트렙시아데스의 노예들 중 한 명이다.

| 스트렙시아데스 | 대기 위를 거닐며 태양에 관해 명상하는 중이오.
| 소크라테스 | *(기침을 하며)* 이키나, 큰일 났구먼. 숨이 막힐 것 같아.
| 카이레폰 | *(아직도 안에서)* 아이고, 나 타 죽네! 1505

(창에서 땅바닥으로 뛰어내린다)

스트렙시아데스 *(크산티아스와 함께 땅바닥으로 내려오며)*

대체 무슨 의도에서 당신들은 신들을 모독하고

달님의 자리를 엿보는 거지? *(크산티아스에게)*

자, 저들을 쫓고, 흠씬 두들겨 패주어라! 이유는 많지만,

너도 알다시피, 무엇보다 저들이 신들을 모독했기 때문이야.

(소크라테스와 그의 제자들, 스트렙시아데스와 크산티아스에게 쫓겨 달아난다)

| 코로스장 | *(코로스에게)*

자, 우리 나가요. 오늘 우리는 1510

충분히 춤을 추었으니까요.

기사
Hippes

작품 소개

『기사』는 기원전 424년 레나이아 제의 희극 경연에서 우승했는데, 아리스토파네스가 직접 연출한 최초의 작품이다. 이 희극에서 공격 대상은 전해의 퓔로스 전투에서 혁혁한 전과를 올리고 기고만장하던 민중선동가 클레온이다.

이 작품은 일종의 알레고리(allegory)이다. 집주인은 데모스('민중'이라는 뜻)라 불리고, 그의 하인들인 데모스테네스와 니키아스(아테나이의 장군들)는 새로 하인으로 들어와 주인에게 아부하며 첩자 노릇을 하는 '파플라고니아인'(클레온)에게 완전히 주눅이 들어 있다. 데모스테네스와 니키아스는 자신들이 파플라고니아인에게 학대받고 있다고 불평하며 도망칠 궁리를 한다.

그러던 차에 둘은 신탁집을 통해 파플라고니아인이 어떤 순대 장수에 의해 주인의 총애를 잃게 되리라는 것을 알게 된다. 둘은 시장으로 가던 순대 장수를 만나 그가 아테나이 제국을 통치할 운명임을 말해주고, 그가 파플라고니아인과 싸울 자신이 없다고 하자 기사들이 도와줄 것이라고 격려한다. 파플라고니아인이 등장하여 으르고 협박하지만, 기사들이 함성을 지르며 무대에 등장한다.

파플라고니아인과 순대 장수는 아첨, 뇌물, 신탁의 그럴듯한 해석, 상호 비방 등을 써가며 데모스의 호감을 사려고 서로 경쟁

한다. 이어서 두 사람은 의회에 가서도 똑같은 경쟁을 하지만, 순대 장수가 돌아와 자기가 이겼다는 소식을 전한다. 그러나 파플라고니아인이 뒤따라오자 둘이 또다시 데모스에게 아첨 경쟁을 하는데, 누가 데모스를 위해 더 많은 일을 하고 있느냐는 최종 경쟁에서 순대 장수가 이긴다. 그러자 파플라고니아인은 순대 장수가 자기를 타도하게 되어 있다는 바로 그 사람임을 인정하고 절망하여 물러난다. 한편 순대 장수는 국가를 개혁하고 구할 사람이라는 사실이 밝혀졌으며, 데모스는 자신이 지난날 멍청했다는 점을 인정하고 앞으로는 현명하게 처신하겠다고 약속한다.

등장인물

데모스테네스(Demosthenes) 데모스의 노예

니키아스 데모스의 노예

순대 장수 아고라크리토스(Agorakritos)

파플라고니아(Paphlagonia)**인** 클레온

코로스 기사들의

데모스(Demos) 프닉스의 민중

그 밖에 무언 배우인 노예들, 소년, 창녀들

이 작품의 대본은 *Aristophanis Fabulae*, ed. by N.G. Wilson, 2vols., Oxford 2007의 그리스어 텍스트이다. 주석은 A.H. Sommerstein (Warminster 1981), Th. Kock (Berlin 1882)의 것을 참고했다. 현대어 번역은 A.H. Sommerstein, P. Roche (New American Library 2005), The Athenian Society (El Paso, Texas 2006)의 영어 번역과 L. Seeger의 독어 번역을 참고했다.

장소 아테나이에 있는 데모스의 집 앞. 안에서 얻어맞아 비명을 지르는 소리가
들리더니 데모스테네스와 니키아스가 뛰쳐나온다.

데모스테네스[1] 어이구, 아파! 어이구, 나 죽네! 어이구, 아파!
새로 사들인 빌어먹을 파플라고니아인[2]을 신들께서
지옥으로 보냈으면! 그 자신도 그의 계획들도.
그자가 이 집에 들어온 뒤로 우리 하인들은
하루도 매 맞지 않는 날이 없다니까.   5

니키아스 그래. 가장 못된 그 파플라고니아인과 그의 거짓 이야기들은
지옥에나 떨어져버려.

데모스테네스 불쌍한 것, 자네는 어때?

니키아스 좋지 않아. 자네와 마찬가지지.

데모스테네스 이리 와. 올륌포스[3]의 오래된 선율에 맞춰 우리 함께
고통의 이중창을 흐느껴보세! *(둘이 함께 짧은 곡을 흥얼거린다)*   10
우리가 왜 비탄만 하고 있지? 계속해서 징얼거릴 게 아니라,
살길을 찾아야 하는 거 아니야?

니키아스 하지만 무슨 수로?

데모스테네스 자네가 말해봐!

---

1 여기에 나오는 데모스테네스는 유명한 웅변가가 아니라 다음에 나오는 니키아스와 마찬가지로 아테나이의 장군이다.
2 클레온.『구름』주 101 참조. 파플라고니아는 소아시아 혹해 남안 지방이다.
3 여기서 올륌포스는 소아시아 출신의 반(半)전설적인 피리 연주자 겸 작곡가이다.

니키아스   아니, 자네가 말해줘! 난 그런 일로 다투고 싶지 않아.

데모스테네스   나는 말 안 해. 안심하고
자네가 먼저 말해봐. 그러면 나도 말할게.

니키아스   난 도무지 그럴 엄두가 나질 않아. 그런데 어떻게
에우리피데스처럼 멋있게 말할 수 있겠어?
"내가 할 말을 자네가 날 위해 말해줄 수 있었으면."[4]

데모스테네스   그 샐러드라면 난 이제 진저리가 난다니까.[5]
그러지 말고 주인한테서 벗어날 무슨 방도를 찾아봐!

니키아스   그러지. "우린 내빼는 거야"라고 붙여서 말해봐!

데모스테네스   그래, 좋아. 말하지. "우린 내빼는 거야."

니키아스   이번엔 "우린 내빼는 거야" 뒤에다 "집에서"를 덧붙여.

데모스테네스   "집에서."

니키아스   좋았어. 이번에는 용두질하듯이 해. 처음엔 천천히
"우린 내빼는 거야"라고 말하고, 이어서 "집에서"를
더 빨리 덧붙여. 그리고 나서 점점 속도를 올려봐!

데모스테네스   "우린 내빼는 거야, 집에서. 우린 내빼는 거야, 집에서."

니키아스   어때, 기분 좋지 않아?

데모스테네스   황홀해. 자네 말을 듣다가 내가 껍질이 까질까 봐
염려되긴 하지만 말이야.

니키아스   그건 왜?

데모스테네스   용두질을 하면 껍질이 까지니까 그렇지.

니키아스   그럴 땐 어떤 신을 찾아가 그의 신상 앞에
탄원자로서 부복(俯伏)하는 게 상책이야.

데모스테네스   신상이라니? 설마 자네, 신을 믿는 건 아니겠지?

니키아스   난 믿어.

데모스테네스   무슨 증거로?

니키아스	내가 신들에게 미움받는다는 게 증거지. 그 정도면 충분하지 않아?
데모스테네스	나야 충분하지. 하지만 우린 다른 쪽도 살펴봐야 해. 35
	자네, 관객들에게도 상황을 설명해줄 수 있겠나?
니키아스	나쁘지 않은 생각이야. 하지만 우리 희극이
	그들의 마음에 드는지 그들의 얼굴을 보고
	분명히 알 수 있게 해달라고 한번 부탁해보세.
데모스테네스	내가 말하지. 우리 주인은 촌스럽고, 우악스럽고, 40
	병적으로 콩을 좋아하고, 성마르고, 투정 잘 부리는
	귀머거리 노인 프뉙스[6]의 데모스[7]라오.
	지난달 초하룻날 그는 노예 한 명을 샀는데,
	그 노예는 파플라고니아 출신 무두장이로
	둘도 없는 불량배에다 모략을 일삼는 악당이라오. 45
	이 파플라고니아 출신 무두장이는 노인의 성격을
	속속들이 파악하고는 주인의 발밑에 엎드려
	아양을 떨고, 아첨하고, 아부하고, 쓰지도 못할
	가죽 조각들로 인심을 쓰며[8] 이렇게 말하곤 한다오.
	"데모스님, 한 번에 한 가지 일만 처리하시면 돼요. 50
	그러고 나서 목욕을 하시고, 잡숫고, 마시고, 후식을
	드세요. 그리고 3오볼로스[9]의 일당을 받아가세요.

---

4 에우리피데스, 『힙폴뤼토스』(*Hippolytos*) 345행.
5 일설에 따르면 에우리피데스의 어머니는 채소 장수였다고 한다.
6 아테나이의 아크로폴리스 서쪽에 있는 언덕으로 이곳에서 민회가 개최되었다.
7 '민중'이라는 뜻.
8 가죽의 좋은 부분은 자기가 갖고.
9 아테나이의 배심원들은 원래 2오볼로스의 일당을 받았으나, 클레온이 3오볼로스로 인상했다.

수프를 더 올릴까요?" 그러고는 이 파플라고니아인은
우리 가운데 한 명이 마련한 것을 가로채 주인에게
갖다 바친다오. 전에 나는 퓔로스에서 큼직한 라코니케[10] 빵을 55
빚은 적이 있는데,[11] 이 천하의 악당이 살그머니 다가와
가로채더니 내가 빚은 것을 제 이름으로 바쳤지 뭐요.
그자는 우리를 주인에게서 떼어놓고 다른 사람은 아무도
시중들지 못하게 하며, 주인이 식사하는 동안 가죽 파리채를 들고
옆에 서서 가까이 있는 정치가들을 모두 쫓아버린다오. 60
그리고 그자가 계속 신탁을 읊어대자 노인은 시뷜라[12]에게 반했다오.
이 파플라고니아인은 주인이 멍청하다는 것을 알게 되자
재주를 부려 집 안에 있는 사람들조차 근거 없이 무고했고,
그래서 우리는 이렇게 매질을 당한다오. 파플라고니아인이
노예들 사이로 순찰을 돌며 요구하고, 약탈하고, 뇌물을 65
거두어들일 때. 이때 그자는 다음과 같이 말하곤 하지요.
"너희들, 휠라스가 맞는 것 봤지? 나 때문에 말이야.
내 마음을 달래지 않으면 오늘 중으로 죽을 줄 알아!"
그러면 우린 어쩔 수 없이 바쳐요. 그러지 않으면
노인에게 마구 짓밟혀 장(腸)이 파열되고 말 테니까요. 70
(니키아스에게) 이봐, 우리 어서 생각해보세,
어느 길로 해서 누굴 찾아가야 할지!

니키아스   이봐, 최선의 길은 우리가 내빼는 거야.
데모스테네스   하지만 어느 누구도 파플라고니아인의 눈을 피할 순 없어.
그자는 무엇이든 다 보니까. 그자는 한쪽 다리로는 75
퓔로스를, 다른 쪽 다리로는 민회를 짚고 있으니까.
이렇게 양다리를 짝 벌리고 말이야. 그래서 그의 항문은
정확히 카오네스족[13]의 나라에, 두 손은 아이톨리아[14]에,

	그의 마음은 클로피다이인들[15]의 땅에 가 있단 말이야.
니키아스	그렇다면 우리가 죽는 게 상책이겠네.
데모스테네스	어떻게 죽는 게 가장 당당하게 죽는 건지 잘 생각해봐!
니키아스	뭣이, 어떻게 죽는 게 가장 당당하게 죽는 거냐고?
	소 피를 마시는 게 상책이야. 테미스토클레스[16]처럼 죽자는 말이지.
데모스테네스	그럴 게 아니라, 착한 정령의 물 타지 않은 포도주[17]를
	마시는 거야. 그러면 혹시 좋은 생각이 떠오를지도 몰라.
니키아스	물 타지 않은 포도주라! 자네는 그저 포도주 생각뿐이구먼.
	그런데 술 취한 사람에게 어떻게 좋은 생각이 떠오를 수 있지?
데모스테네스	무슨 소리! 자네나 물만 마셔. 배 터지게. 자네, 정신을
	흐리게 한다고 포도주를 우습게 여기나 본데,

10 스파르테. 『구름』 주 39 참조.
11 『구름』 186행과 주 33 참조.
12 신들린 예언녀.
13 그리스 북서부 에페이로스(Epeiros) 지방에 살던 부족으로, '텅 빈 공간'이라는 뜻의 그리스어 카오스와 발음이 비슷하다.
14 아이톨리아(Aitolia)는 그리스 중서부지방으로, 그리스어 aitein(요구하다)과 발음이 비슷하다.
15 클로피다이(Klopidai 또는 Kropidai)는 앗티케 지방 북동부에 있는 작은 마을인데, '도둑'이라는 뜻의 그리스어 klops와 발음이 비슷하다.
16 기원전 480년 살라미스 해전을 승리로 이끈 아테나이의 장군이자 정치가. 그는 훗날 조국에서 추방당해 적국인 페르시아 왕에게 망명하지만, 그리스가 페르시아에 복속되도록 도와주겠다고 한 약속을 지키지 않기 위해 일설에 따르면 소 피를 마시고 자살했다고 한다.
17 식사 후 본격적인 주연(酒宴)이 시작되기 전에 물 타지 않은 포도주를 '착한 정령'(agathos daimon)에게 맨 먼저 헌주했다고 한다. 물 타지 않은 포도주는 대부분 그렇게 마셨기 때문에 '착한 정령의 물 타지 않은 포도주'라는 말을 쓴 것 같다. 고대 그리스인들은 대개 포도주에 물을 1:3 또는 2:3의 비율로 타서 마셨다.

포도주보다 효험이 놀라운 게 있으면 말해봐.
자네도 보다시피, 사람들이 술을 마시면,
부자가 되고, 성공하고, 소송에서 이기고,
행복하고, 친구들을 도와줄 수 있어.
자, 어서 포도주를 한 잔 가득 내와. 내가   95
머리에 물을 대 기발한 제안을 할 수 있도록!

니키아스   맙소사! 자네가 술 마시는 게 우리한테 무슨 도움이 된다는 거지?

데모스테네스   많이 되지. 내가 앉아 있는 동안 술이나 가져와.
일단 취하면 난 작은 계획과 생각과
발상을 사방에다 뿌릴 참이니까.   100

니키아스   *(집 안에 들어갔다가 포도주와 잔을 들고 돌아오며)*
집 안에서 포도주를 훔치다가 붙잡히지 않은 게 다행이지.

데모스테네스   말해봐, 파플라고니아인이 뭘 하고 있었는지!

니키아스   그 악당은 압류한 케이크를 핥고 있더군. 그리고 지금은
술에 취해 쇠가죽에 등을 대고 누워 코를 골고 있어.

데모스테네스   자, 헌주할 수 있게 물 타지 않은 포도주를 그득 부어줘.   105

니키아스   예 있네. 선한 정령에게 헌주하도록 해!

데모스테네스   *(혼잣말로)*
들이켜, 쭉 들이켜, 프람네 산(産)¹⁸ 정령의 잔을. *(쭉 들이켠다)*
착한 정령이여, 발상은 그대가 할 일이지 내가 할 일이 아니오.

니키아스   어떤 발상 말인가?

데모스테네스   어서 들어가서 안에 있는 파플라고니아인의 신탁을 훔쳐 갖고 와.   110
그자가 잠자는 동안.

니키아스   그러지. 하지만 나는 자네의 착한 정령이 내게는
악한 정령이 되지 않을까 두렵네. *(안으로 들어간다)*

데모스테네스   자, 이제는 내가 자작(自酌)해야지. 머리에 물을 대

	기발한 제안을 할 수 있도록 말이야. *(술을 마신다)*	
니키아스	*(두루마리를 갖고 돌아오며)*	
	파플라고니아인이 어찌나 크게 방귀를 뀌고 코를	115
	골아대던지! 그래서 그자가 그토록 엄중하게 지키던	
	신성한 신탁을 내가 가져와도 모르더라고.	
데모스테네스	자네야말로 재주꾼이야. 이리 줘! 내가 한번 읽어보게.	
	자네는 내 잔이 비는 일이 없도록 잘 챙겨주게나.	
	(두루마리를 펴며) 어디 보자, 여기 뭐가 있지?	
	오오, 신탁이로구나. 어서 줘. 내 잔 달란 말이야.	120
니키아스	예 있네. 신탁이 뭐래?	
데모스테네스	*(잔을 비우고 내밀며)*	
	한 잔 더 따라줘!	
니키아스	*(한 잔 더 따라주며)*	
	신탁에 "한 잔 더 따라줘"라고 적혀 있어?	
데모스테네스	오오, 바키스![19]	
니키아스	왜 그러지?	
데모스테네스	잔을 줘, 어서!	
니키아스	*(잔을 채워 건네며)*	
	바키스는 분명 이 잔을 자주 사용했나 봐.	
데모스테네스	사악한 파플라고니아인! 네가 노상 전전긍긍한 것은	125

18 소아시아 서해안 앞바다에 있는 이카리아(Ikaria) 또는 이카로스(Ikaros) 섬의 프람논(Pramnon) 또는 프람네(Pramne) 산에서 나는 포도주는 맛 좋기로 유명했다. 『일리아스』 11권 639행, 『오뒷세이아』 10권 235행 참조.

19 보이오티아 지방 출신의 예언자. 크세르크세스가 그리스를 침공할 무렵과 펠로폰네소스 전쟁 동안 국가 간의 갈등에 관한 그의 예언이 책의 형태로 유포되었다고 한다.

	너에 관한 신탁에 네가 겁이 났던 탓이로구나.
니키아스	이유가 뭐래?
데모스테네스	그자는 죽게 되어 있다고 여기 씌어 있어.
니키아스	어떻게?
데모스테네스	어떻게냐고? 신탁은 분명히 말하고 있어. 뱃밥 장수가 맨 먼저 나타나 도시를 가장 먼저 다스리게 되어 있다고 말이야.
니키아스	그는 장사꾼인데. 그다음엔 누구래? 말해줘!
데모스테네스	그다음엔 양(羊) 장수래.
니키아스	둘 다 장사꾼이네. 양 장수는 어떻게 된대?
데모스테네스	그보다 더 파렴치한 악당이 일어설 때까지 다스린대. 그러면 양 장수는 망하고 파플라고니아 출신 무두장이가 그 뒤를 잇게 되는데, 그자는 약탈자로 퀴클로보로스[20] 같은 목소리로 호통을 친대.
니키아스	그러니까 양 장수는 무두장이에 의해 망하게 되어 있단 말이지?
데모스테네스	그렇다니까.
니키아스	맙소사! 어디선가 장사꾼이 한 명만 더 일어선다면 좋으련만!
데모스테네스	한 명 더 있어. 예사로운 장사꾼이 아니구먼.
니키아스	부탁일세. 그게 누군지 말해주겠나?
데모스테네스	내가 말해줬으면 좋겠다고?
니키아스	제발 부탁일세.
데모스테네스	파플라고니아인을 내쫓을 자는 순대 장수야.
니키아스	뭐, 순대 장수라고? 참 멋진 직업이로군! 자, 어디서 그 사람을 찾아낼 수 있을까?

130

135

140

145

데모스테네스	그를 찾아봄세. 가만 있자, 저기 그가 시장으로 가고 있구먼. 신께서 보내주신 거야. *(큰 소리로 부른다)* 이리 와요, 이리. 행운의 순대 장수 양반! 앞으로 나와요, 우리와 도시의 구원자로 나타난 더없이 사랑스러운 분이여!
	(순대 장수 아고라크리토스, 장사에 필요한 여러 가지 물건이 든 등짐을 지고 등장)
순대 장수	무슨 일이오? 당신들, 왜 나를 부르는 게요?
데모스테네스	와서 당신이 얼마나 행운아이고 150 얼마나 축복받았는지 알도록 하시오!
니키아스	자, 자네는 그의 등짐을 내려주고 신탁의 의미를 그에게 설명해주게. 나는 가서 파플라고니아인을 감시하는 게 좋을 것 같네. *(안으로 들어간다)*
데모스테네스	먼저 당신의 짐을 땅에 내려놓으시오. 155 그리고 나서 대지와 신들께 경배하시오!
순대 장수	*(시키는 대로 하고 나서)* 자, 그렇게 했소이다. 대체 왜 이러시오?
데모스테네스	오오, 복 받은 자여, 오오, 부유한 자여! 오늘은 아무것도 아니지만, 내일은 큰사람이 될 자여. 오오, 축복받은 아테나이를 이끌 우두머리여!
순대 장수	이봐요, 내가 이 내장들을 씻어 순대를 만들어 160 팔도록 내버려두지 않고 왜 나를 조롱하는 게요?
데모스테네스	내장이라니? 멍청하게! *(관객들을 가리키며)* 저길 봐요. 백성들이 대열을 지어 모여 있는 게 보이지도 않소?
순대 장수	보이오.

20   앗티케 지방의 숲 속 급류. 비가 오면 갑자기 물이 불어나 포효하는 것으로 유명하다.

데모스테네스	당신은 저들 모두의 우두머리가 될 것이며, 또한 장터와
	항구들과 프뉙스²¹ 언덕의 수장(首長)도 될 것이오. 165
	당신은 의회를 짓밟고, 장군들을 면직하고, 족쇄를
	채우고, 투옥하고, 시청에서 오입하게 될 것이오.
순대 장수	내가?
데모스테네스	그래, 당신이. 그리고 그게 당신을 기다리고 있는 영광의 전부가
	아니오. 등짐 위에 올라서서 주위의 섬들을 모두 둘러보시오. 170
순대 장수	*(등짐 위에 서서)*
	보고 있소.
데모스테네스	또 뭐가 보이나요? 무역항과 상선들도 보이나요?
순대 장수	보이오.
데모스테네스	그러고도 어찌 당신이 크게 복 받지 않았다고
	말할 수 있지요? 이번에는 당신의 오른쪽 눈을
	카리아²²로, 왼쪽 눈을 카르케돈²³으로 돌리시오.
순대 장수	*(시키는 대로 하려고 애쓰며)*
	내 목을 비틀 수만 있다면, 행복하겠는데! 175
데모스테네스	그게 아니라, 이 모든 것을 당신이 임의로 사고팔 수
	있다는 뜻이오. 여기 이 신탁에 따르면, 당신은
	큰사람이 되게 되어 있다니 말이오.
순대 장수	말해보시오,
	순대 장수인 내가 어떻게 '사람'이 된다는 거요.
데모스테네스	당신은 뻔뻔스럽고 불량한 시정아치에 불과한데, 180
	바로 그런 이유에서 큰사람이 된단 말이오.
순대 장수	내가 권력을 휘두를 자격이 있다고 나는 생각지 않아요.
데모스테네스	맙소사! 왜 당신은 자격이 없다고 생각하는 거죠?
	당신에게 양심 따위는 없는 것 같은데 말이오.

	당신 설마 명문가 출신은 아니겠지?
순대 장수	물론 아니죠. 하층민 출신이라오.
데모스테네스	축하하오!
	정치가로 성공할 유리한 조건을 갖추고 있으니 말이오.
순대 장수	하지만, 이봐요, 난 최소한의 교육도 받지 못했소.
	읽기와 쓰기 말고는. 그것도 제대로 배우지 못했소.
데모스테네스	읽기와 쓰기를 좀 배웠다는 것, 그게 당신에게는 되레
	장애물이오. 민중의 지도자가 되는 것[24]은 교육받은
	사람이나 자질 있는 사람의 몫이 아니라, 무식하고
	파렴치한 자의 몫이니까요. 하더라도 당신은 이 신탁에서
	신들께서 당신에게 제공하시는 것을 소홀히 하지 마시오.
순대 장수	신탁이 뭐라고 하는데요?
데모스테네스	신탁은 분명 좋은 뜻이지만 수수께끼 같은 말로 쐬어 있소.
	"그러나 구부정한 발톱의 가죽 독수리가
	피를 마시는 어리석은 뱀을 부리로 잡게 되면,
	그때는 파플라고니아인들의 아린 마늘 소금물은 망하고,
	그때는 내장 장수들에게 신께서 큰 영광을 내리시리라.
	그들이 순대 장사를 계속하기를 더 선호하지 않는다면."
순대 장수	그게 나와 무슨 상관이죠? 설명해보시오.
데모스테네스	*(관객들 사이에 있는 클레온을 가리키며)*
	"가죽 독수리"란 저기 있는 파플라고니아인이오.

21 민회.
22 소아시아 남서지방.
23 북아프리카의 고대 항구도시 카르타고(Carthago)의 그리스어 이름.
24 그리스어 demagogia는 경우에 따라 '민중선동가가 되는 것'으로도 번역할 수 있다.

순대 장수	"구부정한 발톱의"는 무슨 뜻이죠?
데모스테네스	무슨 뜻인고 하니,
	그자가 발톱처럼 구부정한 두 손으로 낚아채간다는 거죠. 205
순대 장수	뱀은 또 뭐요?
데모스테네스	자명할 텐데. 뱀은 기다랗고, 순대 또한 기다랗소.
	그리고 뱀이 피를 마시듯 순대도 피를 마신다오.²⁵
	그래서 신탁이 말하고자 하는 것은, 뱀이 가죽 독수리를
	이기리라는 것이오. 공갈협박²⁶에 주눅 들지 않는다면. 210
순대 장수	솔직히 나는 신탁이 마음에 드오. 그러나 내가 어떻게
	민중을 다스릴 수 있다는 건지 도무지 이해가 안 되오.
데모스테네스	땅 짚고 헤엄치기죠. 여태 해온 것처럼 하시오.
	순대 만들듯, 모든 업무를 한데 섞어 저으시오.
	그리고 민중의 환심을 사기 위해 그럴듯한 215
	감언이설로 잊지 말고 조미료를 치시오.
	당신은 민중선동가의 다른 자질은 다 갖추었소.
	목소리는 걸걸하고, 집안은 미천한 장돌뱅이니까.
	당신은 정계 진출에 필요한 것을 다 갖고 있단 말이오.
	게다가 퓌토²⁷ 신탁을 포함하여 신탁들도 당신 편이오. 220
	이제 화관을 쓰고 어리석음의 신에게 헌주하고
	그자를 혼내시오!
순대 장수	그런데 대체 누가 내 편이 되어주죠?
	부자들은 파플라고니아인을 두려워하고,
	가난한 백성들은 겁이 나 방귀만 뀌고 있으니 말이오.
데모스테네스	그자를 싫어하는 1천 명의 용감한 기사들이 225
	당신을 도우러 올 것이오. 시민들 가운데
	용감하고 점잖은 이들과, 관객들 가운데

	지각 있는 이들도. 나도 그들과 함께할 것이며,	
	신께서도 당신을 도와주실 것이오.	
	두려워 마시오. 그자의 얼굴은 제 얼굴이	230
	아니라오. 소품(小品) 제작자들도 그자가 두려워	
	감히 실물처럼 만들지 못하니까요. 하지만	
	관객들은 지각이 있는지라 그자를 알아볼 것이오.	
니키아스	*(안에서)* 맙소사! 여기 파플라고니아인이 나오고 있소.	
파플라고니아인	*(집에서 나오며)*	
	열두 신에 맹세코, 데모스에게 이토록 오랫동안	235
	음모를 꾸미고 있었던 너희 둘에게 화 있으라!	
	이 칼키스²⁸산(産) 술잔은 어디에 쓰자는 거야?	
	혁명을 일으키도록 너희가 분명 칼키스인들을 사주했어.	
	너희 둘은 죽게 되고 망하게 될 거야, 고약한 것들!	
	(순대 장수, 겁이 나 달아난다)	
데모스테네스	*(순대 장수에게)* 이봐, 고귀한 순대 장수, 달아나긴 왜 달아나요?	240
	게 서시오! 우리를 배신하지 마시오! 기사들이여,	
	와서 도와줘요. 지금이 적기라오.	
	시몬! 파나이토스!²⁹ 달려와 오른쪽에서 공격해요.	
	(순대 장수에게) 그들이 오고 있소. 돌아서서 싸우시오.	

25 순대는 속이 피로 채워진다.『오뒷세이아』 20권 25~27행 참조.
26 파플라고니아인의.
27 델포이의 옛 이름.
28 칼키스(Chalkis)는 에우보이아 섬의 도시이다. 이 칼키스산 술잔은 니키아스가 주인의 광에서 포도주와 함께 가지고 나온 것이다.
29 시몬(Simon)과 파나이토스(Panaitos)는 아테나이의 기병 대장이었다고 하는데, 확인되지 않고 있다.

구름 같은 먼지가 보여요. 우리를 도우러 그들이 달려오고 245
있어요. 그자를 공격하고 추격하여 패주하게 만드시오!

(순대 장수가 돌아와 데모스테네스와 힘을 모아 파플라고니아인을 공격할 때
기사들의 코로스가 급히 뛰어든다)

코로스장   쳐요, 쳐! 기병대를 괴롭히는 저 악당을! 세수(稅收)를 꿀꺽
삼키는 자를, 약탈의 끝없는 심연을, 무엇이든 빨아들이는
카립디스[30]를, 저 악당을, 저 악당을! 내가 거듭해서
이렇게 부르는 것은 그자가 하루에도 여러 번 악당이었기 250
때문이오. 그자를 치고, 쫓고, 괴롭히고, 박살 내고,
증오하고(우리처럼), 공격할 때 함성을 질러요.
그자가 도망치지 못하게 조심해요. 그자는 에우크라테스[31]가
몰래 내빼 밀기울 속에 숨던 샛길을 알고 있으니까요.

파플라고니아인   존경하는 배심원 여러분, 3오볼로스의 일당을 받는 형제들이여, 255
사실 여부를 떠나 큰 소리로 고발함으로써 내가 여러분을
먹여 살렸거늘, 와서 음모자들에게 얻어맞는 나를 도와주시오!

코로스장   얻어맞아 싸지. 당신은 차례가 되기도 전에 공공기금을 삼켰으니까.
그리고 퇴직 공직자들을 무화과 열매처럼 따서 그들 중 누가
아직 푸른지, 익었는지, 설익었는지 보려고 쥐어짜곤 하니까.[32] 260
그리고 시민들 중에 누군가 양처럼 순하고, 호인(好人)이고, 264
송사(訟事)에 말려드는 것을 기피하는 부유한 시민을 찾아내면, 265
다시 말해 그들 가운데 누군가 어수룩하고 소심한 것을 보면 261
케르소네소스[33]에서 억지로 불러들여 허리를 잡고, 목을 조르고, 262
등 뒤로 팔을 비틀어 그가 넘어지면 먹어치우곤 하니까. 263

파플라고니아인   여러분도 공격에 가담하는 거요? 내가 얻어맞는 것은 266
여러분 탓이오. 여러분의 용기를 기념해 시내에
기념비를 세우자고 제의하려다 이렇게 당했단 말이오.

코로스장	무슨 헛소리야, 이 협잡꾼아! 우리가 노망이나 든 것처럼,	
	저자가 우리에게 아부하고 속임수를 쓰려는 꼴이라니!	270
	저자가 이쪽으로 덤벼들면 *(주먹을 내밀며)* 이것으로	
	갈겨주고, 이쪽으로 달아나려 하면 딴죽을 걸 테다.	

(코로스가 파플라고니아인을 꼼짝 못하게 막는다)

파플라고니아인	오오, 도시여, 민중이여, 내 배를 후려치는 이 짐승들 좀 보시오!	
순대 장수	고함을 질러? 당신은 그 고함 소리로 늘 도시의 상전 노릇을 하려 했지.	
파플라고니아인	난 이 고함 소리로 너희들을 도망치게 만들 테다.	275
코로스장	당신 고함 소리가 그의 고함 소리보다 더 크면 당신이 승리자이고, 뻔뻔스러움에서 그가 당신을 능가하면 케이크는 우리 것이오.	
파플라고니아인	나는 이자를 고발하오. 이자는 펠로폰네소스의 삼단노선들에 순대라는 밧줄을 수출하기 때문이오.	
순대 장수	나도 이자를 고발하오. 이자는 텅 빈 배로 시청에 뛰어들어갔다가, 가득 찬 배로 도로 밖으로 나오기 때문이오.	280
데모스테네스	바로 그거요. 저자는 반출이 금지된 빵과 고기와 생선 조각을 갖고 나가곤 하는데, 페리클레스조차 그런 적은 한 번도 없어요.	
파플라고니아인	너희들 둘 다,[34] 당장 죽을 줄 알아!	

---

30 카륍디스(Charybdis)는 가까이 다가오는 것이면 무엇이든 집어삼키는 무서운 바다 소용돌이이다. 『오뒷세우스』 12권 참조.

31 아테나이의 평범한 정치가.

32 아테나이의 공직자들은 임기가 끝난 뒤 회계 감사를 받게 되어 있었는데, 여기에서는 누가 돈을 모았는지 알아보고는 감사를 무마해주는 조건으로 뇌물을 받았다는 뜻이다.

33 케르소네소스(Chersonesos)는 트라케 지방에 위치한 지금의 갈리폴리(Gallipoli) 반도로, 그곳에는 아테나이의 식민시가 있었다.

34 순대 장수와 데모스테네스.

순대 장수	난 당신보다 세 배나 더 크게 소리 지를 거요.	285
파플라고니아인	난 내 고함 소리로 너를 압도할 테다.	
순대 장수	난 내 고함 소리로 당신 고함 소리를 압도할 거요.	
파플라고니아인	네가 장군이 되면 내가 중상(中傷)할 테다.	
순대 장수	난 당신 등짝을 복날 개 패듯 할 거요.	
파플라고니아인	난 허튼소리로 너를 포위할 테다.	290
순대 장수	난 당신의 퇴로를 차단할 거요.	
파플라고니아인	눈을 깜짝이지 말고 날 똑바로 봐!	
순대 장수	나도 아고라에서 자랐소이다.	
파플라고니아인	한 번만 더 입을 놀리면 너를 갈기갈기 찢어버릴 테다.	
순대 장수	그렇게 떠들어대면 당신에게 똥을 던질 거요.	295
파플라고니아인	내가 도둑임을 시인하지. 너는 도둑이 아니겠지.	
순대 장수	아고라의 헤르메스[35]에 맹세코, 나도 도둑이오. 게다가 도둑질하다 잡히면 목격한 사람들 앞에서 아니라고 잡아떼죠.	
파플라고니아인	아니, 그건 내 전문인데. 아무튼 나는 너를 법정에 고발할 테다. 네가 내장 장사를 하며 신들에게 십일조를 바치지 않았다고.	300

코로스	좌 1 (303~313행)
	이 비열하고 지긋지긋한 고함쟁이여,
	그대의 뻔뻔스러움으로 가득 찼노라,	305
	온 나라가, 온 민회가, 온 세관이,
	모든 고소가, 모든 법정이. 진창을
	휘젓는[36] 자여, 그대는 온 도시를 엉망으로 만들었으며,	310
	고함 소리로 온 아테나이가
	귀머거리가 되게 했노라, 참치잡이 어부들처럼

	바위 위에 서서 공물이 들어오기를 기다리면서.³⁷
파플라고니아인 순대 장수	이 음모가 오래전에 꾸며졌다는 걸 나는 잘 알아. 당신이 구두창 꿰맬 줄을 모른다면 나는 순대 만들 줄을 몰라. 당신은 늙고 병든 소의 가죽을 두꺼워 보이도록 비스듬히 잘라 시골사람들에게 속여 팔곤 하지. 그래서 구두는 하루도 못 신어 2도크메³⁸나 늘어나지.
데모스테네스	그는 내게도 똑같은 짓을 했어. 그래서 나는 꼼짝없이 친구들과 이웃들의 웃음거리가 되고 말았지. 페르가세³⁹에 도착하기도 전에 난 구두 안에서 헤엄치고 있었으니까.
코로스	**좌 2 (322~332행)** 당신은 정치가들의 유일한 수호신인 파렴치를 처음부터 보여주지 않았던가? 그 파렴치를 믿고 국가의 우두머리인 그대는 부유한 이방인들의 지갑을 털곤 하지. 그리고 힙포다모스⁴⁰의 아들은

(행 번호: 313, 314, 320, 325)

35 장터의 보호자로서의 헤르메스.
36 민중을 선동하는.
37 참치잡이 어부들은 바위 위에 세워둔 망꾼이 참치 떼가 다가온다고 소리치면 그물을 던지는데, 클레온 일당도 동맹국에서 공물(貢物)이 들어온다고 망꾼한테서 기별이 오면 저희들끼리 적당히 나눠 가진다는 뜻이다. 여기서 클레온의 '바위'는 민회가 열리던 프뉙스 언덕을 말한다.
38 도크메(dochme)는 약 7.4센티미터이다.
39 페르가세(Pergase)는 아테나이 근처의 구역이다.
40 힙포다모스(Hippodamos)는 소아시아 밀레토스 출신의 도시 설계자로, 아테나이의 외항 페이라이에우스도 그가 설계한 것이라고 한다. 힙포다모스의 아들은 아르케프톨레모스(Archeptolemos)인데, 그가 왜 여기서 언급되는지 확실진 않지만 문맥상 정직한 사람이었던 것 같다.

그대를 보고 눈물을 흘리고. 그러나 이제는
당신보다 더 고약한 다른 사람이 나타났으니,
나는 기쁘기 그지없소. 그는 당신을 제지하고, 330
못된 짓과 뻔뻔스러움과 약삭빠름에서
분명 그대를 능가할 테니까.

코로스장　(순대 장수에게) 오늘날 모든 실력 있는 인물들을 배출한 곳[41]에서
　　　　　당신은 자랐거늘, 좋은 교육이 왜 쓸모없는지 보여주오!

순대 장수　(파플라고니아인을 가리키며)
　　　　　좋아요. 여러분은 여기 이자가 어떤 시민인지 들어보시오! 335

파플라고니아인　내가 먼저 말하게 해주지 않겠나?

순대 장수　단연코 안 되오. 나도 당신 못지않은 악당이니까.

데모스테네스　그게 먹혀들지 않으면, 당신 부모도 악당이었다고 하시오.

파플라고니아인　또 묻겠는데, 내가 먼저 말하게 해주지 않겠나?

순대 장수　제우스에 맹세코, 안 되오.

파플라고니아인　제우스에 맹세코 되지, 안 되긴 왜 안 돼!

순대 장수　포세이돈에 맹세코, 안 돼. 당신보다 먼저 말할 권리를
　　　　　위해서라면 나는 싸움도 불사할 거요.

파플라고니아인　오오, 난 금방이라도 터질 것 같아.

순대 장수　나로서는 그냥 내버려둘[42] 수 없소. 340

데모스테네스　제발 그자가 터지게 내버려둬요!

파플라고니아인　너 도대체 뭘 믿고 감히 나한테 대드는 거야?

순대 장수　나도 당신처럼 말할 줄 알고 휘저을 줄 알기 때문이오.

파플라고니아인　뭐, 네가 말할 줄 안다고? 무슨 일을 맡게 되면
　　　　　기껏해야 산 채로 갈기갈기 찢어놓고 말 텐데. 네가 345
　　　　　어떻게 될지 말해줄까? 남들과 다를 게 없지. 너도

밤새도록 중얼중얼 외우고, 길을 걸으며 되뇌고, 물을 마시고,
만나는 사람들에게 연습하고, 친구들을 들볶은 다음,
재류외인(在留外人)을 상대로 사소한 소송에서 이기기라도 하면
자신이 무슨 웅변가인 줄 알겠지. 어리석은 바보같이. 350

순대 장수 그런데 당신은 대체 뭘 마시기에 혼자서 도시를
말로 갖고 놀며, 도시가 입도 못 떼게 만들었죠?

파플라고니아인 너 대체 나를 어떻게 보는 거야? 나로 말하자면
참치구이를 먹고 물 타지 않은 포도주를 한 주전자 마시고
퓔로스에 가 있는 장군들을 호령할 수 있는 사람이야. 355

순대 장수 나로 말하자면 소 내장과 돼지 내장을 꿀꺽 삼키고
고깃국을 마시고 나서 손도 씻기 전에 경찰관들의
목을 조르고 니키아스를 겁줄 수 있는 사람이오.

데모스테네스 나는 당신 말이 아주 마음에 드오. 하지만 설마 나라의 고깃국을
당신 혼자서 다 삼키려는 건 아니겠지요. 360

파플라고니아인 밀레토스산 농어도 먹지그래. 그래도 밀레토스를 함락하지 못할걸?

순대 장수 하지만 난 쇠갈비를 먹으며 광산에 투자할래요.

파플라고니아인 나는 평의회로 뛰어올라가 마구 흔들어놓을 테다.

순대 장수 나는 순대처럼 당신 항문에 속을 채울래요.

파플라고니아인 나는 허리를 잡고 너를 문 밖으로 거꾸로 끌어낼 테다. 365

데모스테네스 포세이돈에 맹세코, 그를 끌어내기 전에 나부터 먼저 끌어내요!

파플라고니아인 비키지 않으면 네게 차꼬를 채울 테다.

순대 장수 나는 당신의 비겁함을 고발하오.

---

41 아고라.
42 '당신이 먼저 말하도록'. 이 말을 데모스테네스는 '터지게 내버려둘' 수 없
다는 뜻으로 이해한 것 같다.

| 파플라고니아인 | 나는 네 가죽을 무두질할 테다. |
| 순대 장수 | 나는 당신 가죽을 벗겨 도둑놈 자루를 만들 거요. | 370
파플라고니아인	나는 나무 말뚝을 박아 너를 땅에다 고정할 테다.
순대 장수	나는 당신 살로 육회를 뜰 것이오.
파플라고니아인	나는 네 속눈썹을 뜯어낼 테다.
순대 장수	나는 당신 모이주머니를 잘라버릴 거요.
데모스테네스	돼지 백정이 그러듯,	375
	우리는 그의 입에다
	나무 말뚝을 집어넣어
	그의 혀를 뽑아내고는
	쩍 벌어진 그의 목구멍 속을	380
	들여다볼 것이오,
	그에게 기생충이 있나 하고.

코로스 우 1 (382~390행)

세상엔 불보다 더 뜨거운 것도 있고,
도시엔 파렴치보다 더 파렴치한 말도   385
있구나. 이 일은 작은 일이 아니오.
. . . . . . ⁴³
(순대 장수에게) 그자에게 달려들어 비틀고 돌리시오.
하다 말면 아니함만 못하오.
이제 그자는 허리가 잡혔소.

| 코로스장 | 그대가 달려들어 이제 그자의 기세를 꺾으면, 그자가 |
| | 겁쟁이임을 알게 될 것이오. 나는 그자를 잘 아오. | 390
| 순대 장수 | 평생 동안 그런 사람인지라, 남이 씨 뿌린 것을 |

수확하는 것으로 그는 이름을 날렸소.
이제 그는 곡식 이삭을 그곳에서 집으로 가져와
감옥에 처넣어놓고 말리며 내다 팔기를 바라고 있소.[44]

파플라고니아인 나 당신들 두렵지 않아. 의회가 살아 있고, 데모스가   395
얼간이 상(相)을 하고 계속 프뉙스에 앉아 있는 동안에는.

코로스 우 2 (398~408행)

언제 보아도 변함없이
뻔뻔스러운 낯빛이로구나!
내 그대를 증오하지 않는다면
크라티노스[45]의 오줌에 전 담요가 되고,   400
모르시모스[46]가 쓴 비극의 합창서정시를 부르도록
훈련받아도 좋으리라. 사방을 날아다니며 어디든
뇌물의 꽃에 내려앉는 자여, 빨아 마신 것만큼 빨리
그대가 삼킨 것을 도로 게우면 좋으련만!
그렇게 되기만 하면 나는 노래할 텐데.   405
"이런 경사가 났으니 잔을 비우세, 잔을 비우세!"

코로스장 그러면 아마도 곡물 감독관 울리오스[47] 노인도 "오오, 파이안!"

43 일부 시행이 없어진 것으로 추정된다.
44 아테나이 시민들은 유리한 평화조약이 체결될 때까지 퓔로스 항 앞바다의 스팍테리아 섬에서 잡아온 스파르테 포로들을 인질로 잡아두기를 원하지만, 클레온은 뇌물을 받고 풀어주려 한다는 뜻이다.
45 크라티노스는 아리스토파네스와 경쟁관계에 있던 선배 희극작가인데, 경연에서 9번이나 우승했다고 한다.
46 모르시모스는 아이스퀼로스의 종손자로 평범한 비극작가였다고 한다.
47 Oulios.

	"오오, 박코스!"라고 환성을 올리며 잔을 비우겠지.	
파플라고니아인	포세이돈에 맹세코, 너는 뻔뻔스러움에서 나를 능가하지 못해.	
	그렇다면 나는 제우스 아고라이오스⁴⁸의 제물에 참가하지 못하겠지.	410
순대 장수	어려서부터 내가 수없이 얻어맞은 따귀와 칼에 벤	
	자국에 맹세코, 뻔뻔스러움에서 내가 아마 당신을	
	능가할 거요. 그렇지 않다면 손님들의 손을 닦은	
	빵 조각⁴⁹을 먹고 내가 이렇게 자란 게 다 허사가 되게요.	
데모스테네스	손 닦은 빵이라고, 개처럼? 이 멍청한 양반아, 개가 먹는 것을	415
	먹고 자란 주제에 개의 머리를 가진 비비(狒狒)와 싸우려 하다니!	
순대 장수	그 밖에도 내겐 어릴 때 익힌 다른 계책들이 많다오.	
	난 다음과 같은 말로 푸줏간 주인들을 속이곤 했지요.	
	"이봐요, 저길 봐요! 봄이 되니까 제비가 돌아왔네요. 안 보여요?"	
	그리고 그들이 쳐다보는 사이 나는 그들의 고기를 슬쩍했지요.	420
데모스테네스	당신 참 멋진 친구로구먼. 얼마나 기발한 계략이야! 당신은,	
	사람들이 쐐기풀을 먹듯, 제비가 돌아오기 전에⁵⁰ 훔쳤으니.	
순대 장수	그래서 내가 훔치는 것을 아무도 보지 못했소. 누가 보면	
	가랑이 사이에 넣고는 훔치지 않았다고 신들에 걸고 맹세했소.	
	그래서 어떤 정치가는 내 행동을 보고 다음과 같이 말했소.	425
	"훗날 이 아이는 분명 민중의 지도자가 될 것이오."	
데모스테네스	그 양반 제대로 알아맞혔네. 그가 그런 결론을 내린 것은 분명	
	당신이 도둑질한 뒤 위증하고, 항문에 고기를 끼웠기 때문이오.	
파플라고니아인	내가 너의, 아니 너희 둘의 대담한 입을 막아주지.	
	폭풍처럼 너를 세차게 덮쳐 육지와 바다를	430
	내가 뒤죽박죽으로 만들어놓겠단 말이야.	
순대 장수	그러면 나는 내 순대들을 돛 삼아 바람을 타고 바다를 달리며,	
	"어디 화낼 테면 내보시지!"라고 말할 거요.	

데모스테네스	그리고 나는 배에 물이 새는지 뱃바닥을 유심히 지켜볼 것이오.	
파플라고니아인	데메테르에 맹세코, 너는 아테나이 국고에서 그토록 많은	435
	탈란톤[51]을 훔쳤으니 무사하지 못할걸.	
데모스테네스	*(선원에게 명령하듯)* 잘 보고, 돛을 줄여요.	
	고발의 역풍이라는 북동풍이 불고 있으니까.	
순대 장수	나는 당신이 포테이다이아[52]에서 10탈란톤을 받았다는 걸 알고 있소.	
파플라고니아인	잠깐! 내 너에게 1탈란톤을 줄 테니, 절대 입 밖에 내지 마!	
데모스테네스	저 친구 널름 받겠지. *(순대 장수에게)* 돛을 더 펴고,	440
	항해하시오. 바람의 기세가 꺾이고 있으니까.	
파플라고니아인	*(순대 장수에게)* 내 너에게 벌금 100탈란톤짜리	
	소송을 네 건(件) 제기할 테다.	
순대 장수	나는 당신에게 탈영죄로 20탈란톤과	
	횡령죄로 1천 탈란톤 이상의 소송을 제기할 거요.	
파플라고니아인	내 단언하건대, 네 부모는	445
	우리 여신에게 죄를 지었어.[53]	

48 제우스 아고라이오스(Zeus agoraios 아고라의 제우스)는 아고라 또는 아고라에서 행해지는 것, 즉 웅변의 보호자로서의 제우스를 말한다. '제우스 아고라이오스의 제물에 참가한다'는 것은 아고라에서 연설한다는 뜻이다.
49 손님들이 식사 도중 손을 닦은 빵 조각은 대개 개에게 던져주었다고 한다.
50 제비가 돌아온 뒤에는 쐐기풀을 먹지 말라는 속담이 있었던 것 같다. 제비가 돌아오기 전에는 쐐기풀이 부드러워서 아직은 찌르지 않기 때문일 것이다.
51 아테나이의 가장 큰 화폐 단위. 『구름』 주5 참조.
52 포테이다이아(Poteidaia 또는 Potidaia)는 에게 해 북안 팔레네(Pallene) 반도에 있는 도시이다. 이 도시는 2년 이상 포위당한 뒤 기원전 429년 아테나이군에 항복했는데, 항복조건을 둘러싸고 뇌물 시비가 끊이지 않았다고 한다.
53 기원전 7세기 아테나이의 참주가 되려던 퀼론(Kylon) 일당이 아테나 폴리아스의 신전에 탄원자 신분으로 피신하자 반대 세력이 유인해내 살해했는데 이들 살해자와 그 자손들은 저주받은 것으로 선언되었다(헤로도토스,

| 순대 장수 | 내 단언하건대, 당신 할아버지는
친위대 가운데 한 명이었소. | |
|---|---|---|
| 파플라고니아인 | 누구의 친위대란 말이야? 말해봐! | |
| 순대 장수 | 힙피아스[54]의 아내 뷔르시네의 친위대죠. | |
| 파플라고니아인 | 넌 개구쟁이야. | |
| 순대 장수 | 당신은 악당이고. | 450 |
| 데모스테네스 | 그자를 호되게 때려요! | |

(순대 장수가 그렇게 하자 데모스테네스도 가세한다)

파플라고니아인	사람 살려! 음모꾼들이 나를 때리고 있어.	
데모스테네스	*(순대 장수에게)*	
	그자를 힘껏 쳐요.
당신 내장과 순대로
그자의 배를 후려쳐요!
그자의 창자가 나오게!	455

(파플라고니아인, 얻어맞고 쓰러진다)

코로스장	*(순대 장수에게)*	
	오오, 고귀한 육체여, 가장 용감한 영웅이여,
그대는 우리 도시와 우리 모두의 구원자요.
그대는 말로 그자를 능수능란하게 제압했소이다.
그대를 어떻게 칭찬해야 우리 마음에 흡족할까요?	460
파플라고니아인	*(의식을 회복하며)*	
	데메테르에 맹세코, 너희들이 이 음모를 어떻게 꾸몄는지
내가 모를 줄 알아? 이 음모가 꾸며지고 대못으로 조여지고
아교로 접착되는 과정을 나는 죄다 알고 있었단 말이야.	463
순대 장수	저자가 아르고스[55]에서 무슨 짓을 했는지 난 죄다 알고 있소.	465
	그는 아르고스인들을 우리 친구로 만든다는 미명 아래 실제로는	466

	사리사욕을 위해 그곳에서 라케다이몬인들과 음모를 꾸미고 있소.	467
데모스테네스	*(순대 장수에게)*	
	아니, 수레바퀴 제조공의 속어는 왜 안 쓰는 거요?	464
순대 장수	*(하던 말을 잇는다)*	
	난 어떤 조건으로 음모를 단조(鍛造)했는지 알고 있소. 죄수들을 두고.	
데모스테네스	좋아요. 그의 대못과 아교에 주물공장에서 쓰는 용어로 대답해요.	470
순대 장수	그리고 그쪽[56] 사람들도 무쇠를 망치로 두들겨 패고 있죠. 당신이 아무리 은이나 금을 주고 당신 패거리를 보내 겁을 줘도, 내가 이 음모를 아테나이인들에게 알리는 것을 막지 못할 거요.	
파플라고니아인	막긴 왜 막아. 나는 지금 당장 의회로 가서 너희들 모두가 꾸미고 있는 음모와, 반국가적 야간 집회와, 페르시아인들 및 그들의 왕과의 모든 뒷거래와,[57] 보이오티아인들과 음모의 치즈[58]를 만들려 했다는 것[59]을 낱낱이 일러바칠 작정이야.	475

	『역사』 5권·71장 참조). 이들은 아테나이의 유서 깊은 귀족들이었는데, 순대 장수가 그들과 관련이 있다는 것은 납득이 가지 않는다.
54	페이시스트라토스의 아들로 아테나이의 참주가 된 힙피아스의 아내는 실명이 뮈르리네(Myrrhine) 또는 뮈르시네(Myrsine)인데, byrsa(가죽)에서 따온 뷔르시네(Byrsine)라고 고쳐 부르는 것은 클레온 집안과 무슨 관계가 있는 것처럼 보이기 위해서가 아닌가 싶다.
55	아르고스는 그 무렵 아테나이와 스파르테 사이에서 중립을 지키고 있었다.
56	스파르테.
57	당시 아테나이인들은 반(反)페르시아 감정이 골수에 사무쳐 친(親)페르시아 인사를 공적(公敵)으로 취급했다.
58	치즈는 보이오티아 지방의 주요 생산품 중 하나이다. 치즈는 즉석에서 만들어지는 것이 아니라 시나브로 응결된다.

순대 장수	보이오티아에서는 치즈값이 대체 얼마죠?	480
파플라고니아인	헤라클레스에 맹세코, 내 반드시 네 가죽을 무두질하리라!	
	(퇴장)	
데모스테네스	*(순대 장수에게)*	

이봐요, 당신에게 생각과 용기가 있다면, 당신 말마따나
고기를 가랑이 사이에 감췄다는 그날처럼, 지금이야말로
그것을 보여줄 때요. 서둘러 의회로 달려가야겠소. 485
그자가 지금 득달같이 의회로 달려가 우리 모두를
모함하며 고래고래 고함을 지르려 하니 말이오.

순대 장수	물론 가야죠. 하지만 먼저 내 순대와 칼을
	여기에다 맡겨두고 가야죠.
데모스테네스	*(순대 장수에게 기름덩이를 건네며)*

자, 이걸 당신 목에 발라둬요! 490
그자의 모함의 손아귀에서 빠져나올 수 있도록.[60]

| 순대 장수 | 좋은 말이오. 꼭 레슬링 코치처럼 말하는군요. |
| 데모스테네스 | *(순대 장수에게 마늘을 건네며)* |

자, 이것도 먹어둬요!

| 순대 장수 | 그건 왜요? |
| 데모스테네스 | 마늘을 먹어야 싸움닭이 될 테니까. |

자, 서둘러요!

| 순대 장수 | 서두르고 있어요. |
| 데모스테네스 | *(떠나는 순대 장수에게)* |

자, 명심하고 그자를 물고, 모함하고, 495
그자의 볏을 먹어치워요. 그리고 그자의 목에 늘어진
살을 쪼아내기 전에는 돌아오지 마시오.

(데모스의 집 안으로 퇴장)

파라바시스[61] (498~610행)

코로스장 잘 가시오. 행운을 비오. 그대는
　　　　 내가 바라는 대로 되기를! 제우스 아고라이오스께서
　　　　 그대를 보호해주시기를!　　　　　　　　　　　　　　500
　　　　 부디 그대가 이겨, 승리의 화환을
　　　　 잔뜩 걸치고 우리에게 돌아오기를!

　　　　 (관객들에게)
　　　　 우리의 약약강격[62]에
　　　　 여러분은 귀 기울여주시오.
　　　　 모든 예술에 여러분은　　　　　　　　　　　　　　　505
　　　　 두루 정통하기 때문이오.

　　　　 구닥다리 희극작가들 중 한 명이 우리[63]더러 관객들 앞으로
　　　　 나서서 자신의 시행을 읊도록 강요했다면, 우리를 설득하기가
　　　　 쉽지 않았을 것이오. 그러나 오늘 이 시인은 그런 대접을 받을
　　　　 만하오. 그는 우리가 미워하는 사람들을 미워하고, 바른말을 하고,　510
　　　　 튀포스[64]와 태풍에 용감하게 맞서기 때문이오. 그가 자신의
　　　　 이름으로 코로스를 요청한 지가[65] 오래되지 않았다는 사실에

59　기원전 424년 몇몇 아테나이인들이 보이오티아 지방의 민주인사들과 손잡고 혁명을 일으키려 했는데, 혁명이 일어나면 보이오티아 지방의 도시들이 펠로폰네소스 전쟁에서 아테나이 편이 될 것이라고 기대했기 때문이다.
60　레슬링 선수가 몸에 올리브유를 발라 상대방의 공격에서 벗어나듯.
61　『구름』주 90 참조.
62　약약강격(anapaistos ∪∪ −) 운각은 비극에서는 코로스의 노래에 사용된다.
63　기사들.
64　머리가 100개인 괴물로 모든 폭풍의 아버지이다. 여기서는 클레온을 말한다.

여러분 가운데 상당수가 놀라움을 금치 못하고 그 이유를
물었다며, 그는 우리더러 여러분의 질문에 대답하라고 했소.
그가 그토록 오랫동안 무명(無名)으로 남았던 것은 어리석어서가   515
아니라, 희극을 쓰기가 세상에서 가장 어렵다고 여겼기 때문이라고.
그도 그럴 것이, 희극의 무사 여신에게 구애하는 사람은 많지만
여신의 총애를 받는 이는 적으니까요. 게다가 여러분이 변덕스러워
전 세대의 시인이 늙자마자 외면해버린다는 것을 그는 알고 있었소.
머리가 세기 시작하자 마그네스[66]가 어떤 대접을 받았는지 여러분은   520
알 것이오. 그는 수없이 경쟁자들을 이기고, 온갖 음조로 노래하고,
뤼라를 연주하고, 날개를 퍼덕이기도 하고, 뤼디아 말을 하기도 하고,[67]
각다귀처럼 윙윙거리기도 하고, 개구리가 되려고 몸에 초록 칠을
하기도 했소. 그가 젊었을 때는 여러분이 갈채를 보냈으나,
결국 노년이 되면서 그의 풍자가 무뎌지자 무대에서 내쫓았소.   525
우리 시인은 또 크라티노스도 한때는 여러분의 아낌없는 갈채를
한 몸에 받으며 솟아올라 들판에 범람하며 참나무들과 플라타너스들과
경쟁자들을 뿌리째 뽑아 바다로 쓸어내려갔다는 것을 기억하고 있었소.
술자리에서는 '무화과나무 구두를 신은 뇌물의 여신'과 '재치 있는
노래의 작곡가들'[68]이라는 노래만 불렀소. 그만큼 그는 이름을 날렸소.   530
지금은 어떤가! 여러분도 보시다시피, 그는 헛소리를 하고 있고,
그의 악기는 현이 느슨해지고, 조율이 잘못되어 있으며, 목소리는 떨리오.
그러나 여러분은 그를 동정하지 않아요. 그는 늘그막에 콘나스[69]처럼
'시들어빠진 화관을 쓰고 갈증만 살아서' 어슬렁어슬렁 돌아다니고 있소,
전에 여러 번 우승한 덕분에 시청에서 술을 마셔야 하거나,[70] 헛소리하는   535
대신 말쑥한 얼굴로 디오뉘소스 상 옆 관중석 맨 앞줄에 앉아야 할 때면.
크라테스[71]에게도 여러분은 또 얼마나 변덕을 부리고 야유를 퍼부었던가!
그는 그토록 세련된 입에서 더없이 기발한 발상을 준비하여, 여러분에게

적은 비용으로 훌륭한 만찬을 먹여 집으로 돌려보내곤 했는데 말이오.
하지만 그만은 굳건히 버텼고, 넘어져도 금세 기운을 회복했지요.   540
이런 대우를 받을까 염려되어 우리 시인은 계속해서 기다렸다오.
그 밖에 그는 키를 잡기 전에 먼저 노를 저어야 하며, 그다음에는
이물에서 망을 보고, 그다음에는 돌풍이 불어오는지 살펴보고,
그런 후에야 손수 키를 잡아야 한다고 생각했지요. 이런 현명한
처사와, 졸작으로 여러분을 지루하게 하지 않겠다는 그의 결심에   545
찬성한다면, 여러분은 오늘 우리 시인에게 후한 박수갈채를 보내,
이 레나이아[72] 제에서 여러분의 호감의 입김이
그의 배의 돛을 부풀게 하여, 그가 고개를 들고

65 드라마를 공연한 지가. 『기사』 이전 아리스토파네스의 희극은 모두 다른 사람 이름으로 공연되었다.
66 마그네스(Magnes)는 크라티노스가 두각을 나타내기 이전인 기원전 5세기 2/4분기 아테나이의 주도적인 희극작가이다. 그는 대디오뉘소스 제의 경연에서만 9번 우승했는데, 이는 전무후무한 기록이다.
67 또는 '뤼디아 음악을 연주하기도 하고'.
68 둘 다 크라티노스의 희극에 나오는 노래로 추정된다.
69 콘나스(Konnas)는 메트로비오스(Metrobios)의 아들 콘노스(Konnos)를 경멸하는 별명이다. 그는 올륌피아 제의 음악 경연에서 여러 번 우승해 소크라테스에게 뤼라를 가르치기도 했으나, 융통성이 없고 가난하여 자신이 경연에서 우승했다는 사실을 보여줄 것이라고는 시든 야생 올리브잎 관밖에 없었다고 한다.
70 '식사해야 하거나' 대신 쓰인 예상외 표현이다. 예상외 표현에 관해서는 『구름』 주 147 참조.
71 크라테스는 기원전 450~430년에 활동한 희극작가로, 아리스토텔레스의 『시학』(1449b7~9)에 따르면 인신공격 대신 보편적인 주제로 희극을 쓰기 시작한 아테나이 최초의 희극작가라고 한다.
72 레나이아 제는 지금의 정월에 열리던 포도 압착 축제로, 이 축제 때도 비극과 희극 경연이 개최되었다.

희색이 만면한 가운데 자신의 성공에
가슴 부듯해하며 이곳을 떠나게 하시오. 550

코로스 좌 (551~564행)

말[馬]의 신[73] 포세이돈이시여,
그대는 요란한 말발굽 소리와
말 울음소리를 좋아하시나이다.
그대는 또 검푸른 충각(衝角)을 댄
삼단노선들이 지급할 급료를 싣고 555
재빨리 달리는 것을 좋아하시며,
명성을 얻든 전차에서 굴러떨어지든,
젊은이들의 전차 경주를 좋아하시나이다.
부디 오셔서 그대의 코로스를 지휘하소서,
황금 삼지창[74]의 신이시여, 돌고래의 560
신이시여, 수니온과 게라이스토스[75]에서
경배받는 신이시여, 크로노스[76]의 아드님이시여,
포르미온[77]이 가장 사랑하는 신이시여, 지금[78]
아테나이인들에게 가장 소중한 신이시여!

코로스장 우리 선조들의 영광을 찬양합시다. 아테나이의 시민들로서 565
그분들은 아테나 여신께 바치는 성의(聖衣)에 자신들의 행적을
기록할 자격이 있었소. 육전에서나 해전에서나, 언제 어디서나
늘 승승장구했던 그분들은 이 도시를 영광스럽게 했으니까요.
그분들 중 어느 분도 적군을 보면 그들의 수를 헤아리지 않고,
용기백배하여 지체 없이 적군에게 덤벼들었지요. 570
그리고 싸우다가 어깨가 땅에 닿기라도 하면 먼지를 툭툭 털며

자기가 진 것이 아니라고 부인하며 다시 싸우기 시작하지요.
그리고 전 세대의 장군들 가운데 국비(國費)로 먹여달라고
클레아이네토스[79]에게 요청한[80] 이는 단 한 명도 없었소.
그러나 요즘 사람들은 상석(上席)[81]과 무료급식의 특권을   575
주지 않으면 싸우지 않겠다고 하오. 하지만 우리는 조국과
조국의 신들을 위해 용감하게 싸울 권리를 요구하오,
그런 특권을 주지 않더라도. 우리의 요구는 단 한 가지,
다시 평화가 찾아와 노고에서 해방되면, 우리가 머리를
길게 기르고[82] 멋을 좀 내더라도 화내지 말라는 것이오.   580

코로스 우 (581~594행)

오오, 아테나이의 수호여신

73 포세이돈과 말의 관계는 매우 오래되었다(『일리아스』 8권 440~441행, 23권 307~308행, 584~585행 참조). 따라서 포세이돈은 당연히 기사들의 보호자이기도 하다.
74 삼지창은 해신 포세이돈의 권위를 상징한다.
75 수니온은 앗티케 지방의 동남단에 있는 곶(岬)인데, 기원전 440년 그곳에 포세이돈 신전이 세워졌으나 지금은 도리스식 대리석 기둥 10여 개만 남아 있다. 게라이스토스는 에우보이아 섬 남단에 위치한 곶과 도시 이름으로, 포세이돈의 신전이 있었다.
76 제우스, 포세이돈, 하데스, 헤라 등의 아버지.
77 아테나이의 해군 제독. 기원전 429년 나우팍토스(Naupaktos) 앞바다에서 코린토스인들을 물리친 바 있다.
78 아테나이의 안전이 바다에 달려 있는 지금.
79 클레아이네토스(Kleainetos)는 클레온의 아버지이다.
80 시청에서 무료급식을 제공받을 권리를 달라고 요청한.
81 극장이나 다른 공공흥행장에서.
82 장발은 당시 부잣집 아들 사이에서 유행했다. 『구름』 14행 참조.

팔라스[83]여, 전쟁과 시(詩)와

힘에서 타의 추종을 불허하는

가장 신성한 나라를

보살펴주시는 분이시여,   585

이리 오소서, 원정과 전투에서

우리의 충실한 동맹자인

승리의 여신 니케를 데리고.

니케는 우리 코로스의 노래에 호의적이며,

우리와 함께 기꺼이 우리의 적들에게 맞서니까요.   590

아테나 여신이시여, 이제 이곳에 나타나소서.

오늘은 무슨 일이 있어도 그대가

여기 있는 우리에게

승리를 내려주셔야 하니까요.

코로스장 우리는 또 우리 말[馬]들의 공적을 찬양할 것이오.   595
우리 말들은 칭찬받을 만하다오, 원정길에 올라 전투를
치르며 우리와 함께 수많은 시련을 이겨냈으니까요.
우리는 특히 우리 말들이 바다에서 이룬 업적을 경탄해 마지않소.
그것들은 물병들을 사고, 또 더러는 마늘과 양파를 산 뒤
용감하게 군마 수송선들에 뛰어올라 사람들처럼   600
노를 잡더니 몸을 뉘다시피 하며 소리치는 것이었소.
"야호, 몸을 뉘고 더 힘차게 당겨! 우리 지금 뭘 하고 있나?
노를 저어야지, 이 산 자(字) 낙인이 찍힌 말[84]아!"
코린토스에서 말들이 바닷가에 내리자 그중 가장 젊은 것들이
발굽으로 모래에 누울 자리를 판 다음 꼴을 찾아나섰고,[85]   605
좋아하는 토끼풀을 구할 수 없자 해변에 기어다니는 게를

먹어치웠소. 심지어 바다 밑에서 게를 잡아 올리기도 했소.
그래서 테오로스[86]는 게를 시켜 다음과 같이 말하게 했지요.
"포세이돈이시여, 깊은 곳에서도, 육지에서도, 바다에서도 내가
기사(騎士)들을 피할 수 없다면, 이 얼마나 잔혹한 운명이옵니까!" 610

(순대 장수 돌아온다)

코로스장 오오, 가장 사랑스럽고 가장 열성적인 친구여, 당신이
떠나 있는 동안 우리가 얼마나 괴로웠는지 모른다오.
자, 이제 당신이 무사히 돌아왔으니, 의회에서
대결이 어떻게 되었는지 우리에게 말해주구려!

순대 장수 한마디로 내가 의회를 이겼소이다.[87] 615

코로스 좌 (616~623행)

그렇다면 이제야말로 모두들 환성을 올려야 마땅하오.
당신은 말도 잘하지만, 당신의 행동은 말보다
더 훌륭하오. 사건의 전말을 자세히 말해주시오.
나는 당신의 이야기를 듣기 위해서라면, 긴 여행이라도 620
불사할 용의가 있을 것 같소. 그러니 경탄스러운 친구여,
우릴 믿고 말하시오. 우리는 다들 당신을 좋아하니까.

순대 장수 좋아요. 그 이야기는 분명 들을 가치가 있소.

---

83 아테나 여신의 별명.
84 『구름』주 6 참조.
85 잠자리를 준비하고 먹을거리를 구하는 것은 예나 지금이나 신병(新兵)들의
    몫이다.
86 클레온의 추종자.
87 그리스어로 Nikoboulos.

기사 137

나는 서둘러 이곳에서 그자를 바짝 뒤따라갔소. 625
그자는 벌써 안에서 말을 우르르 쾅쾅 천둥처럼 내던지며,
허황한 이야기로 기사들을 공격하고 있었소.
거창한 문구를 쌓아올리면서, 가장 그럴듯한 말로
그들을 음모자들이라고 부르면서. 그자의 거짓말에
의회 전체가 사색(死色)이 되고, 얼굴이 겨자색으로 630
변하며 눈살을 찌푸렸소. 그래서 나는 의회가
그자의 말을 곧이듣고 그자의 허황된 이야기에
현혹되었음을 알고 다음과 같이 말했지요.
"자, 너희들 악당과 허풍쟁이의 신들이여,
바보와 개구쟁이와 철면피의 신들이여, 635
그리고 어려서부터 나를 길러준 아고라여, 이제
내게 대담성과 지칠 줄 모르는 입심과 뻔뻔스러운
목소리를 주소서!" 내가 이런 기도를 마치자마자
어떤 비역꾼이 내 오른쪽[88]에서 방귀를 뀌었소.
그래서 나는 내 신들에게 경의를 표한 다음 엉덩이로 640
힘껏 밀어 문을 활짝 열어젖히고는 입을 짝 벌리고
소리 질렀소. "의원 여러분, 좋은 소식을 갖고 왔습니다.
제가 여러분께 이 소식을 맨 처음 전하는 것이었으면
좋겠네요. 전쟁이 일어난 뒤로 저는 정어리가 이보다
더 싼 것을 본 적이 없기에 드리는 말씀입니다." 645
그러자 갑자기 얼굴이 다시 밝아진 그들은
좋은 소식을 전해주었다며 내게 이 화관을 씌워주었소.
그래서 내가 덧붙였지요. "이건 비밀인데, 1오볼로스면
정어리를 아주 많이 살 수 있으니, 여러분은 서둘러
그릇가게에 있는 그릇들을 모두 징발하십시오."[89] 650

그들은 좋아서 입을 다물지 못하고 나를 격찬했소.
그러자 파플라고니아인이 머리를 썼고, 무슨 말을 해야
의회가 가장 좋아한다는 것을 알고는 한 가지
제안을 했소. "의원 여러분, 이런 경사를 맞았으니
이런 낭보를 전해주신 보답으로 우리 여신께   655
소 100마리를 제물로 바쳐야 한다고 나는 생각하오."
그러자 다시 의회가 갑자기 그쪽으로 방향을 틀었소.
그의 쇠똥에 내가 수세에 몰리고 있음을 알아차린
나는 소 200마리로 하자며 그를 압도했고,[90] 게다가
만일 내일 정어리 100마리가 1오볼로스밖에 하지   660
않는다면, 사냥의 여신 아르테미스에게
염소 1천 마리를 바칠 것을 서약하라고 조언했지요.[91]
의회가 다시 기대하는 눈빛으로 나를 쳐다보았소.
그자가 이 말에 기가 막혀 횡설수설하기 시작하자
의회 간사들과 궁수[92]들이 그를 끌어냈고,   665
의원들은 일어서서 정어리에 관해 떠들어댔소.
그자는 그들에게 잠깐만 기다려달라며 말했소.

88 고대 그리스인들은 오른쪽을 길한 방향으로 여겼다.
89 원하는 만큼 가져갈 수 있게, 그리고 남들은 그릇이 부족해 많이 가져가지 못하게.
90 제물의 규모가 클수록 아테나이인들은 국비로 더 푸짐한 식사를 할 수 있을 것이다.
91 마라톤 전투를 앞두고 서약한 까닭에 아테나이에서는 해마다 한 살배기 염소 500마리가 아르테미스에게 바쳐졌는데, 의원들에게는 정어리 값 하락이 마라톤 전투보다 두 배나 더 중요했던 것이다.
92 스퀴타이족(Skythai)은 흑해와 카스피 해 북안에 살던 기마 유목민족이다. 이들은 궁술에 능해, 이들 중 당시 아테나이에 노예로 와 있던 자들은 대개 경찰관으로 고용되었다.

"그러면 여러분은 휴전조약 건으로 이곳에 온
라케다이몬 사절의 말을 들을 수 있을 것이오."
그러나 그들은 한목소리로 외쳤소. "지금이 어디 670
휴전조약을 논할 때요? 이봐요, 이곳의 정어리가
싸다는 것을 그들도 알았을 거요. 우린 휴전조약
따위 필요 없소. 전쟁이 계속될 테면 되라지요."
그리고 간사들에게 회의를 파하라고 큰 소리로
명령하고는 격자문을 넘어 사방으로 뛰어갔소. 675
그리고 나는 그들보다 한발 앞서 몰래 아고라로
숨어들어가 거기 있던 고수풀과 양파를 모두
사재기해두었다가 정어리 양념으로 쓰라고
의회 의원들에게 무료로 나눠주었지요.
그러자 그들은 모두 내게 열렬히 박수갈채를 보냈소. 680
그래서 나는 이렇게 고수풀 1오볼로스어치로
의회 전체를 이기고 나서 이리 왔지요.

코로스 우 (683~690행)

잘했소! 그대야말로 행운아요. 그 악당은 이제
못된 짓에서, 교활한 간계에서, 감언이설에서
자기보다 한 수 위인 임자를 만났소. 685
하지만 그대는 다가올 싸움에서 최선을
다하시오. 그대도 알다시피, 옛날부터
우리는 그대의 호의적인 동맹자라오. 690

(파플라고니아인 다시 등장)

순대 장수 보시오, 저기 파플라고니아인이 오고 있소. 마치 태풍이

	화가 나 바다를 매질하고 파도를 앞으로 굴리는 듯하오.
	나를 통째로 삼키려는 기세요. 아아, 참으로 대담하구려!
파플라고니아인	*(순대 장수에게 덤벼들며)*
	아직도 내게 거짓말이 남아 있다면, 거짓말로 내가
	너를 박살 내거나 아니면 내가 산산조각 나기를! 695
순대 장수	*(깡충깡충 뛰어다니며)*
	나는 당신 위협이 재미있고, 당신 으름장이 웃겨.
	나는 신나게 춤추며, 당신을 놀려주고 골려주겠어.
파플라고니아인	데메테르에 맹세코, 만약 너를 먹어치워 이 나라에서
	치워버리지 않는다면 나는 더 이상 살지 않아도 좋아.
순대 장수	뭐, 당신이 나를 먹어치운다고? 난 당신을 마셔치울래. 700
	그리고 당신을 다 들이켜고 나면 난 배가 터지겠지.
파플라고니아인	퓔로스의 영웅으로 배정받은 내 특석에 걸고, 나는 널 죽일 테다.
순대 장수	뭐, 특석이라고? 하지만 내 머지않아 그대가 관객석의
	맨 뒷줄에 앉아 있는 것을 보게 될 듯한데.
파플라고니아인	하늘에 맹세코, 내 너에게 차꼬를 채우게 될 거야. 705
순대 장수	성질도 급하셔라. 자, 당신에게 무슨 먹을거리를 줄까?
	어떤 먹을거리가 가장 당신 마음에 들지? 지갑?
파플라고니아인	내 이 손톱으로 네 창자를 찢어놓을 테다.
순대 장수	난 당신이 먹은 시청의 무료급식을 후벼낼 거야.
파플라고니아인	난 데모스 앞으로 너를 끌고 가 네가 벌 받게 할 테다. 710
순대 장수	나도 당신을 끌고 가 모함에서 당신을 압도할 거야.
파플라고니아인	멍청하긴! 데모스는 네 말이라면 절대 안 믿어.
	나는 데모스를 마음대로 갖고 놀 수 있지만 말이야.
순대 장수	데모스가 당신의 전유물이라고 확신하고 있구먼.
파플라고니아인	그래. 난 데모스가 어떤 먹을거리를 좋아하는지 아니까. 715

순대 장수	그렇다면 당신은 데모스를 먹일 때 유모들처럼 속이겠군.
	음식을 잘게 씹어 데모스의 입에는 조금만 넣어주고,
	당신 자신은 그 세 배를 삼켜버리니 말이야.
파플라고니아인	어디 그뿐인 줄 알아? 제우스에 맹세코 난 내 묘기로
	데모스를 마음대로 늘일 수도, 줄일 수도 있지. 720
순대 장수	그 정도 기술은 내 항문도 알고 있어.
파플라고니아인	바보같이, 이번에도 아까 의회에서처럼 될 줄 알아?
	자, 데모스 앞으로 가자!
순대 장수	못 갈 줄 알고! *(무대 건물 쪽으로 가며)*
	봐, 가고 있잖아! 아무것도 우릴 방해하지 못하게 해!

(두 사람, 가서 문을 두드린다)

파플라고니아인	데모스, 이리로 나와요!
순대 장수	아버지, 이리 나오세요! 725
파플라고니아인	오오, 내 귀염둥이 데모스,
	나와서 내가 얼마나 수모를 겪고 있는지 봐요!
데모스	*(안에서)* 웬 소란들인가? 문에서 비키라니까! *(문을 열며)*
	문에 걸려 있던 올리브 가지를 완전히 망가뜨려놓았구먼.
	(파플라고니아인을 알아보고) 자네를 해코지하는 게 누구지?
파플라고니아인	난 그대 때문에 730
	이자와 여기 이 젊은이들[93]한테 얻어맞았단 말이오.
데모스	어째서?
파플라고니아인	데모스, 내가 그대를 아끼고 사랑하기 때문이죠.
데모스	*(순대 장수에게)* 자네는 대체 뉘신가?
순대 장수	이자의 연적(戀敵)이지요. 나는 오랫동안 그대를 사랑했고,
	그대를 위해주고 싶었소. 수많은 다른 신사들도 마찬가지요. 735
	그러나 우리는 여기 이 악당 때문에 그렇게 할 수가 없었소.

	그대는 어디서 애인을 골라야 하는지 모르는	
	젊은이들 같아요. 점잖은 신사들은 받아들이지 않고,	
	램프 장수들과 신기료장수들과 제화공들과	
	가죽 장수들과 함께 어울리니 말이오.	740
파플라고니아인	그건 내가 데모스를 위해주기 때문이지.	
순대 장수	말해봐, 어떻게 위해주는지!	
파플라고니아인	어떻게 위해주느냐고? 나는 배를 타고 장군들보다 한발 앞서	
	퓔로스에 숨어들어가 라코니케인[94]들을 끌고 왔지.	
순대 장수	그리고 나는 어슬렁어슬렁 거닐다가 작업장에 들러	
	누가 물을 끓이고 있으면 주전자를 슬쩍하지.[95]	745
파플라고니아인	데모스, 지금 당장 민회를 소집해요. 그러면	
	우리 둘 중 누가 그대에게 헌신적인지 알게 될 테니,	
	그대의 호감을 살 자격이 있는 자를 스스로 결정해요.	
순대 장수	그래요. 결정하세요. 그러나 프뉙스에서는 그러지 마세요.	
데모스	난 다른 곳엔 앉지 않겠어. 자, 앞으로!	750
	자네는 프뉙스에 반드시 출두해야 해.	

(모두들 집에서 나온다. 데모스, 오르케스트라의 한쪽 옆에 있는 돌에 앉는다)

순대 장수	*(혼잣말로)*
	아아, 불운하구나! 난 이제 끝장이야. 나 같은
	늙은이는 집에서는 세상에서 가장 영리한 사람이지만,
	일단 저 빌어먹을 돌 의자에 앉기만 하면, 말린 무화과를

---

93   기사들.
94   스파르테인.
95   클레온이 퓔로스에 파견된 아테나이 장군 데모스테네스의 공적을 도둑질 했다는 뜻이다.

씹는 사람처럼 입을 벌린 채 멍청이가 되니 말이야. 755

코로스 좌 (756~760행)

(순대 장수에게)
이제 그대는 돛을 모두 활짝 펴시오. 그리고
투지를 보여주고, 그대의 적을 제압할
불패의 논증을 펼치시오. 저자는 능수능란하여
궁지에 몰려도 빠져나오니까요. 그러니 그대는
세찬 폭풍처럼 저자를 덮치도록 하시오! 760

코로스장 하지만 조심하고, 저자가 당신에게 공격을 개시하기 전에 돌고래
모양의 납덩이[96]들을 감아올려 적선을 공격할 준비를 하시오.

파플라고니아인 우리 도시의 수호여신 아테나이시여, 내가 뤼시클레스,[97] 퀸나,
살라박코[98] 다음으로 아테나이 민중을 위해 가장 좋은 일을 한 것이
사실일진대, 청컨대 지금처럼 시청에서 식사할 수 있게 해주소서, 765
아무 공적도 없이! 하지만 데모스여, 만일 내가 그대를 미워하고, 내가
그대를 위해 버티고 서서 싸우는 유일한 사람이 아니라면, 나는
죽어 두 토막으로 톱질되고 내 가죽은 멍에 띠로 쓰여도 좋소.

순대 장수 데모스여, 내가 그대를 사랑하고 아끼는 것이 사실이 아니라면,
나는 토막 나 푹 삶아져도 좋아요. 내 말이 믿어지지 않는다면, 770
조리대 위에서 치즈와 함께 강판에 갈려 샐러드가 되어도 좋으며,
고기 갈고리에 두 불알이 꿰인 채 케라메이코스[99]로 끌려가도 좋아요.

파플라고니아인 데모스여, 어떤 시민이 그대를 나보다 더 사랑할 수 있겠어요?
먼저, 내가 의회 의원이었을 때 그대의 금고를 가득 채우지 않던가요?
나는 압력을 가하기도 하고 고문하기도 하고 강탈하기도 했으며, 775
그대를 기쁘게 해줄 수만 있다면 개인의 의견 따위는 무시했어요.

| 순대 장수 | 뭐 그다지 대수로울 것도 없어요, 데모스. 나도 그렇게 할게요. 다른 사람들한테서 빵 덩이를 가로채 그대에게 올리겠단 말예요. 하지만 내가 그대에게 입증해 보이려는 것은, 그는 그대를 사랑하지도 아끼지도 않으며, 그의 유일한 관심사는 그대의 숯으로 자신의 몸을 데우려 한다는 거예요. 조국을 지키기 위해 손에 칼을 들고 마라톤에서 메디아인들[100]과 싸웠던 그대여, 우리에게 인구에 회자될 위대한 승리를 안겨준 그대여, 보세요, 그대가 딱딱한 돌에 앉아 있어도 그는 조금도 개의치 않아요. 여기 내가 손수 꿰맨 방석을 바치니, 일어나 부드러운 자리에 앉아요, 살라미스에서 싸운 궁둥이가 쓸려 아프지 않게. | 780

785 |

(순대 장수가 방석을 바치자 데모스가 거기 앉는다)

| 데모스 | *(순대 장수가 바친 방석에 앉으며)* 이봐, 자네 누군가? 설마 하르모디오스[101]의 후손은 아니겠지? 아무튼 자네의 이런 행동은 진실로 고상하며 친(親)민중적이야. |

| 파플라고니아인 | *(데모스에게)* 그대가 그에게 호감을 갖게 하려는 사소한 아첨이지요. |

| 순대 장수 | *(파플라고니아인에게)* 하지만 당신은 훨씬 더 작은 미끼들로 이분을 낚았지요. |

---

96 delphis. 적선의 갑판을 부수는 일종의 공격무기.
97 뤼시클레스(Lysikles)는 페리클레스가 죽은 뒤 그의 정부(情婦)였던 아스파시아(Aspasia)와 동거한 정치가라고 한다.
98 퀸나와 살라박코는 아테나이의 창녀들이다.
99 아테나이의 공동묘지.
100 메디아인들이란 여기에서는 페르시아인들을 말한다. 메디아는 카스피 해 동남쪽에 있던 나라이다.
101 하르모디오스(Harmodios)는 아리스토게이톤(Aristogeiton)과 힘을 모아 아테나이의 참주 힙피아스의 아우인 힙파르코스를 암살하여 독재에 저항하는 영웅의 본보기가 되었다.

| 파플라고니아인 | 데모스를 나보다 더 훌륭하게 지켜주고 더 사랑한 사람은 | 790 |

일찍이 아무도 없었어. 내 목숨을 걸고 맹세하지.

| 순대 장수 | 뭐, 당신이 데모스를 사랑한다고? 8년째 데모스가 통들과 |

갈라진 틈들과 다락방들[102]에서 사는 것을 보면서도 전혀 동정 않고
가두어놓고는 꿀을 짜내는 주제에. 또 아르케프톨레모스[103]가 화평을
제의했을 때 당신은 그것을 무산시켰고, 휴전조약을 맺자고 청하는 795
사절단을 당신은 발로 엉덩이를 차 도시 밖으로 내쫓지 않았던가!

| 파플라고니아인 | 데모스가 모든 헬라스인들을 지배하게 하려고 그랬지. 데모스가 |

　참을성만 있으면
어느 날 일당 5오볼로스를 받고 아르카디아[104]에서 배심원 노릇을 하게
될 것이라고 신탁에 적혀 있으니 말이야. 아무튼 나는 데모스를 먹이고
보살펴줄 것이며, 어떻게든 3오볼로스의 일당을 받을 수 있게
　해줄 테다. 800

| 순대 장수 | 어떻게 해야 데모스가 아르카디아를 통치할 수 있느냐에 당신은 전혀 |

관심이 없어. 당신의 관심사는 오히려 동맹국들을 약탈하고 뇌물을 받고,
전쟁의 혼란 때문에 데모스가 당신의 범죄행위를 제대로 보지 못하고,
필요와 궁핍과 배심원들에게 지급되는 수당 때문에 당신에게 매달리게
하는 거지. 이런 데모스이지만 언젠가 농촌으로 돌아가 평화롭게 살며 805
거친 음식을 먹고 으깬 올리브와 친숙해지면, 그때는 당신이 국고로
수당을 주긴 했어도 자신의 행복을 빼앗았음을 알게 될 거야. 그러면
데모스는 화가 나고 당신이 미워서 기를 쓰고 당신에게 반대표를 던질걸.
당신도 이런 점을 알고 있기에 공허한 꿈으로 데모스를 달래려는 거야.

| 파플라고니아인 | 데메테르에 맹세코, 아테나이를 위해 나는 테미스토클레스[105]보다 810 |

훨씬 더 훌륭한 일을 했거늘, 네가 아테나이의 데모스 앞에서
그따위 말로 그런 나를 모함하다니, 괘씸하기 짝이 없구나!

| 순대 장수 | "아르고스이시여, 그가 하는 말 좀 들어보소!"[106] 자신을 테미스토클레스에

대다니? 그는 반쯤 찼던 우리 도시를 넘치도록 채워주었고, 게다가
점심을 먹고 있던 도시에 후식으로 페이라이에우스¹⁰⁷라는 케이크를　815
구워주었으며, 먼저 먹던 생선을 빼앗지 않고 새 생선을 차려냈는데.
그런데 자신을 테미스토클레스에 대는 당신은 아테나이인들 사이에
장벽을 쌓고¹⁰⁸ 신탁을 읊어대며¹⁰⁹ 아테나이인들을 왜소하게
    만들고 있어. 그리고 그는
추방당했는데 당신은 아킬레우스의 케이크로 손을 닦는구먼.¹¹⁰

파플라고니아인　데모스, 내가 그대를 사랑한다 해서 저자에게 이런 말을 듣다니　820
세상에 이런 무례가 어디 있단 말이오?

데모스　*(파플라고니아인에게)* 닥쳐, 헐뜯지 말고!
이미 너무 오랫동안 나는 자네 봉이었던 것 같아.

순대 장수　오오, 귀염둥이 데모스, 저자는 수도 없이 그대를 속인
천하 불한당이오. 그대가 멍하니 입을
벌리고 있는 동안, 저자는 벌금 중에서　825
알짜배기를 챙겨 꿀꺽 삼키는가 하면,

102　펠로폰네소스 전쟁 때 아테나이는 앗티케 지방의 주민들을 아테나이로 소개했는데, 이때의 피난생활을 과장해서 표현한 것이다.
103　주 40 참조.
104　펠로폰네소스 반도 내륙지방.
105　주 16 참조.
106　에우리피데스, 『텔레포스』 단편 713에서 인용한 것이다.
107　지금도 아테나이의 주항(主港)인 페이라이에우스는 테미스토클레스 때 개발되기 시작했다.
108　계층 간에 적대감을 품게 한다는 뜻인 것 같다.
109　797~799행 참조. 클레온은 허황된 신탁을 끌어대며 전쟁을 계속하도록 아테나이인들을 부추겼다는 뜻이다.
110　아킬레우스의 케이크란 아직 굽지 않은 밀가루 반죽으로, 그것을 냅킨으로 사용하여 손을 닦는다는 것은 호화롭게 산다는 뜻이다.

파플라고니아인	양손으로 공금을 떠먹고 있다니까요.
	그런 말 하면 벌 받지. 나는 네가 국고에서
	3천 드라크메를 횡령했다는 것을 입증할 테다.
순대 장수	자다가 봉창 두드리는 소리 하는구먼! 830
	당신이야말로 아테나이 백성들에게
	가장 못된 짓을 했어. 데메테르에 맹세코,
	나는 당신이 4천 므나 이상의 뇌물을
	뮈틸레네¹¹¹에게서 받았다는 것을 입증할 테다.
	그러지 못하면 나는 죽어도 좋아! 835

코로스	우 (836~840행)
	(순대 장수에게)
	인류 최대의 은인이여, 난 그대의 달변이 부럽소.
	이런 식으로 공격을 계속하면 그대는 가장 위대한
	헬라스인이 되어 혼자서 아테나이를 통치하고,
	동맹국들을 지배하게 될 것이며, 삼지창을 손에
	들고 흔들어¹¹² 거금을 짜낼 수 있을 것이오. 840

코로스장	당신의 적수가 당신을 붙잡은 만큼 절대 놓아주지 마시오.¹¹³
	당신의 가슴을 보니 당신은 그자를 쉽게 이길 것이오.
파플라고니아인	여보시오들, 포세이돈에 맹세코, 아직 그렇게까지는
	안 되지. 나는 그가 누구든 내 적들의 입을 틀어막기에
	충분하고도 남을 훌륭한 업적을 남겼으니 말이야. 845
	퓔로스에서 노획한 방패들이 조금이라도 남아 있는 한.
순대 장수	그 방패들에 매달리는구먼! 당신은 내게 약점이 잡혔어.
	당신이 진실로 데모스를 사랑한다면, 그 방패들을 일부러

　　　　　손잡이가 달린 채[114] 온전한 형태로 걸어두지 말았어야지.
　　　　　데모스, 그건 술수요. 그대가 이자를 처벌하고 싶어도　　　　850
　　　　　처벌하지 못하게 하려는 술수란 말이오.
　　　　　그대도 보다시피, 젊은 가죽 장수 무리가 늘 이자를
　　　　　에워싸고 있고, 이들 주위에는 꿀 장수들과 치즈 장수들이
　　　　　살고 있소. 그들은 모두 이자와 한통속이올시다.
　　　　　그래서 그대가 으름장을 놓기 시작하거나 도편추방이라도　　　　855
　　　　　할 것처럼 보이면, 그들은 밤에 방패들을 내린 다음
　　　　　달려가 우리 곡물창고들의 입구를 점령해버리지요.

데모스　　맙소사! 방패들에 손잡이가 달려 있다고? 이 악당아,
　　　　　자네는 그동안 내내 나를 봉 잡으며 갖고 놀았구먼.

파플라고니아인　나리, 이자가 하는 말을 다 곧이듣지 마세요. 나보다　　　　860
　　　　　더 헌신적인 친구를 그대는 결코 찾지 못할 거예요.
　　　　　난 자력으로 음모를 진압했어요. 도시에서 음모를 꾸미는
　　　　　낌새를 맡으면 나는 지체 없이 까옥까옥 울어댔으니까요.

순대 장수　당신은 장어 낚시꾼들과 같구려. 호수가 잔잔하면
　　　　　그들은 아무것도 잡지 못하지만, 진흙을 마구　　　　865
　　　　　휘저어 올리면 조황(釣況)이 쏠쏠하지. 마찬가지로
　　　　　당신도 도시를 휘저어놓아야 소득이 생기니 말이야.
　　　　　이것 한 가지만 말해봐. 당신이 팔고 있는 모든 가죽 중에서
　　　　　당신이 사랑한다는 이 데모스에게 신발에 댈 가죽 창 한 켤레라도
　　　　　준 적 있어?

111　뮈틸레네(Mytilene)는 에게 해 북동부에 있는 레스보스 섬의 도시이다.
112　해신 포세이돈처럼.
113　레슬링 선수처럼.
114　당장 사용할 수 있도록.

데모스	아폴론에 맹세코, 결코 그런 적 없어.	870
순대 장수	그대는 이제 이자가 어떤 위인인지 알았겠지요. 반면 나는 이 구두를 돈 주고 샀지만 그대에게 신으라고 드릴게요.
데모스	*(구두를 신으며)* 내가 판단하건대, 자네야말로 데모스에게 가장 우호적이며, 이 도시와 내 발가락들에 가장 헌신적인 것 같아.
파플라고니아인	참 놀랍군요. 내가 그대에게 베푼 것을 잊어버릴 만큼 그대에겐 구두 한 켤레가 그리도 대단한가요? 그뤼포스[115]를 시민 명단에서 지움으로써 비역꾼들에게 재갈을 물린 것이 내가 아니었나요?	875
순대 장수	참 놀랍군. 자신은 항문을 쫓아다니는 주제에 비역꾼들에게 재갈을 물린다고? 게다가 당신이 그들에게 재갈을 물렸다면, 그들이 정치가가 될까 두려워 순전히 시기심에서 그랬음에 틀림없어. 당신은 여기 이 데모스가 이 나이에 셔츠도 안 입고 있는 걸 보면서도 이 엄동설한에 저고리를 입혀줄 생각조차 않았구려. *(데모스에게)* 반면 나는 이것을 그대에게 드리겠소.	880
데모스	이건 테미스토클레스도 생각지 못했던 일이야. 분명 페이라이에우스는 훌륭한 발상이었지만, 내가 보기에 이 셔츠보다 더 훌륭한 묘안은 아니었던 것 같아.	885
파플라고니아인	맙소사! 나를 궁지에 빠뜨리려고 이런 원숭이 재주까지 부려?
순대 장수	천만에! 난 당신 술수를 빌려 쓰고 있을 뿐이야. 그건 술자리에서 변소에 가고 싶으면 신발을 빌려 신고 가야 하는 것과도 같지.[116]
파플라고니아인	알랑방귀 뀌는 데는 네가 나를 못 당하지. *(입고 있던 옷을 벗는다)* 내가 이 옷을 데모스에게 줄 테니까. 너는 뒈져버려, 이 악당아!	890
데모스	*(옷을 받지 않고 밀어내며)* 지옥으로 꺼져버려! 어유, 가죽 냄새 한번 고약하구먼!
순대 장수	그대에게 이 옷을 입힌 것은 그대를 질식시키려는 거예요.

	그는 전에도 그대에게 이런 술수를 쓴 적이 있어요. 아시죠?	
	언젠가 아위(阿魏) 줄기[117]가 싸게 팔린 적이 있는 것 말예요.	
데모스	알고말고.	895
순대 장수	그건 값이 떨어지도록 저자가 조치를 취했기 때문이에요.	
	모두들 그걸 사 먹고 나서는 법정에서 배심원들이 서로	
	마주 보고 방귀를 뀌어 가스에 질식하게 하려고 말예요.	
데모스	그러고 보니, 어떤 코프로스[118] 구역민한테서도 같은 말을 들었어.	
순대 장수	그때 그 방귀 기운에 여러분은 누레지지 않았나요?	900
데모스	과연 퓌르란드로스[119]다운 술수로구먼!	
파플라고니아인	(순대 장수에게)	
	이 불량배가, 또 무슨 돼먹지 못한 익살로 날 골탕 먹이려는 거야?	
순대 장수	여신께서는 나더러 뻔뻔스러움으로 당신을 이기라고 말씀하셨어.	
파플라고니아인	하지만 너는 날 이기지 못해. 이봐요, 데모스, 그대가 일하지 않아도	
	난 그대에게 한 공기 가득 배심원 수당을 지급하겠소.	905
순대 장수	난 정강이 쓰린 데 바르라고 그대에게 지금 당장 연고 한 단지	
	드릴게요.	
파플라고니아인	난 그대의 흰머리를 뽑아 그대를 젊게 해드릴게요.	
순대 장수	이 산토끼 꼬리를 받아 눈을 닦으세요!	
파플라고니아인	(데모스 앞에 무릎을 꿇으며)	
	데모스, 코를 푸시고 내 머리에 손을 문지르세요!	910

---

115 그뤼포스(Grypos)에 관해서는 달리 알려진 바 없다.
116 고대 그리스인들은 술자리에서 맨발로 긴 의자에 반쯤 누워서 마셨다.
117 아위 줄기는 하제(下劑)로 사용되었다.
118 코프로스(Kopros '똥')는 앗티케 지방의 구역들 가운데 하나이다.
119 퓌르란드로스(Pyrrhandros: '누렁이'라는 뜻)가 클레온의 별명인지 다른 사람인지 알 수 없다. 어쨌거나 '교묘한 술수'라는 뜻인 듯하다.

순대 장수	아니, 내 머리에 문지르세요!
파플라고니아인	아니, 내 머리에 문지르세요!
	(순대 장수에게) 난 네가
	전함의 함장이 되어
	완전히 패가망신하게 해줄게.
	너는 헌 배를 받아 수리하느라 915
	계속해서 돈이 들 테니까.
	그리고 난 네가 썩은 돛을
	받도록 조처를 취할게.
순대 장수	저자가 끓는구먼. 그만, 그만!
	끓어 넘치겠어. 장작을 몇 개비 920
	들어내고, 이것으로 그의 위협의
	거품을 좀 걷어내야겠구나!
	(한 손을 우묵하게 오므려 파플라고니아인의 입에 갖다 댄다)
파플라고니아인	네가 잘난 체하다 큰코다치지.
	네가 무거운 세금을 물게
	해줄 테니까. 난 네가 부자로 925
	등록되도록 조처를 취할 테니까.
순대 장수	난 위협은 않겠지만, 당신을
	다음과 같이 저주하겠어.
	냄비에는 오징어 굽는 소리가
	지글지글 나는데, 당신은 930
	밀레토스인들에 관한 법안을
	발의할 참이야. 그 법안을 발의하면
	1탈란톤이 생기기 때문이지.
	그래서 당신은 오징어도 먹고

	의회에도 때맞춰 가려고 몹시	935
	서두르고 있는데 오징어를 먹기도 전에	
	누가 당신을 데리러 와. 그래서	
	1탈란톤을 놓치지 않으려고	
	당신은 오징어를 입에 가득 넣고	
	달려가다가 숨이 막혀 죽는 거야.	940
코로스장	근사해, 제우스와 아폴론과 데메테르에 맹세코!	
데모스	나도 동감이야. 그리고 여러모로 그는	
	훌륭한 시민인 것 같아. 이런 사람이	
	나타난 게 얼마나 오랜만인지 몰라.	945
	파플라고니아인이여, 자네는 날 사랑한다면서	
	나를 싸움닭으로 만들고 있어.[120] 내 인장 반지를	
	돌려주게. 자네는 더 이상 내 집사가 아니니까.	
파플라고니아인	*(인장 반지를 건네며)*	
	여기 있소. 한 가지만	
	일러두겠는데, 나를 집사로 삼지 않으시겠다면	
	내 후임자는 나보다 더 심한 악당일 것이오.	950
데모스	*(혼잣말로)* 이 인장 반지는 분명 내 것이 아니야.	
	도안(圖案)이 달라 보여. *(순대 장수에게 보여주며)*	
	내가 잘못 본 건가?	
순대 장수	어디 봅시다. 그대의 인장 도안은 무엇이었지요?	
데모스	쇠기름을 소로 넣어 튀긴 무화과나무 잎이지.	
순대 장수	그런 건 없는데요.	
데모스	무화과나무 잎이 없다고? 그럼 뭐가 있지?	955

120 계층 간의 적대감을 말하는 것 같다. 818행 참조.

순대 장수 입 큰 갈매기[121]가 바위[122] 위에서 연설을 하고 있네요.

데모스 어유, 무서워!

순대 장수 왜 그러세요?

데모스 보이지 않게 치워버려. 그는 내 것이 아니라 클레오뉘모스[123]의 인장 반지를 가졌던 게야.

(다른 인장 반지를 꺼내며) 나에게서 이 반지를 받고 내 집사가 되어주게!

파플라고니아인 주인님, 내 신탁을 들어보기 전에는 아무것도   960
결정하지 마세요. 제발 부탁이에요.

순대 장수 그리고 내 신탁도 들어보세요.

파플라고니아인 그대가 이자의 말을 들으면
결국 가죽부대가 되고 말 것이오.[124]

순대 장수 그대가 이자의 말을 들으면
결국 머리끝까지 가죽이 벗겨지고 말 것이오.

파플라고니아인 그러나 내 신탁에 따르면, 그대는 세상의 모든 나라를   965
다스리고 장미 화관을 쓸 것이라고 하오.

순대 장수 그리고 내 신탁에 따르면, 그대는 수놓은 자포(紫袍)를 입고
황금 전차를 타고 머리에 화관을 두른 채
스미퀴테[125]와 그녀의 남편을 추격할 것이라고 하오.

데모스 (순대 장수에게)

좋아. 가서 자네 신탁을 가져오게. 이자[126]도   970
들을 수 있도록.

순대 장수 알겠습니다.

데모스 자네도 자네 신탁을 가져오게.

파플라고니아인 알겠습니다.

순대 장수 무조건 가져오겠습니다. 여부가 있겠습니까!

(그가 집 안으로 들어가자 파플라고니아인도 따라 들어간다)

| 코로스 | 좌 (973~984행)

이곳에 거주하는 이들이나,

이곳을 방문한 이들에게

클레온이 망하는 그날은 975

더없이 행복한 날이 되겠지요.

비록 임박한 소송을 공시(公示)하는 장소에서

몇몇 골통 늙은이들이

"만약 클레온이 권력을

잡지 못했다면, 우리는 980

두 가지 유용한 물건인

절굿공이와 교반(攪拌)용 순가락을[127]

갖지 못했을걸"이라고

말하는 소리를 듣긴 했지만.

우 (985~996행)

나는 또 그의 돼지 같은 교육에 985

---

121 갈매기는 식탐과 도벽이 심하기로 유명하다.
122 프뉙스.
123 목숨을 건지기 위해 메고 있던 방패를 내던지고 싸움터에서 도망쳤다는 겁쟁이 비역꾼. 『구름』 353~354행, 『새』 290, 1473행 이하 참조.
124 순대 장수에게 착취당한다는 뜻이다. 또한 아테나이를 거친 바다 위를 떠다니면서도 가라앉지 않는 가죽부대에다 비유한 유명한 신탁을 암시하는 말이기도 하다. 플루타르코스, 『영웅전』 중 「테세우스 전」(Theseus 傳) 24장 참조.
125 스미퀴테(Smikythe)에 관해서는 달리 알려진 바 없다.
126 파플라고니아인.
127 여기서 절굿공이는 혼란을, 교반용 순가락은 선동을 뜻한다.

놀라지 않을 수 없소.
그와 함께 학교에 다닌
소년들의 말에 따르면,
그는 자신의 뤼라를 오직
도리스 선법(旋法)에만 맞추고, 990
다른 선법은 배우려 하지 않았대요.
그래서 그의 선생이 화가 나
그를 학교에서 내보냈대요.
"이 아이는 뇌물을 좋아해서
도리스 선법 말고 다른 선법은 995
도무지 배울 수 없으니까요."¹²⁸

파플라고니아인 (두루마리를 잔뜩 들고 돌아오며)

이것 보세요. 아직 다 가져온 것은 아니에요.

순대 장수 똥이 다 나오네. 아직 다 가져온 것은 아니에요.

데모스 이것들이 무엇인가?

파플라고니아인 신탁이죠.

데모스 전부 다?

파플라고니아인 놀라우세요? 아직도 한 상자분이나 남아 있어요. 1000

순대 장수 난 다락방 하나와 셋방 두 개분이나 남아 있어요.

데모스 말해보게. 이 신탁들은 누구 것인가?

파플라고니아인 내 신탁은 바키스 것이오.

데모스 (순대 장수에게) 자네 신탁은 누구 것인가?

순대 장수 바키스의 형 글라니스¹²⁹ 것이오.

데모스 (파플라고니아인에게)

무엇에 관한 신탁인가?

파플라고니아인	아테나이와 퓔로스,	1005
	그대와 나, 그리고 모든 것에 관한 신탁이죠.	
데모스	(순대 장수에게)	
	자네 것은 무엇에 관한 신탁인가?	
순대 장수	아테나이, 편두콩,	
	라케다이몬인들, 신선한 고등어, 장터에서 되를 속여 파는	
	곡식 장수들, 그리고 그대와 나에 관한 신탁이죠.	
	(파플라고니아인에게) 가서 당신 남근이나 빠시지!	1010
데모스	자, 자네들 두 사람은 신탁들을 읽어주게! 특히	
	나에 관한 것으로 말일세. 내가 구름 사이의 독수리가	
	될 것이라는 신탁이 나는 가장 마음에 들어.	
파플라고니아인	그렇다면 명심해서 내 말을 들으십시오.	
	"에렉테우스¹³⁰의 아들이여, 그대는 귀중한 세발솥에서	1015
	아폴론이 신성한 지성소(至聖所)에 울려 퍼지게 하시는	
	말뜻을 알아듣도록 하라. 그대는 입을 쩍 벌리고 그대를	
	위해 짖어대는 이빨이 톱니 같은 신성한 개를 보호하라.	
	그 개는 그대에게 일당을 보장하거나 멸망할 것이니라.	
	어치 떼가 까옥까옥 울어대며 그 개를 사냥하고 있으니까."	1020
데모스	데메테르에 맹세코, 난 도무지 무슨 뜻인지 모르겠구먼.	
	에렉테우스가 어치 떼나 개와 도대체 무슨 상관이지?	
파플라고니아인	내가 바로 그 개올시다. 나는 그대를 위해 짖어대니까요.	

128 '도리스 선법'이라는 말이 '선물' '뇌물'이라는 뜻의 doron을 암시하기 때문에 이런 주장을 하는 것 같다.
129 글라니스('메기')는 즉석에서 지어낸 이름이다.
130 아테나이의 전설적인 왕. 여기서 '에렉테우스의 아들'이란 '아테나이인'이라는 뜻이다.

	포이보스께서는 그대더러 그대의 개인 나를 보호하라 하시오.	
순대 장수	신탁의 뜻은 그게 아니지요. 이 개는 마치 다른	1025
	개들이 문설주를 갉아 먹듯 신탁을 갉아 먹는군요.	
	이 개에 관한 신탁은 정확히 다음과 같아요.	
데모스	말해보게. 그러나 나는 먼저 돌멩이를 들어야겠어.	
	개에 관한 신탁이 나를 물지 못하게 말이야.	
순대 장수	"에렉테우스의 아들이여, 사람을 덥석 무는 케르베로스 개를	1030
	조심하라. 그 개는 그대가 식사하는 동안 꼬리를 흔들며 기회를	
	엿보다가 그대가 입을 벌리고 다른 곳을 멍하니 응시하는 사이	
	그대가 먹던 음식을 먹어치우는가 하면, 밤에는 그대의 주방으로	
	들어가 그대의 접시들과 섬〔島〕들을 개답게 몰래 핥을 것이니라."	
데모스	포세이돈에 맹세코, 글라니스여, 그대는 아우보다 훨씬 더	
	말을 잘하는구려.	1035
파플라고니아인	나리, 먼저 더 들어보고 나서 판단하세요.	
	"한 여인이 신성한 아테나이에서 사자를 낳게 될 것인즉,	
	그 사자는 마치 새끼들을 보호하려는 듯 데모스를 위해	
	무수한 각다귀 떼와 싸우게 되리라. 그대는 그를 잘 보살펴주고	
	그의 주위에 나무 벽과 청동 탑을 세우도록 하라!"	1040
	이게 무슨 뜻인지 아시겠소?	
데모스	아폴론에 맹세코, 모르겠는데.	
파플라고니아인	신께서는 그대더러 나를 보살펴주라고 분명히 말씀하시는	
	것이오. 나야말로 그대의 사자를 대신할 테니까요.	
데모스	하긴 자네는 내 등 뒤에서 몰래 사자가 되었었지.	
순대 장수	신탁 중에서 한 가지는 이자가 일부러 설명하지 않네요.	1045
	그 한 가지란 바로 록시아스[131]께서 그대에게	
	가두라고 명령하신 무쇠 벽과 나무 벽이라오.	

158

데모스	무슨 뜻으로 신께서 그런 말씀을 하시는 거지?
순대 장수	신께서는 그대더러
	이자를 다섯 구멍이 난 나무통에 가두라고 명령하시는 거요.
데모스	그 신탁은 아마도 머지않아 곧 이루어질 거야. 1050
파플라고니아인	저자의 말을 믿지 마세요. 까마귀 떼가 샘이 나서 울어대는
	거예요. "그대는 매를 사랑하고 마음으로 기억하도록 하라,
	라케다이몬의 까마귀 새끼들을 결박해 그대에게 데려온[132] 그 매를!"
순대 장수	파플라고니아인이 그런 모험을 한 것은 술에 취했기 때문이에요.
	"케크롭스[133]의 어리석은 아들이여, 왜 그대는 그것을 큰
	업적이라고 생각하느냐? 1055
	여자도 남자가 지워주기만 하면 짐을 나를 수 있느니라. 그러나
	여자는 싸울 수 없느니라. 싸우면 갑자기 설사가 날 테니까."[134]
파플라고니아인	그러나 명심하세요, 신께서 말씀하신 퓔로스 앞의 퓔로스를!
	"퓔로스 앞에도 퓔로스가 있느니라…"[135]
데모스	"퓔로스 앞"이라니, 그게 무슨 뜻인가?
순대 장수	그가 그대보다 먼저 공중목욕탕에 들어가 욕조를 차지하리라는
	뜻이죠.[136] 1060
데모스	그럼 난 오늘 목욕할 수 없겠네.

131 예언의 신으로서의 아폴론의 별명.
132 스팍테리아 섬에서 사로잡아.
133 아테나이의 전설적인 왕. '케크롭스의 아들'은 아테나이인이라는 뜻이다.
134 겁이 나서.
135 펠로폰네소스 반도 서남부에는 퓔로스라는 곳이 세 군데 있는데, 세 곳 주민들은 저마다 자신들의 거주지가 트로이아 전쟁 때의 노장 네스토르가 다스리던 곳이라고 주장했다.
136 퓔로스라는 지명과 '욕조'라는 뜻의 그리스어 pyelos의 발음이 비슷한 것을 두고 언어유희를 하고 있다.

| 순대 장수 | 물론 목욕할 수 없죠. 그가 우리 욕조들을 훔쳐갔으니까요.
그건 그렇고, 여기 우리 함대에 관한 신탁이 있는데,
그대는 정신 차리고 귀담아들으시오.
| 데모스 | 그렇게 하고 있네. 자네가 읽고 맨 먼저 말해보게, 1065
우리가 선원들의 급료를 어떻게 지급할 것인지!
| 순대 장수 | "아이게우스[137]의 아들이여, 그대는 개 여우[138]의
술수를 조심하라. 개 여우는 뒤에서 물었다가 재빨리
달아나버리는 교활하기 이를 데 없는 꾀보니까."
그대는 그게 무슨 뜻인지 알겠소?
| 데모스 | 개 여우란 필로스트라토스[139]지.
| 순대 장수 | 그런 뜻이 아녜요. 그건 가서 공물을 거둬오기 위해 이자가 1070
자꾸만 그대에게 요청하는 쾌속선들을 뜻해요. 록시아스께서는
그대더러 이자에게 쾌속선들을 내주지 말라고 하세요.
| 데모스 | 삼단노선이 어떻게 개 여우가 되지?
| 순대 장수 | 어떻게냐고? 삼단노선도 개도 빠르기 때문이죠.
| 데모스 | 그럼 왜 개가 아니라, 개 여우라 불리는 거지? 1075
| 순대 장수 | 신께서는 군사들을 여우 새끼들에게 견주시는데, 그건
군사들도 포도밭에서 포도송이를 따 먹기 때문이지요.
| 데모스 | 좋아.
이들 여우 새끼들에게 줄 급료는 어디 있지?
| 순대 장수 | 내가 마련해보죠. 그것도 사흘 이내로.
"그대가 속임을 당하는 일이 없도록, 레토의 아드님[140]께서 1080
그대더러 퀼레네[141]를 피하라고 하시는 신탁도 들어보세요!"
| 데모스 | 퀼레네라니, 그게 무슨 뜻인가?
| 순대 장수 | 신께서 이자의 손을 퀼레네라고 부르신 거예요. 당연하죠.
이자는 손을 내밀며 "내 손바닥을 채워!"라고 하니까요.

파플라고니아인	그건 사실이 아니오. 신께서 말씀하신 퀼레네란 당연히
	디오페이테스¹⁴²의 손을 암시하시는 것으로 봐야 할 테니까요. 1085
	자, 들어보세요. 여기 그대에 관한 날개 달린 신탁이 있는데,
	그에 따르면, 그대는 독수리가 되어 온 대지를 다스리실 거래요.
순대 장수	내게도 그런 신탁이 있는데, 그대는 대지와 홍해¹⁴³도 다스리시고,
	피클을 박은 케이크를 핥으며 엑바타나¹⁴⁴에서 재판하게 되실 거래요.
파플라고니아인	나는 꿈을 꾸었는데, 우리 여신 아테나께서 데모스에게 1090
	건강과 부를 국자로 손수 쏟아부으시는 것이었소.
순대 장수	제우스에 맹세코 나도 꿈을 꿨는데, 우리 여신 아테나께서
	투구에 부엉이¹⁴⁵를 앉히신 채로 아크로폴리스에서 나오시더니,
	그대의 머리에는 손수 암브로시아¹⁴⁶를 부으시고

137 아이게우스(Aigeus)는 영웅시대의 아테나이 왕으로 테세우스의 아버지이다. '아이게우스의 아들'은 아테나이인이라는 뜻이다.
138 kynalopex.
139 아테나이의 포주. 2권의 『뤼시스트라테』 957행 참조.
140 아폴론.
141 퀼레네(Kyllene)는 펠로폰네소스 반도 서북부의 항구이다. 여기서 퀼레네라는 지명을 들먹인 것은 퀼레네와 퀼레(kylle : '손바닥'이라는 뜻)의 발음이 비슷하기 때문이다.
142 디오페이테스는 아테나이의 이류 정치가이자 웅변가로, 손에 장애가 있었던 것 같다.
143 여기에서는 페르시아 만을 포함한 인도양을 말한다. 헤로도토스, 『역사』 1권 202장 참조.
144 메디아 지방의 수도. '엑바타나에서 재판한다'는 것은 페르시아 제국을 정복한다는 뜻이다. 당시 아테나이의 민중선동가들은 허황된 환상으로 전쟁을 계속하도록 민중을 부추겼는데, 순대 장수는 여기서 그들의 실체를 드러내 보이고자 일부러 한술 더 뜨고 있다.
145 독수리가 제우스의 새이고, 백조가 아폴론의 새라면, 부엉이는 아테나의 새이다.

|데모스| 저자의 머리에는 마늘 절임용 간수를 부으시는 것이었소. 1095
만세, 만세!
세상에 글라니스보다 더 현명한 자는 없소.
내 지금 이 자리에서 나를 자네에게 맡길 테니,
자네가 노후에 나를 인도하고 다시 교육해주게!

|파플라고니아인| 제발 아직은 그러지 마시고 잠깐만 기다리세요. 1100
나는 그대에게 보리와 일용할 양식을 대주겠소.

|데모스| 보리 이야기라면 듣기도 싫네. 자네와
투파네스¹⁴⁷한테 속은 게 어디 한두 번이라야지.

|파플라고니아인| 그렇다면 곱게 빻은 밀가루를 드릴게요.

|순대 장수| 난 케이크와 맛있게 요리한 생선튀김도 1105
드릴게요. 그대는 드시기만 하면 돼요.

|데모스| 그렇다면 자네들은 약속을 지키도록 하게. 자네 둘 가운데
나를 더 잘 섬기는 자에게 프뉙스의 고삐를 넘겨줄 참이야.

|파플라고니아인| 내가 먼저 들어갈래.

|순대 장수| 아니, 내가 먼저 들어갈래. 1110

(파플라고니아인을 밀치고 먼저 집 안으로 들어간다)

좌 (1111~1120행)

|코로스| 데모스여, 그대의 권력은
실로 막강하며, 그대를
참주(僭主)인 양
다들 두려워한다오.
하지만 그대는 쉬이 1115
오도(誤導)되고, 아부와
기만의 제물이 되기를

좋아해요. 그리고 웅변가가

연설하면 입을 벌린 채

넋 놓고 듣곤 한다오.   1120

데모스 그대들이 나를 어리석다고

여긴다면, 장발(長髮)인 그대들이

골이 빈 것이오. 난 일부러

어수룩하게 보이는 것이라오.

왜냐하면 난 일용할 양식[148]을   1125

즐기기도 하고, 정치지도자 중

한 명을 짐짓 도둑으로

기르다가 그자의 배가

가득 차면 손을 들어

내리치기를 좋아하니까.   1130

우 (1131~1140행)

코로스 그렇다면 잘하는 일이며,

그대의 처신에는 그대의

말처럼, 역시 심오한

지혜가 깃들어 있다오.

만약 그대가 그자들을   1135

공공 제물들처럼 프뉙스에서

기르다가, 어느 날 고기가

146 암브로시아(ambrosia)는 신식(神食) 또는 여기에서처럼 향유(香油)라는 뜻이다.
147 투파네스(Thouphanes)는 공직자로 클레온을 추종했다고 한다.
148 배심원으로서 받는 일당.

	떨어질 때 그들 중 가장 살진 자를
	잡아 제물로 바치고 나서
	맛있게 먹어치운다면 말이오. 1140
데모스	그대들은 보시구려, 자신들이
	영리해서 나를 속일 수 있다고
	생각하는 자들을 내가 얼마나
	현명하게 함정에 빠뜨리는지.
	난 그자들이 도둑질하면 1145
	못 본 체하면서도 그자들을
	늘 감시한다오. 나중에 나는
	그들이 내게서 훔쳐간 것을
	토해내게 하지요, 법정에서
	투표로 심판받게 함으로써. 1150

(파플라고니아인과 순대 장수가 큼직한 바구니를 들고 동시에 집에서 나오다가 서로 부딪친다)

파플라고니아인	저만치 꺼져버려!
순대 장수	당신이나 저만치 꺼져버려요, 빌어먹을!
파플라고니아인	*(바구니를 내려놓고 그 옆에 앉으며)*
	데모스, 난 그대에게 봉사하고 싶어서 여러 해 전부터
	이곳에 앉아 대령하고 있어요.
순대 장수	나는 10년, 12년, 천 년, 아니 그보다
	훨씬 오래전부터 대령하고 있어요. 1155
데모스	난 3천 년이나 이곳에서 자네들을 기다리고 있었네,
	자네들 둘에게 진저리 치면서 말이야. 오래오래 전부터.
순대 장수	어떻게 하셔야 하는지 아세요?
데모스	난 자네가 시키는 대로 할 참이야.

순대 장수	이자와 내가 같은 출발선에서 출발하게 해주세요. 우리가 똑같은 조건에서 그대를 섬기는 경쟁을 하도록 말예요.
데모스	그래야겠지. 자, 출발선으로 가도록 하게! 1160
파플라고니아인과 순대 장수	준비됐어요.
데모스	출발!

(두 사람, 집을 향하여 경주한다)

순대 장수	내 주로(走路)로 들어오지 마!

(파플라고니아인이 앞장선 채 둘 다 집 안으로 들어간다)

데모스	제우스에 맹세코, 오늘 이런 팬들이 생겨 내가 몹시 행복하지 않다면 나야말로 인정머리 없는 사람이겠지.
파플라고니아인	*(집에서 나오며)* 보세요, 내가 맨 먼저 그대를 위해 의자를 내왔어요.
순대 장수	*(집에서 나오며)* 그렇지만 식탁은 내가 더 먼저 갖고 왔어요. 1165

(둘이 바구니에서 음식을 꺼내 데모스에게 바치기 시작한다)

파플라고니아인	보세요, 나는 그대에게 이 작은 보리 케이크를 바쳐요. 필로스에서 노획한 곡식으로 반죽을 이긴 거예요.
순대 장수	나는 껍질이 딱딱한 빵[149]을 가져왔는데, 우리 여신께서 상아 손으로 손수 빚으신 거예요.
데모스	여주인 아테나이시여, 난 그대의 손가락이 그렇게 큰[150] 줄 몰랐나이다. 1170
파플라고니아인	나는 완두 수프를 가지고 왔어요. 색깔도 좋고 맛도 좋아요. 필로스의 승리자 팔라스께서 저으신 거예요.

---

149 손가락으로 눌러 딱딱하게 구운 빵 껍질은 당시 수프를 떠먹는 숟가락으로 썼다고 한다.

150 페이디아스가 황금과 상아로 제작하여 파르테논 신전에 안치한 아테나 파르테노스(Parthenos: '처녀신'이라는 뜻)의 신상은 실물대의 여섯 배 이상이었다고 한다.

순대 장수	데모스, 우리 여신께서는 분명 우리를 보호해주세요. 여신께서는 지금도 그대의 머리 위에 고깃국이 가득 든 냄비를 들고 계세요.
데모스	물론이지. 여신께서 우리 머리 위에 냄비를 들고 계시지 않는다면 이 도시에 아직도 사람이 살고 있으리라고 자네는 생각하는가?
파플라고니아인	이 생선 조각은 적군을 놀라게 하는 여신께서 그대에게 주신 것이라오.
순대 장수	제 육즙에 익힌 이 고기와 내장 조각과 위(胃)는 막강하신 신의 따님[151]께서 그대에게 주신 것이라오.
데모스	고마우셔라, 내가 판아테나이아 제 때 바친 성의[152]를 기억하시다니!
파플라고니아인	깃털 장식이 무시무시하신 여신[153]께서 이 긴 케이크를 들라 하세요. 그러면 우리 노 젓는 선원들이 더 힘차게 노를 저을 거래요.
순대 장수	이번에는 이것들을 드세요.
데모스	나더러 이 내장들을 어떻게 하라는 건가?
순대 장수	우리 삼단노선들의 속을 채우라고 여신께서 특별히 보내주신 것이라오. 여신께서는 분명 우리 함대를 보살펴주고 계세요. 이번에는 물 셋에 술 둘의 비율로 희석한 포도주를 드세요.
데모스	맛 좋다. 그런 비율로 희석했어도 향이 여전히 강하구먼!
순대 장수	그야 트리토게네스[154]께서 물 셋에 술 둘의 비율로 희석하셨으니까요.
파플라고니아인	이번에는 내게서 이 기름기 많은 케이크를 한 조각 받으세요.
순대 장수	나는 케이크를 통째로 드릴게요.
파플라고니아인	*(순대 장수에게)* 너는 산토끼고기[155]를 구해 바칠 수는 없을걸. 나처럼 말이야.
순대 장수	*(혼잣말로)* 제기랄, 산토끼고기를 어디서 구한담? 자, 내 머리여, 꾀를 생각해내다오.
파플라고니아인	*(바구니에서 산토끼를 꺼내 보이며)* 이거 보여? 너 참 안됐구나.

1175

1180

1185

1190

순대 장수	*(먼 곳을 보는 척하며)*

> 난 관심 없어. 1195
> 저기 사절단이 나를 찾아오고 있군.
> 돈이 가득 든 지갑들을 들고 말이야.

파플라고니아인	어디, 어디?

(돈이라는 말을 듣고 파플라고니아인이 고개를 돌리는 사이

순대 장수가 그의 산토끼고기를 슬쩍한다)

순대 장수	그게 당신과 무슨 상관이야? 이방인들은 내버려둬! 사랑하는 데모스,
	그대도 보시다시피, 이 산토끼고기는 내가 그대에게 바치고 있다오.
파플라고니아인	이 악당 같으니라고! 뻔뻔스럽게도 내 것을 훔치다니! 1200
순대 장수	포세이돈에 맹세코, 당신도 퓔로스에서 라케다이몬인들을 훔쳤지 않소!
데모스	*(순대 장수에게)*

> 자, 말해보게. 자네는 어떻게 이걸 훔칠 생각을 했지?

순대 장수	발상은 여신께서 주신 것이오. 실제로 훔친 것은 나지만.
파플라고니아인	모험은 내가 했어. 그리고 요리한 것도 나란 말이야.
데모스	*(파플라고니아인에게)*

> 자네는 꺼지게! 난 내게 음식을 올린 자에게만 감사할 뿐이야. 1205

파플라고니아인	맙소사, 파렴치에서 내가 남에게 지다니!
순대 장수	데모스, 우리 둘 중 누가 그대와 그대의 배〔腹〕를
	더 잘 섬겼는지 왜 지금 판정하지 않으시죠?
데모스	현명한 판단을 내린다고 관객들이 믿게 하려면

---

151 아테나.
152 566행 참조.
153 아테나.
154 『구름』 주 164 참조.
155 산토끼고기는 앗티케 지방에서는 구하기 힘든 별미였다고 한다.

	난 대체 무엇을 증거로 채택해야 하나? 1210
순대 장수	내가 말할게요. 가서 내 바구니를 말없이 뒤지시고, 파플라고니아인의 바구니도 그렇게 하세요. 그러면 거리낌 없이 공정한 판결을 내리실 수 있을 거예요.
데모스	*(순대 장수의 바구니를 열며)* 보여주게, 그 안에 뭐가 들어 있지?
순대 장수	비어 있는 게 보이지 않으세요, 아저씨? 나는 전부 다 그대에게 바쳤어요. 1215
데모스	이 바구니는 민중 편이로구먼.
순대 장수	이번에는 파플라고니아인의 바구니 쪽으로 오세요. *(바구니를 열며)* 이게 보이세요?
데모스	맙소사! 값진 물건들이 넘치도록 가득 들어 있구먼. 케이크의 엄청 큰 부분은 자신을 위해 빼돌려놓고, 내게는 그중 아주 작은 부분만 잘라주었구나! 1220
순대 장수	그게 바로 그가 지난날 그대에게 늘 해오던 짓이라오. 그는 그대에게는 자신에게 생긴 이익의 사소한 부분만 주고, 더 큰 부분은 자신을 위해 빼돌려놓았던 거예요.
데모스	*(파플라고니아인를 향하여)* 이 악당 같으니라고! 이런 식으로 내 것을 도둑질하다니! 그런데도 난 자네에게 화관을 씌워주고 선물을 주었었지! 1225
파플라고니아인	하지만 난 도시의 복리(福利)를 위해 훔쳤다오.
데모스	어서 자네 화관을 내려놓게. 이 사람 머리에 씌워주게.
순대 장수	어서 내려놔! 매 맞아 싼 친구야!
파플라고니아인	그건 안 돼. 내게는 내가 어떤 사람에게만 지게 되어 있는지 알려주는 퓌토의 신탁이 있으니까. 1230
순대 장수	거기서 거론된 것은 분명 내 이름이겠지.
파플라고니아인	네가 신탁에서 말하는 그 사람과 과연 완전히 일치하는지

알아보기 위해 난 증거를 갖고 너를 시험할 테다.
나는 먼저 너를 다음과 같이 시험해보리라.
너는 어릴 때 어느 선생의 학교를 다녔느냐? 1235

순대 장수 푸줏간에서 따귀 맞는 법을 배웠지, 뭐.

파플라고니아인 뭐라 했나?

(혼잣말로) 신탁이 말하는 것과 일치하는군.

(순대 장수에게) 좋아. 레슬링 도장에선 무슨 기술을 배웠나?

순대 장수 도둑질했을 땐 눈을 똑바로 보며 거짓 맹세하는 것을 배웠지.

파플라고니아인 오오, 뤼키아의 신 포이보스 아폴론이시여, 제게 왜 1240
이러시나요?[156] 어른이 되어서는 어떤 직업에 종사했는가?

순대 장수 순대를 팔았고 미동(美童)으로 몸을 팔기도 했지.

파플라고니아인 *(당황하여 혼잣말로)* 아아, 불운한 내 신세. 난 이제 끝장이야.
그래도 아직 한 가닥 희망은 남아 있어.
(순대 장수에게) 어디 말해봐. 너는 순대를 정말로 아고라에서 1245
팔았느냐, 아니면 성문 근처에서 팔았느냐?

순대 장수 소금에 절인 물고기를 파는 성문 근처에서 팔았지.

파플라고니아인 맙소사, 신의 예언이 정말로 이루어졌구나!
그대들은 불운한 나를 집 안으로 굴려다오.[157]
(화관을 벗으며) 잘 있으라, 화관아. 싫어도 너와 1250
헤어져야겠구나. 이제 다른 사람이 너를 가져야 해.
그는 더 큰 도둑은 아니라도 운이 더 좋았나 봐.[158]

---

156 에우리피데스, 『텔레포스』 단편 700에서 인용한 것이다.
157 에우리피데스, 『벨레로폰테스』 단편 310에서 인용한 것이다.
158 파플라고니아인이 자신의 화관과 작별하는 장면은 에우리피데스의 알케스티스가 자신의 결혼침대와 작별하는 장면(『알케스티스』 177~182행 참조)을 패러디한 것이다.

	(화관을 던지고 문 밖으로 굴러 나온 운반차 위에 쓰러진다)	
순대 장수	(머리에 쓰기 전에 화관을 하늘 높이 치켜들며)	
	헬라스의 보호자 제우스이시여, 이번 승리는 그대 덕분이옵니다.	
데모스테네스	(창가에 나타나며) 고귀한 승리자, 만세! 그대가 남자가 된 것은	
	내 덕분임을	
	기억하시오. 내 큰 것은 요구하지 않겠소. 나를 그대의 비서로	1255
	임명하여 파노스[159]처럼 소장(訴狀)에 서명하게 해주시오.	
데모스	(순대 장수에게) 이제 자네 이름이 뭔지 말하게.	
순대 장수	아고라크리토스[160]올시다. 나는 아고라에서 토론하며 자랐으니까요.	
데모스	그렇다면 나는 아고라크리토스, 자네에게 나를 맡기며,	
	저 파플라고니아인 또한 자네 처분에 맡기겠네.	1260
순대 장수	그러신다면 데모스, 나는 그대를 알뜰살뜰 보살필 것이오.	
	그러면 그대는 맹하게 입을 벌린 자들[161]의 도시에	
	나보다 더 큰 은인을 본 적이 없다는 데 동의하시게 될 것이오.	

(인사불성이 된 파플라고니아인을 태운 운반차 철거되고,

데모스와 순대 장수 집 안으로 퇴장)

두 번째 파라바시스 (1264~1315행)

좌 (1264~1273행)

코로스	노래를 시작하거나 노래를 끝내는 데서	1265
	날랜 말들을 모는 우리 기사들이	
	뤼시스트라토스[162]에 관해 노래하지 않고,	
	노숙자 투만티스[163]를 일부러 가슴 아프게 하지	
	않는 것보다 더 좋은 방법이 어디 있을까?[164]	
	경애하는 아폴론이시여, 투만티스는 배가 고파	1270

        눈물범벅이 된 채 퓌토에서 그대의
        화살통을 붙들고 탄원하고 있으니까요,
        제발 가난에서 벗어나게 해달라고.
코로스장 악당들을 비난하는 것은 결코 나무랄 일이 아니오.
        따지고 보면 그건 착한 이들의 명예를 높여주는 것이라오.   1275
        지금 내가 험담을 퍼부으려는 자는 잘 알려지지 않았소.
        이런 일로 내 친구의 이름을 말하자니 부담스럽긴 하지만
        그자는 내 친구 아리그노토스[165]의 아우요. 흑과 백을 구분하고
        오르티오스 선법[166]과 다른 선법을 구분할 줄 아는 사람이면
        누구나 아리그노토스를 알지만, 그의 아우 악당 아리프라데스는   1280
        전혀 형을 닮지 않았소. 그자는 악당임을 자처하오. 사실 그자는
        단순한 악당이 아니라— 그랬더라면 나는 그자에게 주목하지

159 파노스는 클레온의 지시를 받아 여러 차례 소송을 제기했던 것 같다.
160 아고라크리토스(Agorakritos)는 원래 '민회에서 선출된'이라는 뜻이지만, 순대 장수는 '아고라에서 토론하는'이라는 뜻으로 쓰고 있다.
161 아테나이인들.
162 뤼시스트라토스는 아리스토파네스에 의해 가난뱅이(『벌』 1311~1313행, 『아카르나이 구역민들』 855~859행) 또는 익살을 좋아하는 사람(『벌』 787~795, 1308~1310행)으로 몇 번 언급되고 있다.
163 투만티스(Thoumantis)에 관해서는 몸이 가냘프다는 것 말고는 달리 알려진 바 없다.
164 핀다로스(Pindaros)의 레토와 아르테미스에게 바치는 행렬의 노래(prosodion) 첫머리(단편 89a Snell)를 패러디한 것이다.
165 아리프라데스의 형 아리그노토스는 아우토메네스(Automenes)의 아들로, 인기 있는 탁월한 뤼라 연주자였다고 한다. 『벌』 1277~1278행 참조.
166 오르티오스 선법(orthios nomos)은 그리스의 선법 중 가장 널리 알려진 것인데, 기원전 7세기의 음악가 테르판드로스(Terpandros)가 이 선법으로 작곡했다고 한다.

않았을 것이오— 완전 악당이며 새로운 악덕을 창안해냈소.
그자는 음란한 쾌락으로 자신의 혀를 오염시키고,
유곽에서 매춘부의 분비물을 빨며 수염을 더럽히고, 1285
매춘부의 음부를 휘저어놓고, 폴륌네스토스[167]처럼
행동하고, 오이오니코스[168]와 어울려 다니니 말이오.
그런 자를 혐오하지 않는 자는 누구든
같은 잔으로 나와 술을 마시지 못하리라. 1289

우 (1290~1299행)

코로스 밤이 되면 나는 종종 생각에 잠겨
클레오뉘모스의 식탐(食貪)이 대체
어디서 비롯되는지 알아내려 했지요.
들자하니, 그는 부유한 주인과 함께
식사하다가 그 집의 빵 상자에서 1295
다시 나오려 하지 않자, 주인이
그의 무릎을 잡고 빌었다니 말이오.
"여보시오, 그대의 무릎을 잡고 비노니,
이곳을 떠나고 우리 식탁만은 먹지 마시오!"

코로스장 들자하니, 일전에 삼단노선들이 회의차 모였는데, 1300
그중 가장 언니[169] 뻘 되는 삼단노선이 말했대요.
"아우님들, 아테나이에서 어떤 일이 벌어지고 있는지 모르세요?
어떤 사내가 우리 가운데 100척을 카르케돈으로 보내기를
요구하고 있대요. 못된 시민이자 불한당인 휘페르볼로스[170] 말예요."
그러자 모두들 그건 용납할 수 없는 일이라며 분개했고, 1305
아직 남자들 가까이 간 적이 없는[171] 한 척이 말했대요.
"맙소사! 내가 그자에게 복종하는 일은 결코 없을 거예요.

그럴 바엔 차라리 여기서 늙어가며 벌레들의 밥이 될래요.
신들에 맹세코, 그자가 나우손의 딸 나우판테를 명령하는 일은
없을 거예요, 나도 소나무와 목재로 만들어진 게 사실이라면. 1310
만일 그자의 제안이 아테나이인들의 마음에 든다면, 우리는
테세우스의 사당이나 준엄하신 여신들[172]의 신전으로 가요.
그자가 우리 장군이 되어 도시를 우롱해서는 안 돼요.
굳이 그러고 싶다면, 그자가 램프를 팔러 다닐 때
타고 다니는 배들을 띄워 혼자서 지옥으로 떠나라 하시오." 1315

(순대 장수, 새 옷으로 갈아입고 돌아온다)

순대 장수 모두들 입을 다물고 경건하게 침묵하시오. 더 이상 증인을
소환하지 말고 이 도시의 즐거움인 법정의 문을 닫고, 관객들은
이 새로운 호의를 신들께 감사하기 위해 파이안[173]을 노래해요!

코로스장 오오, 신성한 아테나이의 햇불이여, 섬들의 수호자여, 그대는
어떤 낭보를 가져왔기에 제물 굽는 냄새로 거리를 채우라 하시오? 1320

---

167 폴륌네스토스(Polymnestos)는 기원전 7세기 그리스 음악가로, 그가 난봉꾼이었다는 증거는 다른 문헌에는 없다.
168 오이오니코스(Oionichos)에 관해서는 달리 알려진 바 없다.
169 좌우 각 현에 노 젓는 의자가 세 줄씩인 삼단노선의 그리스어 he trieres는 여성명사이다.
170 휘페르볼로스는 기원전 422년 클레온이 살해당하자 그의 뒤를 이어 의회를 좌지우지했는데, 램프 장사로 큰돈을 모았다고 한다. 『기사』 739행, 『구름』 1065행, 『평화』 690행 참조. 그는 기원전 416년 봄에 도편추방되었다가 기원전 411년 사모스에서 과두정체 지지자들의 손에 살해당했다.
171 아직 처녀항해도 하지 않은.
172 복수의 여신들.
173 여기서 파이안(paian)은 찬신가이다.

순대 장수	나는 데모스를 삶아 그의 추함을 아름다움으로 바꿔놓았소.[174]
코로스장	기발한 생각을 해낸 자여, 데모스는 지금 어디 있소?
순대 장수	그는 제비꽃 화관의 도시, 유서 깊은 아테나이에 살고 있소.
코로스장	그를 보고 싶소. 그는 어떤 옷을 입고 있으며, 어떤 사람이 되었소?
순대 장수	그는 전에 아리스테이데스와 밀티아데스[175]와 함께 살던 때처럼 1325 되었소. 곧 그를 보게 될 것이오. 성채의 출입문이 열리는 소리가 들리니까요. 그대들은 환성을 올리시오, 새로운 모습을 보여주는 유서 깊은 도시를 위해, 이름난 데모스가 살고 있는, 찬가의 주제가 된 놀라운 아테나이를 위해!

(문이 열리면서 운반차가 굴러 나오고, 운반차 위에는 페르시아 전쟁 때의 아테나이를 나타내는 자그마한 건물이 서 있다)

코로스장	찬란한, 제비꽃 화관을 쓴, 만인이 부러워하는 아테나이여, 헬라스와 이 나라의 통치자를 우리에게 보여다오! 1330

(작은 건물의 문이 열리면서 회춘한 데모스가 걸어 나온다)

순대 장수	보시라, 황금 매미[176]를 꽂고, 눈부신 전통 복장을 입었으며, 조가비[177]가 아니라 평화의 헌주 냄새가 나고 몰약을 바른 이분을!
코로스장	헬라스인들의 통치자 만세! 그대와 함께 우리도 기뻐할래요. 그대의 행복은 이 도시에, 마라톤의 전승비에 어울려요.

(데모스, 운반차에서 걸어 내려오고 운반차는 철거된다)

데모스	아고라크리토스여, 가장 사랑스러운 친구여, 이리 오게! 1335 자네가 나를 삶아 젊음을 찾게 해주어서 고맙네.
순대 장수	내가요? 하지만 그대는 자신이 전에 어떤 사람이었으며, 어떤 짓을 했는지 몰라요. 안다면 나를 신으로 여기겠지요.
데모스	말해보게. 전에 내가 어떤 짓을 했으며, 어떤 사람이었는지!
순대 장수	먼저, 누가 민회에서 "데모스여, 나는 그대의 연인이며, 1340

그대를 아끼며, 나만이 그대를 염려하고 그대를 보호해줄
생각을 한다오"라고 말하기라도 하면, 누가 이렇게 운을
떼기라도 할라치면, 그대는 수탉처럼 날개를 퍼덕이거나
황소처럼 갑자기 뿔을 쳐들곤 했지요.

데모스 　내가?

순대 장수 　그자는 그런 말로 그대를 속이고 나서 가버리곤 했지요. 　　1345

데모스 　무슨 말을 하는 겐가?
그들이 내게 그런 짓을 해도 내가 몰랐단 말인가?

순대 장수 　그렇다니까요. 게다가 그대의 귀는, 제우스에 맹세코, 그들에게는
양산처럼 활짝 열려 있었지만 다른 사람에게는 닫혀 있었지요.

데모스 　그렇다면 내가 노망이 들었었나?

순대 장수 　게다가 두 웅변가가 연설을 하되, 한 명은 전함들을 　　1350
의장(艤裝)하자고 제안하고 다른 한 명은 그 돈을 시민들에게
나눠주자고 제안하면,[178] 시민들에게 나눠주자는 쪽이
전함들을 의장하자는 쪽을 쉽게 이기곤 했지요.
왜 고개를 숙이시는 거예요? 어지러우신가요?

174 　메데이아(Medeia)가 시아버지 아이손(Aison)을 가마솥에 삶아 회춘시켜
　주었듯이. 오비디우스, 『변신 이야기』 7권 159~293행 참조.
175 　둘 다 페르시아 전쟁 때 아테나이를 이끌었던 인물이다. 아리스테이데스
　(Aristeides)는 '정의로운 인물'로 이름을 날렸으며, 밀티아데스(Miltiades)
　는 마라톤 전투의 승리자이다.
176 　머리핀.
177 　조가비는 법정에서 배심원들이 투표할 때 사용했다.
178 　예컨대 기원전 482년 라우레이온 은광에서 뜻밖의 큰돈이 들어오자, 그 돈을
　시민들에게 나눠주자는 주장에 맞서 테미스토클레스는 그 돈으로 전함들을
　건조하자고 강력히 주장한 끝에 결국 관철시키는데, 2년 뒤 페르시아 전쟁
　때 살라미스 해협에서 아테나이인들은 압도적으로 우세했던 페르시아 함대
　를 이때 건조한 함대로 격파한다. 헤로도토스, 『역사』 7권 144장 참조.

데모스	자네도 알다시피, 나는 전날의 과오들이 정말 부끄럽네.	1355
순대 장수	상심하실 것 없어요. 그건 그대의 잘못이 아니라 그대를 속인 자들의 잘못이니까요. 그건 그렇고, 어디 말해보세요. 어떤 파렴치한 변호사가 "배심원 여러분, 만일 이번 피고인에게 유죄 판결을 하지 않으면, 여러분에게 드릴 빵은 없어요"¹⁷⁹라고 말한다면, 말해보세요, 그대는 그 변호사를 어떡하실 건가요?	1360
데모스	난 그자를 들어 올려 그자의 목에다 휘페르볼로스를 묶은 다음 바라트론¹⁸⁰으로 휙 던져버릴 테다.	
순대 장수	적절하고 합리적인 말씀을 하시네요. 그건 그렇고, 어떤 정책을 추구하실 건가요? 말씀해주세요.	1365
데모스	먼저, 함대가 귀항(歸港)하자마자 전함에서 노 젓는 자들에게 급료를 전액 지급하겠네.	
순대 장수	그러시면 납작해진 수많은 궁둥이¹⁸¹들에게 위안이 되겠죠.	
데모스	다음, 중무장보병이 일단 출전 명단에 등록되면 부적절한 영향력에 따라 다른 곳으로 전출되지 않고 처음 등록된 곳에서 그대로 근무하게 될걸세.	1370
순대 장수	그것은 클레오뉘모스의 방패 한복판을 치겠지요.¹⁸²	
데모스	그리고 수염이 나지 않은 자들은 연단에 오르지 못할걸세.¹⁸³	
순대 장수	그러면 클레이스테네스¹⁸⁴와 스트라톤은 어디서 연설하죠?	
데모스	내가 말하는 것은 그들이 아니라, 향수 가게에 둘러앉아 다음과 같이 제멋대로 떠들어대는 소년들일세. "그 파이악스¹⁸⁵란 사람, 참 영리하기도 하지. 사형을 면했으니 말이야. 그는 간결하고, 설득력 있고, 교훈적이고, 명료하고, 통렬하게 말할 뿐 아니라 시끄럽고 적대적인 청중을 다룰 줄 안단 말이야."	1375 1380

순대 장수	그대는 그 수다쟁이를 별로 좋아하시지 않는 것 같네요.
데모스	물론이지. 나는 그들 모두가 법안을 발의하는 대신 사냥하러 나가도록 강요할 테다. *(순대 장수가 신호를 보내자 소년이 접의자를 들고 나온다)*
순대 장수	그러시겠다면 이 접의자를 가지세요.[186] 이 접의자를 날라줄 1385 불알이 큰 이 소년도 가지세요. 그리고 마음이 내키면 이 소년을 접의자로 삼으실 수도 있어요.[187]
데모스	옛날 생활방식으로 되돌아가니 나야말로 행복하구나!
순대 장수	내게서 30년간의 휴전조약을 넘겨받으면 그런 말씀을 하실 수도 있겠지요. *(집 안에 대고 외친다)* 이봐, 휴전조약, 얼른 이리 나와!

(두 소녀가 데모스 앞으로 나온다)

데모스	오오, 경애하는 제우스이시여, 얼마나 잘생겼는가! 1390 내가 이 소녀들과 30년 동안 동거해도 돼? 말해보게, 자네는 이 소녀들을 어디서 구했는가?
순대 장수	모르셨나요? 파플라고니아인이 이들을 안에다 숨겨두었어요.

179 배심원들에게 일당을 주지 못한다는 뜻이다.
180 바라트론(Barathron)은 아테나이 교외의 바위 협곡으로, 유죄 선고를 받은 죄수들은 그곳으로 던져졌다고 한다.
181 785행 참조.
182 클레오뉘모스는 싸움터에서 방패를 버리고 도망쳤다고 한다.
183 『구름』 991, 1055행 참조.
184 수염이 나지 않은 여자 같은 남자. 『구름』 355행, 2권의 『개구리』 48~57행 참조. 스트라톤도 수염이 나지 않았다고 한다.
185 파이악스(Phaiax)는 아테나이의 거물급 정치가로 네 번이나 고소당했지만, 번번이 무죄 방면되었다고 한다.
186 페르시아 전쟁 때 부자들은 옷에 흙이 묻지 않도록 노예로 하여금 접의자를 들고 따라다니게 했다고 한다.
187 미동(美童)으로 삼을 수도 있다는 뜻이다.

	그대가 갖지 못하도록. 내 이제 그대에게 이들을 바치니,	
	시골로 데려가세요.[188]	
데모스	말해보게. 이런 죄를 지은	1395
	파플라고니아인에게 자네는 어떤 벌을 줄 참인가?	
순대 장수	심한 벌은 안 줄래요. 그는 이전의 내 직업을 물려받아	
	성문 주위에서 개고기와 당나귀고기를	
	섞어 넣은 순대를 혼자서 팔게 될 거예요.	
	그리고 술에 취하면 매춘부들과 욕설을 주고받고,	1400
	공중탕에서 나오는 구정물을 마시게 될 거예요.	
데모스	매춘부들이나 목욕탕 주인들과 아귀다툼을 하다니,	
	거 재미있는 생각일세. 그자는 그래도 싸지.	
	그러나 이런 선행에 대한 보답으로 자네를 시청으로	
	초대하겠네. 저 악당이 앉았던 자리는 자네 차지일세.	1405
	이 개구리색 외투를 입고 나를 따라오게. 저기 저자는	
	누가 데리고 나가 새 직업에 종사하게 해줘. 그가 전에	
	못살게 굴었던 동맹국 시민들이 그를 볼 수 있도록!	

(데모스, 순대 장수, 소년, '휴전조약들'은 코로스가 노래하며 뒤따르는 가운데 한쪽으로 퇴장하고, 순대 장수가 입던 옷을 입고 순대 장수가 쓰던 도구를 갖춘 파플라고니아인은 여전히 인사불성이 된 채 집 밖으로 들려 나오더니 다른 쪽으로 들려 나간다)

188 펠로폰네소스 전쟁 때 스파르테군이 쳐들어오자 앗티케 지방 농민들은 아테나이로 모여들어 피난생활을 했다. 주 102 참조.

벌
Sphekes

작품 소개

『벌』은 기원전 422년 레나이아 제의 희극 경연에서 2등을 차지한 작품으로, 그 무렵 아테나이의 배심원 제도를 풍자하고 있다.

당시 배심원들에게 일당으로 지급되는 3오볼로스는 아테나이의 가난한 노인들에게는 중요한 생계수단이었다. 필로클레온('친클레온파'라는 뜻)은 병적인 재판광이다. 그래서 그의 아들 브델뤼클레온('반클레온파'라는 뜻)이 아버지의 병을 고치려다가 결국 아버지를 집 안에 감금하게 된다. 코로스를 구성하는 필로클레온의 친구들이 자신들의 단호한 처벌 의지를 과시하기 위해 벌로 분장하고는 그를 법정으로 데려가려고 날이 새기도 전에 왔다가 그가 감금되어 있는 모습을 보고 탈출할 수 있도록 도와주려 한다. 한바탕 실랑이질 끝에 브델뤼클레온은 드디어 자기 말을 들어보도록 코로스를 설득하는 데 성공한다.

아버지와 아들 사이에 논쟁이 벌어지자, 아버지는 책임지지 않고 권력을 행사하는 것이 얼마나 즐겁고 유익한 일인지 장광설을 늘어놓는다. 한편 아들은 배심원들의 권력은 환상에 불과하며, 그들이 사실은 자신의 이익을 위해 도시의 세수를 유용하는 정치가들에게 조종당하고 있다는 것을 밝힌다. 그리하여 코로스는 설득당하지만, 필로클레온은 시큰둥하다.

그래서 브델뤼클레온은 아버지가 집 안에서 재판을 할 수 있도록 주선한다. 첫 번째 피고는 개였으며, 죄명은 치즈를 훔쳐 먹었다는 것이다. 필로클레온은 아들의 계략에 넘어가 개를 무죄 방면하는데, 개는 그가 방면한 최초의 피고이다. 브델뤼클레온은 아버지가 사교 생활에 적응하도록 여러 가지 조언을 해주지만, 아버지는 남을 배려하지 않는 거칠고 난폭하고 태도를 좀처럼 버리지 못한다. 프랑스의 고전주의 극작가 라신(J. B. Racine)의 『소송광』(*Les Plaideurs*)은 『벌』을 모방한 것이다.

등장인물

소시아스(Sosias) 브델뤼클레온과 필로클레온의 노예
크산티아스(Xanthias) 브델뤼클레온과 필로클레온의 노예
브델뤼클레온(Bdelykleon) 부잣집 아들
필로클레온(Philokleon) 그의 아버지
코로스 연로한 배심원들의
소년 코로스장의 아들
개 퀴다테나이(Kydathenai) 구역의
남자 필로클레온에게 폭행당한
뮈르티아(Myrtia) 빵가게 안주인
고발인 필로클레온을 폭행죄로 고소한

그 밖에 무언 배우인 브델뤼클레온의 당나귀, 코로스 단원들의 아들들, 브델뤼클레온의 다른 노예들인 미다스(Midas)·프뤽스(Phryx)·마쉰티아스(Masyntias), 또 다른 개 라베스(Labes), 부엌세간들, 라베스가 낳은 강아지로 분장한 아이들, 피리 부는 소녀 다르다니스(Dardanis), 필로클레온에게 습격당한 남자들, 철학자 카이레폰, 고발인이 데려온 증인들, 무용수들인 카르키노스의 세 아들, 카르키노스

이 작품의 대본은 *Aristophanis Fabulae*, ed. by N.G. Wilson, 2vols., Oxford 2007의 그리스어 텍스트이다. 주석은 A.H. Sommerstein (Warminster 1983), D.M. MacDowell (Oxford 1971)의 것을 참고했다. 현대어 번역으로는 A.H. Sommerstein, P. Roche (New American Library 2005), The Athenian Society (El Paso, Texas 2006)의 영어 번역과 L. Seeger의 독어 번역을 참고했다.

장소 아테나이에 있는 필로클레온의 집.
소시아스와 크산티아스가 무대 건물의 문 옆에 앉아서 둘 다 잠들어 있다.
브델뤼클레온은 지붕 위에서 누워 자고 있다.
대문 바깥쪽에는 장벽이 쳐져 있고, 위층의 창에는 그물이 쳐져 있다.
소시아스가 잠이 깨 크산티아스를 깨운다.

소시아스 이봐, 크산티아스, 바보같이 뭘 하고 있는 거야?

크산티아스 야간 보초를 적당히 때우는 법을 배우는 중이지.

소시아스 그러면 자네 갈빗대들이 자네를 몹시 원망할걸.
우리가 지키고 있는 게 어떤 괴물인지 자네도 알잖아?

크산티아스 알지. 하지만 잠시 걱정을 잊고 자고 싶어. *(다시 잠이 든다)* 5

소시아스 그건 자네가 알아서 해! 아닌 게 아니라 내 눈에도 지금
단잠이 쏟아지는 것 같아. *(하품을 하며 큰대 자로 눕는다)*

크산티아스 이봐, 자네 정신 나갔어? 코뤼반테스들[1]처럼 말이야.

소시아스 아니. 잠들라고 사바지오스[2]가 나를 어르고 있는 거지.

크산티아스 그렇다면 자네는 나와 같은 신을 섬기는군그래. 10
방금 전에 내 눈에도 심한 졸음 같은 것이
페르시아 침입자처럼 밀려들었으니까. 그래서
졸다가 이상한 꿈을 꾸었지, 방금 말이야.

소시아스 나도 전에 꾸어본 적이 없는 꿈을 꾸었어.
정말이야. 하지만 자네 꿈부터 먼저 말해봐! 15

크산티아스 거대한 독수리 한 마리가 아고라에 내려앉더니

---

[1] 지모신(地母神) 퀴벨레(Kybele)의 시종들. 떠들썩하게 춤추는 것으로 유명했다.
[2] 당시 아테나이에 소개된 지 얼마 안 되는 프뤼기아의 신. 그의 의식에는 음주와 여인들의 함성과 북소리가 수반되었다고 한다.

청동 방패[3]를 발톱으로 채어 가지고 하늘로
날아가는 꿈을 꾸었네. 그러다가 독수리는
클레오뉘모스[4]로 변하더니 방패를 떨어뜨렸어.

소시아스   클레오뉘모스야말로 수수께끼 같은 인물일세그려.

크산티아스   무슨 뜻이지?

소시아스   "육지에서도, 하늘에서도, 바다에서도 방패를 던지는
동물이 뭐지?"라고 술자리에서 묻는다면
동석한 친구들에게 수수께끼를 내는 것이 될 거라는 말이지.

크산티아스   맙소사! 그게 대체 무슨 불길한 꿈이지?

소시아스   걱정 마. 맹세코, 자네에겐 불상사가 일어나지 않을 테니.

크산티아스   하지만 사람이 자신의 무기를 던져버린다는 것은 분명 불길한
전조야. 그건 그렇고, 이번에는 자네 꿈 이야기를 들려줘.

소시아스   매우 중요한 꿈이야. 국가라는 배 전체에 관한 꿈이니까.

크산티아스   뜸 들이지 말고 어서 요점을 말해봐!

소시아스   내가 초저녁에 잠이 들었을 때 손에 지팡이를 들고
외투를 입은 한 무리의 양 떼가 프뉙스 언덕에
함께 모여 앉아 회의를 여는 꿈을 꾸었는데,
무엇이든 닥치는 대로 삼켜버리는 고래[5]가
이들 양 떼에게 성난 암퇘지의 목소리로
열변을 토하고 있었어.

크산티아스   흥!

소시아스   왜 그래?

크산티아스   그만해. 더 말하지 말란 말이야.
자네 꿈에서 가죽[6] 썩는 고약한 냄새가 나니 말이야.

소시아스   그리고 이 역겨운 고래는 저울을 꺼내 들어 쇠기름을 달더군.

크산티아스   저런 악당이 있나!

소시아스	그자는 국가의 여러 계층이 서로 다투도록 부추기려는 거야. 그리고 고래 옆 땅바닥에는 테오로스[7]가 앉아 있었는데, 머리는 까마귀 머리였어. 그러자 알키비아데스[8]가 예의 혀짤배기소리로 내게 말했지. "이봐 소시아스, 보여? 테오로스가 알랑쇠[9] 머리를 갖고 있는 것 말이야."	45
크산티아스	혀짤배기 알키비아데스가 정곡을 찔렀군그래.	
소시아스	그런데 좀 불길하잖아? 테오로스가 까마귀로 변한 것 말이야.	
크산티아스	천만의 말씀! 아주 좋은 전조지.	
소시아스	어째서?	
크산티아스	어째서냐고? 그는 처음에 사람이었다가 별안간 까마귀로 변했어. 그건 분명 그가 우리 곁을 떠나 까마귀 떼가 있는 곳으로 간다는 뜻이 아닐까?	50
소시아스	자네가 그토록 해몽을 잘하니, 내가 자네에게 2오볼로스를 품삯으로 주어야겠지?	
크산티아스	자, 이제는 관객들에게 상황을 설명하는 게 좋겠군. 하지만 그 전에 그들에게 몇 마디 일러둘 게 있어.	55

3 '방패'의 그리스어 aspis에는 '이집트 코브라'라는 뜻도 있다.
4 싸움터에서 방패를 버리고 도주한 겁쟁이 뚱뚱보. 『구름』 353~354행, 『벌』 592, 822~823행, 『평화』 444~446, 673~678, 1295~1304행, 『새』 290, 1473~1481행 참조.
5 클레온.
6 클레온 또는 그의 아버지는 가죽을 무두질하는 공장을 갖고 있었다. 『기사』 44, 104, 135, 197, 314~321행, 『구름』 581행 참조.
7 클레온의 추종자.
8 당시 서른 살쯤 된 알키비아데스는 소크라테스의 제자로, 훗날 유력한 정치가가 된다.
9 알키비아데스는 혀가 짧아서 korax(까마귀)를 kolax(알랑쇠)라고 발음한 것이다.

	(관객을 향하여) 관객 여러분, 여러분은 우리에게 너무	
	거창한 것[10]이나, 메가라에서 훔쳐온 농담[11]을 기대하지	
	마시오. 이 희극에는 관객을 향하여 바구니에서 밤톨을	
	던져대는 노예들도[12] 나오지 않고, 진수성찬을 잔뜩	
	기대했다가 실망하는 헤라클레스[13]도 나오지 않으며,	60
	에우리피데스가 헐뜯기는 일[14]도 없소이다.	
	그리고 클레온이 운이 좋아 위세를 떨친다 해도	
	이번에는 그를 묵사발로 만들어놓지 않을 참이오.	
	우리가 여러분에게 보여주려는 희극은 작은 이야기요.	
	그러나 의미 있는 이야기이며, 여러분보다 더 현명하지는	65
	않지만 통속적인 저질 희극보다는 더 똑똑하다오.	
	우리에게는 주인이 한 명 있어요. *(브델뤼클레온을 가리키며)*	
	저기 저 지붕 위에서 자고 있는 거한(巨漢) 말이오.	
	그는 밖으로 나가지 못하도록 아버지를 집 안에	
	가두어놓고 우리 두 사람더러 감시하게 했는데,	70
	이유인즉 그의 아버지가 이상한 병에 걸렸기 때문이오.	
	내가 말해주지 않는다면 여러분은 어느 누구도 짐작하거나	
	알아맞히지 못할 것이오. 어디 한번 알아맞혀봐요!	
	(관객의 대답을 들은 양)	
	여기 있는 프로나페스의 아들	
	아뮈니아스[15]는 그분이 주사위놀이에 미쳤다고 하는군요.	75
소시아스	천만의 말씀! 아뮈니아스는 자신의 증세로 병을 진단하고 있군요.	
크산티아스	*(아뮈니아스에게)*	
	그러나 그 병의 이름이 '-광(狂)'으로 끝나는 것은 사실이오.	
	여기 있는 소시아스는 데르퀼로스[16]에게 그분이 음주광[17]이라고	
	말하고 있소.	

소시아스	천만의 말씀! 그건 가장 훌륭한 자들도 걸리는 병이라오.	80
크산티아스	여기 있는 스캄보니다이[18] 마을 출신 니코스트라토스[19]는	
	그분이 제사광(祭祀狂) 또는 손님접대광[20]이라고 말하고 있소.	
소시아스	천만의 말씀! 니코스트라토스, 그분은 손님을 좋아하지	
	않아요. 내가 아는 필록세노스[21]는 동성연애자요.	
크산티아스	여러분은 모두 틀렸고, 결코 알아맞히지 못할 것이오.	85
	정말로 알고 싶다면 이제 침묵을 지키시오. 그러면	
	우리 주인의 병이 무엇인지 내가 여러분에게 말해주겠소.	
	그분은 세상에 둘도 없는 재판광(裁判狂)이라오.	
	그분은 재판하는 것을 좋아하여 맨 앞좌석[22]에	
	앉지 못하면 괴로워 신음할 정도라니까요.	90
	그리고 밤에 잠이라고는 한숨도 못 자며,	
	잠시 눈을 붙인다 해도 그분의 마음은 밤새도록	

10 『구름』처럼 철학적인 것이나 『기사』처럼 정치적인 것.
11 저질스러운 농담. 메가라는 희극 문학에서 아테나이의 전통적 경쟁자였다.
12 『평화』 962행, 2권의 『부의 신』 794~801행 참조.
13 『새』 1574~1692행 참조.
14 비극작가 에우리피데스는 2권의 『개구리』에서 조롱당하는데, 『벌』 이전의 어떤 희극에서 조롱과 비난의 대상이 되었는지는 알 수 없다.
15 Pronapes, Amynias.
16 Derkylos.
17 philopotes.
18 스캄보니다이(Skambonidai)는 아테나이와 엘레우시스 사이에 있는 마을이다.
19 Nikostratos.
20 philothytes, philoxenos. 대개 제물을 바치고 나서 그 고기로 음식을 장만하여 손님을 접대했다.
21 필록세노스(Philxenos)는 '손님을 좋아하는 자'라는 뜻이다.
22 검사, 피고인, 증인, 방청객을 가장 잘 볼 수 있는 곳이다.

법정의 물시계 주위를 날아다닌다오.
그리고 투표용 조약돌을 손에 쥐는 것이 버릇이 되어
마치 신월제(新月祭)에서 향을 뿌리려는 듯   95
처음 세 손가락을 한데 모은 채 잠자리에서 일어나지요.
그리고 길 가다가 문 위에 "퓌릴람페스의 아들 데모스[23]는
아름답도다"라는 낙서를 발견하면 그분은 그 밑에다
"투표 항아리의 투표석 투입구[24]는 아름답도다"라고 적곤 하지요.
한번은 수탉이 한밤중도 되기 전에 울기 시작했는데, 그분은   100
수탉이 회계 감사를 받게 되어 있는 퇴임 공직자[25]들한테서
뇌물을 받고 매수되어 자기를 너무 늦게 깨운다고 투덜대더군요.
그리고 저녁식사를 마치자마자 그분은 구두를 가져오라고
소리 지르고 나서 시내로 내려가, 마치 조개처럼
문설주에 들러붙어 법정 앞에서 새벽잠을 잔다오.[26]   105
고집불통인 그분은 피고인의 형량을 결정할 때마다
매번 긴 줄을 긋는지라[27] 꿀벌 또는 뒝벌처럼 손톱 밑에
밀랍을 묻혀 가지고 집으로 돌아오곤 하지요.
그리고 그분은 투표석이 부족할까 염려되어 해안 하나를
덮을 수 있을 만한 조약돌을 집 안에 비치해두고 있다오.   110
그렇듯 그분은 제정신이 아니며, 아무리 충고해도 그럴수록
더욱더 재판에 빠져든다오. 그래서 우리는 그분을 집 안에
가두어놓고는 나가지 못하게 지키고 있는 것이라오.
그분 아드님은 그분의 이러한 병세를 심각하게 받아들이고
처음에는 더 이상 외투를 입고 외출하지 말아달라고   115
좋게 말로 설득하려 했으나, 그분은 듣지 않았소.
그러자 아드님이 그분을 목욕하고 정화의식을 받게 했지만
아무 소용 없었소. 그래서 아드님은 그분을 치유하도록

코뤼반테스들에게 맡겼으나, 그분은 팀파니를 든 채 내빼
신법정(新法廷)²⁸으로 달려가 배심원 대열에 합류했어요 　　120
이러한 의식(儀式)들이 그분에게 아무 효험이 없자 아드님은
배를 타고 그분을 아이기나²⁹ 섬으로 모시고 가서는
밤에 아스클레피오스³⁰의 신전에다 재웠소. 하지만
날이 새기도 전에 그분은 법정에 모습을 드러냈소.
그 뒤로 우리는 그분이 더 이상 외출하지 못하게 했지만, 　　125
그분은 배수구나 채광창을 통해 계속해서
내빼곤 했소. 그래서 우리는 구멍이란 구멍을
모두 빈틈없이 넝마로 메웠소. 그러나 그분은
담장에다 나무못을 두들겨 박고는 그 구멍을 통해
어치 모양 깡충깡충 뛰어나갔소. 　　130
그래서 우리는 지금 온 마당을 그물로 덮고는
집 안 곳곳에서 망을 보는 중이라오.

23　퓌릴람페스(Pyrilampes)의 아들 데모스(Demos)는 이름난 미남이었다.
24　kemos.
25　당시 아테나이에서는 퇴임하는 공직자들이 회계 감사를 받게 되어 있었다.
26　이 문장의 현재시제가 '역사적 현재', 즉 수탉이 일찍 울던 날의 행위를 나
　　타내는 과거시제인지, 아니면 현재의 반복되는 행위를 나타내는 현재시제
　　인지 알 수 없다.
27　당시 아테나이에서는 유죄 선고를 받은 피고인에게 형량이 정해져 있지 않
　　을 경우 검사와 피고인 사이에 타협이 이루어지지 않으면 배심원들이 결정
　　하게 되어 있었다. 이때 배심원들은 검사가 제안한 형량에 동의하면 밀랍을
　　입힌 서판(書板)에 긴 줄을, 피고인이 제안한 형량에 동의하면 짧은 줄을 그
　　었다고 한다.
28　그 위치에 관해서는 알려진 바 없다.
29　아테나이 앞바다의 섬.
30　의술의 신.

노인의 이름은 필로클레온[31]이오. 틀림없다니까요.
저기 저 그분의 아드님은 이름이 브델뤼클레온[32]이고요.
하지만 그는 어딘가 좀 콧대가 센 편이지요.   135

브델뤼클레온 *(지붕 위에서 자다가 일어나)*

이봐, 크산티아스! 소시아스! 너희들 자는 거니?

크산티아스 *(혼잣말로)* 이크, 야단났구나!

(다시 잠든 소시아스를 급히 깨운다)

소시아스 왜 그래?

크산티아스 브델뤼클레온이 일어났단 말이야.

브델뤼클레온 너희들 중 한 명이 어서 이곳으로 순찰을 돌지 못해?
아버지께서 부엌으로 들어가 고개를 숙이고는
쥐처럼 종종걸음을 치고 계셔. 개수대 구멍으로   140
빠져나가지 못하시도록 망을 보란 말이야.

(소시아스, 집 뒤쪽으로 달려간다)

그리고 크산티아스, 너는 문에 바싹 붙어 서 있어!

크산티아스 네, 나리!

(굴뚝 안에서 소음이 들린다)

브델뤼클레온 맙소사! 굴뚝 안에서 웬 소음이지?

이봐, 게 누구야?

필로클레온 *(굴뚝에서 머리를 내밀며)*

나 말이냐? 연기가 나오는 거지.

브델뤼클레온 뭐, 연기라고요? 어떤 나무를 땐 연기죠?   145

필로클레온 무화과[33]나무를 땐 연기지.

브델뤼클레온 그래서 그렇게 매운 연기가 났군요. 하지만
밖으로 나오지 못해요. 굴뚝 덮개가 어디 있지?

(필로클레온을 굴뚝 속으로 밀어 넣으며) 도로 들어가세요!

(굴뚝 뚜껑을 닫으며) 이 통나무를 올려놓아야겠구나.

(무거운 통나무를 굴뚝 덮개 위에 올려놓는다)

이제 거기 머물며 다른 꾀를 생각해내세요!
세상에 나만큼 불운한 사람도 있을까? 앞으로 150
사람들은 나를 '연기의 아들'이라 부를 테니 말이야.

필로클레온 *(안에서 앞문을 쾅쾅 치며)*

소년은 어디 있어?

크산티아스 *(브델뤼클레온을 올려다보며)*

어르신께서 문을 밀고 계세요.

(문이 열리지 않도록 체중을 실어 문을 민다)

브델뤼클레온 그렇다면 너도 있는 힘을 다해 밀어.
나도 내려갈게. *(크산티아스를 도우러 내려가며)*
그리고 자물쇠 조심해. 빗장도 조심하고.
그러지 않으면 빗장둔테를 갉아 먹을 수도 있으니까. 155

필로클레온 *(집 안의 창가에서 크산티아스에게)*

이게 무슨 짓들이냐? 나를 법정으로 내보내줘, 이 악당들아!
그러지 않으면 드라콘티데스[34]가 무죄 방면된단 말이야.

크산티아스 그게 그렇게 마음에 걸리시나요?

필로클레온 전에 델포이의 신탁에 물었을 때, 피고인을 놓아주면

---

31 '친(親)클레온파'라는 뜻. 실제로 그런 이름을 가진 사람은 한 명도 없었다고 한다. 당시 아테나이 배심원들의 다수를 이루고 있던 가난한 노인들은 클레온의 열렬한 지지자들이었다.
32 '반(反)클레온파'라는 뜻.
33 무화과(sykon)는 '밀고자'라는 뜻의 그리스어 sykophantes의 규정사(規定辭)이다.
34 어느 드라콘티데스(Drakontides)를 말하는지 알 수 없다.

크산티아스	내가 시들어 죽게 되리라고 신께서 예언하셨기 때문이지.
크산티아스	아폴론께서 우리를 구해주소서. 그게 대체 무슨 예언이죠?
필로클레온	자, 부탁이야. 나를 내보내줘. 내가 폭발하기 전에!
크산티아스	필로클레온 나리, 그건 절대 안 돼요.
필로클레온	그러면 이로 그물을 물어뜯고 나갈 테다.
크산티아스	하지만 나리께서는 이도 없으시면서.
필로클레온	*(제지당하자)*

이런 괘씸한 놈이 있나!

어떻게 너를 죽여야 잘 죽이지? 어떻게 죽이지?

어서 내게 칼을 주든지, 아니면 배심원 서판을 주든지 해!

브델뤼클레온	*(크산티아스 곁에 다가서며)*

이분께서 큰 사고를 치실 것 같구먼.

필로클레온	*(천연덕스럽게)*

아니, 아니, 천만의 말씀! 당나귀를 끌고 가

길마와 함께 내다 팔려고 그러는 거야.

오늘이 이달 초하루니까.[35]

브델뤼클레온	제가 당나귀를 팔면 안 될까요?
필로클레온	넌 나만큼 잘 팔 수 없을걸?
브델뤼클레온	아니, 더 잘 팔 수 있어요.
필로클레온	좋아, *(안에다 대고 소리 지른다)* 당나귀를 몰고 나와!

(창가를 떠난다)

크산티아스	*(빗장을 풀며)*

천연덕스럽게 핑계를 참 잘도 대시네요.

집에서 빠져나가시려고 말예요.

브델뤼클레온	그런다고 누가 걸려드나! 난 벌써 음모를 간파했어.

내가 안으로 들어가 손수 당나귀를 끌고 나와야지.

	영감태기가 또다시 빠져나가지 못하게 말이야.
	(안으로 들어가 당나귀를 끌고 나온다. 당나귀는 마지못해 움직이며 괴로운 듯 울부짖는다)
	당나귀야, 왜 우니? 팔리러 가는 게 싫어? 더 빨리 움직여야지!
	(당나귀가 멈춰 서서 고개를 돌린 채 다시 울부짖는다)
	왜 신음하는 거니? 배 밑에 오뒷세우스를 나르는 것³⁶도 아닌데. 180
크산티아스	*(당나귀의 배 밑을 쳐다보며)*
	나르고 있는데요. 누가 배 밑으로 기어들어갔어요.
브델뤼클레온	무슨 소리야? 어디 있는지 보여줘!
크산티아스	여기요.
브델뤼클레온	*(몸을 구부리며)*
	이게 뭐지? 이봐 거기! 말해봐, 당신 누구요?
필로클레온	'아무도아니'요.³⁷ 틀림없다니까.
브델뤼클레온	'아무도아니'라고, 당신이? 어디 출신이지?
필로클레온	이타케 출신으로 아포드라십피데스³⁸의 아들이오. 185
브델뤼클레온	이봐, 아무도아니 씨, 그런다고 내가 속을 줄 아시오!
	(크산티아스에게) 저분을 저기서 끌어내려, 당장!
	참으로 한심하시군. 저런 데로 기어드시다니!
	내가 보기에 저분은 영락없는 당나귀 새끼 꼴이셔.
필로클레온	*(여전히 당나귀에게 매달리며)*

35 매달 초하루는 장이 서는 날이다. 『기사』 43행 참조.
36 오뒷세우스 일행이 귀향하는 도중 양 떼의 배 밑에 들러붙어 식인 거한 퀴클롭스의 동굴에서 탈출하는 장면을 염두에 두고 한 말이다. 『오뒷세이아』 9권 424~463행 참조.
37 outis. 거한 퀴클롭스가 이름을 물었을 때 오뒷세우스가 지어낸 이름이다.
38 Apodrasippides는 '도주하다' '내빼다'는 뜻의 apodidraskein에서 지어낸 이름이다.

	나를 가만히 내버려두지 않으면 고소할 테다.
브델뤼클레온	무엇에 관해 고소하신다는 거죠?
필로클레온	당나귀 그림자에 관해서지.
브델뤼클레온	정말 역겹고 노련하고 후안무치하시군요.
필로클레온	내가 역겹다고? 천만의 말씀! 내가 지금 최상의 상태라는 걸 네가 모르는구나.[39] 노(老)배심원의 아랫배[40]를 먹어보면 알게 될걸.
브델뤼클레온	당나귀와 함께 집 안으로 들어가세요!
필로클레온	*(브델뤼클레온과 크산티아스가 당나귀와 자기를 억지로 집 안으로 밀어 넣자)* 배심원 형제들! 클레온! 나를 구해주시오!
브델뤼클레온	*(문을 닫으며)* 고함은 안에서 지르세요! 문을 닫아두었으니까요. *(크산티아스에게)* 이봐, 문에다 돌덩이를 잔뜩 밀어붙여놓고, 도로 빗장을 지르도록 해. 저 널빤지를 문에 기대 세워두고 큼직한 절구통을 굴려놓도록 해! *(크산티아스가 빗장을 지르는 동안 뭐가 그의 머리에 떨어진다)*
크산티아스	맙소사! 이 흙덩이가 대체 어디서 내 머리에 떨어졌지?
브델뤼클레온	저 위 어디에서 쥐가 네 머리에 떨어뜨린 거겠지.
크산티아스	*(위를 쳐다보다가 필로클레온이 처마 밑 틈새로 머리를 내미는 것을 보고)* 쥐라고요? 천만의 말씀! 저기 저 지붕 위에 사는 배심원이 기와 밑 틈새로 몰래 빠져나가려는 거예요.
브델뤼클레온	*(역시 쳐다보며)* 이런 변이 있나! 사람이 참새로 변하셨구먼. 밖으로 날아가시려는 거야. 그물 어디 있지? 후여, 후여,

190

195

200

205

	돌아가거라, 후여! *(필로클레온의 머리가 사라진다)*
	우리 아버지를 지키느니 스키오네⁴¹ 시를 지키는 편이 낫겠어.
크산티아스	*(하품을 하며)* 이제 그분을 새처럼 집 안으로 쫓아 들였으니,
	당장은 우리를 피해 달아나시지 못할 거예요.
	우리 잠깐만, 아주 잠깐만 눈 좀 붙이면 안 될까요?
브델뤼클레온	안 돼. 다른 배심원들이 지금이라도 당장
	아버지를 부르러 올 거라는 것도 몰라?
크산티아스	무슨 말씀이세요. 방금 먼동이 트기 시작했는데.
브델뤼클레온	그렇다면 그들은 오늘 늦게 일어난 거야.
	늘 한밤중이 지나자마자 아버지를 부르러 오니까.
	그리고 손에 등불을 들고 여기로 와서 그들은
	프뤼니코스의 감미롭고 고풍스러운 시돈의 노래⁴²를 불러
	아버지를 밖으로 불러낸단 말이야.
크산티아스	필요하다면 돌팔매를 던져 그들을 내쫓을 수 있겠죠.

210

215

220

39 브델뤼클레온은 '역겹다'는 말을 '사악하다'는 뜻으로 쓰고 있는데, 식인 거한 퀴클롭스에게서 도망치는 오뒷세우스를 자처하는 필로클레온은 '역겹다'는 말을 '먹기 싫다'는 뜻으로 일부러 곡해하며 자기는 먹음직스럽다고 강변하고 있는 것이다.

40 예컨대 참치의 아랫배 살은 맛 좋기로 유명하다.

41 스키오네(Skione)는 에게 해 북안 트라케 지방의 칼키디케 반도들 중 맨 서쪽 팔레네 반도에 있는 도시로, 기원전 423년 봄 아테나이 연합군에 반란을 일으켰다가 몇 달 뒤 아테나이군에 의해 포위 공격당한다. 트라케 지방의 겨울은 춥기로 유명해서, 그곳에서 겨울을 나기가 만만치 않다고 한다.

42 여기서 프뤼니코스는 아이스퀼로스 이전에 활동한 비극작가이다. 시돈(Sidon)은 포이니케(=페니키아) 지방의 큰 도시로 프뤼니코스가 발표한 비극『포이니케 여인들』을 암시하는 말이다. 그는 페르시아 전쟁에 참가한 구세대들이 좋아하는 비극작가인데, 그의 서정시들은 감미롭기로 유명했다고 한다.『새』748~751행 참조.

| 브델뤼클레온 | 어리석기는! 그 노인들 무리를 건드리는 것은
벌집을 쑤시는 거나 마찬가지야. 엉덩이에
더없이 날카로운 침을 달고 다니는 그들은
소리도 요란하게 이리저리 껑충껑충 뛰며
전광석화처럼 공격을 해대니 말이야. | 225 |
| --- | --- | --- |
| 크산티아스 | 걱정 마세요. 던질 돌만 있으면 나는
아무리 많은 배심원 벌 떼도 쫓아버릴 수 있으니까요. | |

(둘이 망을 보려고 앉아 있다가 잠이 든다. 곧이어 벌로 분장한 노인들로 구성된 코로스가 지팡이를 짚고 아들인 소년들에게 등불을 들린 채 등장한다. 앞장서던 코로스장이 동료들을 격려하려고 돌아선다)

| 코로스장 | 보무당당히 걸어요. 코미아스, 오늘은 걸음이 느리구려.
전에는 그렇지 않고 개가죽 끈처럼 나긋나긋했는데.
지금은 늙은 카리나데스가 자네보다 더 잘 걷는구려.
이봐요, 탁월한 배심원인 콘튈레 구역의 스트뤼모도로스,
에우에르기데스와 플뤼아 구역의 카베스도 우리와
함께하고 있나요? 아아, 우리와 함께 뷔잔티온⁴³을 지키던
젊은이들은 다 가고 이제 우리만 남았구려.
그날 밤 자네와 나는 이리저리 배회하다가 빵 장수의
반죽통을 몰래 훔쳐 그걸 화목(火木)으로 쪼개서
싸구려 채소를 좀 끓여 먹었었지. 기억나요?
자, 서두릅시다. 오늘은 라케스가 감사를 받게 되는데,⁴⁴
모두들 그자가 거금을 횡령했다고 하니 말이오.
우리의 보호자인 클레온이 어제 우리더러
그자의 범죄를 처벌할 수 있도록 그자에게 사흘 치의
노여움을 품은 채 일찌감치 출두하라고 일렀소. | 230

235

240 |

	자, 노(老)전우들이여, 날이 새기 전에 서두릅시다.	245
	앞으로 움직이되, 우리를 해코지하려는 자들이 길에다	
	돌을 갖다놓지 않았는지 등불로 사방을 조심스레 비추시오!	

소년   (희미한 등불을 들고 앞장서서 걸어가며)

아버지, 아버지, 여기 이 진흙 조심하세요!

코로스장   땅에서 잔가지를 집어 등불의 심지를 조금 올리도록 해!

소년   아니, 이 손가락으로도 올릴 수 있을 것 같은데요.   250

(심지를 당겨 올린다)

코로스장   (주먹을 불끈 쥐며)

왜 손가락으로 심지를 당겨 올려, 멍청하게?
기름 귀한 것[45]도 몰라? 하긴 내가 비싼 기름을 사더라도
네가 돈 낼 일은 없을 테니까.

소년   단언하건대, 또 우리에게 손찌검하시면
우리는 등불을 끄고 집으로 갈 거예요.   255
그러면 어르신들은 등불도 없이 어둠 속에서
길을 가다가 진흙 속에서 첨벙대겠죠, 오리처럼.

코로스장   난 너보다 더 큰 사람들도 벌줄 줄 안단 말이야.
어이쿠, 웅덩이에 빠졌나 보다.
앞으로 나흘 안에 반드시 큰비가   260

---

43 뷔잔티온은 기원전 478년 그리스 연합군이 페르시아인들에게서 탈환했는데, 이 전투에 참가한 젊은이들은 기원전 422년 여든 살쯤 되었을 것이다.

44 Komias, Charinades, Konthyle, Strymodoros, Euergides, Phlya, Chabes, Laches.

45 올리브유는 앗티케 지방의 주요 생산품 중 하나이지만, 기원전 431~425년에 스파르테군이 쳐들어와 올리브나무들을 많이 훼손했고 그 뒤에 심은 나무들은 아직 어렸기 때문이다.

올 거야. 틀림없어.

(등불을 빤히 보며) 여기 등불 심지가 까맣게 탄 것 좀 봐.

이런 일이 일어나면 십중팔구 비가 오게 돼 있어.

아직 익지 않은 곡식에는 비가 올 필요가 있고,

북풍이 부는 것도 좋겠지.⁴⁶   265

(필로클레온의 집 앞에 이르러 멈춰 서서 주위를 둘러본다)

이곳에 나타나 우리 대열에 합류하지 않다니,

이 집에 사는 배심원에게 대체 무슨 일이 일어난 거지?

늑장 부린 적이 없었는데. 노래를 좋아해 프뤼니코스의

노래를 부르며 앞장서서 길을 인도하곤 했으니까.

여러분, 우리 여기 멈춰 서서 노래를 불러   270

그를 불러내도록 합시다. 내 노랫소리를 들으면

아마 좋아서 집에서 비틀비틀 걸어 나오겠죠.

코로스 (좌)

왜 영감이 문 앞에 모습을 드러내지 않으며,

왜 대답하지 않는 것일까?

설마 신발을 잃어버렸거나,

어둠 속에서 뭔가에   275

발부리를 채여 복사뼈에

염증이 생긴 것은 아니겠지?

그는 역시 노인이니까.

아니면 가래톳이 섰겠지.

그는 우리들 가운데 가장 엄해서

오직 그의 마음만은 움직이기 힘들었지. 누가 그에게

사정을 하면 그는 이렇게 고개를 숙이고⁴⁷

"돌을 삶아 먹으려 하는군"⁴⁸이라고 말하곤 했지. 280

(우)

아니면 어제 그 피고인이
자기는 아테나이의 친구⁴⁹이며
사모스의 음모를 맨 먼저
우리에게 알렸다⁵⁰고 거짓말을 하고는
빠져나갔는데, 아마도 그 때문에
속이 상해 열이 나 누워 있는 것이겠지.
그는 그런 사람이니까. 285
자, 친구여, 일어나시오. 그렇게 애태우지 말고,
속상해하지 말고. 오늘은 트라케⁵¹를 배신한 자들 중
한 명인 살찐 자가 재판받으러 오니,
그자의 장례를 치러주도록 합시다.

(기다려도 인기척이 없자)
가자! 얘야, 가자! 290

(좌)

소년 아버지, 제가 뭘 달라면
주시겠어요?

46　건조해서 곡식이 잘 익으니까.
47　소가 성이 나서 떠받으려는 듯.
48　안 될 짓을 한다는 뜻이다.
49　피고인은 아테나이인이 아니었던 것 같다.
50　기원전 440년 사모스가 아테나이에 반기를 들었을 때.
51　에게 해 북안 트라케 지방에는 아테나이의 식민시들이 있었다.

| 코로스장 | 주고말고. 얘야, 말해봐.
뭘 사주면 좋겠니?
내 생각엔 네가 공깃돌이라고   295
말할 것 같다만, 얘야.
| 소년 | 아녜요, 아버지. 마른 무화과예요.
그게 더 좋아요.
| 코로스장 | 그건 안 돼.
너희들이 목매달아 죽는다 해도.
| 소년 | 그렇다면 더 이상 길라잡이 노릇을 하지 않을래요.
| 코로스장 | 난 쥐꼬리만 한 일당[52]으로 세 식구를 위해   300
빵과 땔나무와 고기를 사야 한단 말이야.
그런데 네가 무화과를 요구해!

(우)

| 소년 | 하지만 아버지, 오늘
아르콘이 법정을
열지 않는다면, 끼니는   305
어떻게 때우죠? 무슨 수가
있죠? 아니면 헬레의 신성한
해협[53]에서 수를 찾나요?
| 코로스장 | 아아, 괴롭다! 괴로워!
사실은 나도 몰라, 우리 둘이   310
어떻게 끼니를 때워야 할지.
| 소년 | 딱하신 어머니, 왜 저를 낳으셨죠?
| 코로스장 | 너를 부양하는 고통을 내게 주기 위해서지.
| 소년 | 내 돈주머니야, 그렇다면 넌 쓸모없는

장식품에 불과하구나! 아아, 슬프도다! 315
이제 우리 둘은 통곡해야겠네요.

(소년이 길을 안내하려는데 필로클레온이 위쪽 창가에 나타나 노래한다)

필로클레온 친구들이여, 이 작은 틈새로 317a
그대들 말소리를 듣고 아까부터 317b
나는 애간장이 타고 있소. 318a
하지만 난 노래도 할 수 318b
없으니, 이 일을 어떡하지요? 319a
나는 저들에 의해 구금되어 있소. 319b
내가 오래전부터 자네들과 함께 320
법정으로 가서 누군가를
해코지하길 원한다고 말일세.
크게 천둥을 치시는 제우스이시여!

저를 당장 연기나,
프로크세니데스[54]나, 허풍선이나, 325
거짓말쟁이 포도덩굴로 변신시키소서!
오오, 제우스 왕이시여, 제게 자비를
베푸시고 제 고통을 불쌍히 여기소서.

52 당시 배심원으로 봉사하는 자들은 3오볼로스의 일당을 받았다.
53 '수'라고 번역한 poros에는 '수단' '방법'이라는 뜻 말고도 '물길' '해협'이라는 뜻도 있어 시인은 여기서 무의미하게 『핀다로스』 단편 189에 나오는 시구를 인용하고 있다. '헬레의 해협'이란 지금의 다르다넬스 해협을 가리킨다.
54 가공의 허풍선이. 『새』 1126행 참조.

벌 203

아니면 저를 당장 발갛게 단 벼락으로
태워 없애소서. 그런 다음 저의 재를 훅 330
부시어 식초 소스에 잠기게 하시거나,
배심원들이 투표할 때 그 위에서
표를 세는 돌이 되게 해주소서!

(좌)

코로스 대체 누가 그대를 집 안에 가둬두고 있단
 말이오? 우리는 친구지간이니 말해보시오! 335

필로클레온 내 아들이오. 소리 지르지들 마시오. 그 애는 지금
 집 앞에서 자고 있소. 목소리를 낮추시오.

코로스 이 딱한 친구여, 무슨 핑계로 그가
 그대에게 이런 짓을 한 거요? 이유가 뭐래요?

필로클레온 그 앤 내가 법정에 가거나 남에게 해코지하기를 원치 않아요. 340
 그리고 나를 위해 잔치를 베풀어주겠대요. 나는 바라지 않는데.

코로스 그 고약한 데몰로고클레온[55]이라는 녀석이 342
 감히 그런 수작을 부리는 것은
 그대가 해군에 관해 343
 진실을 말했기 때문이오.[56]
 그런 음모를 꾸미지 않았다면 344
 감히 그런 말을
 하지 못했을 테니까요. 345

코로스장 상황이 이러하니 지금은 그대가 아들 몰래
 이리로 내려올 새로운 꾀를 낼 때요.

필로클레온 그게 뭘까? 그대들이 내주시오. 나는 무슨 짓이든 하겠소.

	그만큼 나는 손에 투표석을 쥐고 법정의 게시판을 따라 돌고 싶소.	
코로스장	안에서 열어젖힐 수 있는 틈새가 있다면, 꾀 많은	350
	오뒷세우스처럼 넝마로 변장하고 빠져나올 수 있지 않을까요?[57]	
필로클레온	모든 게 꽉 막혀 모기 빠져나갈 구멍도 없다오. 다른 꾀를	
	생각해주시오. 치즈가 되기 전의 유장(乳漿)으로 변할 수야 없잖소.	
코로스장	전에 그대가 군인이었을 때 쇠꼬챙이들을 훔쳐 성벽 꼭대기에서	
	뛰어내리던 일 생각나시오? 낙소스가 함락될 때 말이오.[58]	355
필로클레온	알지요. 그게 어쨌단 말이오? 상황이 그때와는	
	딴판인데. 그때는 젊어서 도둑질도 할 수 있었고,	
	한창때였으며, 나를 감시하는 사람이 아무도 없어서	
	벌 받지 않고 도망칠 수 있었지요.	
	그러나 지금은 무장한 자들이 무기를 갖고	360
	대오를 갖춘 채 출구마다 지키고 있소.	
	그들 중 두 명은 꼬챙이로 무장한 채 문간에 누워,	
	내가 마치 고기를 훔친 족제비인 양	

55 Demologokleon. Bdelykleon이라는 이름의 앞부분을 demologos('민중 연설가'라는 뜻으로 정치가를 경멸해서 이르는 말)로 대치한 것으로, 브델뤼클레온을 모욕하는 말이다.
56 전함을 의장하는 것은 부자들이 부담했는데, 코로스는 이런 민주적인 제도를 브델뤼클레온이 철폐하려는 의도를 품은 것으로 보고 있다.
57 오뒷세우스는 트로이아 전쟁 때 거지로 변장하고 혼자서 첩자로 트로이아 성에 들어간 적도 있고(『오뒷세이아』 4권 242~258행 참조), 트로이아를 수호해준다는 아테나 여신의 신상 팔라디온(Palladion)을 훔쳐내려고 디오메데스(Diomedes)와 함께 지하 통로 또는 하수구를 통해 트로이아 성에 잠입한 적도 있다(소포클레스, 단편 367과 베르길리우스, 『아이네이스』 2권 166행 참조).
58 기원전 470년경.

나를 감시하고 있단 말이오.

(우)

코로스 하지만 지금도 그대는 되도록 빨리 365
꾀를 내야 하오. 동이 트고 있소, 내 작은 꿀벌이여!

필로클레온 그렇다면 그물을 물어뜯고 나가는 게 상책이겠네요.
딕튄나[59]께서는 내가 그물 망치는 것을 용서해주시기를!

코로스 스스로 역경을 헤쳐나가는 사람이 할 만한 말이로군요.
자, 턱을 갖다 대고 물어뜯으시오! 370

(필로클레온이 그물을 물어뜯자 곧 커다란 구멍이 난다)

필로클레온 이봐요, 물어뜯으니까 구멍이 났소. 절대 소리 지르지 마시오!
브델뤼클레온이 눈치채지 못하게 해야 하니까.

코로스 이봐요, 조금도 걱정 말고 안심하시오.
그가 입만 벙긋해도 심장을 깨물고[60]
자신의 목숨을 위해
사투를 벌이게 해줄 테니까. 375
그러면 그도 알게 되겠지요,
두 분 여신[61]의 신성한 결정을
발로 짓밟아서는 안 된다는 것을.

(위 노래를 부르는 사이 필로클레온이 밧줄을 찾아내 코로스에게 들어 보인다)

코로스장 이제 밧줄을 고정한 다음 그대 몸에 친친 감고 나서 창문을
통해 내려오시오. 그대의 심장을 디오페이테스[62]로 가득 채우며. 380

필로클레온 *(밧줄로 내려갈 준비를 하며)*
좋아요. 하지만 저 둘이 눈치채고 나를 비비 꼬아
집 안으로 끌어당기면, 어쩔 셈이오? 말해보시오!

| 코로스장 | 우리 모두 참나무처럼 굳건한 기개를 발휘하여 그대를 지켜주겠소.
그대를 집 안에 붙들어두지 못하도록. 암, 그렇게 하고말고.
| 필로클레온 | 그럼 내 그대들을 믿고 모험을 해보겠소. 그리고 명심해두었다가, 385
내가 변을 당하면 나를 들어올려 곡하고 법정의 난간 아래 묻어주시오.
| 코로스장 | 그대에게 아무 일도 없을 것이오. 조금도 걱정 마시오. 친구여,
조상들이 모시던 신들께 기도하고 자신감을 갖고 내려오시오.
| 필로클레온 | *(기도한다)*

영웅 뤼코스⁶³여, 그대는 내 이웃이십니다. 그대도 나처럼
날마다 피고인들의 눈물과 비탄을 듣고 좋아하시니까요. 390
적어도 그대는 그들의 비탄을 듣고자 오셔서 그곳에 거처를
정하셨고, 울부짖는 자 곁에 자리 잡으신 유일한 영웅이십니다.
오오, 그대 가까이 사는 저를 불쌍히 여기시고 구해주소서. 앞으로
저는 그대의 사당 울타리에 오줌을 누거나 방귀를 뀌지 않겠나이다.

(그가 창문에서 밧줄을 타고 내려오려는 순간 브델뤼클레온이 일어나

아직도 자고 있는 크산티아스의 어깨를 흔든다)

| 브델뤼클레온 | 이봐, 일어나!
| 크산티아스 | *(잠에서 깨어나며)*

59 크레테의 사냥의 여신으로 흔히 아르테미스와 동일시되곤 한다. 사냥 그물은 그녀의 소관이다.
60 '몹시 괴로워'라는 뜻이다.
61 데메테르와 페르세포네. 아테나이 민중의 결정을 무효화하려는 자의 행위는 엘레우시스에서 열리는 이들 두 여신의 비의를 공격하는 것만큼이나 신성을 모독하는 짓이라는 뜻이다.
62 아테나이의 그리 저명하지 않은 정치가. 그가 언급되는 까닭은 그의 이름이 '제우스에 대한 신뢰'라는 뜻이기 때문이다. '심장을 디오페이테스로 가득 채운다'는 것은 '하늘을 믿고'라는 뜻이다.
63 여기 나오는 뤼코스에 관해서는 확실히 알려진 바 없으나, 법정 옆에 그의 사당이 있었던 것 같다.

	왜 그러세요?	
브델뤼클레온	주위에서 목소리 같은 게 들리는 것 같아.	395
	영감님이 또 어떻게든 빠져나가시려고 그러는 것 아니야?	
크산티아스	설마…? 하지만 그분께서 밧줄에 묶여 내려오고 계시네요.	
브델뤼클레온	*(필로클레온에게)*	

점잖지 못하게 이게 무슨 짓이에요? 내려오시면 안 돼요.

(크산티아스에게) 다른 통로로 올라가 문 위에 걸어둔

잎 달린 나뭇가지로 쳐라! 매를 맞으면 물러가시겠지.

(크산티아스가 잎 달린 나뭇가지를 내려 갖고 집 밖으로 해서 올라간 뒤 필로클레온 옆에

이르자 그를 후려치기 시작한다. 브델뤼클레온은 집 안으로 들어가 창가에 이르러서는

밧줄에 묶인 필로클레온을 잡아당기기 시작한다)

필로클레온	*(허우적거리며)*	
	날 도와주시오. 올해 기소(起訴)하려는 자는 누구나 다.	400
	스뮈퀴티온도, 테이시아데스도, 크레몬도, 페레데이프노스[64]도.	
	저들이 나를 더 끌어들이기 전에 지금 도와달란 말이오.	

(코로스가 다음 노래를 부르는 동안 필로클레온은 크산티아스를 물리쳐 땅에 떨어뜨리지만,

브델뤼클레온에 의해 창문 안으로 끌려들어가는 것을 막지는 못한다)

코로스	말해보시오. 누가 우리 벌집을 건드리면 느끼게 되는	
	무서운 분노를 왜 폭발시키지 않는 거요?	

(코로스 대원들이 외투를 벗자, 허리가 잘록한 검고 누런 옷을 입고

엉덩이에 침이 나 있는 것이 보인다)

	이제 드디어 우리가	405
	벌쏠 때 쓰는 날카로운 침이	
	빳빳이 일어섰도다.	
	얘들아, 되도록 속히 우리 외투를	

치우고 달려가 큰 소리로
클레온에게 이 사실을 알리되, 410
우리더러 재판하지 말라는
논리를 도입했으니 죽어 마땅한
반(反)국가적 위인과 맞서기 위해
이리로 오시란다고 전하도록 하라.

(그들이 외투를 벗어 던지자 소년들이 받아 달려간다.
브델뤼클레온이 아버지를 단단히 붙들고 대문 밖으로 나온다)

브델뤼클레온   여러분, 그렇게 호통치지 마시고 사건의 전말을 들어보세요. 415
코로스장   제우스에 맹세코, 우리는 저 하늘에 닿도록 호통칠 거야.
브델뤼클레온   난 이분을 절대로 내보내지 않을 거요.
코로스   이건 심하지 않은가? 공공연한 독재 아닌가?
오오, 도시여! 신에게 미움받는 테오로스여!
우리들 민중의 이익을 옹호하는 다른 아첨꾼이여!

크산티아스   *(제정신이 돌아온 크산티아스의 눈에 노배심원들이 벌로 변신한 것으로 보인다)*
맙소사! 저들에게 진짜로 침이 있어요. 안 보이세요, 나리? 420
브델뤼클레온   법정에서 고르기아스의 제자 필립포스[65]를 죽였던 그 침들이지.
코로스장   자네도 죽게 될걸세. *(동료들에게)* 자, 모두들 이렇게
돌아서서 침을 뻗어 질서정연하게 밀집대형을 이루고
용감무쌍하게 저자를 공격하시오. 그래야 그가
어떤 종류의 무리를 분기(奮起)시켰는지 잘 알게 될 테니까. 425

64   Smikythion, Teisiades, Chremon, Pheredeipnos. 이들은 실재했던 인물들의 이름이 아니라 몇몇 검사들의 이름을 짜깁기해서 만든 가공의 이름이라고 한다.

65   시칠리아 레온티노이 시 출신의 소피스트. 수사학 교사로 이름을 날렸다. 필립포스는 그의 제자 중 한 명이었던 것 같다. 『새』 1694~1705행 참조.

(코로스가 밀집대형을 이루고 공격 준비를 한다)

크산티아스 우리가 싸워야 한다면 정말 끔찍한 일이겠네요.

저들의 침을 보니 저는 겁나고 무서워요.

코로스 *(브델뤼클레온에게)*

이제 그분을 놓아주게. 그러지 않으면 내 장담하건대,

자네는 거북딱지가 부럽다고 말하게 될걸세.

필로클레온 *(여전히 붙잡힌 채)*

자, 내 동료 배심원들이여, 인정사정없는 벌 떼여, 덤비시오. 430

더러는 약이 올라 이들의 엉덩이 쪽으로 날아오고,

더러는 이들의 손가락과 눈 주위를 마구 찌르시오.

브델뤼클레온 *(집 안에 대고 소리 지른다)*

미다스, 프뤽스, 이리 와서 도와줘! 마쉰티아스도!

(세 노예가 집 안에서 달려 나온다)

어느 누구에게도 가지 못하게 이분을 붙들고 있어! 안 그러면

너희들은 튼튼한 족쇄를 차고 굶어 죽게 될 거야. 겁내지 마! 난 435

무화과 나뭇잎이 불 속에서 탁탁 소리 내는 것[66]을 누차 들어봤어.

(브델뤼클레온과 크산티아스가 집 안으로 들어가자, 노예들 중 두 명은 필로클레온을

붙들고 있고 한 명은 엄호한다)

코로스장 *(필로클레온을 지키고 있는 자들 중 한 명에게)*

이분을 놓아주지 않으면 여기 이 침을 네 몸 속에 박을 테다.

(그러나 노예는 꿈쩍 않는다)

필로클레온 *(벗어나려고 몸부림치며)*

오오, 케크롭스[67]여! 아랫도리가 뱀이었던 영웅이시여,

내가 그토록 많은 눈물을 흘리게 했던 이들 야만족에게 붙들려

이렇게 학대받는 것이 보이지도 않으시나이까? 440

코로스장	노년은 잔인한 고통으로 가득 차 있는 게 아닐까요?
	분명해! 지금 저 두 명은 늙은 주인에게 폭력을 행사하고 있어.
	주인이 그들에게 가죽 저고리와 작업복을 사준 것이며
	지난 은공은 모두 잊어버리고 말이야. 주인은 또
	그들에게 모자도 사주고, 겨울에는 발이 얼지 않도록 445
	매번 보살펴주곤 했지. 하지만 저들은 지난날
	신발 사준 것도 잊어버리고 얼굴에 미안해하는 빛도 없다니까.
필로클레온	*(자신을 붙들고 있는 노예들 중 한 명에게)*
	지금이라도 나를 놓아주지 못해, 이 가장 사악한 짐승아?
	기억 안 나? 네가 포도송이를 훔치다가 나한테 들킨 일 말이야.
	그때 나는 너를 올리브나무로 데려가 묶어두고는 제대로 두들겨 450
	패줬지, 남이 너를 부러워할 만큼. 넌 정말 배은망덕하구나.
	어서 나를 놓아라. 너도. 너도. 내 아들이 뛰쳐나오기 전에.
코로스장	너희 둘은 이런 짓을 한 대가를 곧 톡톡히 치르게 되리라.
	머지않아 말이야. 그때는 성마르고 정직하고 매섭게
	노려보는 우리가 어떤 사람들인지 맛보게 되리라. 455
	(브델뤼클레온과 크산티아스가 집 밖으로 나온다. 크산티아스는 지팡이를 들고 있고 브델뤼클레온은 지팡이와 양봉가의 연기 단지를 들고 있다. 그 순간 코로스는 필로클레온을 구하려고 노예들을 공격하기 시작한다.)
브델뤼클레온	쳐라, 크산티아스! 벌 떼를 집 밖으로 쳐내란 말이야.
크산티아스	*(지팡이로 쳐내며)*
	그렇게 하고 있어요.
브델뤼클레온	*(두 손이 자유로워진 노예에게 연기 단지를 넘겨주며)*

---

66 허풍을 쳐 겁주는 것.
67 아테나이의 전설적인 왕.

	너도 저들에게 짙은 연기를 불어대!
크산티아스	*(덤버드는 코로스에게)*
	후여! 안 갈 거요? 저승에나 가시오! 꺼지지 못해요?
브델뤼클레온	지팡이로 저들을 쳐라! *(연기 단지를 가진 노예에게)* 너는
	연기가 잘 나게 허풍선이의 아들 아이스키네스⁶⁸를 섞어 넣어라.
	(코로스가 내려치는 지팡이와 매운 연기에 마지못해 물러난다)
	그래, 결국에는 우리가 그대들을 몰아내게 될 줄 알았지. 460
필로클레온	하지만 너희들은 저들에게서 쉽게 벗어나지 못했을걸.
	저들이 필로클레스⁶⁹의 선율을 들이마셨더라면 말이야.
코로스	가난한 자들은 모두 알고 있지,
	독재가 몰래 기어들어와
	나를 움켜쥐려 한다는 것을. 465
	장발⁷⁰의 아뮈니아스⁷¹와도 같은
	악당 중의 악당인 자네가
	법이 우리에게 인정한 배심원의 권리를
	박탈하려 하니 말이야. 독재자처럼
	아무런 핑계도 그럴듯한 변명도 없이. 470
브델뤼클레온	이렇게 싸우거나 비명을 지르지 않고 우리가
	서로 토의를 거쳐 합의에 이를 무슨 방법이라도 있나요?
코로스	뭐? 민중의 적이요, 독재정치의 친구이며,
	브라시다스⁷²의 공범이자, 모직 술 장식을 단
	외투를 입고 다니고, 수염을 475
	길게 기르는 자네와 토의를 한다고?
브델뤼클레온	정말이지, 날마다 이렇게 실랑이질을 하느니
	나로서는 차라리 아버지와 의절하는 편이 낫겠소.
코로스장	지금까지 자네가 당한 것은 새 발의 피야. 480

	말하자면 그건 시작에 불과해. 어디 두고 봐!	
	검사가 법정에서 같은 죄명으로 자네를 기소하며	
	증언하도록 자네 공범들을 법정에 소환할 테니.	
브델뤼클레온	맙소사! 고이 물러가시오. 아니면 내 당신들과	
	온종일 뜯고 뜯길 각오가 되어 있소이다.	485
코로스	내 몸에 피가 한 방울이라도 남아 있는 한 물러가지 않겠네.	
	자네는 분명 독재자로 우리 위에 군림하려 해.	
브델뤼클레온	큰일이든 작은 일이든 누가 비판하려 들면,	
	당신들에게는 모든 게 '독재'고 '음모'로군요.	
	지난 50년 동안 나는 '독재'라는 말을 들어보지	490
	못했는데, 이제는 물고기 자반보다 더 흔하군요.	
	그래서 '독재'라는 말은 장바닥에도 나돌고 있어요.	
	누가 농어를 사고 정어리를 사려 하지 않으면	
	이웃에서 정어리를 파는 자가 당장 말하지요.	
	"이 양반의 부엌에서는 '독재' 냄새가 날걸."	495

68 아이스키네스는 1220, 1243~1248행에서도 언급되고 있고, 『새』 823행에서도 무일푼이면서 부자라고 허풍 떠는 자로 나온다.

69 필로클레스는 아이스퀼로스의 조카로 소포클레스의 『오이디푸스 왕』을 누르고 경연에서 우승한 적도 있지만, 그의 노래들은 쓰디쓰기로 유명했다고 한다. 여기서 필로클레온이 말하고자 하는 바는 만일 동료 배심원들이 프뤼니코스의 감미로운 노래 대신 필로클레스의 쓰디쓴 노래를 먹고 자랐다면 더 강인해져서 쉽게 물리칠 수 없었을 것이라는 뜻이다.

70 장발(長髮)은 아테나이인들에게 부와 교만의 상징이자(『기사』 580행, 『구름』 545행 참조), 반민주적·친스파르테적인 상징이기도 했다(『새』 1282행 참조).

71 74행 참조.

72 펠로폰네소스 전쟁 때 스파르테의 호전적인 장군. 특히 트라케 지방에서 아테나이인들에게 큰 타격을 주었다.

	또 누군가 절어리를 좀 산 사람이 양념으로 곁들이려고 양파를	
	얹어달라면, 채소 장수 아줌마가 한눈으로 흘겨보며 말하죠.	
	"말해봐요. 독재가가 되려고 양파를 달라는 거죠? 아니면	
	아테나이가 당신에게 양념을 조공으로 바쳐야 한다고 생각하나요?"	
크산티아스	저도 어제 한낮에 매춘부를 찾아갔다가 그런 일을 당했다니까요.	500
	내가 그녀더러 올라타라고 하자, 그녀가 화를 버럭 내며	
	힙피아스⁷³를 독재자로 복귀시키려는 거냐고 그러더라고요.	
브델뤼클레온	그게 바로 이 사람들이 듣기 좋아하는 말이지.	
	나로 말하면 아버지께서 꼭두새벽에 외출해	
	남을 모함하고 고소하는 대신 모뤼코스⁷⁴처럼	505
	점잖게 사시기를 바랄 뿐인데, 그런다고 나를	
	음모꾼이니 독재자가 되려 한다느니 욕하지 뭐야.	
필로클레온	암, 너는 그래 싸. 난 지금의 이 생활을 포기하지 않아.	
	네가 내게 남은 생애 동안 새 젖⁷⁵을 먹여준대도.	
	난 네가 홍어나 장어를 준대도 반갑지 않아. 뭉근한 불로	510
	냄비에 조린 조촐한 소송(訴訟)이 내겐 더 맛있단 말이야.	
브델뤼클레온	그야 그런 것들에 맛을 붙이셨으니까 그렇죠.	
	그러나 잠자코 제 말에 귀를 기울이시면, 아버지께서	
	완전히 잘못 이해하고 계셨음을 알게 되실 거예요.	
필로클레온	내가 배심원이 된 게 잘못이라고?	
브델뤼클레온	어디 그뿐인 줄 아세요.	515
	아버지는 아버지께서 존경하시는 자들⁷⁶의 놀림감이세요.	
	그자들의 종이시면서 그걸 모르고 계세요.	
필로클레온	종이라는 말 집어치워! 난 만인을 지배한단 말이야.	
브델뤼클레온	천만의 말씀! 아버지께서는 자신이 지배자라고 생각하시지만	
	사실은 종이에요. 자, 아버지, 설명해보세요. 헬라스의	520

필로클레온	도시들에서 조공을 거둬들여 아버지께서 얻는 소득이 뭐죠?
필로클레온	많지. 그리고 난 이분들을 이 문제의 재판관으로 임명하고 싶어.
브델뤼클레온	좋아요. 그러세요. *(노예들에게)* 놓아드려라!
필로클레온	*(집 안으로 들어가는 네 명의 노예들에게)* 칼 가져와!

(브델뤼클레온에게) 내가 이 토론에서 지면 칼 위에 쓰러져 죽지!
|브델뤼클레온| 말씀해보세요. 중재재판관들의 판결을 받아들이실 건지!
|필로클레온| 받아들이지 않으면 착한 정령[77]께 부어드리는 술잔에서 마시지 않으마. 525

(노예 한 명이 칼을 가져오더니 필로클레온의 손에 쥐여주고 집 안으로 들어간다)

(좌)
코로스	우리 학파 출신인 그대여,
	이제야말로 뭔가 기발한 발언을
	할 때요. 그래야 남이 보기에 그대는….
브델뤼클레온	*(집 안에다 대고)*

누가 당장 내 상자를 내오너라. *(코로스장에게)* 아버지께서는

어떤 사람으로 보이실까요? 당신들의 조언을 받아들이신다면. 530
|코로스| …여기 이 젊은이보다

더 유능한 연사(演士)로 보일 테지.

73 페이시스트라토스의 아들. 기원전 528/7~510년에 아테나이의 참주였던 그는 아우가 암살당하자 마지막 4년 동안 가혹하게 통치한 것으로 알려져 있다.
74 이름난 미식가. 『아카르나이 구역민들』 887행, 『평화』 1008행 참조.
75 극도의 호사. 『새』 734, 1673행 참조.
76 민중선동가들.
77 식사 후 본격적인 연회에 들어가기 전 헌주 삼배를 하는데, 첫 잔은 착한 정령(agathos daimon)에게 부어 올렸다. '착한 정령께 부어드리는 술잔에서 마시지 않는다'는 것은 저녁 연회에 참석하지 않겠다는 뜻이다.

그대도 보다시피, 모든 게 걸려 있는
심각한 문제가 제기되었기 때문이오.
그런 일이 없어야겠지만, 만약 이 젊은이가   535
그대를 이기게 된다면….

(노예 한 명이 상자를 내오자, 브델뤼클레온이 서판과 철필을 꺼내더니 앉아서
기록할 준비를 한다. 노예가 상자를 도로 가져간다)

브델뤼클레온 난 아버지께서 하시는 말씀을 빠짐없이 기록해둘 거예요.

필로클레온 (코로스에게)

만일 저 애가 토론에서 나를 이기면 그대들은 뭐라 할 참이오?

코로스 늙은이들은 이제 아무 짝에도   540
쓸모없다고 말하겠네. 그리고 우리는
길거리에서 두고두고 웃음거리가 되고,
어린 올리브 가지의 운반자[78]
또는 법정의 쓰레기라 불리게 되겠지요.   545

코로스장 (필로클레온에게)

그러니 그대는 지금 우리의 권리와 주권을 지키기 위해
논쟁하는 만큼 용기를 내고, 말재주를 다 부리도록 하시오.

필로클레온 그러지요. 처음부터 곧장 나는 우리의 권한이 어떤 왕권
못지않다는 것을 증명해 보이겠어. 비록 늙어가기는
하지만 배심원보다 더 행복하고, 더 부럽고, 더 즐겁고,   550
더 두려운 존재가 세상에 또 있을까? 우선, 내가 아침에
침상에서 나오자마자 육 척 장신의 세도가들이 법정의 난간에서
나를 기다리고 있다가 내가 멀리서 다가가면 공금을 횡령한
그 부드러운 손을 나에게 내밀며, 머리를 푹 숙이고는 처량한
목소리로 애원하지. "영감님, 부디 저를 불쌍히 여기십시오.   555

전에 공직에 계실 때나, 부대에서 회식을 위해 식료품을 구매할 때
거스름돈을 떼먹은 적이 있으시다면." 전에도 무죄 석방되도록
내가 도와주지 않았더라면, 그는 내가 존재한다는 것도 몰랐겠지.

브델뤼클레온 '탄원자들'이라는 첫 번째 요점을 기록해두지요.

(기록한다)

필로클레온 그러면 나는 탄원에 마음이 누그러져 법정으로 들어가지만,　　560
일단 법정에 들어서면 약속했던 것을 까맣게 잊어버리지.
하지만 피고인들이 하는 말에 일일이 귀를 기울이기는 하지.
무죄 석방되려고 그들은 온갖 감언이설을 늘어놓는데,
그들 중 더러는 자신의 가난을 탄식하고 어려운 처지를
과장하지, 그들의 처지가 내 처지와 같아질 때까지.　　565
어떤 자들은 일화나 아이소포스[79]의 우화를 들려주는가 하면,
또 더러는 내가 웃다가 노여움이 가라앉을까 싶어 농담을 하지.
그래도 우리가 설득당하지 않으면, 그들은 즉시 자식들을,
딸들과 아들들의 손을 잡고 끌고 나오지. 내가 듣는 앞에서
아이들이 부복하여 한꺼번에 울어대면, 애들의 아버지는 내가　　570
무슨 신인 양 부들부들 떨며 애들을 봐서라도 회계감사에서
무죄를 선고해달라고 애원하지. "새끼 숫양의 목소리가 좋으시다면
내 아들들을 불쌍히 여기시고, 새끼 암퇘지의 목소리가 좋으시다면
딸들의 목소리에 귀를 기울이소서." 그러면 우리는 노여움을 조금은
누그러뜨리지. 권세가 이렇듯 막강하니 우리는 부(富)도 무시할 수 있어.　　575

---

[78] 판아테나이아 제 때 잘생긴 노인들은 어린 올리브 가지를 들고 행렬에 참가했는데, 여기에서는 '올리브 가지나 들고 따라다니는 별 볼 일 없는 늙은이들'이라는 뜻으로 노인들을 폄하하는 말이다.

[79] 우화작가 이솝의 그리스어 이름.

브델뤼클레온 '부의 무시'라는 두 번째 요점도 기록해두지요. 아까 헬라스를
지배한다고 하셨는데,[80] 그래서 얻는 게 무엇인지 말씀해주시겠어요?

필로클레온 우리는 젊은이들이 자기 구역에 시민으로 등록될 나이[81]가 되면
신체의 은밀한 곳을 검사할 권한이 있지. 그리고 오이아그로스[82]가
피고인으로 법정에 출두하면, 『니오베』[83]의 명구(名句)를 읊기 전엔   580
나가지 못해. 그리고 피리 연주자가 승소하면 그 보답으로
우리들 배심원이 법정을 나설 때 피리 끈을 턱에다 고정하고
근사하게 한 곡 불어주지. 그리고 어떤 아버지가 임종 때 유일한
상속자인 딸에게 남편을 정해주면, 우리는 그의 유언이나
날인이 훼손되지 않게 보호해주는 조가비 따위는 아랑곳하지 않고,   585
그 소녀를 그럴듯하게 우리를 설득할 줄 아는 남자에게 줘버리지.
그래도 우리는 책임지지 않으니, 세상에 이런 특권이 어디 있어!

브델뤼클레온 *(또 기록을 하며)*
정말 대단한 특권이네요. 말씀대로라면 축하드려요. 하지만
유언을 무시한다는 건 분명 상속녀에게 못할 짓을 하시는 거예요.

필로클레온 그리고 평의회나 민회가 주요 안건을 결정하기 어려울 때는,   590
법령에 따라 범인들을 배심원들에게 회부하도록 돼 있지.
그러면 에우아틀로스[84]나 방패를 던지고 도주한 뚱뚱보
콜라코뉘모스[85]는 우리를 배신하지 않고 민중을 위해 싸우겠다고
맹세하지. 그리고 단 한 건만 심리하고 나서 법정을 폐정하자고[86]
제안하지 않고서는 어떤 연사도 의회에 안건을 제출하지 못해.   595
꽥꽥 고함을 질러대는 클레온조차도 우리만은 물어뜯지 못해.
그는 우리를 지켜주고, 가슴에 껴안아주며, 파리들을 쫓아주지.
하지만 넌 이 아비를 위해 그런 짓을 한 적이 한 번도 없어.
그런데 에우페미오스[87] 못지않은 요인인 테오로스는 단지에서
역청을 들어내 해면으로 우리 구두를 새까맣게 닦아주곤 하지.   600

|브델뤼클레온| 바로 이런 종류의 축복을 너는 내게서 봉쇄하고 빼앗으려는 거야.
이게 과연 네 말처럼 종노릇이고 복종이란 말인가!

|브델뤼클레온| 실컷 떠드세요. 하지만 언젠가는 그만두어야 하며, 그때는 아버지의
그 알량한 특권이 아무리 닦아도 깨끗해지지 않는 항문과
같다는 것을 알게 될 거예요.

|필로클레온| 참, 내가 깜박 잊었는데, 그중에서도 가장 즐거운 일은   605
일당을 타 가지고 집으로 돌아올 때야. 내가 도착하면 모두들
나를 반기니까. 돈 때문에. 맨 먼저 딸이 나를 씻어주고 내 발에
기름을 발라주며 내게 입 맞추려고 고개를 숙이지. 그리고
"아빠, 아빠" 부르며 혓바닥으로 내 3오볼로스를 낚으려고 하지.
그러면 마누라가 케이크를 들고 와 내 옆에 앉아 먹어보라고   610
강요하며 내게 아양을 떨지. "영감, 이것 좀 드셔보세요!"
나는 그런 것들이 다 좋단 말이야. 그리고 나는 너와 네 집사의
눈치를 볼 필요가 없어. 언제 와서 내내 욕설을 하고 구시렁거리며
점심을 차려줄까 하고 말야. 녀석이 빨리 점심을 차려주지 않으면,
내게는 내 일당이 모든 고통을 막아줄 방패가 되어준단 말이야.   615

---

80 헬라스의 누구보다도 권한이 막강하다고 하셨는데.
81 7~8세.
82 오이아그로스(Oiagros)는 비극배우였던 것 같다.
83 아이스퀼로스의 작품을 말하는지 소포클레스의 작품을 말하는지 알 수 없다.
84 당시 악명 높은 검사.
85 콜라코뉘모스(Kolakonymos)는 '아첨꾼 뉘모스'라는 뜻으로, 클레오뉘모
     스(19행 참조)를 조롱해 붙인 별명이다.
86 배심원들은 하루에 대개 네 건 이상의 사건을 심리하고 3오볼로스의 일당
     을 받았는데, 하루에 한 건만 심리하고 같은 일당을 받는다는 것은 일종의
     특혜라 할 수 있다.
87 에우페미오스(Euphemios)는 악명 높은 식객이나 범죄꾼이었던 것 같다.

벌 219

그리고 네가 내게 포도주를 따라주지 않으면, *(귀가 긴 작은 술병을
꺼내 보이며)* 나는 포도주가 가득 든 이런 '당나귀'를 들여오지.
그러면 그것이 주둥이를 열고 큰 소리로 울며 가득 차지 않은
쩨쩨한 네 술잔에다 대고 요란하게 방귀를 뀌지.[88]

(더욱더 기고만장하여) 권력으로 말하자면, 나는 신들의 왕   620
제우스 못지않아. 나와 제우스에 관해 사람들은
같은 말을 하니까 말이야. 이를테면 우리의 모임이 시끄러워지면,
지나가는 사람들은 말하지.
"법정에서 웬 천둥소리지? 제우스 왕이시여!"
그리고 내가 벼락을 치면,[89] 부자들과 귀족들은   625
모두 내가 두려워 초주검이 된 채
입은 옷에다 똥을 싸지.
그리고 너도 나를 몹시 두려워하고 있어.
데메테르 여신에 맹세코, 너는 날 두려워해.
그러나 내가 널 두려워한다면, 난 죽어도 좋아.   630

(우)

코로스   이렇게 명료하고
이로(理路)가 정연한 연설은
들어본 적이 없소이다.

필로클레온   그는 내가 기권할 줄 알았던가 봐. 내 웅변 실력을
알았다면 내게 도전하지 않았을 테니까.   635

코로스   그는 하나도 빠짐없이 다
말했소. 그래서 나는 그의 말을
듣는 동안 더 커진 느낌이고,
축복받은 자들의 섬[90]에서

	재판하는 기분이오. 그만큼 나는	640
	그의 말에 매료되었소이다.	
필로클레온	그가 정신을 잃고 안절부절못하는 꼴 좀 보시오.	
	(브델뤼클레온에게) 내 오늘 중으로 네가 매 맞은 상을 짓게 해주겠다.	
코로스	*(브델뤼클레온에게)*	
	자네는 빠져나가기 위해	
	온갖 재주를 다 부려야 하리라.	645
	내 마음에 들지 않게	
	말하는 자에게는	
	내 노여움을 누그러뜨리기가	
	쉽지 않을 테니까.	
코로스장	자네가 할 말이라고는 횡설수설밖에 없다면, 내 노여움을	
	갈아버릴 갓 깎은 좋은 맷돌을 구입할 때가 된 것 같은데.	
브델뤼클레온	이 도시의 고질병을 치유하는 것은 어려운 과제이며,	650
	희극의 수준을 넘어서는 지성이 필요하겠지요.	
	(하늘을 우러러)	
	그럼에도 불구하고 우리 아버지, 크로노스[91]의 아드님이시여….	
필로클레온	*(자기에게 말을 거는 줄 알고)*	
	이젠 아버지라고 부르지 마. 내가 어째서 종인지 당장 증명하지 못하면,	
	넌 내 손에 죽어. 내가 제물 잔치에 참석하지 못하는 한이 있더라도.	

---

88 술병에서 술이 콸콸 쏟아지는 소리.
89 노여운 눈빛을 띠면.
90 고대 그리스인들의 낙원.
91 크로노스는 제우스, 포세이돈, 하데스, 헤라 등의 아버지이다.

| 브델뤼클레온 | 그렇다면 인상 좀 그만 찌푸리시고, 제 말을 들어보세요, 아버지! 655
조약돌을 가져올 것도 없이 손가락으로 대충 계산해보세요,
동맹국들에서 들어오는 조공의 총액이 얼마인지. 그 밖에
각종 조세와 수많은 1퍼센트 세[92]와 법원 수수료와 광산, 시장,
항구, 공유지, 재산 몰수에서 들어오는 수입도 계산해보세요.
이것들을 다 합하면 2천 탈란톤 가까이 될 거예요. 660
이 금액 중에서 배심원들에게 해마다 수당을 지급해보세요.
이 도시에 배심원들이 6천 명을 넘은 적이 없으니까
배심원들에게 해마다 150탈란톤[93]이 일당으로 지급되는 셈이죠. |
필로클레온	아니, 우리 수당이 국가 세수의 10분의 1도 안 된단 말인가!
브델뤼클레온	그렇다니까요.
필로클레온	그렇다면 나머지 돈은 다 어디로 가지? 665
브델뤼클레온	나머지는 "나는 아테나이의 군중을 배신하지 않을 것이며, 언제나
대중을 위해 싸우겠소"라고 떠들어대는 자들에게로 가지요.
그리고 아버지께서는 감언이설에 속아 그자들을 자신의 지배자로
삼으셨어요. 그러자 그자들은 "내게 조공을 바치지 않으면
벼락을 던져 너희 도시를 없애버리겠다"고 접주고 위협하여 670
동맹국들에서 한 번에 50탈란톤씩 뇌물을 받아먹고 있어요,
아버지께서 그들의 권력의 부스러기를 갉아 먹으며 매우 만족해하시는
동안. 동맹국들은 아테나이의 서민들이 투표권에 의지해
겨우 연명한다는 것을 알고는 콘노스[94]의 투표석에 불과하다고
우습게 보는 반면, 그자들[95]에게는 물고기 자반 항아리, 포도주, 675
양탄자, 치즈, 꿀, 깨, 베개, 헌주 병, 고급 외투, 화관, 목걸이, 술잔,
그 밖에 부와 건강[96]을 가져다주는 온갖 것을 계속해서 갖다 바쳐요.
그러나 그들의 주인이신 아버지께서는, 육지와 바다에서의 수많은
노고에 대한 보답으로 생선국에 넣을 마늘 한 쪽도 주지 않아요.

필로클레온	그건 그래. 어제만 해도 에우카리데스[97]의 가게에서 세 쪽을 사오게	680
	했지. 하지만 내가 실제로 종이란 걸 증명해주지 않으니, 난 짜증이 나.	
브델뤼클레온	그자들과 그자들에게 아부하는 자들은 공직에 취임하여 고액의	
	월급을 타먹는데, 아버지께서는 실은 노 젓기와, 전투와 포위	
	공격을 통해 손수 힘들게 벌어들인 3오볼로스를 그자들한테서	
	받고 만족해하신다면, 이보다 더한 종노릇이 또 어디 있겠어요?	685
	설상가상으로 아버지께서는 명령에 따라 움직이세요. 그러나	
	가장 속상한 일은 카이레아스[98]의 아들 같은 젊은 미동(美童)이	
	집에 들어와 이렇게 두 다리를 벌린 채 요염하게 엉덩이를 흔들어대며	
	"개정 후에 나타나는 분은 3오볼로스를 받지 못할 테니, 내일 아침	
	제때에 도착하여 재판에 참석하시오"라고 아버지에게 말할 때예요.	690
	하지만 그자는 검사의 일당으로 1드라크메를 받아요. 늦게 도착해도.	
	만약 어떤 피고인이 뇌물을 바치면 그자는 직장 동료와 나눠 갖지요.	
	그러면 둘이서 사건을 조작하기로 짜고 진지하게 발언하며	
	톱장이들처럼 한 명은 당기고 한 명은 밀곤 하지요. 아버지께서는	
	일당 지출관만 멍하게 바라다보실 뿐 내막을 전혀 알지 못하세요.	695
필로클레온	나를 그렇게 대한다고? 너 도대체 무슨 소릴 하는 거야? 내 속을	
	네가 거꾸로 뒤집어놓는구나! 이 일을 어떻게 생각해야 하나?	

92 항만을 이용하거나 차압당한 물건을 구입할 때 냈다고 한다.
93 하루에 3오볼로스의 일당을 받는 6,000명의 배심원이 1년에 300일을 법정
에 나간다면 540만 오볼로스인데, 3만 6,000오볼로스가 1탈란톤이므로
540만 오볼로스는 150탈란톤이다.
94 『기사』 534행. 주 69 참조. 여기서 '콘노스의'란 '멍청한'이라는 뜻이다.
95 민중선동가들.
96 『기사』 1091행, 『새』 731행 참조.
97 에우카리데스(Eucharides)는 유명한 청과 상인이었던 것 같다.
98 카이레아스(Chaireas)와 그의 아들에 관해서는 달리 알려진 바 없다.

브델뤼클레온	그렇다면 생각해보세요. 아버지께서나 여기 계신 분들 모두 부자가
	될 수도 있을 텐데, 노상 민중의 친구로 자처하는 자들에게 왜
	끌려다니시는지. 여러분은 흑해에서 사르도[99]에 이르기까지
	수많은 도시들을 지배하고 있어요. 그래서 700
	여러분이 얻는 게 뭐죠? 쥐꼬리만 한 일당 말고. 그나마 올리브유처럼
	양털 뭉치로 조금씩 여러분에게 떨어뜨려주죠. 죽지 않고 연명할 만큼만.
	여러분이 가난하기를 그자들이 바라기 때문이죠. 그 까닭을 말씀드릴게요.
	그건 여러분을 먹여 살리는 것이 누군지 알게 하고,
	공격하도록 그자들이 부추기면 여러분이 마구 덤벼들게 하려는 거지요. 705
	그자들이 민중의 생계를 보장하길 원한다면 그보다 쉬운 일이 없어요.
	지금 우리에게 조공을 바치는 나라는 천 개나 돼요. 이들 나라에
	누군가 각각 20명의 아테나이인들을 먹여 살리라고 명령한다면,
	2만 명이나 되는 우리 시민들이 산토끼고기[100]만 먹고,
	언제나 화관을 쓰고, 질 좋은 초유(初乳)[101]만 마시며, 이 나라의
	명성과 마라톤의 전승 기념비에 어울리는 즐거운 삶을 살아가겠지요.
	하지만 지금 여러분은 올리브 따는 710
	날품팔이꾼들과도 같아요. 일당을 주는 사람만 따라다니니 말예요.
필로클레온	아니, 이게 어찌된 일이지? 손이 마비되어 더 이상 칼을
	들 수가 없구나. 내 기운은 대체 어디로 간 걸까?
브델뤼클레온	그러나 그자들은 겁이 나면 여러분에게 에우보이아 섬을 분배해주고, 715
	각자에게 밀 50메딤노스[102]를 주겠다고 약속하지만, 그자들이 여러분에게
	준 것은 아무것도 없어요. 최근에 보리 5메딤노스를 받은 것 말고는.
	그것도 여러분이 이방인이 아니라는 것을 증명하고 간신히
	코이닉스[103] 단위로 받았지요. 그래서 그동안 내내 제가
	아버지를 가둬둔 거예요. 제가 아버지를 부양하고 싶고, 720
	아버지께서 그 허풍선이들이 시키는 대로

	바보 노릇 하시는 것을 원치 않기 때문이죠.	
	아버지께서 원하시는 대로 다 해드릴게요.	
	지출관의 젖을 빼는 것 말고는.	
코로스장	"양쪽 말을 다 들어보기 전에는 판단하지 말라"는 말이 옳은 것	725
	같소. *(브델뤼클레온에게)* 이제 자네가 완승을 거둔 것 같으니 말일세.	
	그래서 우리는 노여움을 풀고 지팡이를 내려놓겠네. *(필로클레온에게)*	
	우리 동년배이자 우리 동료인 그대는….	

(좌)

코로스	제발 그의 말을 들으시오. 어리석게	
	고집을 피우거나 너무 괴팍하게 굴지 말고.	730
	내게도 이처럼 조언을 해줄 보호자나	
	친족이 있으면 얼마나 좋을까!	
	분명 어떤 신께서 나타나 그대를 어려움에서	
	구해주시며, 그대에게 덕을 보여주시는 것이오.	
	그러니 그대는 기꺼이 받아들이도록 하시오!	735

브델뤼클레온	그리고 제가 아버지를 부양하고,
	노인에게 어울리는 것은 무엇이든

99　사르도(Sardo)는 사르디니아 섬의 그리스어 이름이다.
100　산토끼고기는 앗티케 지방에서는 구하기 힘든 별미였다고 한다. 『기사』 1192~1199행, 『평화』 1150, 1196, 1312행, 2권의 『아카르나이 구역민들』 878, 1006, 1110~1112행 참조.
101　『평화』 1150행 참조.
102　1메딤노스(medimnos)는 약 52리터이다.
103　코이닉스(choinix)는 1.08리터이다.

	대드릴게요. 묽은 죽하며, 외투하며,	
	부드러운 모피하며, 남근과 허리를	
	주물러줄 매춘부하며.	740
	하지만 일언반구도 없으신 것이	
	왠지 불길한 전조 같아요.	

(우)

코로스	그는 지난날에 탐닉하던 일들을 숙고해보고	
	자신의 어리석음을 깨달은 거지.	
	자네의 조언을 따르지 않은 걸	745
	그는 자책하고 있단 말일세.	
	그러나 이제 자네 말에 설득되고	
	더 현명해졌으니, 앞으로는 생각을 바꿔	
	자네 말을 들을걸세.	
필로클레온	아아, 괴롭구나!	
브델뤼클레온	그런데 고함은 왜 지르시죠?	750
필로클레온	*(비장하게)*	
	그런 약속들이라면 하지 말아줘! 거기 있어,	
	내가 바라는 것은. 전령이 "아직 투표하지 않은	
	분이 계시면, 일어서세요"라고	
	말하는 곳[104]에 나는 가 있고 싶단 말이야.	
	나는 맨 마지막으로 투표 항아리를 떠나고 싶어.	755
	(칼을 집어 들어 자신을 겨눈다)	
	서둘러라, 내 혼이여! *(자살하려다 실패한다)* 내 혼은	
	어디 있지? *(다시 자살하려 하지만 외투 자락을 찔러 실패한다)*	
	비켜라, 주름진 외투 자락이여! 헤라클레스에 맹세코,	

	난 클레온의 횡령죄를 입증할 배심원단에는 끼고 싶지 않아!	
브델뤼클레온	아버지, 제발 제 말을 들으세요!	760
필로클레온	무슨 말을 들으란 말이냐? 할 말 있으면 해봐, 한 가지만 빼고.	
브델뤼클레온	그게 뭔데요? 말씀해보세요.	
필로클레온	더 이상 재판하지 말라는 것 말이다.	
	내가 네 말을 듣기 전에 하데스[105]가 우리 사이를 갈라놓게 되리라.	
브델뤼클레온	좋아요. 재판하는 게 그렇게 재미있으시다면	
	앞으로는 법정에 가실 게 아니라,	765
	이곳에 머무르시며 하인들을 재판하세요.	
필로클레온	무엇에 관해? 무슨 얼토당토않은 말을 하는 게냐?	
브델뤼클레온	법정에서 하는 대로 하세요.	
	하녀가 몰래 문을 열면,[106] 벌금을 물리세요.[107]	
	법정에서 늘 하시는 일이 그런 일들 아닌가요.	770
	모든 걸 아버지 마음에 들도록 맞추세요. 아침에	
	날씨가 따뜻하면 햇볕에서 재판하세요. 눈이 오면	
	불가에 앉아 재판하시고. 비가 오면 집 안에 들어오세요.	
	그리고 한낮에 잠을 깨셔도 아버지께서 들어가지 못하게	
	담당관이 난간을 닫는 일은 없을 거예요.	775
필로클레온	그건 마음에 들어.	
브델뤼클레온	게다가 변호인이 장광설을 늘어놓으면 배를 곯으며 꾹 참고	
	앉아서 기다리다가 피고인에게 화풀이하실 일도 없을 테고.	
필로클레온	하지만 입에 음식을 넣고 씹으면서	

104 법정.
105 저승의 신 또는 저승.
106 몰래 집을 나서거나 교접하기 위하여.
107 '교접하세요'라고 해석하는 이들도 있다.

	어떻게 이전처럼 제대로 재판할 수 있지?	780
브델뤼클레온	훨씬 더 잘할 수 있지요. 왜 "증인들은 위증을 했지만 배심원들이 사건을 곱씹어 생각해보고 사건의 진상을 파악했다"는 말도 있잖아요.	
필로클레온	그럴듯한 말이로구나. 하지만 넌 내가 어디서 일당을 타는지 아직 말하지 않았어.	
브델뤼클레온	저한테서 타죠.	
필로클레온	좋아. 그러면 남과 공동으로가 아니라 나만 따로 받게 될 테니까. 일전에 익살꾼 뤼시스트라토스[108]가 나를 속여 먹었지 뭐야. 그는 우리 두 사람 몫으로 1드라크메[109]를 받아가지고 생선 가게에 가서 잔돈으로 바꿔오더니 숭어 비늘 세 닢을 내 손에 쥐여주었는데, 나는 그게 오볼로스 은화인 줄 알고 입안에 넣었지. 그러자 냄새가 어찌나 역한지 금세 토해버렸어. 그래서 내가 그자를 법정으로 끌고 갔었지.	785

790 |
브델뤼클레온	그러니까 그가 뭐라던가요?	
필로클레온	그가 뭐랬냐고? 나더러 수탉의 위장을 가졌다고 하더군, "자네는 은화도 금세 삭여버리니 말이야"라고 말하며.	795
브델뤼클레온	그게 분명 아버지께 이익이란 걸 아시겠죠?	
필로클레온	작은 이득이라고는 할 수 없지. 자, 너 좋을 대로 하려무나!	
브델뤼클레온	기다리세요. 제가 필요한 물건들을 갖고 나올 테니.	
	(집 안으로 들어간다)	
필로클레온	*(혼잣말로)* 그것 봐! 지금 신탁이 이루어지고 있어. 나는 언젠가 아테나이인들이 자기 집에서	800

재판을 하게 될 것이며, 문간마다

헤카테 여신의 제단을 설치하듯,[110]

각자 자기 대문 앞에 자신을 위해

작은 법정을 지을 것이라는 신탁을 들었거든.

(브델뤼클레온과 몇몇 노예가 의자 두 개와 연단으로 쓸 상자와 그 밖에 여러 가지 물건을 갖고 나온다. 노예들이 가구와 장비를 정돈하기 시작한다)

브델뤼클레온 아버지, 더 하실 말씀이 있으세요? 제가 앞서 말씀드린 805

물건들을 다 갖고 나왔고, 그 밖에도 많이 가져왔어요.

첫째, 오줌 마려울 경우에 대비해 요강을 가져왔는데,

아버지 옆의 나무못에다 걸어둘게요.

필로클레온 내 또래의 노인에게 적절한 좋은 생각이구나.

방광이 찼을 때의 고통을 덜어줄 방법을 찾아냈으니 말이다. 810

브델뤼클레온 여기 불도 있고 *(화로를 갖다놓는다)*, 시장하시면 드시라고

편두콩죽도 갖다놓았어요.

필로클레온 그 역시 적절한 조치로구나.

신열이 나도 나는 일당을 탈 수 있게 됐으니까.

난 이곳에 머무르며 죽을 마실 수 있으니 말이다.

그런데 이 수탉은 왜 갖고 나왔지? 815

브델뤼클레온 누가 변론하는 도중 아버지께서 잠이 드시면,

머리 위에서 꼬끼오 울어대며 아버지를 깨우라고요.

(수탉이 든 새장을 필로클레온의 의자 뒤쪽 조금 높은 곳에 걸어둔다)

필로클레온 다른 건 다 만족스러운데, 한 가지 아쉬운 게 있어.

---

108 『기사』 1267행 참조.
109 1드라크메는 6오볼로스이다.
110 당시 대부분의 아테나이 가정집 앞에는 액을 막아달라고 헤카테 제단을 설치해놓았다.

브델뤼클레온	그게 뭐죠?
필로클레온	영웅 뤼코스의 상(像)을 내다주었으면 좋겠구나.

(브델뤼클레온이 뚱뚱하고 못난 노예에게 대문 앞 제단 옆에 가 서라고 손짓으로 명령한다)

브델뤼클레온	(제단을 가리키며)

여기 있어요. 이게 바로 그 영웅이에요. 820

필로클레온	(기도하며 '뤼코스'에게 두 손을 내민다)

내 주인이신 영웅이시여, 어찌 그리 바라보기 역겹습니까!

브델뤼클레온	제가 보기에 그는 클레오뉘모스를 꼭 닮았네요.
필로클레온	그래. 영웅이지만 그 역시 방패를 들고 있지 않으니까.
브델뤼클레온	(정리 노릇을 하며)

아버지께서 착석하시는 대로 제가 피고인을 소환하겠습니다.

필로클레온	(급히 의자에 앉으며)

소환하라. 나는 아까부터 앉아 있다. 825

브델뤼클레온	(혼잣말로)

가만있자, 어느 사건을 맨 먼저 올린다?

집안 하인들 가운데 잘못을 저지른 게 누구더라?

트랏타[111]가 어제 냄비를 태웠던가?

필로클레온	이봐, 잠깐만! 하마터면 큰일 날 뻔했네.

난간도 없이 재판을 할 참이었냐? 우리에게 830

난간이야말로 가장 신성한 것인데 말이야.

브델뤼클레온	아뿔싸, 잊어버렸네요.
필로클레온	(일어서며)

내가 달려들어가 당장 하나 갖고 나오마.

(집 안으로 뛰어간다)

브델뤼클레온	어떻게 된 일이지? 무서운 거로구나, 습관의 힘이란.
크산티아스	(화가 나 어깨너머로 고함을 지르며 집에서 나온다)

	빌어먹을! 저런 개를 기르다니!	835
브델뤼클레온	말해봐, 무슨 일이지?	
크산티아스	글쎄, 방금 라베스¹¹²라는 개가	
	부엌으로 달려들어와 기다란 시켈리아산(産) 치즈를	
	덥석 물더니 다 먹어치웠지 뭐예요.	
브델뤼클레온	이 사건을 아버지더러 맨 먼저 재판하시라고 해야겠구나.	
	(크산티아스에게) 네가 이리 와서 고소하도록 하라.	840
크산티아스	아니, 제가 아니고요. 이 사건을 법정으로 가져갈 경우	
	고소하겠다고 다른 개가 말하고 있으니까요.	
브델뤼클레온	그러면 가서 두 마리 다 데려오너라!	
크산티아스	그래야겠네요.	

(집 안으로 들어간다. 잠시 뒤 필로클레온, 집에서 나온다)

브델뤼클레온	그게 뭐죠?	
필로클레온	헤스티아 여신께 바쳐진 돼지우리지.¹¹³	
브델뤼클레온	그건 성물 절도죄에 해당될 텐데요.	
필로클레온	아니지. 먼저 헤스티아 여신께 인사드리고 나서 누군가를	845
	족치자는 거지. 어서 사건 올려. 내 판결은 이미 정해져 있어.	
브델뤼클레온	잠깐만요. 서판과 두루마리들을 가져올게요.	

(집 안으로 들어간다)

필로클레온	젠장, 네가 꾸물대는 바람에 내가 애가 타 죽겠다.	
	그러잖아도 손톱으로 서판의 밀랍에 판결을 표시할 수 있는데.	850

---

111 트랏타(Thratta)는 '트라케 여자'라는 뜻으로, 흔한 노예 이름이다.
112 라베스는 '덥석 무는 자'라는 뜻이다.
113 아테나이인들은 대개 마당에 있는 우리에서 돼지를 기르다가 화로의 여신 헤스티아(Hestia)에게 제물로 바치고 나서 잡아먹었다.

브델뤼클레온　(서판과 두루마리들을 갖고 나오며)

자, 여기 있어요.

필로클레온　자, 피고를 소환하라.

브델뤼클레온　알겠습니다.

필로클레온　(두루마리들을 읽으며 혼잣말로)

맨 처음에 나오는 이자는 누구지?

젠장, 귀찮아 죽겠네. 투표 항아리들을 잊고 안 가져왔잖아.

브델뤼클레온　아니, 어디로 달려가세요?

필로클레온　항아리들을 가져오려고.

브델뤼클레온　염려 마세요. 여기 잔들이 있잖아요. 855

필로클레온　좋아. 그렇다면 필요한 것은 모두 갖춘 셈이군.

물시계 빼고는 말이야.

브델뤼클레온　(요강을 가리키며)

이게 물시계가 아니고 뭐죠?

필로클레온　넌 뭐든지 잘도 대주는구나.

브델뤼클레온　누가 집 안에서 되도록 빨리 불을 860

가져오너라. 도금양 가지와 향도.

개정하기 전에 신들께 기도할 수 있도록.

(노예 두세 명이 집 안으로 들어가 의식에 필요한 물건들을 들고 나온다)

코로스　신들께 헌주하고 서약하시오.

우리도 신들께 감사할 것이오.

그대가 옥신각신 다투고 865

싸우다가 드디어

합의에 도달했으니까.

(좌)

브델뤼클레온	먼저 묵념을 올리도록 해요!
코로스	퓌토의 포이보스 아폴론이시여,
	지금 이 집 앞에서 일어나고 있는 일이 870
	성공하여 복을 가져다주게 하시고,
	우리 모두 과오에서
	벗어나게 해주소서!
	(브델뤼클레온이 제단에 향을 피운다)
	오오, 우리의 구원자 파이안[114]이시여!

브델뤼클레온	오오, 내 주인이신 아귀이에우스[115]이시여, 내 문간을 875
	지켜주시는 내 이웃이시여, 아버지를 위해 도입하려는
	새 의식을 받아주소서. 오오, 왕이시여!
	아버지의 지나친 엄격함을 누그르뜨려주소서.
	아버지께서는 무쇠처럼 가혹하시고,
	마음이 시큼한 포도주와도 같으시니, 거기에 꿀을 좀
	타주소서. 아버지께서 부디 다른 사람들에게 유순하시고, 880
	고발인보다는 피고인을 불쌍히 여기시고,
	남들이 탄원하면 눈물을 흘리시게 해주소서.
	그리고 무뚝뚝한 성질을 버리시고, 성마른 마음에서
	가시를 모두 제거하시게 해주소서!

(우)

코로스	자네가 한 말에 감명받고 우리도 자네 기도에 885

---

114 구원자로서의 아폴론의 별명.
115 '거리를 지켜주는 이'라는 뜻으로 아폴론의 별명 가운데 하나.

동참하며, 자네의 새 통치를 노래로 찬양한다네.

우리가 자네에게 호감을 느끼는 것은,

자네가 오늘날의 어떤 젊은이보다

민중을 더 사랑한다는 것을

알기 때문이라네. 890

오오, 우리의 구원자 파이안이시여!

(크산티아스가 개로 분장한 두 사람을 데리고 들어오는데,

그들은 라케스와 클레온의 가면을 쓰고 있다)

브델뤼클레온 밖에 배심원이 계시면 안으로 들어오십시오.

일단 개정하면 아무도 입장할 수 없습니다.

(노예 한 명이 두루마리 한 장을 꺼내 브델뤼클레온에게 건넨다)

필로클레온 이 피고인은 누군가? 철저히 유죄를 입증해야지.

브델뤼클레온 기소장을 들어보십시오. *(읽는다)* "퀴다테나이[116] 구역의 개[117]가

아익소네 구역의 개 라베스를 시켈리아산 치즈를 895

혼자서 다 먹어치운 죄로 고소합니다.

구형은 무화과나무 큰칼[118]입니다."

필로클레온 아니, 일단 유죄가 입증되면 개는 사형(死刑)에 처해야지.

브델뤼클레온 이것이 피고 라베스입니다.

필로클레온 고약한 녀석이로구나. 엉큼하게 생겼군그래. 900

씩 웃어 보임으로써 나를 속이게 될 거라고 생각하는군.

원고는 어디 있지? 퀴다테나이 구역의 개 말이다.

개 *(앞으로 나오며)*

멍멍, 멍멍!

브델뤼클레온 여기 있습니다.

크산티아스	이 녀석도 또 다른 라베스입니다.	
	짖기도 잘하고 냄비도 깨끗이 핥아먹으니까요.	
브델뤼클레온	조용히 하고 자리에 앉아! *(개에게)* 너는 자리 잡고 서서 고소해!	905
필로클레온	*(혼잣말로)*	
	그사이 나는 편두콩죽을 덜어 마셔야지.	
	(죽을 덜어 마신다)	
개	배심원 여러분, 이 피고에 대해 제가 작성한 고소장을	
	여러분은 이미 들으셨습니다. 저와 모든 선원들[119]에게	
	그는 가장 수치스러운 범죄를 저질렀습니다.	
	그는 구석으로 달려들어가 시켈리아산 치즈를	910
	어둠 속에서 배가 터지도록 실컷 먹었으니까요.	
필로클레온	제우스에 맹세코, 죄상이 밝혀졌어. 방금 저 지긋지긋한	
	녀석이 나를 보고 짖어댈 때 지독한 치즈 냄새가 났으니까.	
개	그리고 제가 요구해도 제 몫을 주지 않았습니다.	
	여러분의 개인 저에게도 먹을거리를 던져주지 않는데,	915
	누가 여러분에게 잘해주겠습니까?	
필로클레온	그는 사실상 국가나 다름없는 나에게도 나눠주지 않았어.	
	그는 이 콩죽만큼이나 뜨거운 녀석이로구먼.	
브델뤼클레온	아버지, 제발 미리 판단하지 마십시오.	

116 클레온은 퀴다테나이 구역 출신이고, 라케스(Laches)는 아익소네(Aixone) 구역 출신이다.
117 개를 뜻하는 그리스어 kyon은 민중선동가 클레온과 발음이 비슷하다.
118 당시 아테나이에서 사람을 무는 개는 목에 큰칼을 쓰게 되어 있었다. 여기서 '무화과나무'란 '밀고자'라는 뜻의 sykophantes를 연상시키는 말로, 클레온의 고소가 악의적임을 암시한다.
119 아테나이의 선원들은 하층민에서 충원했는데, 이들은 클레온의 열렬한 지지자였다.

|필로클레온| 양쪽 말을 다 들어보시기 전에는. 920

|필로클레온| 이봐, 불을 보듯 명백해. 사건 자체가 말해주고 있어.

|개| 개들 가운데 가장 이기적인 대식가를

놓아주시면 안 됩니다.

녀석은 쟁반 주위를 항해하며

모든 도시의 외피를 먹어치웠답니다.[120] 925

|필로클레온| 금이 간 내 물동이를 수선할 만큼의 시멘트도 남겨두지 않았지.[121]

|개| 그를 벌주어야 하는 또 다른 이유는

한집에서 도둑 두 명을 먹일 순 없기 때문이에요.

제가 짖었던 일이 허사가 되지 않게 해주세요.

그러지 않으면 저는 다신 짖지 않을 거예요. 930

|필로클레온| 거참,

네가 고발한 대로 그는 못된 짓을 저질렀구먼!

그는 파렴치한 도둑이야. 수탉아, 넌 어떻게 생각해?

수탉도 그렇대. *(자리를 비운 브델뤼클레온을 찾으며)*

이봐, 정리(廷吏)! 어디 갔지? 요강 좀 갖다줘! 935

|브델뤼클레온| *(문간에서)*

손수 내리세요. 저는 증인들을 부르고 있어요.

(필로클레온은 일어서서 나무못에서 요강을 내리고, 브델뤼클레온은 집 안에 대고 소리친다)

쟁반, 막자, 치즈 강판, 화덕, 냄비,

그 밖에 반쯤 탄 부엌세간들은 모두 출두하여

라베스를 위해 증언하도록 하라!

(부엌세간들이 나와 법정의 측면에 일렬로 자리 잡고 선다. 브델뤼클레온이

제자리로 돌아와 필로클레온에게 소리친다)

아직도 소피를 보세요? 다 누지 않으셨나요? 940

|필로클레온| *(요강을 내려놓고 제자리로 돌아가다가 라베스를 가리키며)*

	나는 이 녀석이 오늘 중으로 놀라 똥을 쌀 줄 알았지.
브델뤼클레온	아버지께서는 여전히 가혹하고 괴팍스러우시네요. 특히 피고들에게는. 꼭 그들을 씹으셔야 하나요? *(라베스에게)* 너는 자리 잡고 서서 변론하라! *(연단에 오른 라베스가 말이 없자)* 왜 말이 없지? 대답하라!
필로클레온	그는 할 말이 없는 것 같군. 945
브델뤼클레온	아니, 제가 보기에, 전에 투퀴디데스가 법정에서 당한 일을 그도 당한 것 같아요.[122] 그는 갑자기 두 턱이 마비되어버렸어요. *(라베스에게)* 비켜! 내가 변론을 하마! *(연단 위에 자리 잡고 서서)* 여러분, 모함당한 개를 위해 말한다는 것은 950 어려운 일이지만, 그럼에도 불구하고 말하겠어요. 그는 용감하고, 늑대들을 쫓아냅니다.
필로클레온	그는 도둑이자 음모자야.
브델뤼클레온	천만의 말씀! 그는 지금의 개들 가운데 가장 훌륭한 개로 수많은 양 떼를 능히 지킬 수 있습니다. 955
필로클레온	그가 치즈를 먹어치운다면 그게 무슨 소용이 있지?
브델뤼클레온	무슨 소용 있냐고요? 그는 아버지를 위해 싸우고, 아버지의 대문을

120 라베스와 라케스의 죄상을 한데 섞어놓은 것이다. "그(=라베스)는 쟁반 주위를 돌며 치즈 가장자리를 먹었다"는 뜻이기도 하고, "그(=라케스)는 배를 타고 시칠리아 섬을 돌며 여러 도시에서 뇌물을 먹었다"는 뜻이기도 하다.

121 필로클레온은 '치즈 가장자리'라는 뜻의 to skiron을 '시멘트' '접합제'라는 뜻의 ton skiron으로 잘못 들었던 것이다.

122 멜레시아스(Melesias)의 아들 투퀴디데스는 페리클레스의 주요 정적 가운데 한 명이다. 그는 기원전 443년경 10년 동안 도편추방되었다가, 귀국한 지 몇 년 뒤 에우아틀로스에게 고소당했는데, 변론할 때가 되자 탈진하여 말을 할 수 없었던 것 같다.

	지켜줍니다. 모든 면에서 가장 훌륭한 개입니다. 치즈를 훔쳤다면	
	용서해주십시오. 키타라를 연주할 줄도 모를 만큼 무식하니까요.	
필로클레온	쏠 줄도 몰랐으면 좋았을 것을! 그랬다면 비행을 저지르고도	960
	변론을 작성하지 않았을 테니 말이다.	
브델뤼클레온	부디 제 증인들의 증언을 들어보세요. 이봐, 치즈 강판!	
	이리 나와 똑똑히 말해봐! *(치즈 강판이 연단에 다가선다)*	
	넌 그때 회계를 맡았으니까. 분명히 대답해! 넌 네가 받은 것을	
	군사들을 위해 갈았는가? *(치즈 강판이 고개를 끄덕인다)*	965
	갈았다는데요.	
필로클레온	*(치즈 강판이 연단을 떠나자)*	
	그는 분명 거짓말을 하고 있어.	
브델뤼클레온	제발, 고통받는 자들을 불쌍히 여기세요.	
	라베스는 고기 부스러기나 생선뼈만 먹으며,	
	한곳에 오래 머물지 못해요. 그러나 다른 개는	
	집만 지켜요. 녀석은 이곳에 머무르며	970
	누가 무엇을 가져오든 제 몫을 요구하고,	
	달라는 대로 주지 않으면 사람을 물어요.	
필로클레온	맙소사! 내가 병이 든 것일까? 분노가	
	가라앉으면서 내가 부드러워지는 걸 느껴.	
브델뤼클레온	부탁이에요, 아버지. 그를 불쌍히 여겨 죽이지 마세요!	975
	그의 자식들은 어디 있지? *(강아지 몇 마리가 집에서 나온다)*	
	이 불쌍한 것들아, 이리 올라와	
	애원하고, 탄원하고, 하소연하고, 울어라!	
	(아버지 라베스가 염려되는 듯 강아지들이 브델뤼클레온 주위로 몰려들어	
	소리 없이 슬픈 심정을 드러낸다)	
필로클레온	*(눈물을 흘리며)*	

|브델뤼클레온| 내려와, 내려와, 내려와! 내려오란 말이야!

|브델뤼클레온| 내려갈게요.

비록 "내려와!"라는 말이 이전에 숱한 사람들을   980

속였지만 말예요.¹²³ 그럼에도 불구하고 내려갈게요.

(브델뤼클레온이 연단을 떠나자 강아지들도 따라 내려와 라베스 주위로 몰려든다)

|필로클레온| 제기랄, 죽을 먹은 게 몸에 좋지 않았나 봐!

나는 방금 눈물을 흘렸는데, 생각건대 유일한 이유는

내가 편두콩죽을 잔뜩 먹었기 때문인 것 같아.

|브델뤼클레온| 그렇다면 그는 무죄 방면인가요?

|필로클레온| 단언하기 어려워.   985

|브델뤼클레온| (아버지에게 조약돌을 집어주며)

아버지, 좋은 방향으로 생각을 바꾸세요.

이 조약돌을 집어 들고는 눈 딱 감고

두 번째 항아리¹²⁴로 가서서 그를 방면해주세요, 아버지!

|필로클레온| 안 돼. 난 키타라를 연주할 줄도 모를 만큼 무식하니까.¹²⁵

|브델뤼클레온| 제가 이렇게 돌아서 길을 안내할게요. 이게 가장 빠른 길이에요.   990

(빙 돌아서 항아리들이 있는 곳으로 필로클레온을 안내하니,

무죄 방면을 위한 항아리에 먼저 가게 된다)

|필로클레온| 이게 첫 번째 항아리냐?

|브델뤼클레온| 네.

---

123 피고인들은 배심원들이 "내려와!"라고 외치는 소리를 듣고 무죄 방면해주는 줄 알고 변론을 중단한 채 연단에서 내려왔지만, 배심원들이 피고에게 유죄를 선고하기로 작정하고 피고인의 변론을 막은 경우도 비일비재했다고 한다.

124 첫 번째 항아리는 유죄로 인정한 배심원들이 투표하는 항아리이다.

125 959행 참조.

필로클레온　　자, 투표했다.

(조약돌을 무죄 방면 항아리에 떨어뜨린 다음 제자리에 가 앉는다)

브델뤼클레온　　*(혼잣말로)*

아버지는 속았어. 본의 아니게 무죄 방면했으니까.

(필로클레온에게) 항아리들을 뒤집을게요!

필로클레온　　결과가 어떻게 나왔느냐?

브델뤼클레온　　곧 드러나겠지요. *(항아리를 둘 다 검사한다)* 라베스, 넌 무죄 방면이야.

(강아지들은 기뻐서 껑충껑충 뛰고, 필로클레온은 졸도한다)

아버지, 아버지, 왜 이러세요? *(노예들에게)* 물 가져와, 물!　　995

몸을 일으키세요!

필로클레온　　*(몸을 일으키며)* 자, 말해보아라.

그가 과연 무죄 방면되었느냐?

브델뤼클레온　　그렇다니까요.

필로클레온　　그렇다면 난 끝장이다.

(다시 쓰러지려는 것을 브델뤼클레온이 부축한다)

브델뤼클레온　　아버지, 상심 마시고 일어서보세요!

필로클레온　　*(아들의 부축을 받아 일어서며)*

사람을 고소했다가 무죄 방면했으니, 내 양심에 이걸

어떻게 참고 견디지? 나는 대체 어떻게 되는 거지?　　1000

(하늘을 향해 두 손을 뻗으며)

오오, 가장 영광스러운 신들이시여, 저를 용서해주소서!

이것은 제 본의가 아니며, 제 성미에도 맞지 않사옵니다.

브델뤼클레온　　걱정 마세요, 아버지. 제가 아버지를

잘 부양해드리고 어디라도 모시고 갈게요.

저녁식사에도, 파티에도, 흥행장에도.　　1005

앞으로는 즐거운 나날을 보내도록 하세요.

	앞으로 휘페르볼로스[126]가 아버지를 바보 취급하는
	일은 없을 거예요. 이제 안으로 드시죠.
필로클레온	그래라. 네 소원이라면 들어가자꾸나!

(코로스만 남고 모두 퇴장)

코로스	가고 싶은 곳으로 가서 행복하게 지내시오.
	(관객에게) 그러나 여러분은, 1010
	무수히 많은 여러분은
	내가 여러분에게 드리려는
	조언을 명심해서 듣고,
	헛되이 땅에 떨어지는 일이
	없도록 하시오!
	그건 어리석은 관객이나 할 일이지
	여러분 같은 관객이 할 일이 아니오.
코로스장	여러분, 솔직한 이야기를 좋아하신다면 내 말에 귀를 기울이시오. 1015
	오늘 우리 시인이 자신의 관객을 나무라겠다고 하오. 시인의 말인즉,
	자기는 여러분에게 많은 호의를 베풀었건만 부당한 대접을 받았다는
	것이오. 첫째, 그는 뒤에 숨어서 은밀히 다른 시인들에게 도움을
	주었으며,[127] 남의 뱃속에 숨어 예언하는 에우뤼클레스[128]처럼
	남의 혼 안으로 숨어들어가 우스갯소리를 수없이 쏟아냈소. 1020
	그러다가 나중에 그는 공공연히 자신의 책임 아래 행운을
	시험했소, 남이 아닌 자신의 무사 여신들의 고삐를 잡고는 말이오.

---

126 『구름』 551~558행, 『기사』 739, 1315행, 『평화』 679~692행 참조.
127 아리스토파네스는 기원전 424년 『기사』를 자기 이름으로 연출했고, 그 이전 작품들은 다른 사람이 연출했다. 머리말 참조.
128 에우뤼클레스(Eurykles)는 남의 뱃속에서 나는 목소리로 예언하는 예언자인데, 이 말을 복화술사(腹話術師)였다는 뜻으로 이해하는 이들도 있다.

그리고 여러분의 어느 시인보다 성공하여 명예가 높아졌지만
우리 시인은 아직도 목표를 달성했다고 생각지 않고, 우쭐대지도
않으며, 레슬링 도장에서 미동(美童)을 유혹하려 하지도 않아요. 1025
자기 미동이 무대에서 풍자의 대상이 되는 것을 보고는 어떤 연인이
화가 나 달려와 불평을 하면, 그의 동기는 공정하고 그의 무사 여신들은
아부나 하는 여신들이 아니기에, 그런 비난에는 조금도 아랑곳하지
않아요. 우리 시인이 말하기를, 자기는 극작가로 출발하자마자
인간들을 공격하는 것이 아니라 헤라클레스 못지않은 용기를 갖고 1030
무시무시한 괴물들을 공격했으며, 날카로운 이빨이 있고 눈에서는
퀸나[129]의 눈에서처럼 무서운 섬광이 비치고 머리 주위에서는
100명의 더러운 아첨꾼들이 뱀처럼 핥아주는 괴물[130]에게 처음부터
곧장 덤벼들었대요. 그 괴물은 포효하는 급류와도 같은 목소리를
갖고 있고,[131] 물개처럼 악취가 났으며, 라미아[132]의 씻어본 적이 없는 1035
불알과 낙타의 항문을 갖고 있었소. 그런 괴물을 보고도 우리 시인은
겁내거나 뇌물을 받고 여러분을 배신하기는커녕, 지금껏 여러분을
위해 싸우고 있소. 그 밖에 그는 그 괴물 다음으로 작년[133]에는
오한과 열병[134]을 공격했는데, 여러분의 아버지들을 목 조르고
　할아버지들을
질식시키는 이 악령들이 가장 무고한 양민들의 침상으로 기어들어 1040
그들에게 맞서 소송과 소환과 증언 따위를 겹겹이 쌓아올리는 바람에
많은 사람들이 놀라 폴레마르코스[135]가 있는 곳으로 피신했다 하오.
그는 이 나라의 모든 악을 소탕한 구원자로 드러났건만, 작년에
그가 가장 참신한 발상을 씨 뿌렸을 때 여러분은 그를 배신했는데,[136]
그것이 싹을 틔우지 못한 것은 여러분이 그 가치를 몰랐기 때문이오. 1045
하지만 그는 거듭 헌주하며 디오뉘소스의 이름으로 맹세하고 있소,
그보다 더 나은 희극 시행은 일찍이 어느 누구도 들어본 적이 없다고.

그러니 여러분이 그 가치를 즉시 알아보지 못한 것은 부끄러운 일이
아닐 수 없소. 그러나 현명한 판관들은 우리 시인을 높이 평가하오.
그가 경쟁자들을 훨씬 앞서다가 새로운 발상이 좌초했기 때문이오.   1050
하지만 동료 시민 여러분, 앞으로는
뭔가 새로운 것을 찾아내어
말하려고 하는 시인들을
더 아끼고 보살펴주시오.
또한 그들의 발상을 여러분 것으로 만들어   1055
레몬과 함께 옷장 안에
넣어두시오. 그렇게 하시면

129 아테나이의 유명한 창녀. 그러나 여기에서 Kynna는 kynos('개의')의 왜곡된 형태로 '퀸나의 눈'이란 '개의 눈'이라는 뜻이며, 여기서 개는 저승의 출입문을 지키는 케르베로스(Kerberos)를 암시한다.
130 클레온.
131 『기사』 137행, 『아카르나이 구역민들』 381행 참조.
132 아이들을 잡아먹는다는 귀신. 라미아는 다른 곳에서는 언제나 여성이므로 '라미아의 불알'이란 '불알이 없다'는 뜻이며, 클레온이 고자임을 암시하는 말이다.
133 기원전 423년. 지금은 없어진 『상선(商船)들』(Holkades)을 말하는 것으로 추정되지만, 어느 작품인지 확실하지 않다.
134 '오한과 열병'이란 1041행에서 알 수 있듯이 밀고자들(sykophantes)을 말한다. 이들은 자신이 피해를 당했거나 상대방이 유죄라고 믿기 때문이 아니라, 물질적인 이득이나 정치적 명성을 얻기 위해 아무 죄 없는 양민들을 습관적으로 고소하곤 했다.
135 폴레마르코스(polemarchos)는 아테나이의 아르콘 9명 가운데 한 명으로 비(非)아테나이인이 연루된 고소사건을 많이 다루었다. 여기서 폴레마르코스를 언급하는 것은 밀고자들이 아테나이인들이 아니라 재류외인 같은 이방인들임을 암시하는 것으로 생각된다.
136 기원전 423년에 열린 대디오뉘소스 제의 희극 경연에서 아리스토파네스의 『구름』은 꼴찌인 3등을 했다.

일 년 뒤 여러분의 외투에서
지혜의 향기가 날 것이오.

(좌)

코로스 아아, 먼 옛날 우리는 춤도 잘 추었지만   1060
전투에서도 용맹무쌍했었지.
그리고 이것¹³⁷에 관한 한
가장 용감한 남자들이었지.
하지만 다 지난 이야기.
이제는 다 지나가고, 숱이 많던 머리도
백조보다 더 하얘졌구나.   1065
그러나 이 찌꺼기에서나마 우리는
청춘의 힘을 끌어내야 하오. 나는 내 노년이
수많은 젊은이들의 고수머리와 겉멋과
비역보다 더 낫다고 여기기 때문이오.   1070

코로스장 관객 여러분, 여러분 가운데 내 외모와
벌 같은 허리를 보고 이상하게 여기거나,
이 침(針)의 의미를 모르는 분이 있다면,
"여태까지 몰랐더라도"¹³⁸ 내가 쉽게 가르쳐줄 수 있소.
이렇게 몸에 침을 달고 다니는 우리야말로   1075
앗티케 지방의 유일한 진짜 본토박이들로
세상에서 가장 용감한 백성이오. 야만족¹³⁹이 쳐들어와
힘으로 우리 보금자리를 차지하려고 우리 도시에
불과 연기를 마구 쏟아부었을 때, 전투에서
이 도시에 가장 큰 도움을 준 것은 바로 우리였소.   1080

우리는 즉시 창과 방패로 무장하고 달려나가

분노에 취해 그들을 맞아 싸웠고, 노여움에

입술을 깨문 채 전사들끼리 나란히 붙어 섰지요.

적군이 쏘아대는 화살 때문에 하늘이 보이지 않았으나,

저녁 무렵[140] 우리는 신들의 가호로 적군을 격퇴했소. 1085

올빼미가 우리의 대열 위로 날아 지나갔기 때문이죠.[141]

그러자 우리는 가다랑어를 잡듯 적군의 허리에 창끝을 겨눈 채

추격했고, 적군은 턱과 눈썹이 찔린 채 달아났지요.

그래서 지금도 야만인들 사이에서는 어디서나 앗티케의 벌보다

더 용감한 것은 세상에 아무것도 없다고 말하는 것이오. 1090

(우)

코로스   사실 그때 난 무시무시했고,

누구나 나를 두려워했지.

그리고 나는 삼단노선들을 타고 가

내 적들을 예속시켰지.

그때 우리는 미사여구를 늘어놓거나

137 남근을 가리키는 것으로 보는 이들도 있다.
138 에우리피데스, 『스테네보이아』 단편 663에서 인용한 구절이다.
139 페르시아인들. 전투에 관한 묘사는 기원전 490년의 마라톤 전투와 기원전 480/79년의 제2차 페르시아 침공 때의 일(헤로도토스, 『역사』 8권 53장, 9권 13장 참조)을 짜깁기한 것이다.
140 페르시아 전쟁 때 온종일 전투가 계속된 것은 살라미스 해전 때뿐이고, 마라톤 전투 때는 그렇지 않았다.
141 살라미스 해전 때 그런 일이 있었다. 플루타르코스, 「테미스토클레스 전」 12장 1절 참조. 전쟁의 여신 아테나의 새인 올빼미는 전시에 특히 아테나이인들에게는 길조로 여겨졌다.

남을 모함하는 일은 염두에도 없었고,　　　　　　　　　　1095
우리의 관심사는 오로지 누가 노를
가장 잘 젓느냐 하는 것이었지.
그래서 우리는 메디아¹⁴²의 도시들을 많이
빼앗을 수 있었고, 젊은이들이 훔쳐가도록　　　　　　　1100
아테나이에 조공이 바쳐지는 것도 다 우리 덕분이지.

코로스장　여러 각도에서 우리를 보면, 우리가 모든 면에서 벌의
특징과 생활습관을 갖고 있음을 여러분은 알게 될 것이오.
첫째, 일단 화가 났다 하면 우리보다 더 성마르고
무자비한 동물은 세상 어디에도 없소.　　　　　　　　1105
그 밖에 다른 모든 점에서도 우리는 벌처럼 행동하오.
우리는 마치 벌집에 모이듯 떼 지어 모여서
더러는 아르콘의 법정에서 재판하고, 더러는 11인 위원회¹⁴³와
더불어 재판하며, 더러는 오데이온¹⁴⁴에서 재판한다오.
이렇게 벽에 딱 붙어 고개를 숙인 채,¹⁴⁵ 봉방(蜂房) 안의　　1110
애벌레들처럼 거의 움직이지 않고 말이오.
우리는 또 생계를 꾸려나가는 재주도 있어서
누구든 닥치는 대로 찔러 그자 덕으로 먹고산다오.
그러나 문제는 우리 사이에는 수벌들도 있다는
것이오. 녀석들은 침도 없으며, 전혀 애쓰지도 않으면서　　1115
집에 가만히 앉아 우리가 거둬들이는 것을 먹어치우지요.
그리고 우리가 가장 속상해하는 것은, 병역을 기피한 자가
나라를 지키기 위해 노를 젓거나 창을 들거나 손에 물집이
생겨본 적도 없으면서 우리 덕에 부자가 된다는 것이오.
요컨대, 앞으로 침이 없는 시민은 누구든 3오볼로스를　　1120

받아서는 안 된다는 것[146]이 내 생각이올시다.

(필로클레온과 브델뤼클레온과 노예 한 명이 집에서 나온다. 노예는 두툼한 모직 외투와 장화 한 켤레를 들고 있다. 브델뤼클레온이 아버지의 관심을 끌고 모직 외투와 장화를 들어 보인다. 그러나 필로클레온은 지금 몸에 두르고 있는 낡은 외투를 벗을 생각이 전혀 없다)

필로클레온 살아 있는 동안에는 이 외투를 벗지 않을래.
대(大)북풍[147]이 쳐들어왔을 때 전투에 참가한
나를 구해준 것은 이 외투뿐이었으니까.

브델뤼클레온 아버지께서는 호의를 받아들일 의향이 없으신 것 같네요. 1125

필로클레온 정말이야. 내게 전혀 이득이 될 것 같지 않아서야.
전에 한번 청어를 배불리 실컷 먹다가 설사를 만나,
세탁소 주인에게 3오볼로스를 지불한 적이 있거든.

브델뤼클레온 한번 입어나 보세요. 아버지를 돌봐드리는 일은 1130
일단 제게 맡겨지지 않았나요!

필로클레온 그래서 나더러 어떡하라는 거지?

브델뤼클레온 낡은 외투를 벗고 이 포근한 것을 입으세요.

필로클레온 *(브델뤼클레온이 낡은 외투를 벗기도록 내버려두며)*
이 녀석이 지금 날 질식시키려 하는군.
자식은 왜 낳아 길러야 하는지?

브델뤼클레온 자, 이 옷을 입으세요. 잔소리는 그만하시고. 1135

142　카스피 해 남동지방으로, 대개 페르시아와 동의어로 쓰인다.
143　감옥을 관장하고 형 집행을 감독하는 공직자들.
144　페리클레스가 디오뉘소스 극장 바로 동쪽에 세운 연주장 오데이온(oideion)
　　은 때로는 재판 같은 공공 목적을 위해서도 사용되었다.
145　등받이가 없는 야트막한 의자에 앉았기 때문이라고 보는 이들도 있다.
146　배심원이 되어서는 안 된다는 것.
147　'대왕'이라고도 불리는 페르시아 왕을 빗대어 한 말이다.

필로클레온	맙소사! 빌어먹을, 무슨 옷이 이래?
브델뤼클레온	더러는 페르시아 외투라 그러고, 더러는 카우나케스[148]라 그러죠.
필로클레온	난 또 튀마이타다이[149] 구역에서 만든 양피 외투[150]인 줄 알았네.
브델뤼클레온	놀랄 일도 아니죠. 사르데이스[151]에서나 볼 수 있는 물건인데,
	아버지께서는 거기에 가보신 적이 없으니까요. 1140
필로클레온	나 말이야? 물론 가본 적이 없지. 그러나 이건 꼭
	모뤼코스[152]가 갖고 다니는 보온 가방 같군그래.
브델뤼클레온	아니, 이건 엑바타나[153]에서 짠 거예요.
필로클레온	엑바타나에는 양털로 만든 순대[154]도 있단 말이냐?
브델뤼클레온	원, 별 말씀을 다 하세요. 이건 그곳 토박이들이 1145
	비용을 많이 들여서 짠 거예요. 이 외투를 짜는 데
	양털이 아마 1탈란톤[155]도 더 들었을걸요.
필로클레온	그렇다면 이 옷은 카나우케스라고 불리기보다는
	양털 뭉치라고 불리는 게 더 옳지 않을까?
브델뤼클레온	자, 입으세요, 아버지. *(필로클레온이 입지 않으려 하자)*
	입는 동안에는 가만히 서 계셔야죠.
필로클레온	*(노예가 다시 입히려 하자 외투를 밀치며)*
	맙소사! 이 더러운 게 뜨거운 입김을 되게 뿜어대는군! 1150
브델뤼클레온	안 입으시겠는 건가요?
필로클레온	절대 안 입어.
브델뤼클레온	하지만 아버지….
필로클레온	꼭 입혀야 하겠다면, 내게 차라리 난로를 입혀!
브델뤼클레온	*(노예에게서 외투를 받아)* 자, 제가 입혀드릴게요.
필로클레온	꼭 그래야겠다면 갈고리를 가져와!
브델뤼클레온	*(아버지에게 외투를 입혀주며)* 그건 왜요? 1155
필로클레온	다 녹아 없어지기 전에 나를 꺼내게.

브델뤼클레온 이번에는 이 누더기 같은 신발을 벗고,

어서 이 근사한 라코니케[156] 구두를 신으세요!

(필로클레온이 신도록 노예가 구두를 꺼내 들고 있다)

필로클레온 뭣이, 적이 만든 가증스러운 신발을

내가 굳이 신어야 하나? 1160

(마지못해 헌 구두를 벗는다)

브델뤼클레온 *(필로클레온의 발을 가리키며)* 자, 아버지, 이 발을 집어넣으세요.

그리고 라코니케 구두를 신고 굳건히 서보세요.

필로클레온 *(마지못해 시키는 대로 하며)*

발이 적의 구두창을 밟게 하다니, 넌 내게 못할 짓을 하고 있어.

브델뤼클레온 이번에는 다른 발도 집어넣으세요.

필로클레온 아니, 이 발은 안 돼.

그쪽 발가락 하나가 라코니케라면 딱 질색이니까. 1165

브델뤼클레온 선택의 여지가 없어요.

필로클레온 난 참 불운하구나. 늘그막에

동상(凍傷)도 한번 걸릴 수 없게 생겼으니 말이야.[157]

---

148 kaunakes. 바빌론에서 유래한 두툼한 모직 외투.
149 튀마이타다이(Thymaitadai)는 페이라이에우스 항 북서 해안에 있는 구역이다.
150 sisyra. 농부들이 입는 소박한 방한복.
151 소아시아 뤼디아 지방의 수도.
152 506행 참조.
153 페르시아 메디아 지방의 수도.
154 외투에 주렁주렁 달린 술들이 순대처럼 보였던 것이다.
155 무게 단위로는 26킬로그램.
156 스파르테. 라코니케 구두는 끈을 매게 되어 있는 평범한 구두이다.
157 농담이 아니라, 사치스러운 생활이 싫어서 한 말이다.

벌 249

브델뤼클레온	(필로클레온이 다른 한 짝도 마저 신자)
	자, 어서 신으세요. 그리고 이번에는 부자들처럼
	뽐내며 걸어보세요. 이렇게! *(시범을 보인다)*
필로클레온	*(신발 끈을 다 매자 노예가 집 안으로 돌아간다)*
	자, 내 자세 좀 봐! 내 걸음걸이가 1170
	어느 부자를 가장 닮았는지 보란 말이야.
	(평소에 신지 않던 신발이라 비틀비틀 몇 걸음 옮겨놓는다)
브델뤼클레온	누굴 닮았냐고요? 종기에 마늘 고약 바른 사람을 닮으셨네요.
필로클레온	나는 실은 엉덩이를 흔들고 싶은데.
브델뤼클레온	자, 이번에는 어떻게 해야 유식하고 현명한 사람들과 어울려
	근엄하게 이야기를 주고받는지 아세요? 1175
필로클레온	알고말고.
브델뤼클레온	그들에게 어떤 이야기를 하실 건데요?
필로클레온	할 이야기야 많지. 우선 라미아가 잡혔을 때 어떻게 방귀를
	뀌었으며, 다음에는 카르도피온[158]이 어떻게 그 어미를….
브델뤼클레온	그런 지어낸 이야기 말고요. 인간에 관한 이야기를 하세요.
	가정에서 늘 일어나는 일상사 같은 이야기 말예요. 1180
필로클레온	난 아주 가정적인 이야기를 하나 알고 있지. "옛날 옛적에
	쥐와 고양이가 있었는데…"로 나가는 이야기 말이야.
브델뤼클레온	"이 어리석은 무식꾼아!"라고 테오게네스가 똥을 모으는 사람에게
	화가 나 말했죠. 유식한 사람들 앞에서 쥐와 고양이 얘기를 하실래요? 1185
필로클레온	그럼 무슨 이야기를 해야 하지?
브델뤼클레온	인상적인 이야기를 하셔야죠. 아버지께서 안드로클레스와
	클레이스테네스[159]와 함께 사절로 파견됐다는 등의 이야기 말예요.
필로클레온	하지만 나는 파로스[160] 말고는 어디에도 사절로 파견된 적이 없고,
	그때도 하루에 2오볼로스의 수당밖에 받지 못했어.[161]

브델뤼클레온	그렇다면 적어도 에푸디온[162]이 판크라티온[163] 경기에서	1190
	아스콘다스[164]에게 맞서 선전했다든가, 에푸디온이 어느새 늙어	
	머리가 희끗희끗했음에도 허리와 팔과 옆구리는 건장했으며	
	놀랄 만한 가슴받이[165]를 착용하고 있었다는 등의 얘기를 하셔야죠.	
필로클레온	그만해! 헛소리 그만하란 말이야.	
	가슴받이를 착용하고 어떻게 판크라티온 경기를 할 수 있어?	1195
브델뤼클레온	현명한 사람들은 그런 이야기를 하는 데 익숙해 있단 말예요.	
	그건 그렇고, 모르는 사람들과 술을 마실 때는 젊었을 적의	
	무용담을 이야기하는 게 적합하겠지요. 그런데 아버지께서	
	젊었을 때 행한 것 가운데 가장 용감한 행적은 뭐죠?	
필로클레온	내 행적 가운데 가장 용감한 행적이라, 그건 말이야	1200
	내가 에르가시온[166]의 포도나무 버팀목들을 훔쳤던 일이지.	
브델뤼클레온	아버지께서 포도나무 버팀목들을 훔치시다니, 참 어이가 없군요.	

158 카르도피온(Kardopion)에 관해서는 달리 알려진 바 없으나, 문맥으로 보아 신화 속 인물이나 요괴인 듯하다.
159 안드로클레스(Androkles)와 클레이스테네스는 둘 다 희극에서 풍자의 대상이 된 정치가이다. 클레이스테네스에 관해서는 『기사』 1373~1374행, 2권의 『개구리』 48~57행 참조.
160 파로스(Paros)는 에게 해의 섬이다.
161 일당을 적게 받은 것으로 미루어 필로클레온은 사절단이 탄 삼단노선의 노 젓는 선원이었던 것 같다.
162 아르카디아 출신의 판크라티온 선수. 기원전 464년 올륌피아 경기에서 우승했으며, 그 밖에도 4대 경기에서 모두 우승한 바 있다.
163 판크라티온(pankration)은 레슬링과 권투를 합친 격렬한 경기이다.
164 아스콘다스(Askondas)에 관해서는 달리 알려진 바 없다.
165 그리스어 thorax에는 '가슴'이라는 뜻도 있고 '가슴받이', 즉 흉갑이라는 뜻도 있는데, 여기서는 다음에 나오는 필로클레온의 대사와 맞추기 위해 '가슴받이'라고 번역했다.
166 에르가시온(Ergasion)은 '일꾼'이라는 뜻으로 가상의 인물인 것 같다.

	멧돼지나 산토끼를 사냥했다든가, 횃불 경주[167]를 했다는 이야기를 하셔야죠. 가장 혁혁한 행적을 생각해내보세요.
필로클레온	이제야 무엇이 가장 혁혁한 행적이었는지 알겠다. 그건 말이야, 내가 아직도 어린 소년이었을 때 달리기 선수 파윌로스[168]를 명예훼손죄로 고소하여 그가 두 표 차이로 유죄선고를 받게 한 일이지.
브델뤼클레온	그만하세요! 자, 오셔서 이쪽에 반쯤 누워보세요.[169] 그리고 회식 자리에서 먹고 마시는 태도부터 배우세요!
필로클레온	어떻게 반쯤 누우라는 거냐? 어서 말해봐!
브델뤼클레온	우아하게요.
필로클레온	이렇게 누우란 말이지? *(뻣뻣한 자세로 눕는다)*
브델뤼클레온	아니오.
필로클레온	그럼 어떻게?
브델뤼클레온	두 다리를 펴시고, 운동선수처럼 유연하게 커버 위에 누우세요. 그런 다음 청동제 집기들을 칭찬하고, 천장을 쳐다보고, 홀 안의 벽걸이들에 감탄하세요. *(하인들을 부르는 시늉을 하며)* "손 씻을 물 가져와!" "식탁 들여와!" 이제 우리 식사하는 거예요. *(식사하는 시늉을 하다가 다시 손을 씻은 양)* 이제 씻었으니 헌주하도록 해요! *(술잔을 세 번 기울이는 시늉을 한다)*
필로클레온	우리 식사가 한낱 꿈이 아니었으면 좋으련만!
브델뤼클레온	피리 부는 소녀가 서곡을 마쳤어요. 손님들은 테오로스,[170] 아이스키네스,[171] 파노스,[172] 클레온, 그리고 아케스토르[173] 머리맡의 두 번째[174] 이방인이에요. 이런 손님들과 함께한다고 여기고 권주가 한 곡 멋지게 부르세요.

필로클레온	정말이냐? 어떤 디아크리스[175] 출신도 나만큼 잘 부르지는 못할걸.
브델뤼클레온	곧 알게 되겠지요. 저를 클레온이라 생각하시고, 제가 먼저 '하르모디오스[176]의 노래'를 시작하면 아버지께서 받으세요. "아테나이에는 그런 자가 태어난 적이 없네…."
필로클레온	…그런 악당이나 도둑이 태어난 적이 없네.
브델뤼클레온	그런 노래를 부르시면 아버지께서는 끝장나요. 그자가 아버지를 없애겠다고, 파멸시키겠다고, 나라에서 추방하겠다고 말할 테니까요.
필로클레온	그자가 나를 위협하면 내가 다른 노래로 응수하지, 뭐. "그대 최고권력에 환장한 자여, 그대는 결국

1225

1230

167 아테나이에는 두 종류의 횃불 경주(lampada dramein)가 있었는데, 하나는 계주이고 하나는 단독으로 뛰는 것이었다. 두 경우 모두 손에 들고 달리던 횃불이 꺼지면 실격당한다. 횃불 경주는 판아테나이아 제, 헤파이스토스 제 같은 축제 때 치러졌는데, 계주에서 우승하는 것보다 단독 경주에서 우승하는 것을 더 큰 업적으로 여겼다.

168 파윌로스(Phayllos)는 남이탈리아 크로톤 출신의 유명한 달리기 선수이자 5종경기 선수로, 기원전 480년 살라미스 해전 때 전함 한 척을 지휘했다. 헤로도토스, 『역사』 8권 47장 참조.

169 고대 그리스인들은 긴 의자에 반쯤 기대 누워서 식사도 하고 술도 마셨다.

170 42행 참조.

171 459행 참조.

172 『기사』 1256행 참조.

173 아케스토르(Akestor)는 비극작가로, 아테나이 시민이었는데도 이방인이라는 말을 자주 들었다.

174 클레온 다음으로.

175 디아크리스(Diakris)는 앗티케 지방의 북쪽 산악지대인데, 그곳 사람들은 노래 잘하기로 유명했던 것 같다.

176 하르모디오스는 기원전 514년 아리스토게이톤과 힘을 모아 아테나이의 참주 힙피아스의 아우 힙파르코스를 암살한 젊은이로, 그를 주제로 한 권주가가 여러 곡 있었다고 한다. 『아카르나이 구역민들』 980, 1093행, 2권의 『뤼시스트라테』 632행 참조.

	그러잖아도 비틀거리는 이 도시를 넘어뜨리리라."	1235
브델뤼클레온	그리고 클레온의 발치에 반쯤 누워 있는 테오로스가 클레온의 오른손을 잡으며 "친구여, 아드메토스의 이야기를 기억하시고 가치 있는 자[177]들을 아끼시오!"라고 노래한다면, 아버지께서는 어떤 권주가로 응수하실래요?	
필로클레온	이런 노래로 응수할래. "그대는 여우 노릇도 할 줄 모르고, 양다리를 걸칠 줄도 모른다오."	1240
브델뤼클레온	다음에는 재능 있는 교양인, 허풍선이의 아들 아이스키네스가 노래를 부를 거예요. "클레이타고라[178]에게, 그리고 텟살리아인들 중에서는 나에게 재산과 부를…."	1245
필로클레온	…그대와 나는 자랑을 한바탕 늘어놓았구려.	
브델뤼클레온	아버지께서 이 방면에는 밝으신 것 같네요. 자, 이번에는 필록테몬[179]과 함께 식사를 해야 돼요. (집 안에 대고 소리친다) 게 아무도 없느냐? 크뤼소스, 우리 부자(父子)를 위해 먹을거리를 챙겨오라.[180] 우리 부자가 실컷 마실 수 있게!	1250
필로클레온	아니야, 그건 위험해. 술을 마시고 나면 문을 부수고 들어와 치고받고 하니까. 그리고 주정을 부린 뒤에는 벌금을 물어야 하니까 말이야.	1255
브델뤼클레온	점잖은 사람들과 마신다면 그런 일은 없지요. 그들이 피해자를 달래거나, 아니면 아버지께서 연회석상에서 들은 재치 있는 이야기를 들려주세요. 아이소포스의 우화도 좋고, 쉬바리스[181] 이야기도 좋아요. 그리하여 모두들 한바탕 웃고 나면 사태가 진정되는 거죠.	1260
필로클레온	나쁜 짓을 저지르고도 벌을 받지 않으려면	

그런 이야기를 많이 배워두어야 할 것 같군.

자, 가자. 가자! 지체할 때가 아니다!

(필로클레온, 브델뤼클레온, 크산티아스 퇴장)

코로스 난 내가 영리하다고 생각한 적이 한두 번이 아니며, 1265

내가 어리석다고 생각한 적은 한 번도 없어.

하지만 머리를 뒤로 묶는 집안의, 허풍선이의 아들

아뮈니아스[182]는 나보다 한 수 위였어. 나는 그가

자신이 가져온 사과와 석류를 먹는 대신 레오고라스[183]와 함께

식사하는 걸 보았어. 그는 안티폰[184]처럼 허기가 졌으니까. 1270

어디 그뿐인가. 그는 파르살로스[185]에 사절로 파견되어

---

177   헤라클레스. 텟살리아 페라이 왕 아드메토스(Admetos)는 아내가 죽었는데도 이를 숨기고 손님으로 찾아온 헤라클레스를 극진히 대접하였다. 이에 감동한 헤라클레스가 그의 아내를 죽음의 신의 손아귀에서 구출해준다.

178   '클레이타고라'라는 권주가에 관해서는 2권의 『뤼시스트라테』 1237행 참조. 여기서 클레이타고라는 권주가에서 이름을 따온 아테나이의 창녀인 듯하다.

179   필록테몬(Philoktemon)은 '재산을 사랑하는 자'라는 뜻으로 가상의 이름인 듯하다.

180   먹을거리와 마실 거리는 손님들이 준비해가고 후식과 여흥만 주인이 제공하는 회식을 말한다.

181   쉬바리스(Sybaris)는 남이탈리아의 도시로 사치스럽기로 유명했는데, 기원전 510년경 이웃 도시 크로톤에 패해 멸망했다. 그래서 그곳 주민들의 유약함과 어리석음에 관한 이야기가 많이 퍼졌다고 한다.

182   74행 참조.

183   웅변가 안도키데스(Andokides)의 아들로, 아테나이의 유서 깊은 귀족 출신 부자.

184   안티폰(Antiphon)은 소필로스(Sophilos)의 아들이다. 웅변가이자 연설문 작성자로 큰돈을 번 그는 탐욕스럽기로 유명했다.

텟살리아의 '빈민들'[186]과 개인적으로 어울렸는데,
그것은 그가 누구 못지않은
빈민이었기 때문이지.

(좌)

코로스장   행운아 아우토메네스[187]여, 그대의 행운을 축하하오.   1275
그대는 재주가 탁월한 아들들을 낳았기 때문이오.
첫째는 누구에게나 사랑받는 탁월한 재사(才士)요
키타라 연주의 명수로 우아함이 넘치지요.
둘째는 배우인데, 말로 표현할 수 없을 만큼 유능하오.
셋 중 아리프라데스[188]가 가장 재주가 탁월한데,   1280
그의 아버지가 확언한 바에 따르면, 그는 누구에게
배우지도 않았건만 타고난 재주가 워낙 걸출한지라
늘 유곽에 가서 혓바닥 놀리는 법을 익혔다 하오.

(우)

. . . . [189]
어떤 사람들은 나와 클레온이 화해했다고 말하지요.
클레온이 온갖 방법으로 나를 괴롭히고 못살게 굴고   1285
구박했을 때,[190] 그리고 내가 쥐어뜯겼을 때 사람들은
내가 크게 비명 지르는 것을 보고 웃었지요.
분명 나를 염려해서가 아니라, 내가 짓밟혔을 때
적에게 농담 같은 것을 던지는지 알아보기 위함이었소.
그걸 보고 나는 작은 계략 같은 것을 썼지요.   1290
그래서 오늘 버팀대가 포도나무를 쓰러뜨리는 거예요.[191]

크산티아스	*(뛰어들어오며)* 오오, 거북들아, 너희들은 딱지가 있어 좋겠구나.¹⁹²
	갈비뼈를 보호하기 위해 딱지로 등을 싸고 있으니,
	너희들이야말로 얼마나 영리하고 생각이 깊은가! 1295
	나는 끝장났소. 지팡이에 맞아 퍼렇게 멍이 들었단 말예요.
코로스장	왜 그러느냐, 애야? 노인이라도 매를 맞으면
	"애야!"라고 부르는 것이 마땅하니까.
크산티아스	우리 영감님이 가장 고약한 골칫거리로 변하셨어요.
	그분은 일행 가운데 가장 술에 취해 엉망이 되셨어요. 1300
	힙퓔로스, 안티폰, 뤼콘, 뤼시스트라토스, 투프라스토스¹⁹³
	그리고 프뤼니코스¹⁹⁴와 함께하는 자들이 합석했는데도 말예요.
	이 모든 분들 중에서 우리 영감님이 가장 난폭하셨어요.
	그분은 맛있는 음식을 배불리 드시자마자
	껑충껑충 뛰며 방귀를 뀌고 웃기 시작하셨어요, 1305

185 파르살로스(Pharsalos)는 남텟살리아 지방의 도시이다.
186 '빈민들'(Penestai)은 텟살리아 지방 농노들의 명칭이다.
187 아우토메네스(Automenes)에 관해서는 달리 알려진 바 없다.
188 『기사』 1274~1289행, 『평화』 883~885행 참조.
189 1행 없어짐.
190 클레온이 자신을 풍자하는 아리스토파네스를 괴롭혔던 일을 암시하는 것 같다.
191 클레온은 버팀대가 포도나무를 받쳐주듯 아리스토파네스가 약속을 지켜주리라 믿고 있겠지만, 이 희극에서 그를 공격함으로써 그의 기대를 저버렸다는 뜻이다.
192 429행 참조.
193 힙퓔로스(Hippylos)와 투프라스토스(Thouphrastos)에 관해서는 달리 알려진 바 없다. 뤼시스트라토스에 관해서는 787행 참조. 뤼콘은 당시 아테나이에서는 잘 알려진 인물로, 2권의 『뤼시스트라테』 주 44 참조.
194 여기서 프뤼니코스는 문맥상 희극작가가 아니라 정치가인 것 같다.

보리를 껍질째 실컷 먹은 당나귀 새끼처럼 말예요.
그러면서 저를 "애야, 애야!"[195]라고 부르며 세게
때리셨어요. 뤼시스트라토스가 그걸 보고 비유를 들었어요.
"영감님, 당신은 벼락부자가 된 프뤼기아인[196]이나
겨 더미 있는 곳으로 도망친 당나귀 같구려!" 1310
그러자 영감님이 목청을 돋우어 맞받아치셨어요.
"당신은 날개가 닳아빠진 매미나 무대의상을 빼앗긴
비극작가 스테넬로스[197] 같구려!"
그러자 모두들 박수갈채를 보냈으나, 투프라스토스만은
자신이 현명하다고 믿고 이맛살을 찌푸렸어요. 1315
그러자 영감님께서 투프라스토스에게 물으셨어요.
"말해봐요, 당신 뭐가 잘났다고 그렇게 거드름을 피우는지!
언제나 잘나가는 사람들에게 알랑거리는 어릿광대 주제에."
영감님은 그런 식으로 그분들을 차례차례 모욕하셨어요.
야비한 농담을 던지고, 상황과 아무 관계도 없는 1320
얼토당토않은 이야기를 무식하게 늘어놓으면서 말예요.
그러다가 잔뜩 취하시자 아무나 닥치는 대로 치며
집으로 오고 계세요. 잠깐! 저기 그분이
갈지자걸음으로 비틀거리며 이리 오고 계시네요.
얻어맞기 전에 피해야지. *(집 안으로 들어간다)* 1325

*(술 취한 필로클레온, 손에 횃불을 들고는 발가벗은 피리 부는 소녀 다르다니스를
데리고 들어온다. 도중에 필로클레온에게 공격당한 남자들이 화가 나 그 뒤를 따른다)*

필로클레온 게 섰거라! 비켜!
아니면 내 뒤를 따라오는 자들 가운데 몇 명은 울부짖게 될걸!

(따라오는 자들에게 횃불을 휘두르며)

이 악당들아, 꺼져! 그러지 않으면

	이 횃불로 너희들을 지질 테다!	1330
남자	당신은 이번 일로 우리 모두에 의해 법정에 소환당할 거요,	
	설사 당신이 젊은이라 해도 말이오.[198] 우리가 함께 몰려와	
	당신을 법정에 소환할 테니 말이오.	
필로클레온	하하, 나를 소환한다고!	1335
	당신들 참 케케묵었구먼! 난 소송이라는 말만 들어도	
	못 참아. 하하, 하하!	
	내 마음에 드는 것은 "투표 항아리들을 치워버려!"야.	
	꺼지지 못해? 배심원 어디 있어? 비켜!	1340

(남자들을 쫓아버리고 집으로 들어가는 계단 어귀에서 피리 부는 소녀 다르다니스와 재회한다)

내 작은 황금 쇠똥구리야, 이리 올라온.

손으로 이 밧줄 끝을 잡고 말이야.

(그가 남근[199]을 내밀자 그녀가 그것을 잡는다.

그러자 그가 그녀를 계단 위로 끌어 올리기 시작한다)

조심해서 잘 잡아! 밧줄이 좀 낡아빠졌으니까.

닳아빠지긴 했어도 문질러지는 것을 싫어하진 않아.

(둘이 계단 꼭대기에 이르렀을 때)

네가 손님들과 구강성교를 하지 않을 수 없었을 때   1345

내가 너를 얼마나 재치 있게 빼돌렸는지 알겠지?

---

195 노예들을 부를 때는 "얘야!"(pai)라고 한다.
196 트로이아인. 여기에서는 야만인이라는 뜻이다
197 스테넬로스(Sthenelos)는 비극작가인데, 무미건조한 내용을 화려한 의상으로 윤색한다는 평을 받았다고 한다.
198 '설사 젊은이의 패기에서 한 짓이라 해도'라는 뜻이다. 이들은 세게 후려치는 필로클레온을 노인이 아니라 젊은이라고 생각하는 것이다.
199 희극배우들의 의상에는 으레 발기된 남근이 달려 있다.

그러니 너는 그 보답으로 내 남근에게 잘해줘야 해.

은혜를 갚지 않을 거야? 넌 갚을 생각이 없는 게로구나.

모를 줄 알고. 너는 나를 속이고는 내 이 물건을 보고 웃겠지.

입을 벌린 채. 여태까지 다른 사람들에게도 입을 벌렸으니까.[200] 1350

하지만 네가 착하게 굴면 내 아들이 죽은 뒤

너를 자유의 몸으로 만들어

내 첩으로 삼아주마, 내 작은 귀염둥이야!

그러나 지금 당장은 내 재산을 내 마음대로 못해.

난 아직 어려서 엄중한 감시를 받고 있으니까. 1355

내 아들 녀석은 한눈팔지 않고 노상 나를 지키고 있고,

성품이 비열할뿐더러 세상에 둘도 없는 자린고비야.

그래서 녀석은 내가 망가질까 봐 염려하는 거야.

내가 녀석의 유일한 아버지니까.

(브델뤼클레온이 다가오는 것이 보인다)

녀석이 저기 나타났군. 너와 나를 뒤쫓고 있는 것 같아. 1360

어서 이 횃불을 들고 가만히 서 있어. 내가 녀석에게

젊은이들이 쓰는 술수를 써봐야지. 내가 비의에

입문하기 전 녀석이 내게 써먹었던 바로 그 술수 말이야.[201]

(다르다니스가 횃불을 받아 면전에 들고 꼿꼿이 서 있다)

브델뤼클레온 이봐요, 이봐요! 이 노망든 정신 나간 어르신네!

보아하니, 젊은 말괄량이한테 반하신 것 같네요! 1365

아폴론 신에 맹세코, 그런 짓을 하고는 무사하지 못하지요.

필로클레온 넌 식초에 절인 소송이 맛있나 보구나.

브델뤼클레온 연회장에서 피리 부는 소녀를 빼돌린 뒤 저를 놀리시다니

창피한 줄 아세요.

필로클레온 피리 부는 소녀라니, 무슨 소리냐?

		1370
	저승 갔다 온 사람처럼 무슨 그런 말도 안 되는 소릴 하냐?	
브델뤼클레온	*(다르다니스를 보며)* 이건 분명 아버지께서 데려오신 다르다니스예요.	
필로클레온	천만의 말씀! 이건 신들을 위해 장터에서 타고 있던 횃불이야.	
브델뤼클레온	이게 횃불이라고요?	
필로클레온	횃불이지 않고. 넌 *(다르다니스의 사타구니를 가리키며)* 여기가 갈라진 것²⁰²도 안 보여?	
브델뤼클레온	*(그곳을 보며)* 그런데 가운데 있는 이 시커먼 부분은 뭐죠?	
필로클레온	불에 탈 때 송진이 흘러나온 거지.	1375
브델뤼클레온	그리고 뒤쪽의 이것은 여자 엉덩이 아닌가요?	
필로클레온	그건 옹이 하나가 밖으로 튀어나온 거야.	
브델뤼클레온	무슨 말씀을 하세요? 과연 옹이로구나. *(다르다니스에게)* 너, 이리 와! *(다르다니스를 집 안으로 데리고 들어간다)*	
필로클레온	이봐, 이봐! 대체 무슨 짓을 하려는 거야?	
브델뤼클레온	이 소녀를 데려가려는 거죠. 제가 이 소녀를 아버지한테서 빼앗은 까닭은, 아버지는 낡아빠져서 아무것도 하실 수 없다고 여기기 때문이에요.	1380
필로클레온	내 말 들어봐. 나는 올륌피아에 사절로 파견되었다가 이미 노인이 다 된 에푸디온이 아스콘다스를 맞아 훌륭하게 싸우는 것을 본 적이 있는데, 늙은 선수가 젊은 선수를 주먹 한 방으로 때려눕히더군. *(이렇게 말하고 브델뤼클레온을 한 방에 때려눕힌다. 다르다니스가 브델뤼클레온을 뿌리치고 달아난다)*	1385

200   여기서 '입을 벌린다'는 것은 구강성교를 말한다.
201   엘레우시스 비의에 입문한 자들은 새로 입문하기를 지원하는 자들을 놀려주었다고 한다.
202   횃불은 대개 여러 개비의 관솔을 한데 묶어서 만들었다.

네 두 눈에 멍들지 않게 조심해!

브델뤼클레온 *(일어서며)* 아버지께서는 분명 올륌피아를 완전히 몸에 익히셨네요.

(빵가겟집 안주인 뮈르티아, 빈 바구니를 들고 등장. 카이레폰[203]을 증인으로 데려온다)

뮈르티아 *(카이레폰에게)* 제발 부탁이에요. 와서 나를 도와주세요.

(필로클레온을 가리키며) 저자가 횃불로 나를 이리저리

마구 치는 바람에 나는 1오볼로스짜리 빵 덩이를 열 개하고도   1390

네 개를 여기 이 바구니에서 땅에 떨어뜨리고 말았어요.

브델뤼클레온 *(필로클레온에게)*

무슨 짓을 저지르셨는지 보이세요? 아버지의 주정 때문에

우리는 또 소송을 하는 등 고생하게 생겼단 말예요.

필로클레온 천만의 말씀! 재미있는 이야기 한두 가지만 하면

사태가 진정되고 그녀는 틀림없이 나와 화해할 거야.   1395

뮈르티아 *(대들며)* 두 분 여신[204]에 맹세코, 그렇게는 안 되죠.

앙퀼리온과 소스트라테[205]의 딸 뮈르티아의 물건을

이렇게 망쳐놓고 무사할 줄 아세요?

필로클레온 들어봐요, 아줌마. 재미있는 이야기 하나 들려줄 테니.

뮈르티아 이봐요, 이야기 듣기 싫단 말예요.   1400

필로클레온 어느 날 저녁 아이소포스가 저녁을 먹고 집으로 가고 있는데

뻔뻔스러운 암캐 한 마리가 그를 보고 짖어댔어.

그러자 아이소포스가 말했지. "암캐야, 암캐야!

어때, 내가 보기엔 그 고약한 혀를 팔고

어디서 밀을 좀 사오는 게 더 현명할 것 같은데."   1405

뮈르티아 나를 비웃까지 하는 거요? 당신이 누구든 내가 당신을

소환하니, 내 물건을 손상시킨 죄로 시장 위원회에

출두하시오. 여기 있는 카이레폰이 내 증인이오.

필로클레온	제발 내 말에 일리가 있다 싶으면 들어보시오.
	옛날에 라소스와 시모니데스[206]가 노래 경연을 벌였어.
	그런데 라소스가 말했지. "그게 나와 무슨 상관이지?"[207]
뮈르티아	들려주겠다던 이야기가 그거였나요?
	(갑자기 돌아서서 걸어가자, 카이레폰이 천천히 뒤따라간다)
필로클레온	카이레폰, 에우리피데스의 다리에 매달린 이노[208]처럼

1410

203 소크라테스의 제자이자 친구이다. 『구름』 104, 144~164, 830~831, 1465~1467행 참조.
204 데메테르와 페르세포네.
205 앙퀼리온(Ankylion)과 소스트라테(Sostrate)라고 부모의 이름을 대는 것은 그녀가 자유민이라는 뜻이다.
206 라소스(Lasos)는 아르골리스 지방 헤르미오네 시 출신으로 기원전 6세기 말에 활동한 디튀람보스 시인이다. 시모니데스(Simonides 기원전 556년경~468년)는 케오스(Keos) 섬 출신으로, 그리스의 위대한 서정시인 중 한 명이다.
207 '내 상대가 시모니데스라는 것이' 또는 '내가 경연에서 시모니데스에게 졌기로'라는 뜻인 것 같다.
208 이노(Ino)는 카드모스의 딸로 텟살리아 왕 아타마스(Athamas)와 결혼한다. 그녀와 아타마스와 그의 자식들에 관해서는 여러 가지 이야기가 전해오는데, 그중 하나인 에우리피데스의 『이노』에 따르면 이노는 파르낫소스 산에서 박코스 여신도가 되려고 가출한다. 아타마스는 그녀가 죽은 줄 알고 테미스토(Themisto)와 결혼하여 두 아이를 낳는다. 그 뒤 아타마스는 이노가 살아 있다는 것을 알고 그녀를 데려와 숨겨둔다. 테미스토는 이노가 낳은 아타마스의 자식들을 죽이기로 작정하고는 누군지도 모르고 이노에게 도움을 청한다. 그러나 테미스토는 이노의 술수에 넘어가 제 자식들을 죽이고는 이를 알게 되자 자살한다. 이때 아타마스가 이노를 처벌하라고 명령하자 이노가 아타마스의 다리에 매달려 살려달라고 애걸복걸한 듯하다. 여기서 아리스토파네스는 이노가 아타마스가 아니라 에우리피데스의 다리에 매달렸다고 말하는데, 그 이유는 드라마에서 등장인물의 운명은 사실상 작가에 의해 좌우되기 때문일 것이다.

|브델뤼클레온| 얼굴이 창백한 당신이 이 여인을 위해 증인을 서겠다고?[209]
저기 누군가 다른 사람이 아버지를 소환하러 오는 것
같은데요. 아무튼 그는 증인을 데려오고 있어요.

(다른 고소인이 머리가 피투성이가 된 채 증인을 데리고 등장한다)

|고소인| 이봐요 영감, 내 당신을 폭행죄로 고발하오!
|브델뤼클레온| 폭행죄라니? 제발 이분을 소환만은 말아주시오.
내가 이분을 위해 당신이 정하는 대로 보상금을
지불하겠소. 그리고 당신에게 감지덕지할 것이오.
|필로클레온| 아니, 내가 자진하여 저 사람과 화해하겠다. 내가
그를 때리고 돌을 던진 것을 인정하니까 말이야.
(고소인에게) 이리 와요. 내가 앞으로 당신의 친구가 되겠다면
지불해야 할 보상금의 금액을 결정하는 일을
내게 맡기겠소, 아니면 당신이 금액을 말하겠소?
|고소인| 당신이 정하시오. 난 소송이나 말다툼은 좋아하지 않으니까요.
|필로클레온| 어떤 쉬바리스인이 전차에서 굴러떨어져
어찌 된 일인지 머리를 크게 다쳤는데,
실은 그가 전차를 모는 데 능하지 못했기 때문이오.
그러자 그의 친구 한 명이 그에게 다가가 말했소.
"사람은 누구나 잘하는 일을 업(業)으로 삼아야지!"
이번 경우도 마찬가지니,[210] 당신도 핏탈로스[211]에게 가보시오!
|브델뤼클레온| 아버지는 달라지신 게 하나도 없군요.
|고소인| *(증인에게)* 아무튼 그의 이 대답을 기억해두시오.

(증인과 함께 떠나려 한다)

|필로클레온| 내 말 들어봐요, 그렇게 갑자기 떠나지 말고!

(고소인과 증인이 멈춰 서서 얼굴을 돌리자)

|필로클레온| 옛날에 쉬바리스에서 어떤 여자가 항아리를 깼대.

(고소인의 머리를 친다)

|고소인| *(증인에게)* 이것도 증언해주시오!

|필로클레온| *(이야기를 계속한다)* 그래서 항아리가 친구를 증인으로 소환했대.

그러자 여인이 말했대. "코레[212]에 맹세코,

증인을 소환할 일이 아니라, 달려가 싸잡아맬

붕대를 사는 편이 더 분별 있는 행동일 텐데." 1440

|고소인| 계속 거드름 피우시오. 아르콘이 이 일로 당신을 소환할 때까지.

|브델뤼클레온| *(필로클레온에게)*

제발 더 이상 이곳에 머무르지 마세요.

제가 아버지를 모시고 갈게요.

|필로클레온| *(거칠게 발길질을 하며)*

너 이게 뭐 하는 짓이냐?

|브델뤼클레온| 뭐 하냐고요? 아버지를 집 안으로 모시는 중이죠. 그러지 않으면

아버지를 고소하는 자들이 하도 많아 증인이 모자랄 판이니까요. 1445

|필로클레온| 언젠가 델포이인들이 아이소포스를….

|브델뤼클레온| 저는 전혀 관심 없어요.

|필로클레온| 신에게 헌주하는 술잔을 훔쳤다고 고소했지.[213]

---

209 당시 아테나이에서 여자는 고소인도 증인도 될 수 없었다. 그러므로 여기서 필로클레온의 말은 '당신은 얼굴이 창백해 여자처럼 보일 테니 법정에서 증언할 수 없을 것'이라는 뜻이다.

210 '나는 직업이 의사가 아니니' 또는 '쉬바리스인이 친구의 동정을 사지 못했 듯이, 당신도 내 동정을 사지 못할 테니'라는 뜻이다.

211 아테나이의 의사.

212 코레(kore '처녀')는 여신 페르세포네의 별명이다.

213 아이소포스가 어떻게 해서 죽게 됐는지 증언해주는 가장 오래된 문헌이다.

	그러자 그는 이야기했지, 옛날에 쇠똥구리가 어떻게… .²¹⁴
브델뤼클레온	쇠똥구리고 뭐고 아버지 때문에 정말 못살겠어요.

(필로클레온을 집 안으로 데리고 들어간다)

(좌)

코로스	나는 저 영감의 행운이 부럽소.	1450
	이전의 무미건조한 습관과	
	생활방식과는 얼마나 다른가!	
	이전보다 더 나은 것을 배웠으니,	
	이제 그는 크게 변해	
	안락함과 편안함만 누리게 되리라.	1455
	하지만 그는 싫을지도 모르지.	
	제2의 천성을 버리기란	
	어려운 법이니까.	
	그러나 많은 사람들이 그렇게 했어.	
	남의 생각을 받아들여	1460
	자신의 습관을 바꿨으니 말일세.	

(우)

필로클레온의 아들은
지혜와 효성으로
나는 물론이요
양식 있는 많은 이들의   1465
칭찬을 받고 있다네.
나는 그렇게 붙임성 좋은 이를
만난 적이 없고, 어느 누구의

성격에도 그렇게 반한 적이 없으니까.
그도 그럴 것이, 아버지에게   1470
더 품위 있는 활동을 권하려
했을 때, 그는 모든 논쟁에서
아버지보다 더 우세했으니 말일세.

크산티아스   *(문을 열어둔 채 집에서 나오며)*

디오뉘소스에 맹세코, 우리 집을 이렇게 난장판으로
만들다니, 이건 분명 어떤 신들의 소행이오.   1475
고주망태가 되도록 술을 마신 영감님이
피리 소리가 들리자 황홀해져서
테스피스[215]가 경연 때 보여주던 구식 춤을
밤새도록 쉬지 않고 계속해서 추고 계시지 뭐예요.
그러시면서 오늘날의 비극작가들과 곧 춤 경연을 벌여   1480
그들이 구닥다리라는 걸 보여주시겠대요.

필로클레온   *(문간에 나타나며)* 문간에 앉아 있는 게 누구지?

크산티아스   갈수록 태산이로구나.

필로클레온   문빗장을 열어! *(밖으로 나가 춤추기 시작한다)* 이게 춤의 시작이야.   1485

---

214 독수리가 쇠똥구리를 못살게 굴자 쇠똥구리가 독수리 둥지에 들어가 알을 밀어내 깨뜨린다. 그래서 독수리가 도망쳐 알을 제우스에게 맡겼는데, 쇠똥구리가 날아올라가 제우스의 무릎에 똥 덩이를 떨어뜨리자 제우스가 깜짝 놀라는 바람에 알을 떨어뜨리게 했다는 이솝 우화를 말한다. 이 우화의 교훈은 세상에 복수할 수 없을 만큼 무력한 존재는 없기 때문에, 악한 자는 어디로 가든 보복을 피할 수 없다는 것이다.

215 테스피스(Thespis)는 그리스 비극의 창안자로, 기원전 534년경 대디오뉘소스 제에서 개최된 비극 경연에서 경연사상 최초의 우승자가 되었다고 한다.

크산티아스 광란의 시작 같은데요.

필로클레온 격렬한 동작에 양 옆구리가 뒤틀리는구나.
콧구멍에서 헐떡이는 소리가 나고
등이 우지끈거리는구나!

크산티아스 가서 미나리아재비²¹⁶나 드세요.

필로클레온 프뤼니코스는 수탉²¹⁷처럼 몸을 웅크리지…. 1490

크산티아스 그들은 곧 나리에게 돌팔매질을 할걸요.²¹⁸

필로클레온 그리고 한쪽 다리를 하늘 높이 쳐들지.
항문은 찢어지고….

크산티아스 나리 걱정이나 하세요.

필로클레온 이번에는 내 관절들이 얼마나
잘 돌아가는지 보란 말이야. 1495
(춤을 끝내고 크산티아스에게) 좋지 않았니?

크산티아스 좋긴 뭐가 좋아요. 그건 미치광이의 몸짓이었어요.

필로클레온 자, 이번에는 나에게 맞설 자가 있으면 나와보라 그래.
훌륭한 춤꾼이라고 자부하는 비극작가가 있다면,
이리 나와서 나하고 겨루시오. *(대답을 기다린다)*
그러겠다는 자가 있소, 아니면 아무도 없소?

크산티아스 저기 저 사람뿐인데요. *(게로 분장한 무용수가 무대 측면에서 등장한다)* 1500

필로클레온 그 불운한 자가 대체 누구지?

크산티아스 카르키노스²¹⁹의 아들인데요. 가운데 아들 말예요.

필로클레온 그를 삼켜버리겠다.
주먹 한 방으로 날려버리겠단 말이야.
리듬에 관한 한 그는 아무것도 모르니까.

크산티아스 어리석기는! 저기 다른 비극작가가, 카르키노스의 1505
다른 아들이 오고 있어요. 그의 형 말예요.

(게로 분장한 두 번째 무용수가 등장한다)

필로클레온 그렇다면 좋은 먹을거리가 굴러들어온 셈이로군.

크산티아스 보세요. 보이는 게 온통 게뿐이에요.

여기 카르키노스의 또 다른 아들이 오고 있어요.

(게로 분장한 세 번째 무용수가 등장한다)

필로클레온 여기 기어오는 건 또 뭐야? 가재야, 거미야?

크산티아스 게 중에서 가장 작은 소라게예요. 1510

그도 비극작가이지요.

필로클레온 카르키노스, 그대의 자식 복을 축하하오.

한 무리의 춤추는 작은 새들이 여기 내려앉았구먼!

(크산티아스에게) 나는 이들과 시합을 해야 해. 내가 저들한테

이길 때를 대비해, 너는 저들에게 칠 소금물을 준비해둬.[220] 1515

코로스장 자, 우리 모두 조금 비켜서 있읍시다. 우리 앞에서

저들이 아무 방해도 받지 않고 빙글빙글 돌 수 있도록.

(좌)

(코로스가 오르케스트라 뒤쪽으로 물러난다. 코로스가 노래하는 동안 그들 앞에서

한쪽에서는 필로클레온이, 다른 쪽에서는 카르키노스의 세 아들이 자신들의 춤 기술을 보여준다)

코로스 자, 바다에 사는 이[221]의 이름난 아들들이여,

---

216 미나리아재비(helleboros)는 특정한 광기를 치료해주는 것으로 여겨졌다.
217 싸움에 진.
218 정신이상인 줄 알고.
219 비극작가.
220 게를 삶아 먹을 수 있도록.
221 포세이돈.

모래밭과 추수할 수 없는 바다의 기슭을 따라 1520
껑충껑충 뛰어라, 새우 형제들이여!
발을 재빨리 빙글빙글 돌리고 프뤼니코스처럼
발길질을 하라. 다리가 높이 들린 것을 보고 1525
관객들이 환성을 올리도록.
원을 그리며 빙빙 돌되 배를 두드리고
하늘 높이 발길질을 하라. 발끝으로 돌며. 1530

(큰 게로 분장한 다른 사람이 등장하여 그들이 춤추는 것을 옆에서 지켜본다)

바다의 주인인 너희들의 아버지가 몸소 이리로 기어와
자신의 세 아들이 춤추는 것을 보고 기뻐하고 있노라.
그리고 마음에 든다면 춤추며 우리를 어서 밖으로 1535
인도해다오. 코로스의 춤으로 끝나는 희극은
일찍이 선을 뵌 적이 없으니까 말이야.

*(카르키노스와 그의 세 아들, 필로클레온이 카르키노스 말고는 모두 춤을 추며
코로스를 밖으로 인도한다)*

아카르나이 구역민들
Acharnes

작품 소개

기원전 425년 레나이아 제의 희극 경연에서 우승한 『아카르나이 구역민들』은 아리스토파네스의 현존 희극 가운데 맨 먼저 공연된 것이다. 이 작품은 칼리스트라토스가 연출했는데, 아마도 작가가 기준 연령에 미달했기 때문인 것 같다.

펠로폰네소스 전쟁이 일어난 지 6년이 지나자 아테나이인들은 아직 전의를 상실하지는 않았지만 농토는 황폐해지고, 피난민들이 득실대는 도시에는 전염병이 창궐하고, 식료품이 모자라는 등 고생이 말이 아니었다. 그중에서도 아테나이 서북쪽 파르네스 산기슭에 자리 잡은 아카르나이 구역 주민들은 농토를 적군에게 거듭 약탈당하는 바람에 특히 고생이 심했다.

극이 시작되면 앗티케 농부 디카이오폴리스가 그 옛날 평화로웠던 시절을 그리워하며 민회가 열리기를 기다린다. 그때 스파르테와 휴전조약을 체결하도록 신들이 보낸 암피테오스가 나타나지만, 불행히도 그에게는 필요한 여비가 없다. 그러자 디카이오폴리스가 그에게 여비를 대주며, 자기와 스파르테 사이에 개인적인 휴전조약을 체결해주도록 주문한다. 암피테오스는 휴전조약을 맺고 돌아오는 길에 적개심에 불타는 호전적인 아카르나이 구역민들에게 쫓기게 되는데, 이들이 이 희극의 코로스를 구성한다.

디카이오폴리스는 딸들과 하인들을 데리고 휴전조약을 자축하다가 전쟁과 평화를 놓고 이들과 토론을 벌이는데, 이 토론에는 아테나이의 호전적인 장군 라마코스도 참가한다. 디카이오폴리스는 배신자로 처형당하기 전에 연설하는 것이 허용되자 청중의 동정을 사기 위해 비극작가 에우리피데스를 찾아가 필요한 소도구(小道具)들을 빌려온다. 그리하여 드디어 코로스는 평화를 선택하기로 마음을 돌린다.

시인이 자신의 입장을 옹호하는 '파라바시스'가 끝나면 평화의 여러 가지 이점을 말해주는 재미있는 장면들이 이어진다. 어떤 메가라인은 디카이오폴리스를 찾아와 돼지로 변장하고 자루 속에 들어가 있는 딸들을 주고 식료품을 사가고, 어떤 보이오티아인은 유명한 뱀장어와 다른 좋은 물건들을 갖고 와 아테나이의 특산물인 '밀고자'를 사간다. 마침내 라마코스는 눈〔雪〕을 무릅쓰고 보이오티아로 진격하라는 명령에 따라 출정했다가 다리를 다쳐 돌아오고, 디카이오폴리스는 디오뉘소스의 사제와 함께 축제를 개최한다.

등장인물

디카이오폴리스(Dikaiopolis) 콜레이다이(Cholleidai) 구역의 농부

전령

암피테오스(Amphitheos) 뤼키노스(Lykinos)의 아들, 불사자(不死者)

사절(使節) 페르시아 왕을 방문하고 돌아온

프세우다르타바스(Pseudartabas) '왕의 눈'이라 불리는 페르시아인

테오로스(Theoros)

코로스 아카르나이 구역의 노인들로 구성된

딸 디카이오폴리스의

하인 에우리피데스의

에우리피데스 비극작가

라마코스

메가라인

두 소녀 메가라인의 딸들

밀고자

테바이인

니카르코스(Nikarchos) 밀고자

노예 라마코스의

데르케테스(Derketes) 농부

신랑 들러리

사자(使者) **1** 장군들에게서 온

사자 2 디오뉘소스 사제에게서 온

사자 3 전쟁터에서 온

그 밖에 무언 배우인 시의원들, 의회에 참석한 시민들, 의회의 질서를 유지하는 궁수들, 페르시아 왕을 방문하고 돌아온 사절단, 두 명의 내시, 트라케 오도만토이족 출신 경무장 보병들, 디카이오폴리스의 노예 크산티아스(Xanthias)와 다른 노예들, 디카이오폴리스의 아내, 디카이오폴리스의 자식들, 라마코스 부대의 병사들, 테바이인의 노예 이스메니아스(Ismenias), 테바이 출신 피리 연주자들, 신부 들러리, 두 명의 무희(舞姬)

이 작품의 대본은 *Aristophanis Fabulae,* ed. by N.G. Wilson, 2vols., Oxford 2007의 그리스어 텍스트이다. 주석은 A.H. Sommerstein (Warminster 1983), S.D. Olson (Oxford 2002)의 것을 참고했다. 현대어 번역은 A.H. Sommerstein, P. Roche (New American Library 2005), The Athenian Society (El Paso, Texas 2006)의 영어 번역과 L. Seeger의 독어 번역을 참고했다.

장소 프뉙스 언덕에 있는 아테나이의 의회. 무대는 연단을 나타내고,
그 바로 아래 왼쪽에는 시의원들을 위한 긴 의자들이 마련되어 있다.
오른쪽에서 디카이오폴리스 등장.

디카이오폴리스[1] 살다 보면 속상하는 일은 부지기수인데, 기분 좋은 일은
드물어. 그야말로 가물에 콩 나듯 하지. 기분 좋았던 적은
네 번뿐인데,[2] 괴로운 일은 바닷가 모래알만큼이나
많으니까 말이야. 가만있자, 무엇에 내가 마음의 희열을
느꼈었지? 그래, 그때였어. 클레온이 삼켰던 5탈란톤[3]을   5
토해냈을 때 말이야. 그때 나는 진심으로 희열을 느꼈지.
그래서 나는 그러한 업적 때문에 기사(騎士)[4]들을
사랑하지. 그것은 헬라스다운 행동이었으니까.
그러나 아이스퀼로스[5]의 작품을 초조하게 기다리고 있는데
"테오그니스,[6] 당신의 코로스를 데리고 들어오시오!"라고   10
전령이 외쳤을 때, 나는 얼마나 절망하고 괴로워했던가!

---

1 '올곧은 시민'이라는 뜻.
2 여기에서는 두 번만 언급되고 있다.
3 민중선동가 클레온은 아테나이인들을 설득해 공물(貢物)을 줄여달라는 부탁을 받고, 에게 해 섬 주민들에게서 뇌물을 받았던 것 같다.
4 말을 먹일 만큼 부유했던 기사계급, 그중에서도 특히 아테나이의 기병대를 구성하는 젊은 기사들은 언제나 민중 편을 드는 클레온과 사이가 나빴다.
5 그리스 3대 비극작가 중 맏이.
6 비극작가. 아리스토파네스는 140행에서 그를 차가운 사람이라고 부르는데 (2권 『테스모포리아 축제의 여인들』 170행도 참조), 대중은 그에게 '눈〔雪〕'이라는 별명을 붙여주었다고 한다.

내가 마음에 얼마나 충격을 받았는지 상상할 수 있겠지요?
내가 또 한 번 희열을 느낀 것은 언젠가 덱시테오스[7]가
모스코스 바로 다음에 보이오티아 선율을 연주했을 때죠.
그러나 올해는 영 딴판이오. 카이리스[8]가 몸을 구부리고
연주하는 오르티오스 선율[9]을 듣는 것은 그야말로
고문이었소. 그건 그렇고, 내가 비누로 세수하기
시작한 뒤로 오늘처럼 이렇게 눈이 따끔거리기는 처음이오.
날이 밝는 대로 민회가 열리기로 되어 있는데
이곳 프뇍스 언덕은 여전히 비어 있고, 사람들은
주황색 칠을 한 밧줄[10]을 피해 이리저리 거닐며
아고라에서 잡담이나 하고 있으니 말이오.
시의원들[11]도 아직 도착하지 않았어요. 그들은 늦게
오겠지요. 그리고 늦게야 우르르 한꺼번에 몰려와서는
앞자리를 차지하려고 서로 밀며 얼마나 야단법석을
떠는지 몰라요. 그들은 평화 같은 것에는 전혀
관심도 없으니까요. 오오, 도시여, 도시여!
하지만 나는 늘 누구보다 먼저 민회가 열리는 이곳에 와서
앉아 있곤 하지요. 그리고 혼자 있을 때는 한숨을 쉬고,
하품을 하고, 기지개를 켜고, 방귀를 뀌고, 어찌할 바를
몰라 하고, 땅에 그림을 그리고, 머리를 긁적이고,
생각에 잠기곤 하지요. 시골을 바라보며, 평화를 갈망하며,
도시 생활에 염증을 느껴 내 고향 마을을 그리워하며.[12]
내 고향 마을에는 "숯 사려!" "식초 사려!" "식용유 사려!"라고
외치는 소리가 들리지 않았으니까요. 그곳에는 모든 것이 자체
생산되어 "사려!"라고 외치는 소리를 들을 수 없었기 때문이지요.
그래서 나는 누가 평화 외에 딴 말을 하면 고함을 지르고,

	말을 가로막고, 연사들에게 욕설을 퍼부을 만반의 준비를 하고 이리로 왔지요. *(전령, 시의원들, 궁수들 등장)*
	아아, 저기 시의원들이 도착했네요. 한낮이 다 되어서야. 내가 말하지 않던가요? 내가 말한 대로 저들은 앞자리를 차지하려고 서로 밀며 야단법석을 떨고 있네요.
전령	앞으로 더 당기시오.
	앞으로 더 당겨 정화된 공간 안에 앉도록 하시오!
암피테오스	*(늦게 도착하여 디카이오폴리스에게 나직이)* 누가 벌써 말한 사람 있나요?
전령	말하기를 원하는 사람이 뉘시오?
암피테오스	나요.
전령	당신은 뉘시오?
암피테오스	암피테오스[13]요.

7   덱시테오스(Dexitheos)와 모스코스(Moschos)는 둘 다 뤼라를 연주하며 노래를 부르는 가수(kitharoidos)였는데, 전자의 연주가 더 훌륭하여 경연에서 우승한 것 같다.

8   카이리스는 이날 음악 경연에서 꼴찌인 3등을 한 듯하다.

9   보이오티아 선율(Boiotios nomos)은 천천히 시작하여 점점 격렬해지는 선율이고 오르티오스 선율(orthios nomos)은 갑자기 격렬해지는 선율인데, 둘 다 기원전 7세기의 서정시인 테르판드로스(Terpandros)가 창안해냈다고 한다.

10 민회가 열리는 날에는 사람들이 아고라에 들어가지 못하고 프뉙스 언덕으로 올라가도록 유도하기 위해 길에 주황색 칠을 한 밧줄이 쳐졌는데, 옷에 주황색이 묻은 사람은 벌금을 물어야 했다고 한다.

11 시의원들(prytaneis)은 아테나이의 10개 부족에서 매년 추첨으로 50명씩 선출된다.

12 펠로폰네소스 전쟁 때 앗티케인들은 펠로폰네소스군의 공격을 피해 아테나이에 모여 복닥거리며 피난 생활을 했는데, 나중에는 열악한 주거환경 때문에 전염병이 창궐하기도 했다.

13 암피테오스는 '양쪽이, 즉 양친이 모두 신(神)인 사람'이라는 뜻이다.

전령	당신은 사람이 아니오?
암피테오스	그렇소. 나는 불사(不死)의 존재요. 원래 암피테오스는 데메테르와 트립톨레모스의 아들이었는데, 암피테오스한테서 켈레오스가 태어났소.[14] 그리고 켈레오스가 내 할머니 파이나레테와 결혼하니, 그녀에게서 뤼키노스[15]가 태어났소. 그리고 뤼키노스에게서 태어났으니 나는 불사의 존재이지요. 또한 신들께서는 라케다이몬[16]인들과 휴전조약을 맺는 일을 나에게 일임했소. 그런데 나는 불사의 존재이지만, 여러분, 여비(旅費)가 없소이다. 시의원들이 여비 대주기를 거절하기 때문이오.
전령	(시의원들의 의장이 신호를 보내자) 이봐, 궁수들!
암피테오스	(끌려가며) 트립톨레모스와 켈레오스여, 저를 버리시나이까?
디카이오폴리스	시의원 여러분! 이 사람은 우리를 위해 평화를 보장하고 우리가 방패를 나무못에 걸어두기를 바랄 뿐인데 이런 사람을 체포하다니, 이는 여러분이 민회에 횡포를 부리는 것이오.
전령	가만히 앉아서 조용히 해!
디카이오폴리스	아폴론에 맹세코, 그렇게는 못하겠소. 여러분이 평화에 관해 논의하지 않는 한.
전령	(그의 말을 무시하고 큰 소리로) 왕을 방문하고 돌아온 사절단!
디카이오폴리스	어떤 왕 말이오? 나는 사절단과 그들이 선물 받은 공작(孔雀)들과 그들의 허풍에 이제 넌더리가 난단 말이오.
전령	조용히 해!
디카이오폴리스	(사절단이 페르시아풍의 화려한 옷을 입고 등장하는 것을 보고) 맙소사! 엑바타나,[17] 대단한 성장(盛裝)이로구먼!
사절	(젠체하며 민중을 향하여) 에우튀메네스가 아르콘이었을 때,[18] 여러분은 우리가 매일 2드라크메[19]씩 일당을 받는다는 조건으로

	대왕(大王)[20]을 방문하도록 파견했소이다.
디카이오폴리스	뭐? 드라크메라고!
사절	그래서 우리는 차일로 가린 사륜거에 부드럽게
	몸을 기댄 채 카위스트로스[21] 평야를 이리저리
	떠돌아다니느라 초주검이 되다시피 했지요. 70
디카이오폴리스	그렇다면 성벽 옆의 잡동사니에서 누워 자던 나는
	아주 호강을 한 셈이겠네.
사절	그리고 우리는 융숭한 대접을 받고 나서[22]
	유리와 황금으로 만든 술잔에 물 타지 않은
	달콤한 포도주를 마시도록 강요받았소이다.
디카이오폴리스	크라나오스[23]의 도시여, 75

14 여기에 나오는 이름들은 상당 부분 지어낸 것이며 계보도 신화에서 알려진 것과는 다르다. 트립톨레모스는 엘레우시스(Eleusis) 왕 켈레오스(Keleos)의 할아버지가 아니라 아들로, 농업과 곡물의 여신 데메테르의 양자이면서 제자였다. 그래서 여신이 농사 기술을 가르쳐주자 그가 이를 세상에 퍼뜨렸던 것이다.

15 Phainarete, Lykinos.

16 라케다이몬은 대개 스파르테와 동의어로 쓰인다.

17 페르시아 메디아(Media) 지방의 수도. 경우에 따라 페르시아풍 사치의 대명사로 쓰이기도 한다. 『기사』 1089행, 『벌』 1143~1147행 참조.

18 Euthymenes. 이 연극이 상연되기 11년 전인 기원전 437/6년.

19 당시 아테나이의 화폐 단위에 관해서는 『구름』 주 5 참조. 1드라크메는 6오볼로스인데, 배심원들이 3오볼로스의 일당을 받은 것에 견주면 하루에 2드라크메는 큰돈이다.

20 대왕(basileus ho megas)은 페르시아 왕의 호칭이다.

21 카위스트로스(Kaystros)는 에페소스(Ephesos)에서 바다로 흘러드는 소아시아 지방의 강이다.

22 도중의 페르시아 태수(太守)들과 지방 호족들에게.

23 아테나이의 전설적인 왕.

알겠는가, 사절단은 그대를 조롱하고 있는 것이오.

사절　야만족[24]은 가장 많이 먹고 가장 많이 마시는 자들만을

남자 취급하기 때문이죠.

디카이오폴리스　그것은 우리가 미동(美童)과 비역꾼을 남자 취급하는 것과도 같구먼.

사절　4년째 되던 해 우리는 왕의 궁전에 도착했으나, 80

왕은 군대를 이끌고 똥 누러 가더니, 여덟 달 동안

황금산[25]들 사이에 있는 변기에 앉아 있었소이다.

디카이오폴리스　왕이 항문을 닫는 데는 얼마나 걸렸죠?

한 달?

사절　그런 다음 왕은 집으로 왔지요.

그리고는 우리를 환대하느라 화덕에 황소 한 마리를 85

통째로 구워서 앞에다 내놓았소이다.

디카이오폴리스　그런데 화덕에 구운 황소를

누가 봤지요? 제발 허풍 치지 마시오!

사절　또한 제우스에 맹세코, 왕은 클레오뉘모스[26]보다 세 배나 큰

새 한 마리를 먹으라고 내놓았는데, 그 이름은 '사기꾼'이었소.

디카이오폴리스　그래서 당신들이 우리에게 사기를 치는구려. 하루에 2드라크메씩 받고. 90

사절　그리고 지금 우리는 돌아왔소이다. '왕의 눈'인

프세우다르타바스를 데리고.

디카이오폴리스　까마귀가 그 '왕의 눈'을 부리로 쪼아냈으면 좋겠다.

당신들 사절단의 눈도 함께!

전령　'왕의 눈'!

(프세우다르타바스, 내시 두 명을 거느리고 등장.
그가 쓴 가면에는 큼직한 눈이 하나밖에 없다)

디카이오폴리스　아아, 맙소사! 이봐, 당신 꼭

배(船)에 그려놓은 눈처럼 노려보고 있구먼. 곶(岬)을 빙 도는 게[27] 95

	배를 안전하게 넣어둘 창고라도 보았소? 아래쪽 눈²⁸에는 물에 젖지 않도록 노의 손잡이를 감싸주는 가죽²⁹을 댄 것 같구먼.
사절	자, 프세우다르타바스, 아테나이인들에게 무슨 말을 하라고 왕이 그대를 파견했는지 말하시오!
프세우다르타바스	이아르트만 엑사르크산 아핏소나 사트라.³⁰
사절	여러분은 그가 하는 말을 알아들었소?
디카이오폴리스	아폴론에 맹세코, 알아듣지 못했소.
사절	그가 말하기를, 왕이 여러분에게 황금을 보낸다 했소. (프세우다르타바스에게) 황금이란 말을 더 크게, 알아듣기 쉽게 말하시오.
프세우다르타바스	항문이 열린³¹ 이오네스족³²이여, 그대들은 황금을 얻지 못할 거요.

100

24 '야만족'의 그리스어 barbaroi는 '비(非)그리스인들'이라는 뜻이다.
25 페르시아에 황금이 많은 것을 암시하기도 하고 똥 덩이를 뜻하기도 한다.
26 방패를 버리고 도주한 겁쟁이 뚱뚱보.『구름』353~354행,『기사』958, 1290~1299행,『벌』19~23행,『새』1473~1481행 참조.
27 프세우다르타바스는 측면에서 무대로 건너가 관객들을 향해 얼굴을 돌리고 있다.
28 입?
29 삼단노선의 맨 아래쪽 열에서 노를 젓는 자들에게 해당되는 표현이다. 텁석나룻?
30 Iartman exarxan apissona satra. 페르시아어가 아니라 아르타크세르크세스(Artaxerxes), 크세르크세스(Xerxes)라는 이름과 태수(太守)라는 뜻의 단어 satrapes가 포함된 횡설수설이다.
31 여기서 '항문이 열렸다'는 것은 노망하여 대변을 참지 못하는 실금(失禁)을 뜻한다.
32 아시아인들은 모든 그리스인들을 이오네스족(Iones 또는 Iaones)이라 불렀다. 그러나 진정한 이오네스족이라 할 수 있는 아테나이인들은 이 명칭을 싫어했으며, 아리스토파네스도 비(非)아테나이인들에 한해 대개 폄하하는 뜻으로 이 용어를 쓰고 있다.『평화』46, 930~933행, 2권의『테스모포리아 축제의 여인들』163행,『여인들의 민회』918행 참조.

디카이오폴리스	이거 야단났구먼! 하지만 모든 게 명명백백해졌소.
사절	그가 뭐라 하오?
디카이오폴리스	그가 뭐라 하냐고요? 야만족에게서 황금을 기대한다면 이오네스족은 항문이 열려 있는 노망난 늙은이래요.
사절	그렇지 않소. 열린 짐수레에 황금이 가득 들어 있대요.
디카이오폴리스	열린 짐수레는 또 뭐요? 당신 참 허풍이 심하시군요. 꺼지시오! 내가 이 사람을 직접 시험할 것이오. *(사절단 퇴장)*

(프세우다르타바스에게) 자, 내 이 주먹에 걸고 사실대로 말하시오. 내가 당신에게 사르데이스의 자줏빛 물감[33]을 들이는 일이 없도록. 대왕은 우리에게 황금을 보낼 것이오?

(프세우다르타바스, '아니오'라는 뜻으로 머리를 흔든다)

그렇다면 우리 사절단이 우리를 속이려는 것이오?

(프세우다르타바스와 내시들, 고개를 끄덕인다)

이 친구들도 헬라스[34]식으로 머리를 끄덕이는군그래. 이들은 틀림없이 이곳 아테나이 출신들이야. 내시 가운데 한 명인 이 사람이 누군지 나는 알아. *(내시의 가면을 벗기며)* 시뷔르티오스의 아들 클레이스테네스[35]가 틀림없어. 오오, 그대 뜨겁게 열망하는 항문을 가진 자[36]여, 이 원숭이야, 수염이 그 모양 그 꼴이어서 그대는 내시로 분장하고 우리 사이에 나타났는가? 이 친구는 누구지? 설마 스트라톤[37]은 아니겠지? |
| 전령 | 조용히 하고 자리에 앉아! 의원들께서 '왕의 눈'을 시청(市廳)으로 초대하신다.

(프세우다르타바스와 내시들, 퇴장) |
| 디카이오폴리스 | 이 정도면 스스로 목을 매달 일 아닌가? 저런 악당들을 맞으려고 시청의 문이 활짝 열리는데, |

|암피테오스| (몰래 회의장으로 돌아와) 여기 있소. |
|디카이오폴리스| 그대는 여기 이 8드라크메[38]를 받고 라케다이몬인들과 휴전조약을 체결해주시오. 나를 위해, 내 자식들을 위해, 그리고 내 아내를 위해. (시의원들에게) 당신들은 계속 사절단을 보내고, 멍하니 입을 벌리고 있으시오! |

왜 여기서 빈둥거리고 있지?

가서 전대미문의 큰일을 해내야지.

암피테오스는 어디 있지?

(암피테오스, 퇴장)

|전령| 시탈케스[39]의 궁전을 방문했던 테오로스, 앞으로 나오시오! |

---

33 뤼디아 지방의 수도 사르데이스에서는 페니키아 지방에서 나는 자줏빛 물감을 들인 값비싼 의상이 제작되어 수출되었다. 여기서 '당신에게 사르데이스의 자줏빛 물감을 들인다'는 것은 '당신 얼굴을 피투성이로 만들겠다'는 뜻이다.

34 그리스.

35 수염이 나지 않은 여자 같은 남자. 『구름』 355행, 『기사』 1373~1374행, 2권의 『테스모포리아 축제의 여인들』 235, 574~654행 참조. 시뷔르티오스(Sibyrtios)는 레슬링 도장을 갖고 있었다고 한다.

36 비역꾼을 암시하는 말이다.

37 수염이 나지 않은 남자. 『기사』 1374행 참조.

38 페르시아 전쟁 때 스파르테에 도움을 청하기 위해 장거리 주자가 아테나이에서 스파르테까지 이틀 만에 달려간 적이 있는데(헤로도토스, 『역사』 6권 106장 참조), 사절단이 하루에 일당을 2드라크메씩 받았으니까 왕복 나흘이 걸린다고 보고 산출한 금액이다.

39 트라케 오드뤼사이족(Odrysai)의 왕. 펠로폰네소스 전쟁 초기에 아테나이의 동맹군이었으나, 기원전 429/8년 마케도니아의 침공을 받았을 때 아테나이인들이 약속대로 해군을 파견하여 도와주지 않자 아테나이와의 협력 관계는 중단되었다. 그리고 기원전 424년 시탈케스가 죽자 그의 아들 사도코스(Sadokos)가 아니라 친(親)마케도니아적인 조카 세우테스(Seuthes)가 왕위를 계승했다.

테오로스	*(트라케풍 옷을 입고 일어서며)*	
	나 여기 있소이다.	
디카이오폴리스	또 다른 협잡꾼을 불러들이는군.	135
테오로스	우리는 트라케에 그리 오래 머물지 않았을 것이오….	
디카이오폴리스	당신이 그렇게 많은 일당을 받지 않았다면, 분명 그랬겠지.	
테오로스	트라케 전체가 눈으로 덮이고 강들이	
	꽁꽁 얼어붙지 않았다면….	
디카이오폴리스	그건 이곳에서 테오그니스[40]가 비극 경연에 참가했을 때였지.	140
테오로스	그동안 나는 내내 시탈케스와 술을 마셨소이다.	
	그런데 그는 몹시 친(親)아테나이적이었고	
	여러분 모두를 진심으로 사랑하여, 벽(壁)들에다 계속	
	"아테나이인들은 아름답도다!"라고 썼을 정도였소.	
	그리고 우리가 아테나이 시민권을 부여한 그의 아들은	145
	이곳에 와서 아파투리아 제[41]에서 순대를 먹는 게 소원인지라,	
	아버지에게 자신의 새 조국을 구원해달라고 간청했소이다.	
	그래서 시탈케스는 신에게 헌주하며 맹세했지요,	
	"메뚜기 떼가 구름처럼 몰려오는구나!" 하고 아테나이인들이	
	놀라 외칠 만한 대군을 보내 우리를 구원해주겠다고 말이오.	150
디카이오폴리스	여기서 당신이 하는 말을 한 마디라도 믿는다면	
	나는 저주받아도 좋소. 메뚜기 떼만 빼고.	
테오로스	또한 그는 트라케에서 가장 호전적인 부족을 여러분에게 파견했소이다.	
디카이오폴리스	확실한 것은 그것 한 가지뿐이구먼.	
전령	테오로스가 데려온 트라케인들은 앞으로 나오시오!	155
	(몇몇 트라케 병사들 등장)	
디카이오폴리스	이 무슨 오합지졸이오?	
테오로스	오도만토이족[42] 부대올시다.	

디카이오폴리스	뭐, 오도만토이족이라고! 말해봐요. 이건 뭐요? 누가 그들의 성기 끝 포피(包皮)를 잘라냈지요?[43]
테오로스	누가 2드라크메의 일당만 주면, 이들은 보이오티아 전체를 경무장 보병들로 쑥대밭으로 만들 것이오.
디카이오폴리스	뭐, 이 할례 받은 자들에게 2드라크메를 준다고? 그러면 이 도시의 보루인, 삼단노선의 맨 상단에서 노 젓는 자들[44]이 원망할걸요. *(오도만토이족이 그의 자루를 훔친다)*
	빌어먹을, 난 망했어! 오도만토이족이 내 마늘을 빼앗아가고 있단 말이오. 내 마늘 돌려주지 못해?
테오로스	이 멍청아, 가까이 다가가지 마! 그들은 마늘을 먹어 투지가 넘치니까.
디카이오폴리스	시의원 여러분! 여러분은 내가 내 조국에서, 그것도 야만인들에게 이런 수모를 당하도록 내버려둘 참이오? 하지만 나는 여러분이 트라케인들에게 일당을 지불하는 문제를 계속해서 논의하는 것을 금하오. 내 일러두거니와, 제우스께서 전조를 보내주셨소. 내가 빗방울에 맞았단 말이오.
전령	*(시의원들의 지시에 따라)* 트라케인들은 일단 물러갔다가 모레 출석할 것이오. 이상으로 시의원들이 민회를 파하기 때문이오.

---

40 11행 참조.
41 Apatouria. 부족회.
42 스트뤼몬(Strymon) 강 하류 동쪽, 팡가이온(Pangaion) 산 근처에 살던 트라케 부족. 아리스토파네스는 그들이 시탈케스에게 예속된 것으로 보고 있지만, 사실은 누구에게도 예속되지 않은 독립부족이었다.
43 오도만토이족은 할례를 받지 않았다고 한다.
44 삼단노선의 맨 상단에서 노를 저으려면 고도의 기술과 숙련이 필요한데, 이들도 1드라크메의 일당을 받았다고 한다.

(디카이오폴리스만 남고 모두 퇴장)

디카이오폴리스 (집으로 걸어가며)

맛좋은 도시락을 잃어버리다니, 재수가 옴 붙었구먼.
(암피테오스 헐레벌떡 달려온다) 저기 암피테오스가   175
라케다이몬에서 달려오네. 안녕하시오, 암피테오스!

암피테오스 안녕하지 못하오, 내가 멈춰 서서 숨을 돌릴 때까지는.
아카르나이 구역민들이 내 뒤를 쫓고 있기 때문이오.

디카이오폴리스 무슨 일이 있었소?

암피테오스 내가 당신을 위해 서둘러 휴전조약을 가져오고 있는데,
아카르나이 구역의 몇몇 노인들이, 늙었지만 다부지고,
참나무처럼 강인하고, 단풍나무처럼 단단한   180
불굴의 마라톤 전사들[45]이 그만 낌새를 채고 말았소.
그러자 그들은 모두 "이 악당아, 적군이 우리의 포도덩굴을
베어버린 지 얼마나 됐다고 네가 휴전조약을 가져와?"라고
외치며 외투 자락에 돌멩이를 모으기 시작하더군요.
그래서 내가 도망치자 그들은 고함을 지르며 나를 추격했어요.   185

디카이오폴리스 그들더러 실컷 소리 지르라고 하시오. 휴전협정은 체결했나요?

암피테오스 그야 물론이죠. 여기 세 가지 맛이 있소.
(포도주가 든 가죽부대를 세 개 보여주며)
이게 5년짜리인데, 자, 맛 좀 보시구려!

디카이오폴리스 (포도주 냄새를 맡다가)
퉤!

암피테오스 왜 그러시오?

디카이오폴리스 마음에 들지 않소. 역청[46]과 함선을 의장(艤裝)하는 냄새가 나서.   190

암피테오스 그렇다면 이 10년짜리를 맛보도록 하시오.

디카이오폴리스 (냄새를 맡으며)

| 암피테오스 | 이것도 냄새가 나요, 동맹국들에 파견된 사절단 냄새 말이오. 아주 시큼한 냄새군요. 동맹국들을 갈아 넣은 것 같네요.[47] 그렇다면 이것은 30년짜리 휴전조약이오, 수륙 양면으로 말이오. |

디카이오폴리스 *(냄새를 맡다가 맛보며)*

오오, 디오뉘소스 축제여!   195
이건 암브로시아와 넥타르[48] 냄새가 나오. 이것은 우리에게
"사흘 치 식량을 준비하시오"[49]라고 말하지 않고, 내 입안에서
"어디든 가고 싶은 곳으로 가세요"[50]라고 말하는군.
나는 이것을 받아들여 비준하고 단숨에 마실 것이며,
아카르나이 구역민들과는 기꺼이 결별할 것이오.   200

암피테오스   나도 아카르나이 구역민들에게서 달아나겠소.

(달아난다)   203

디카이오폴리스 나는 이제 드디어 전쟁과 고통에서 해방되었으니,   201
집에 들어가 농촌의 디오뉘소스 축제[51]를 열어야지.

(자기 집으로 들어간다)

---

45 기원전 490년 마라톤 전투에 참가했다면, 이 연극이 공연된 기원전 426/5년에는 82살이 넘었을 것이다.
46 역청은 뱃밥을 메우는 데도 쓰고 포도주의 향미를 높이는 데도 쓴다.
47 기꺼이 협조하지 않은 동맹국들에 사절단을 파견하여 협박하고 착취하는 행위를 말한다.
48 암브로시아(ambrosia)는 신식(神食)이고, 넥타르(nektar)는 신주(神酒)이다.
49 행군을 위해. 『벌』 243행, 『평화』 312, 1182행 참조.
50 더 이상 아테나이 시내에 갇혀 있지 말고.
51 '도시의 디오뉘소스 제'인 '대디오뉘소스 제'는 지금의 3월 말에 아테나이에서 열린 반면, '농촌의 디오뉘소스 제'(Dionysis kat' agrous)는 지금의 12월에 앗티케의 여러 구역에서 개별적으로 열렸다.

(아카르나이 구역민들의 코로스 등장. 뒤따라오는 자들을 향해 코로스장이 말과 손짓으로 서둘라고 재촉한다)

(좌)

코로스장　모두들 이 길로 따라와 그자를 추격하시오. 그리고 만나는 사람마다
　　　　　그자의 행방을 물으시오. 국가의 안녕을 위해 우리는 그자를 반드시　　205
　　　　　붙잡아야 하오. *(관객에게)* 휴전조약을 가져가던 자가 대체 어디로
　　　　　갔는지 여러분 중에 아는 사람 있으면 내게 말해주시오!

코로스　　그자가 도망쳤소. 사라지고 말았소.
　　　　　아아, 나이 많은 게 한스럽구나.　　　　　　　　　　　　　　　　　210
　　　　　숯을 한 짐 지고도 파윌로스[52]를
　　　　　바싹 뒤따라 뛰던 때만큼 내가 젊다면,
　　　　　휴전조약을 가져가던 그자도　　　　　　　　　　　　　　　　　　215
　　　　　내 추격을 가볍게 따돌리며
　　　　　쉽게 빠져나가지는 못했을 텐데.

(우)

코로스장　그러나 내 정강이가 뻣뻣해지고 늙은 라크라테이데스[53]의
　　　　　다리가 무거워진 지금은 그자가 가버리고 없구나. 하지만　　　　220
　　　　　그자를 추격해야 하오. 우리 비록 아카르나이 구역 노인들이지만,
　　　　　그자가 웃으며 우리를 따돌렸다고 생각하게 해서는 안 되오.

코로스　　오오, 아버지 제우스와 다른 신들이시여,
　　　　　우리는 국토가 쑥대밭이 된 것에 몹시 분개하여　　　　　　　　　225
　　　　　복수하기를 바라건만, 감히 누가
　　　　　우리의 적과 휴전조약을 체결했나이까?

	나는 결코 마음이 누그러지지 않을 것이오. 적들이 감히 두 번	230
	다시 내 포도덩굴을 쑥대밭으로 만들지 못하도록 내가 날카로운	
	갈대처럼 복수의 칼날을 그들의 심장에 깊숙이 꽂을 때까지는.	

코로스장 우리는 그자를 찾아야 하오. 자, 우리 손에 돌멩이를 들고 사방을
둘러봐요. 그리고 그자를 잡을 때까지 이 나라에서 저 나라로　　235
추격해요. 나는 그자를 아무리 돌로 쳐도 물리지 않을 것 같아요.

디카이오폴리스 *(안에서)*

경건한 마음으로 침묵을 지켜야지! 경건한 마음으로 침묵을 지켜야지!

코로스장 다들 조용히 하시오! '경건한 마음으로 침묵을 지켜야지!'라는 말
여러분도 들었소? 저자가 우리가 찾고 있는 바로 그자요. 다들
이리 물러나시오. 그자가 제물을 바치러 밖으로 나오는 것 같소.　　240

(그들이 한쪽으로 물러나자 디카이오폴리스가 아내와 자식들과 노예들을 데리고 나온다.
노예들 중 두 명은 의식에 쓸 커다란 남근상을 들고 나온다.)

디카이오폴리스 경건한 마음으로 침묵을 지켜야지! 경건한 마음으로 침묵을 지켜야지!
바구니를 든 여자가 조금 앞장서도록 해!

(그의 딸이 의식에 쓸 물건들이 든 바구니를 머리에 이고 제단 쪽으로 나아간다)

크산티아스, 너는 남근상(男根像)을 똑바로 세우도록 해! 내 딸아,
이제 바구니를 내려놓아라. 우리가 의식을 시작할 수 있도록.

딸 *(바구니를 내려놓고 제물로 바칠 케이크를 들어내며)*

어머니, 국자 좀 이리 건네주세요.　　245
케이크 위에 소스 좀 뿌리게요.

---

52 『벌』 주 168 참조.
53 라크라테이데스(Lakrateides: '큰 힘의 아들'이라는 뜻)는 코로스 대원들 가운데 한 명인 것 같다.

디카이오폴리스　　*(소스를 뿌린 케이크가 제단에 올려지자)*

그래, 거기. 좋았어. 오오, 내 주인이신 디오뉘소스이시여,
우리의 이 행렬과 이 제물이 그대의 마음에 들었으면!
그리고 내가 군복무에서 풀려난 지금 집안 식구들과 함께
아무 방해도 받지 않고 농촌의 디오뉘소스 축제를 　　　　　250
개최할 수 있게 해주시고, 30년 동안의 휴전조약이
아무쪼록 내게 축복이 되게 해주소서!
자, 내 딸아, 너는 바구니를 근엄하고 새침한 표정으로
우아하게 운반하도록 해라. 얼마나 행복할까,
네 배우자가 되어 새벽이 되기 직전 네가 족제비⁵⁴처럼　　　255
방귀를 뀌도록 너를 꼭 껴안아줄 남자는!
앞장서라! 그리고 군중 속에서는 네 황금 장신구들을
사람들이 슬쩍 낚아채지 않도록 각별히 조심해라!
그리고 크산티아스, 너희 둘은 바구니를 든 여자를
뒤따라가되 남근상을 똑바로 들도록 하라!　　　　　　　　260
나는 뒤따라가며 남근 찬가를 부를 것이다. 여보, 마누라,
당신은 지붕 위에서 나를 지켜보시오! 자, 앞으로!

(딸을 앞세운 행렬이 오르케스트라를 빙 도는 가운데 디카이오폴리스가 노래한다)

팔레스여,⁵⁵ 박코스⁵⁶의 친구여, 술친구여,
밤에 떠돌아다니는 자여, 간통자여, 비역꾼이여,　　　　　265
6년 만에 내 기꺼이 내 구역으로 돌아와 그대에게
인사드리오. 나를 위해 휴전협정을 체결하고,
노고와 전투와 라마코스로부터 해방되어.　　　　　　　　270
팔레스여, 팔레스여, 바위투성이 산골 출신인,
스트뤼모도로스⁵⁷의 젊은 여자 노예 트랏타⁵⁸가

	땔나무를 훔쳐가는 것을 발견하고는 그녀의 허리를 잡고	
	땅에 메어쳐놓고는 겁탈하는 편이 훨씬 더 즐거우니까요.	275
	팔레스여, 팔레스여,	
	그대가 우리와 술을 마시겠다면, 내일 아침 숙취가	
	해소되도록 그대는 평화의 술잔을 기울이게 될 것이오.	
	그리고 나는 방패를 연기 나는 화덕 위에 걸어둘 것이오.[59]	
코로스	저자가 분명하오. 분명 저자요.	280

(코로스가 행렬을 덮치자 디카이오폴리스 외에는 모두 집 안으로 도망친다)

돌로 치시오. 돌로 치란 말이오.
사정없이 치시오, 저 악당을!
왜 돌로 치지 않는 게요?

(좌)

디카이오폴리스	맙소사! 왜 이러시오? 이러다간 내 냄비 깨지겠소.	
코로스	*(위협적으로 나서며)*	
	아니, 우리는 당신을 돌로 쳐 죽일 거요, 이 더러운 악당아!	285
디카이오폴리스	이유가 무엇이오, 아카르나이의 어르신들?	
코로스	그것도 질문이라고 하는 거요? 이 뻔뻔스러운 악당,	
	조국의 배신자! 우리 중에 당신만이 휴전협정을 체결하고도	290

---

54 고대 그리스에 고양이가 들어오기 전에는 몸에서 악취가 나는 족제비가 쥐를 잡았다.
55 남근 또는 남근상(phallos)과 동의어이다.
56 주신 디오뉘소스의 다른 이름.
57 Strymodoros.
58 트랏타(Thraitta)는 '트라케 출신 여인'이라는 뜻으로, 트라케 출신 여자 노예에게 흔히 붙이는 이름이다.
59 다시는 쓸 일이 없을 것이므로.

	감히 내 얼굴을 똑바로 쳐다보다니!
디카이오폴리스	내가 왜 휴전협정을 체결했는지 들으셨소? 들어보시오.
코로스	당신 말을 듣는다고? 당신은 죽게 되어 있어.
	우리가 돌 더미 아래 묻어줄 테니까.
디카이오폴리스	아니 되오, 내 말을 듣기 전에는! 여러분, 좀 참으시오.
코로스	나는 참지 않을 테니, 당신은 내게 아무 말도 마시오.
	나는 언젠가 가죽을 벗겨 기사들의 샌들을
	만들어주려는 클레온⁶⁰보다 당신이 더 밉단 말이오.
코로스장	나는 라코니케⁶¹인들과 휴전협정을 맺은 당신의
	장광설을 듣기는커녕 당신을 벌줄 것이오.
디카이오폴리스	여러분, 여러분은 라코니케인들은 제쳐두고,
	내가 휴전협정을 잘 체결했는지 내 말을 들어보시오.
코로스장	제단도 신의도 서약도 무시해버리는 자들과 휴전협정을
	맺어놓고도 어찌 잘했다고 말할 수 있단 말이오?
디카이오폴리스	우리는 툭하면 라코니케인들을 탓하는데, 내가
	알기로, 우리의 고통이 전부 그들 탓만은 아니오.
코로스장	뭐, 전부는 아니라고? 우리 면전에 대놓고 감히
	그런 말을 하고도 내가 당신을 살려주기는 바라는가?
디카이오폴리스	전부는 아니고말고요. 나는 지금 당장이라도 우리가
	그들에게 가끔 잘못한 점도 있다는 것을 분명히 밝히겠소.
코로스장	우리 면전에서 감히 적을 변호하려 들다니,
	당신의 그런 끔찍한 말을 들으니 나는 심장이 떨리오.
디카이오폴리스	그리고 내 말이 옳지 않거나 대중에게 옳지 않아 보인다면,
	내 머리를 푸줏간의 도마 위에 올려놓고 말하겠소.
코로스장	말해보시오, 동료 구역민들이여! 왜 우리는 이자를
	피투성이가 되도록 때려주지 않고 돌맹이들을 아끼는 거죠?

295

300

305

310

315

320

디카이오폴리스	타다 남은 여러분의 분노의 재가 다시 활활 타오르는군요.
	내 말 듣지 않겠소? 정말로 듣지 않겠소, 아카르나이 구역민들이여?
코로스장	우리는 단연코 듣지 않겠소.
디카이오폴리스	그러시면 내게 못할 짓을 하는 것이오.
코로스장	듣는다면 나는 망해도 좋소.
디카이오폴리스	그런 말씀 마세요, 아카르나이 구역민들이여!
코로스장	알아두시오, 당신은 당장 죽게 될 것이오.
디카이오폴리스	그러면 나는 여러분을 물어뜯겠소. 나도 여러분이
	가장 아끼는 자들을 죽일 것이오. 나는 여러분의 백성 가운데
	몇 명을 인질로 잡아두고 있는데, 그들을 잡아 죽이겠단 말이오.
	(집 안으로 들어간다)
코로스장	말해보시오, 같은 아카르나이 구역민들이여, 저자의 위협의 말이
	대체 무슨 뜻이오? 설마 우리 아이들 가운데 한 명을 집 안에
	가두어둔 것은 아니겠지요. 아니면 저자가 믿는 게 뭘까요?
디카이오폴리스	(칼과 숯이 든 바구니를 들고 다시 나타나)
	원한다면 내게 돌을 던지시오. 그러시면 나는 이 애를 죽이겠소.
	그러면 나는 곧 여러분 가운데 누가 숯을 아끼는지 보게 되겠지요.
코로스장	이럴 수가! 숯이 들어 있는 저 바구니는 우리 구역에서 온 것이오.
	당신이 하려는 짓을 그만두시오! 제발 그만두시오!
	(우)
디카이오폴리스	나는 죽이겠소. 여러분이 고함을 질러도 나는 듣지 않겠소.
코로스	(뒤로 물러나며)

325

330

335

60 스파르테와의 휴전을 반대한 아테나이의 민중선동가.
61 스파르테.

|디카이오폴리스| 그래 숯쟁이[62]의 친구인 내 숯바구니를 없애겠다는 거요?

잠시 전에 여러분은 내 말에 귀를 기울이지 않았소.

|코로스| 좋아요. 지금 당장 원하는 바를 말하되, 어떻게 당신이

라케다이몬인을 좋아하게 되었는지 설명하시오. 이 작고

사랑스러운 바구니를 배신하고 싶지 않아서 하는 말이오. 340

|디카이오폴리스| 그렇다면 먼저 여러분의 돌멩이들을 땅에 던지시오.

|코로스| 자, 그렇게 했소이다. 이번에는 당신이 칼을 내려놓으시오.

|디카이오폴리스| 하지만 돌멩이 몇 개를 외투 속에 숨겨두었을 수도 있잖소.

|코로스| *(춤추며 외투를 턴다)*

모두 땅에 떨어졌소. 외투가 펄럭거리는 것도 보이지 않소?

이제 이 핑계 저 핑계 대지 말고 당신의 무기를 내려놓으시오. 345

우리는 춤추느라 빙빙 돌며 외투를 흔들어댔으니까요.

(디카이오폴리스, 칼을 내려놓는다)

|디카이오폴리스| 나는 여러분이 결국에는 비명을 그치게 될 줄 알았소.

그러나 하마터면 파르네스[63]에서 온 몇몇 숯은

죽을 뻔했는데, 그게 다 동료 구역민들이 별나서 그랬던 것이오.

(숯바구니를 내려놓다가 옷에 얼룩이 있는 것을 보고 잠시 말을 중단한다)

그런데 가련한 바구니가 얼마나 놀랐는지 350

내 위에 시커먼 숯검정을 쏟았군요. 오징어처럼 말이오.

성미가 괴팍하다는 것은 참으로 무서운 일이오.

내가 머리를 도마 위에 얹어 놓고

라케다이몬인들을 위해 변론하겠다고 해도,

여러분은 고함을 치며 돌을 던지려 했지. 355

공평한 내 말을 일절 들으려 하지 않았기에 하는 말이오.

나도 내 목숨을 사랑해서 그랬던 것인데.

(좌)

코로스   그렇다면 이 악당이여, 왜 문밖에 도마를 갖다놓고

당신의 중대사를 말하지 않는 거요?   360

나는 당신의 마음속 생각을 알고 싶어 미칠 지경이오.

(디카이오폴리스, 집 안에 들어가 푸줏간 도마를 들고 나온다.)

코로스장   자, 당신이 제안한 대로 거기 도마 위에

머리를 올려놓고 말하기 시작하시오.   365

디카이오폴리스   자, 보시오. 여기 도마가 있소. 그리고 여기 있는 나는

보잘것없는 연설가이지만 결코 내 방패 뒤에 숨지 않고

내 생각대로 기탄없이 라케다이몬인들을 위해

변론할 것이오. 하지만 나는 두려운 것이

한두 가지가 아니오. 나는 우리 농민들의 기질을   370

잘 아는데, 그들은 어떤 허풍쟁이가 참말이든 거짓말이든

자신들과 자신들의 도시에 찬사를

마구 쏟아부으면 희희낙락하지요. 그런 아첨꾼들이

그들을 팔아먹어도 그들은 그걸 몰라요.

나는 또 배심원 노인들의 마음도 잘 아는데,   375

그들은 피고인을 자신들의 투표로 찌르려고만 해요.

그리고 작년에 발표한 희극[64] 때문에 내가

---

62   아카르나이 구역민들은 숯을 구워 생계를 유지했다.

63   파르네스(Parnes)는 앗티케 지방의 서북쪽에 있는 큰 산으로 아카르나이 구역 안으로 뻗어 있다. 아카르나이 구역민들은 앗티케 지방의 가장 중요한 산림인 이 산의 수목이 울창한 언덕들에서 나무를 베어다 숯을 구워 생계를 유지했던 것이다.

64   기원전 426년 대디오뉘소스 제에서 공연된 『바빌론인들』(*Babylonioi*)에서 인신공격을 당하자, 클레온은 아리스토파네스를 고소하려 했다.

클레온에게 어떤 수모를 당했는지도 나는 잘 기억하고 있어요.
그는 나를 회의실로 끌고 들어가더니 터무니없는
거짓말을 늘어놓으며 나를 모함하기 시작했어요, 380
퀴클로보로스[65]처럼 으르렁거리면서. 그래서 나는
하마터면 욕설의 진창에 빠져 죽을 뻔했지요.
그래서 말인데, 이야기를 시작하기 전에 내가
되도록 가련해 보일 옷을 입게 해주시오.

(우)

코로스 왜 이렇게 우물쭈물 핑계를 대며 지체하는 거요? 385
그것을 쓰면 남의 눈에 보이지 않는다는
하데스의 텁수룩한 투구[66]를 히에로뉘모스[67]한테서 빌리시지그래. 390
그리고 시쉬포스[68]의 꾀주머니를 여시지그래.
이번 사건에 핑계는 아무 소용 없으니 말이오.

디카이오폴리스 이제야말로 내가 강심장이 되어야 할 때요.
가서 에우리피데스[69]를 만나봐야지.

(에우리피데스의 집 문을 두드리며)

게 아무도 없느냐?

하인 *(문 쪽으로 다가와)*

뉘시오?

디카이오폴리스 에우리피데스 님, 집에 있는가? 395
하인 집에 있기도 하고 없기도 하오. 내 말뜻을 알아들으시겠다면.
디카이오폴리스 집에 있기도 하고 없기도 하다니, 그게 대체 무슨 뜻인가?
하인 그렇다니까요, 노인장.
시상(詩想)을 주워 모으느라 그분의 마음은 집에 없고,

디카이오폴리스	그분 자신은 높은 곳에서[70] 비극을 쓰고 있으니까요. 오오, 에우리피데스는 정말 행복하도다!　　　　　　　　　　400 하인이 이렇게 알아서 척척 대답해주니 말이야. 그분을 불러줘!
하인	안 돼요.
디카이오폴리스	그래도 불러줘!

(하인이 문을 쾅 닫는다)

그래도 나는 가지 않고, 문을 두드릴 테다.
에우리피데스 님, 사랑하는 에우리피데스 님, 대답하세요.
일찍이 어떤 인간에게 대답한 적이 있다면. 그대를　　　　405
부르는 것은 콜레이다이 구역 출신인 나 디카이오폴리스요.

에우리피데스	*(안에서)* 나 바쁜데.
디카이오폴리스	그렇다면 바퀴 달린 기중기[71]를 타고 나오시죠.
에우리피데스	그래, 바퀴 달린 기중기를 타고 나가리다. 내려갈 시간이 없어서.

(바퀴 달린 기중기가 문밖으로 굴러 나오는데, 에우리피데스는 긴 의자에 반쯤 누워 있고, 하인은 곁에 서 있다. 뒤쪽에는 비극 의상들이 걸려 있다)

65　앗티케 지방의 요란한 급류. 『기사』 137행, 『벌』 1034행 참조.
66　저승의 신 하데스의 투구를 쓰면 남의 눈에 보이지 않는다고 한다. 『일리아스』 5권 844~845행 참조.
67　장발의 비극작가이자 디튀람보스 시인. 『구름』 349행 참조.
68　시쉬포스(Sisyphos)는 코린토스 왕으로, 죽음의 신마저 속인 '세상에서 가장 교활한 인물'(『일리아스』 6권 153행)이었다. 그래서 그는 저승에서 산정에 이르면 도로 굴러 내리는 돌덩이를 끊임없이 산정으로 굴려 올리는 벌을 받게 된다.
69　그리스 3대 비극작가 가운데 막내.
70　또는 편안히 앉아.
71　바퀴 달린 무대장치인 ekkyklema를 말하는데, 이 장치는 주로 관객에게 집 안이나 신전 안을 보여주고 싶을 때 사용된다.

| 디카이오폴리스 | 에우리피데스 님…. |
| 에우리피데스 | 왜 소리를 지르는 거야? |
| 디카이오폴리스 | 그대는 높은 곳에서 비극을 쓰시는구려, 410
땅 위에서도 쓸 수 있을 텐데. 그래서 병신들을 무대에
올리시는 거로군요. 비극에서 입는 이 비참해 보이는 넝마들은
대체 어디에 쓰자는 거요? 그래서 거지들을 무대에 올리시는
거로군요. 에우리피데스 님, 내 그대의 무릎을 잡고 비노니,
이전 드라마에서 쓰던 넝마 조각 있으면 좀 주세요. 415
나는 코로스에게 일장 연설을 하지 않을 수 없게 되었는데,
연설을 잘못하면 그것은 곧 죽음을 뜻하기 때문이죠. |
| 에우리피데스 | 어떤 넝마 말인가? 설마 불운한 노인 오이네우스[72]가
몸에 걸치고 무대에 섰던 이 넝마는 아니겠지? |
디카이오폴리스	오이네우스의 넝마 말고, 더 비참한 주인공의 것으로 주세요. 420
에우리피데스	눈먼 포이닉스[73]의 것으로 줄까?
디카이오폴리스	포이닉스 것 말고. 포이닉스보다 더 비참한 주인공도 있을 텐데요.
에우리피데스	(혼잣말로) 이 친구 대체 어떤 넝마를 찾는 거야?
(디카이오폴리스에게) 거지 필록테테스[74]의 것 말인가?
디카이오폴리스	아니, 그보다 훨씬 더 거지였던 주인공의 넝마를 찾고 있어요. 425
에우리피데스	그렇다면 당신이 원하는 것은
이 절름발이 벨레로폰테스[75]가 입던 누더기인가?
디카이오폴리스	벨레로폰테스 것 말고요. 내가 말하는 자는 절름발이에
거지일 뿐 아니라, 구변 좋고 입심 좋은 자라오.
에우리피데스	알겠다. 뮈시아 왕 텔레포스[76] 말이로군.
디카이오폴리스	맞아요. 텔레포스예요. 430
부탁이에요. 그자의 누더기를 주세요.
에우리피데스	(하인에게)

이봐, 그에게 텔레포스의 누더기를 내줘! 그건 저 위쪽

72 칼뤼돈(Kalydon) 왕 오이네우스는 하나 남은 아들 튀데우스(Tydeus)가 테바이에서 전사하자, 아우 아그리오스(Agrios)의 아들들에 의해 쫓겨나 떠돌이가 된다. 그러나 훗날 튀데우스의 아들 디오메데스(Diomedes)가 돌아와 아그리오스를 제거하고 할아버지 오이네우스에게 왕위를 찾아준다.

73 포이닉스(Phoinix)는 텟살리아 지방 헬라스 왕 아뮌토르(Amyntor)의 아들로, 『일리아스』 9권 447~484행에 따르면 아버지의 첩과 동침한 탓에 아버지의 저주를 받고 고향에서 도주한다. 그러나 에우리피데스의 비극에서는, 그것이 아버지의 첩 프티아(Phthia)가 포이닉스를 유혹하려다 실패하자 무고한 것이라고 한다. 그래서 포이닉스는 변론하려 했으나 아버지 아뮌토르를 설득할 수 없자 아버지가 그를 눈멀게 하고 추방했다고 한다.

74 필록테테스(Philoktetes)는 텟살리아 지방의 메토네(Methone)에서 함선들을 이끌고 트로이아 전쟁에 참전하지만, 항해 도중 섬에서 독사에게 발을 물려 악취가 심하게 나고 나을 기미가 보이지 않자 렘노스 섬에 버려져 사냥으로 비참하게 연명한다. 그러다 전쟁이 끝날 무렵 트로이아 왕자로 예언자인 헬레노스(Helenos)가 사로잡혀 필록테테스, 또는 그가 갖고 있던 헤라클레스의 활과 화살들, 또는 필록테테스와 활과 화살들 없이는 트로이아가 함락되지 않을 것이라고 예언하자 오뒷세우스가 아킬레우스의 아들 네옵톨레모스 또는 디오메데스와 함께 렘노스 섬으로 가서 그를 데려간다.

75 벨레로폰테스는 시쉬포스(391행 참조)의 할아버지로, 편지를 갖고 간 자를 제거하라는 내용의 편지를 갖고 프로이토스 왕에 의해 소아시아 뤼키아(Lykia) 왕에게 파견된다. 그러나 그가 자기를 제거하려던 시도를 모두 무산시키고 살아남자 뤼키아 왕이 그를 사위로 삼는다. 그러나 그가 행운에 우쭐해져 날개 달린 말 페가소스를 타고 하늘로 날아오르려 하자 제우스가 쇠파리를 보내 말을 괴롭힌다. 결국 땅에 떨어진 그는 절름발이 되어 누더기를 걸치고 쓸쓸한 만년을 보낸다.

76 그리스군이 트로이아인 줄 알고 트로아스(Troias) 지방 남쪽의 뮈시아에 상륙했을 때, 텔레포스는 침입자들을 막다가 아킬레우스의 창에 부상당한다. 세월이 지나도 상처가 아물지 않자 그는 "네게 부상을 입힌 자가 또한 너를 치유해주리라"라는 신탁에 따라 그리스 거지로 변장하고는 일단 퇴각한 그리스군 장수들이 모여 있던 아르고스로 아킬레우스를 찾아간다. 일설에 따르면, 그는 정체가 탄로 났지만 입심이 좋아서 소기의 목적을 달성했다고 한다.

튀에스테스[77]의 누더기와 이노[78]의 누더기 사이에 있잖아.

(디카이오폴리스에게) 거기 있으니, 가져가구려.

디카이오폴리스 (입기 전에 누더기를 햇빛에 비춰보며)

오오, 어디서나 꿰뚫어보시고[79] 굽어보시는 제우스이시여, 435
내가 세상에서 가장 험한 옷을 입는 것을 허락하소서.
에우리피데스 님, 기왕 이런 호의를 베풀어주셨으니,
이 누더기들에 속하는 물건들도 내게 주세요.
머리에 쓸 뮈시아산(産) 작은 펠트 모자 말예요.
"오늘 나는 거지인 것처럼 보여야 하고, 440
그대로 나 자신이지만 남인 것처럼 보여야 하니까요."[80]
관객은 나를 알아봐야 하지만, 코로스 대원들은
멍청하게 저기 서 있어야 하니까요. 내가 그럴듯한 미사여구로
그들을 놀려줄 수 있도록 말예요.

에우리피데스 자, 가져가구려. 난 당신같이 영리한 사람들의 기발한 발상이
마음에 드니까. 445

디카이오폴리스 (모자를 쓰며)

복 받으세요. 텔레포스는 이 정도면 됐어요. 좋아요.
나는 벌써 미사여구들로 가득 차는 것 같아요.
하지만 거지의 지팡이가 있으면 좋겠는데.

에우리피데스 (지팡이를 건네주며) 자, 이것 갖고 현관에서 나가구려!

디카이오폴리스 내 마음이여, 너도 보다시피 나는 아직도 필요한 450
물건들이 많은데, 이 집에서 쫓겨나는구나! 그렇다면
끈덕지게 조르고 간청해야지. 에우리피데스 님,
램프의 등피로 쓰다 불탄 작은 바구니 하나 주세요.[81]

에우리피데스 오오, 가련한 자여! 바구니가 왜 필요하지?

디카이오폴리스 전혀 필요 없어요. 그럼에도 나는 그걸 갖고 싶어요. 455

에우리피데스	*(바구니를 건네주며)*
	알아둬. 나는 당신이 성가시니 내 집에서 나가구려.
디카이오폴리스	아아!
	그대도 행복하시기를, 그대 어머니처럼 말예요![82]
에우리피데스	날 방해하지 말고 고이 물러가구려.
디카이오폴리스	그 전에 한 가지만 더 주세요.
	가장자리가 깨진 거기 그 조그마한 컵 말예요.
에우리피데스	*(컵을 건네주며)*
	이걸 갖고 지옥으로 꺼지구려. 당신 참 귀찮게 구는구먼. 460
디카이오폴리스	그대야말로 얼마나 귀찮은 존재인지 아직 모르시는군요.

77 튀에스테스(Thyestes)는 형 아트레우스(Atreus)의 아내인 아에로페(Aerope)를 유혹했다가 발각되어 추방당한다. 아트레우스는 뒷날 형제끼리 화해하자며 튀에스테스를 뮈케나이로 불러들여서 그의 아들들을 죽이고 그 고기로 요리를 만들어 내놓는다. 아무 영문도 모른 채 자식들의 고기를 먹은 튀에스테스는 나중에 이 사실을 알고 아트레우스 가문을 저주한다.

78 이노(Ino)는 테바이 왕 카드모스(Kadmos)의 딸로 텟살리아 지방의 아타마스(Athamas) 왕과 결혼하여 두 아들을 낳는다. 나중에 그녀가 파르낫소스 산에 들어가 박코스 여신도로 살아가자, 아타마스는 그녀가 죽은 줄 알고 테미스토(Themisto)와 결혼하여 아들 둘을 더 얻는다. 그 뒤 그는 이노가 살아 있다는 사실을 알고 그녀를 붙잡아놓고 지키게 한다. 테미스토는 의붓아들들을 죽이고 싶어 그녀가 누군지도 모르고 이노에게 도움을 청한다. 이노는 그녀가 자기 아들들을 죽이게 만들고, 테미스토는 자살한다. 아타마스가 사냥하러 갔다가 발작을 일으켜 이노가 낳은 큰아들을 죽이자, 이노와 작은아들은 바다로 뛰어들어 바다의 신이 된다. 이상이 에우리피데스, 『이노』의 줄거리이다. '이노의 누더기'란 그녀가 붙잡혀서 갇혀 있을 때 입고 있던 초라한 옷을 과장해서 말한 것 같다. 『벌』 주 208 참조.

79 누더기에 난 구멍들을 암시하는 말로 추측된다.
80 에우리피데스, 『텔레포스』에 나오는 대사인 듯하다.
81 구걸한 먹을거리를 담아둘 수 있게.
82 일설에 따르면 에우리피데스의 어머니는 채소 장수였다고 한다.

사랑하는 에우리피데스 님, 해면[83]이 들어 있는 이 작은 냄비를 주세요.

에우리피데스 이 사람이! 내게서 비극을 통째로 빼앗아갈 참이군.
자, 여기 있으니 가져가구려. *(디카이오폴리스에게 냄비를 건네준다)*

디카이오폴리스 가고 있어요. *(갑자기 멈춰 서며)* 내가 뭘 하는 거야? 465
꼭 필요한 게 한 가지 더 있어요. 그걸 갖지 못하면 난
죽은 목숨이에요. 들어보세요, 가장 사랑하는 에우리피데스 님!
이것만 주시면 나는 떠나고 다시는 돌아오지 않겠어요.
버려져 시든 무청을 내 바구니에 넣어 가게 해주세요.

에우리피데스 당신, 날 죽일 참이군. 여기 있어. 이제 내 드라마는 끝장났구먼. 470

디카이오폴리스 이젠 됐어요. 갈게요. 내가 너무 귀찮게 했나 봐,
왕들이 나를 그렇게 미워하는 줄도 모르고.[84]
(떠났다가 되돌아오며) 나야말로 불운하구나!
난 끝장났어! 내 모든 것이 걸려 있는 필수 불가결한 것을
잊었으니 말예요. 가장 달콤하고 가장 사랑스러운 에우리피데스 님, 475
나는 가장 비참하게 죽어도 좋아요, 그대에게 또 무언가를
요구한다면, 이 한 가지 말고. 다름 아니라 이것 말예요.
그대 어머니한테서 물려받은 파슬리 좀 달란 말예요.

에우리피데스 이런 무례한 자가 있나. *(하인에게)* 대문 걸어 잠가!
(바퀴 달린 기중기를 타고 도로 안으로 들어간다)

디카이오폴리스 내 마음이여, 우리는 파슬리 없이 가야겠구나. 480
라케다이몬인들을 위해 연설하려 한다면, 네가 곧
얼마나 위험천만한 전투를 하게 될 것인지 알겠는가?
앞으로 나아가라, 내 마음이여! 저기가 출발선이야.
머뭇거리지 마. 에우리피데스가 주는 약을 먹지 않았는가?
(한두 발짝 떼어놓는다) 좋아. 가련한 내 마음이여, 485
저리로 가라. 그리고 네가 진실이라고 믿는 바를 말하고는

네 머리를 도마 위에 올려놓아라. 자, 용기를 내어
저리로 가라. *(가서 도마 앞에 선다)* 잘한다, 내 마음이여!

코로스 *(흥분하여)*

뭘 하겠다는 거요? 뭘 말하겠다는 거요? 알아두시오,   490
당신이야말로 후안무치한 무쇠 같은 사람이오.
도시에 제 목을 맡겨놓고는 혼자서 우리 모두에게 맞서
반대의견을 말하려 하니 말이오.
저자는 이런 위험에 맞닥뜨려도 두려워 떨지 않는구나.
자, 당신이 자청한 일이니, 말해보시오.   495

디카이오폴리스 관객 여러분, 내 비록 거지이지만 희극에서
아테나이인들에게 공공의 복리에 관해 말하더라도
여러분은 화내지 마시오.
희극도 정의와 무관하지 않으며,   500
내가 말하려는 것은 충격적이지만 옳기 때문이오.
이번에는 클레온도 내가 이방인들의 면전에서
도시를 비방한다고 나를 고발하지 못하겠지요.
우리는 이번 레나이아 제의 경연에 우리끼리
모여 있고, 우리의 동맹 도시들에서 공물과 동맹자들이   505
아직 도착하지 않아 이방인들은 이곳에 없으니까요.
이번에 우리는 껍질을 벗은 알짜 밀가루인 셈이지요.

83   해면은 냄비의 뚜껑으로도 쓰이고 텔레포스가 상처에 연고를 바르는 데도
사용된 것 같다.
84   문맥과 직접 관계가 없어 보이는 이 문구는 에우리피데스, 『텔레포스』에서
인용한 것으로 보는 이들도 있다.

나는 재류외인(在留外人)들을 시민들의 겨로 여기니까요.

나는 라케다이몬인들이 진저리가 나도록 싫으며,

그래서 타이나론⁸⁵의 신이신 포세이돈께서 지진을 일으켜   510

그들의 집을 모두 엎어버렸으면 좋겠소.

그들은 내 포도덩굴까지 베어버렸기 때문이오.

그러나 친구들만이 내 말을 듣기에 하는 말인데,

왜 우리의 모든 고통을 라코니케인들 탓으로 돌리는 거죠?

우리 가운데는— 시민이라고 말하지는 않겠소.   515

기억해두시오, 나는 시민이라고 말하지는 않겠소—

인간말짜들이, 외국 혈통의 무가치한

인간 모조품들이 있어서, 메가라⁸⁶인들의 모직 외투들이

밀수입된 것이라고 밀고하기 시작했소.

그리고 어디서건 오이, 산토끼 새끼,   520

돼지 새끼, 마늘, 소금 덩어리 등이 보이면

메가라산(産)이라며 그날로 압수했지요.

하지만 그건 사소한 일로 앗티케 지방에 국한된 것이었소.

그 뒤 콧타보스⁸⁷ 놀이를 하다 술에 취한 몇몇 젊은이들이

메가라에 가서 시마이타⁸⁸라는 창녀를 납치해왔소.   525

그러자 이에 분개한 메가라인들이 그 앙갚음으로

아스파시아⁸⁹의 창녀 두 명을 납치해갔소.

거기서 헬라스⁹⁰인들 전체에 전화(戰火)가 옮겨붙기

시작했던 것이오. 바로 이들 세 명의 창녀 때문에.

그리하여 올륌포스의 주신(主神) 제우스와도 같은 페리클레스는   530

노발대발하며 벼락을 던지고 천둥을 쳐서 헬라스를

뒤죽박죽으로 만들었고, 권주가⁹¹와도 같은 법령을 제정했소.

"메가라인들은 우리나라의 육지나 아고라는 물론이요,

우리나라의 바다나 해안에도 머물러서는 안 된다."
그리하여 메가라인들이 차츰 굶어 죽게 되자, 535
창녀 사건 때문에 제정된 법령을 파기하게 해달라고
라케다이몬인들에게 간청했소. 하지만 그들이 거듭
간청했음에도 우리는 거절했소. 그 뒤로 방패들이 서로
부딪치는 요란한 소리가 들렸소. '그들이 그래서는 안 되지'라고
누군가 말하겠지만, 말해보시오, 그들은 어떻게 했어야 하나요? 540
예컨대 라케다이몬인들이 배를 타고 지나가다 이런저런 핑계로
세리포스[92]의 강아지 한 마리를 붙잡아 팔아먹었다면,
여러분은 집 안에 가만히 앉아 있었을까요? 천만의 말씀!
여러분은 당장 300척의 함선을 바닷물에 띄웠을 것이고,
도시는 군사들의 소음으로 가득 찼을 것이며, 545
선장을 뽑느라 야단법석을 떨었을 것이오.
또한 급료가 지급되고, 고물에 있는 팔라스[93] 여신의
신상들에 다시 금칠을 하고, 주랑은 몰려드는 사람들로
신음하고, 식량과 술 담는 가죽부대와 노를 고정해주는

85 라코니케 지방 남단에 있는 곶(岬). 그곳에 해신 포세이돈의 신전이 있었다.
86 아테나이와 코린토스 사이에 있는 도시. 아테나이의 끈질긴 맞수였다.
87 『구름』 주 176 참조.
88 Simaitha.
89 아스파시아(Aspasia)는 밀레토스의 양가에서 태어나 훌륭한 교육을 받은 여인으로, 아테나이의 유명한 정치가 페리클레스와 여러 해 동안 동거했다. 그녀는 뚜쟁이 노릇을 했다고도 하고 창녀들을 훈련시켰다고도 한다.
90 그리스.
91 그 무렵 권주가들은 애국적인 내용을 담고 있었다.
92 세리포스(Seriphos)는 에게 해 서쪽의 작은 섬으로, 당시 아테나이의 주요 동맹국 중 하나였다.
93 아테나.

가죽고리가 배급되고, 바구니, 마늘, 올리브, 그물에 든 양파, 550
화관, 정어리, 피리 부는 소녀와 '검은 눈'[94]을 사는 사람들로
길이 미어터졌겠지요. 조선소는 노에 대패질하는 소리,
나무못 치는 소리, 노를 가죽으로 고정하는 소리, 그리고
갑판장들의 지시에 따른 피리 소리와 휘파람 소리로 가득 찼겠지요.
여러분은 분명 그렇게 했을 것이오. 그런데 "텔레포스는 그렇게 555
하지 않으리라고 생각하시오?"[95] 한마디로, 우리는 생각이 모자라요.

(그가 도마에 머리를 얹자, 첫 번째 반코로스[96]가 그에게 위협적으로 다가간다.
그러자 두 번째 반코로스가 그들을 막으러 나아간다)

첫 번째 반코로스장   뭣이 어쩌고 어째, 이 천하에 고약한 악당아!
거지 주제에 감히 우리에게 그런 말을 하며
우리 중에 밀고자가 있다고 비난하다니!

두 번째 반코로스장   포세이돈에 맹세코, 그는 과연 그렇게 하고 있소. 게다가 560
그의 말은 모두 옳고, 거기에는 추호의 거짓도 없소이다.

첫 번째 반코로스장   그의 말이 옳기로 그에게 그런 말을 할 권리가 있나요?
그는 감히 그런 말을 하고는 결코 무사하지 못하리라.

두 번째 반코로스장   *(첫 번째 반코로스장에게)*
이봐요, 어디로 달려가시오? 게 서시오. 그대가 이 사람을 치면
그대를 메어치기 위해 내가 그대를 번쩍 들어 올릴 테니까. 565

(둘이 싸우다가 첫 번째 반코로스장이 진다)

첫 번째 반코로스   오오, 라마코스[97]여, 번개 같은 눈을 가진 영웅이여,
투구의 깃털 장식이 공포를 불러일으키는 분이여,
와서 우리를 도우소서. 우리 친구이자
우리 부족원인 라마코스여!
장수든 군사든 성벽의 파괴자든 570

어서 와서 나를 도와주시오.
나는 허리를 잡혔소이다.

라마코스 *(완전무장한 채 부대원들을 거느리고 등장하며)*
이 전쟁의 함성은 어디서 들려오는가? 어디서 나는
도움을 줘야 하며, 어디서 전쟁의 혼란을 야기해야
하는가? 대체 누가 상자에서 내 고르고[98]를 깨웠는가?

디카이오폴리스 영웅 라마코스여, 웬 투구 깃털 장식이며, 웬 부대인가요? 575

첫 번째 반코로스장 라마코스여, 그대는 이자가 잠시 전에 한참 동안
우리 도시를 싸잡아 비난했다는 것도 모르시나요?

라마코스 *(디카이오폴리스에게)*
이봐, 거지 주제에 어찌 감히 그런 말을 했는가? 577a

디카이오폴리스 오오, 영웅 라마코스여, 내 비록 거지이기로서니
수다 좀 떤 것을 용서해주세요.

라마코스 우리에 관해 무슨 말을 했는가? 당장 말하지 못해?

디카이오폴리스 기억이 안 나는데요. 580
그대의 무장을 보니 겁이 나 현기증이 일어요.

94 화관, 정어리, 피리 부는 소녀는 다 술자리에서 필요한 것들이므로, '검은 눈'이란 술에 취해 서로 치고받다가 멍이 든 것을 말하는 듯하다.
95 에우리피데스, 『텔레포스』의 텔레포스 대사에서 인용한 것으로, 여기서 텔레포스란 라케다이몬인들을 말한다.
96 24명으로 구성된 코로스가 12명으로 구성된 두 개의 반코로스로 나뉜다.
97 크세노파네스(Xenophanes)의 아들. 지장보다는 용장으로 이름을 날린 아테나이의 장군이다.
98 머리털이 뱀으로 되어 있어 보는 이를 돌로 변하게 했다는 무서운 괴물. 방패에는 흔히 그녀의 머리가 새겨져 있었다. 당시 방패를 사용하지 않을 때는 천이나 가죽 덮개로 덮어두었다.

	제발, 내 앞에서 그 도깨비⁹⁹ 좀 치워주세요.	
라마코스	*(고르고가 보이지 않도록 방패를 뒤집으며)*	
	자!	
디카이오폴리스	방패를 뒤집어서 땅바닥에 놓아주세요.	
라마코스	자, 그렇게 했다.	
디카이오폴리스	이번에는 그대의 투구에서 깃털 장식을 하나 뽑아주세요.	
라마코스	*(투구 측면에서 커다란 깃털 장식 하나를 뽑아주며)*	
	자, 여기 이 깃털 장식을 받아!	
디카이오폴리스	이번에는 내가 토하는 동안 내 머리를 붙잡아주세요.	585
	그대의 깃털 장식들을 보니 속이 뒤틀려서 그래요.	
라마코스	자네 의도가 무엇인가? 이 깃털을 이용해	
	토하겠다는 거야, 뭐야?	
디카이오폴리스	이게 깃털인가요?	
	어떤 새의 깃털이죠? 허풍쟁이 새의 깃털인가요?	
라마코스	*(디카이오폴리스에게 다가가며)*	
	자네 죽을 줄 알아!	
디카이오폴리스	그러시면 안 되죠, 라마코스 님!	590
	여기는 힘 겨루는 곳이 아니지 않소. 힘이 그리 세다면,	
	왜 내게 할례를 베풀지 않으시죠? 수술 도구는 다 갖고 있으면서.	
라마코스	거지 주제에 장군인 나에게 감히 그런 말을 하다니!	
디카이오폴리스	*(발끈하며)* 뭣이, 내가 거지라고!	
라마코스	거지가 아니면 뭔데?	
디카이오폴리스	내가 뭐냐고요? 엽관(獵官) 운동을 하는 자가 아니라,	595
	점잖은 시민이고, 전쟁이 일어난 뒤로는 전사(戰士)이지요.	
	그러나 그대는 전쟁이 일어난 뒤로 고액 봉급자였어요.	
라마코스	나는 선출됐단 말이야.	

| 디카이오폴리스 | 세 마리 뻐꾸기[100]가 선출했겠죠.

나는 그게 싫어서 휴전조약을 체결했던 거예요. 백발이 성성한
이들은 전투대형을 이루고 있는데, 그대 또래의 신출내기[101]들은   600
병역을 기피하려고 사방으로 흩어지는 것을 내가 봤으니까요.
더러는 3드라크메의 일당을 받고 트라케로 갔지요. 테이사메노스,
파이닙포스, 엉큼한 힙파르키데스[102] 같은 악당들 말예요. 더러는
카레스[103]와 함께했고, 게레스, 테오도로스,[104] 디오메이아 구역
출신의 엉터리 예술가[105] 같은 다른 자들은 카오네스족[106]에게   605
갔으며, 또 다른 자들은 카마리나, 겔라, 카타겔라[107]로 갔지요.

| 라마코스 | 그들은 다 선출됐단 말이야.
| 디카이오폴리스 | 그리고 그대들은 일당을 받고
여기저기에 자꾸만 사절단으로 파견되는데, 저 사람들은 왜
파견되지 않는 거죠? 이봐요, 마릴라데스, 당신은

---

99   원어 mormo는 아이들을 미워하여 놀라게 한다는 여자 도깨비이다. 여기에
     서는 방패에 새겨진 고르고의 그림을 말한다.
100 소수의 멍청한 자들이 그날 민회에서 그런 결정을 내렸을 것이라는 뜻이다.
101 라마코스는 기원전 430년대에 장군이었으니, 기원전 425년에는 마흔이 넘
     었을 것이다.
102 테이사메노스(Teisamenos), 파이닙포스(Phainippos), 힙파르키데스
     (Hipparchides)에 관해서는 달리 알려진 바 없다.
103 카레스(Chares)는 멍청한 사람으로 놀림감이 되고 있는데, 기원전 446/5년
     휴전협상차 스파르테에 사절로 간 카레스의 친척이라고도 하고 장군이었
     다고도 한다.
104 게레스(Geres), 테오도로스(Theodoros)에 관해서는 달리 알려진 바 없다.
105 필록세노스(『구름』 686행, 『벌』 84행 참조)?
106 『기사』 주 13 참조.
107 카마리나(Kamarina), 겔라(Gela)는 시칠리아의 도시이고, 카타겔라
     (Katagela)는 '조소' '웃음거리'라는 뜻으로 겔라를 본떠 지어낸 이름이다.

		610
	백발이 된 지 오랜데, 한 번이라도 사절로 파견된 적이 있나요?	
	보시오. 고개를 젓네요. 하지만 그는 현명한 활동가요.	
	안트라퀼로스와 에우포리데스와 프리니데스¹⁰⁸는	
	또 어떻고요? 여러분 중에 누가 엑바타나나 카오네스족을	
	본 적이 있나요? 없대요. 그런 직책은 라마코스와 코이쉬라의	
	아들¹⁰⁹이 차지해요. 그들은 모금한 돈과 빚을 갚지 못해	615
	파산한 지가 바로 어제인지라, 마치 밤에 창밖으로 구정물을	
	버리듯 친구들이 모두 그들을 기피하는데도 말예요.	
라마코스	오오, 민주주의여, 이런 말을 듣고도 참아야 하나?	
디카이오폴리스	참지 않아도 돼요, 라마코스 님이 일당만 받지 않는다면!	
라마코스	어쨌거나 나는 모든 펠로폰네소스인들을 상대로 계속	620
	전쟁을 할 것이며, 장소를 가리지 않고 그들을 괴롭힐 것이오,	
	함선들과 보병들을 동원하여 힘닿는 데까지. *(부대원들을 거느리고 퇴장)*	
디카이오폴리스	그리고 나는 모든 펠로폰네소스인들과 메가라인들과	
	보이오티아인들에게 내 시장들이 개방되어 있다고	
	선언할 것이오. 그러나 라마코스에게는 개방되어 있지 않소.	625
	(집 안으로 퇴장)	

파라바시스 (626~718행)

코로스장	이 사람 말이 옳소. 그래서 민중은 생각을 바꿔 그의 휴전조약을	
	추인하는 바요. 자, 우리 외투를 벗고 단단장격¹¹⁰에 맞춰 춤춰요!	
	(코로스, 외투를 벗고 앞으로 나와 관객과 마주한다)	
	우리의 선생님¹¹¹은 희극의 코로스들을 맡은 뒤로	
	관객 앞에 나서서 자화자찬을 늘어놓은 적이 한 번도 없소이다.	
	오히려 그분은 우리 도시를 웃음거리로 만들고 민중을 모욕한다고	630

그분의 적들에 의해 변덕스런 아테나이인들에게 모함당했소.
그래서 그분은 오늘 아테나이인들의 마음을 바꾸고자 답변하기를
원하시오. 우리 시인이 말하기를, 자기는 여러분이 이방인 말에
쉬 속아 넘어가고, 아부하는 말을 듣기 좋아하고, 멍청한 시민이기를
그만두게 해주었으니, 여러분에게 크게 은혜를 베풀었다고 하오.   635
전에 우리 동맹국들에서 파견된 사절단이 여러분을 속이고 싶으면,
여러분을 "제비꽃 화관을 쓴 이들"[112]이라고 부르기만 하면 됐소.
그런 말을 들으면 여러분은 당장 '화관'이라는 말에 엉덩이 끝으로
곤추앉았소. 또한 누가 아첨하느라 "윤택한 아테나이"라고 말하면,
정어리에게나 걸맞은 명예를 여러분에게 준 그는 '윤택한'이란 말로   640
여러분에게서 원하는 것을 다 얻을 수 있었소. 그런 속임수를 경계하게
함으로써, 그리고 동맹국들의 민중에게 민주주의가 무엇을 뜻하는지
보여줌으로써, 우리 시인은 여러분에게 큰 은혜를 베풀었던 것이오.
그래서 공물을 바치러 오는 이들 이방인은 위험을 무릅쓰고
아테나이인들에게 진실을 말한 이 최고의 시인을 보고 싶어 한 거라오.   645
그만큼 우리 시인이 대담하다는 명성이 사방으로 퍼졌기에, 언젠가
페르시아 왕도 라케다이몬인들의 사절단에게 질문했을 때, 먼저
두 도시 가운데 어느 쪽 해군이 더 우세하냐고 묻고 나서 곧이어

108 마릴라데스(Marilades 숯가루의 아들), 안트라퀼로스(Anthrakyllos 작은 숯), 에우포리데스(Euphorides 훌륭한 짐꾼), 프리니데스(Prinides 너도밤나무의 아들)는 직업에 따라 붙여진 아카르나이 구역민들의 이름이다.
109 메가클레스. 코이쉬라에 관해서는 『구름』 주 10, 11 참조.
110 단단장격(anapaistos ∪ ∪ -)은 무용에 적합한 운각이다.
111 원어 didaskalos는 코로스의 훈련을 맡은 트레이너인지 시인인지 확실하지 않으나, 문맥으로 보아 여기에서는 시인인 듯하다.
112 『핀다로스』 단편 76 참조. 아리스토파네스도 이 표현을 쓰고 있다. 『기사』 1329행.

둘 중 어느 쪽이 이 시인에게서 욕을 많이 듣느냐고 물었던 것이라오.
그러고는 "그쪽 사람들이 훨씬 더 훌륭한 사람들이 될 것이고, 650
그런 조언자를 둔 쪽이 전쟁에서 이길 게 확실하니까"라고 덧붙였소.
그래서 라케다이몬인들이 휴전조약을 맺겠다고 제의하는 것이오,
아이기나 섬만 돌려준다면 말이오. 그러나 그들의 관심사는 이 섬이
아니라, 우리의 이 시인을 빼앗아가는 것이라오.[113] 하지만 여러분은
그분을 절대 놓지 마시오. 그분은 희극에서 바른말을 할 테니까요. 655
그분이 말하기를, 그분의 가르침은 여러분을 행복하게 해줄 것이라
하오. 아부하거나, 보수를 약속하거나, 속임수를 쓰거나, 술수를
쓰거나, 찬사를 쏟아붓지 않고 가장 훌륭한 것을 가르쳐줌으로써.
그러니 클레온더러 계략을 쓰고,
내게 실컷 음모를 꾸미라고 하시오. 660
선(善)은 나와 함께하고, 정의는
내 편이 될 테니까요. 또 내가 그처럼
겁쟁이 비역꾼으로 드러나는 일은
결코 없을 테니까요.

(좌)

코로스 이리 오소서, 활활 타오르는 불의 무사 여신이시여, 665
아카르나이 구역의 뜨거운 무사 여신이시여!
마치 숯불에 정어리를 구우며
더러는 구운 고기를 타소스[114]산(産) 간수에 담그고
더러는 반죽을 이길 때 670
풍구로 바람을 보내면 참나무 숯에서
불꽃이 튀어오르듯, 그처럼 다가오소서,
그대의 동료 구역민들에게,

|원기 왕성하고 힘찬 시골 노래 부르시며! 675

코로스장 나이 많은 우리 늙은이들은 도시에 불만이 있소이다.
해전에서 여러 번 승리한 만큼 우리는 노후에 여러분의
보살핌을 받을 자격이 있건만, 오히려 홀대받으니 말이오.
우리 늙은이들은 소송에 시달리고, 풋내기 연설가들의
놀림감이 되고 있기에 하는 말이오. 우리는 벌써 다 망가져 680
소리도 안 나는 피리처럼 아무 쓸모 없는 신세인지라— 포세이돈께서
우리를 지켜주시기를— 의지할 것이라고는 지팡이밖에 없소이다.
우리는 법정에서 말할 때는 기껏해야 두세 마디를 중얼거릴 수
있을 뿐인지라, 정의라고는 그림자밖에 보지 못하는 처지라오.
한편 노인을 고소하기로 작심한 젊은이는 준비된 언변으로 노인을 685
압도하지요. 젊은이는 노인을 배심원들 앞으로 끌고 가 질문들로
압박하며 덫을 놓지요. 그러면 그런 공격에 시달리다 당황하고
갈기갈기 찢긴 불쌍하고 늙은 티토노스[115]는 나이가 많아 중얼중얼
몇 마디 변론을 하다가 결국 벌금형을 선고받고 떠나지요.
그러면 노인은 흐느껴 울며 친구들에게 말하지요. "내 관을 사는 데 690
써야 할 돈을 법정에 벌금으로 내고 오는 길일세."

(우)

코로스 이게 어떻게 공정할 수 있단 말인가?

---

113   확인되지 않고 있지만, 아리스토파네스는 아이기나와 무슨 연고가 있었던
      것 같다.
114   트라케 앞바다의 섬이다.
115   티토노스(Tithonos)는 새벽의 여신 에오스(Eos)의 남편이다. 그녀는 그가
      죽지 않게 해달라고 제우스에게 간청하면서 그가 늙지 않게 해달라고 부탁
      하기를 잊은 까닭에, 그는 늙어도 죽지 못하는 노인의 대명사가 되었다.

전에 치열하게 싸우면서 그토록 자주
남자의 뜨거운 땀을 흘렸으며, 마라톤에서 695
도시를 위해 용감하게 싸웠던 백발노인을
물시계가 있는 곳[116]에서 망가뜨린다는 것이.
마라톤의 들판에서는 우리가 추격했건만,
지금은 악하고 악한 자들이 우리를 700
추격하여 사로잡는 것인가?
이에 대해 마르프시아스[117]는 어떻게 대답할 것인가?

코로스장 어떻게 공정할 수 있단 말인가? 그가 태어난 스퀴타이족의
사막만큼이나 미개한, 케피소스의 아들 허풍쟁이 검사에게
투퀴디데스[118] 같은 구부정한 노인이 완전히 망가진다는 것이. 705
그토록 존경스러운 노인이 궁수[119]에 불과했던 자에게 그토록
괴롭힘을 당하는 것을 보고 나는 동정의 눈물을 닦았소이다.
데메테르에 맹세코, 투퀴디데스가 한창때였다면,
아카이아[120]라도 쉽게 용납하지 않았을 것이오. 아니, 그는
에우아틀로스[121] 같은 검사 열 명을 바닥에 메어쳤을 것이고, 710
3천 명의 스퀴타이족 궁수들을 고함으로 주눅 들게 했을 것이며,
검사 아버지의 친족들[122]을 활로 제압했을 것이오.
그러나 여러분이 노인들을 가만히 내버려두지 않으니, 앞으로는
연령별로 구분하여, 연로한 피고인에게는 치아 없는 늙은 검사가,
젊은 피고인에게는 클레이니아스의 아들[123] 같은 엉덩이가 널따란 715
허풍선이 검사가 배정되게 하는 법령을 만들어주시오.
앞으로는 노인은 노인에 의해, 젊은이는 젊은이에 의해
법정에 소환되어 유죄선고를 받도록 해달라는 말이외다.

디카이오폴리스 *(집에서 나와 집 앞에 새끼줄로 구획을 설정하며)*

이것이 내 시장(市場)의 경계올시다. 모든 펠로폰네소스인과   720
메가라인과 보이오티아인들은 여기 와서 거래할 수 있소이다.
그들이 나에게는 물건을 팔되 라마코스에게는 팔지 않는다면.
나는 투표에 의해 선출된 이 셋을, 레프로이[124]에서 온
이 가죽 채찍들을 시장 감독관들로 임명하는 바이오.
이곳에는 밀고자와 파시스[125]에서 온 자는   725
누구를 막론하고 들어와서는 아니 되오.
나는 가서 휴전조약을 새긴 기둥을 가져와
누구나 다 볼 수 있도록 시장에다 세워둘 것이오.

(집 안으로 퇴장)

---

116 법정.
117 마르프시아스(Marpsias)는 허튼소리를 많이 하고 다투기 좋아하는 시끄러운 연설가였다고 한다.
118 기원전 440년대 페리클레스의 정적. 기원전 426/5년에 그는 70대 후반이었을 것이다. 여기서 언급되는 재판에서 그는 기력이 쇠하여 변론을 할 수 없었다고 한다. 『벌』 946~948행 참조.
119 스퀴타이족 궁수들은 아테나이에서 경찰로 근무하기도 했다. 『기사』 주 92 참조.
120 아카이아(Achaia)는 여기서 데메테르 여신의 다른 이름이다.
121 Euathlos.
122 스퀴타이족.
123 클레이니아스(Kleinias)의 아들이란 알키비아데스(Alkibiades)를 말한다. 그는 기원전 428/7년 22살의 나이에 법조인으로 활동했는데, 동성연애자이면서 이성연애자였다. '엉덩이가 널따랗다'는 말은 그가 동성연애자였음을 암시하는 표현이다.
124 레프로이(Leproi '울퉁불퉁한')는 가상의 지명인 것 같다.
125 파시스(Phasis)는 흑해 동안에 있는 강이다. 그리스어의 보통명사 phasis에는 '밀고'라는 뜻이 있다. 또 '파시스에서 온 자'(Phasianos)에는 '꿩'이라는 뜻도 있다.

(메가라인이 두 딸을 데리고 등장)

메가라인 *(메가라 사투리로)*

반갑도다, 메가라인들에게 호의적인 아테나이 시장이여!

우의(友誼)의 신[126]에 맹세코, 나는 네가 어머니처럼   730

그리웠어. 아버지를 잘못 만난 내 귀여운 딸들아,

올라와 먹을거리가 어디 있는지 찾아보아라!

(두 딸, 집 앞 계단을 오른다)

내 말을 듣되, 내게 너희들 배〔胃〕를 맡겨다오.[127]

너희들, 팔리고 싶어 아니면 굶어 죽고 싶어?

소녀 팔리고 싶어요, 팔리고 싶어요!   735

메가라인 나도 동감이야. 하지만 누가 바보같이 너희를 사겠니?

손해 볼 게 빤한데. 걱정 마! 내게 메가라인다운

묘안이 한 가지 떠오르니까. 나는 너희를 변장시키고는

새끼 돼지들을 가져왔다고 말할래.

자, 너희 손발을 이 돼지 발굽들에 맞추고는   740

훌륭한 암퇘지가 낳은 새끼들처럼 보이게 해!

만약 너희가 팔리지 않고 집에 돌아가게 되면,

헤르메스에 맹세코, 배가 고파 속이 쓰릴 테니까.

이 돼지 주둥이들에도 맞추고 여기 이 자루 안으로

들어가도록 해! 그리고 잊지 말고 꿀꿀거리고 꽥꽥거리며,   745

비의(秘儀) 때 제물로 바쳐지는 새끼 돼지들처럼

요란하게 소리 지르도록 해!

나는 디카이오폴리스가 어디 있는지 불러봐야지.

디카이오폴리스 씨, 새끼 돼지들 사시겠소?

디카이오폴리스 *(집 밖으로 나오며)*

왜 그러시오? 메가라인인가요?

메가라인	장사하러 왔는데요.	750
디카이오폴리스	메가라 사정은 어떻소?	
메가라인	불 앞에서 늘 배를 곯고 있죠.	
디카이오폴리스	그렇다면[128] 피리 연주자만 있으면 그만이겠네.	
	그 밖에 메가라 사정은 지금 어떻지요?	
메가라인	그저 그렇지요. 내가 장사하려고 그곳을 떠나올 때,	
	도시를 위해 일하는 시 당국자들은 우리가	755
	가장 빨리 가장 비참하게 망할 조치를 취하고 있더군요.	
디카이오폴리스	그렇다면 그대들은 곧 고통에서 벗어나겠네요.[129]	
메가라인	그렇겠죠?	
디카이오폴리스	그 밖에 메가라 사정은요? 곡물 가격은 어떻소?	
메가라인	우리나라에서는 곡물 가격이 하늘의 신들만큼이나 높아요.	
디카이오폴리스	가져온 게 소금인가요?	
메가라인	소금은 여러분이 통제하지 않나요?	760
디카이오폴리스	그렇다면 마늘인가요?	
메가라인	마늘이라뇨?	
	여러분은 우리나라에 쳐들어올 때마다 들쥐처럼	
	말뚝으로 마늘을 뿌리째 뽑아가지 않았던가요?	
디카이오폴리스	그래서 뭘 가져왔소?	
메가라인	비의 때 쓸 새끼 돼지들을 갖고 왔소이다.	

126 제우스.
127 '정신 바짝 차리고 내 말 들어!'라고 말하는 대신 예상외 표현을 쓰고 있는 것이다.
128 디카이오폴리스는 '배를 곯는다'는 말을 '배불리 먹는다'로 잘못 들은 것 같다.
129 곧 죽을 테니까.

디카이오폴리스	좋아요. 보여주시오.	
메가라인	꽤 쓸 만한 녀석들이오.	765
	손을 내밀어 잡아보시오. 어때요, 통통하게 살쪘지요!	
디카이오폴리스	*(자루 안에서 소녀 한 명을 꺼내며)*	
	이게 뭐죠?	
메가라인	뭐긴 뭐야, 새끼 돼지죠.	
디카이오폴리스	뭐라 했소? 어디서 왔지요, 이 새끼 돼지는?	
메가라인	메가라에서 왔지요. 이게 새끼 돼지가 아니라고요?	
디카이오폴리스	새끼 돼지 같지 않은데요.	
메가라인	*(관객에게)*	
	세상에 이럴 수가! 보시오들, 이 사람 의심 한번 많구면.	770
	이게 새끼 돼지가 아니라니 말이오. *(디카이오폴리스에게)*	
	이게 보통 헬라스인들이 보기에 새끼 돼지가 아니라면, 백리향을	
	갈아 넣은 소금 한 되를 걸고 내기를 하겠소이다. 당신만 좋다면.	
디카이오폴리스	*(소녀의 생식기를 두고)*	
	이건 사람의 새끼 돼지잖아!	
메가라인	디오클레스[130]에 맹세코, 그야 물론이지. 내 것이니까.	775
	누구 것인 줄 알았소? 꿀꿀거리는 소리 한번 들어보실래요?	
디카이오폴리스	그래, 들어보고 싶어요.	
메가라인	자, 어서 말해봐, 새끼 돼지야!	
	싫다고? 침묵을 지키다니, 혼나고 싶어?	
	헤르메스에 맹세코, 그러면 너희를 집으로 데려갈 테다.	
첫 번째 소녀	꿀꿀, 꿀꿀!	780
메가라인	이게 돼지가 아니고 뭐죠!	
디카이오폴리스	이제는 새끼 돼지 같네요.	
	털도 나지 않은 이 음문이 다 자라면 털 난 음문이 될까요?	

메가라인	물론이죠. 5년 안에 제 어미처럼 될 테니까요.
디카이오폴리스	하지만 이 녀석은 제물로 바치기엔 적합지 않군요.
메가라인	왜죠? 어째서 적합지 않다는 거죠?
디카이오폴리스	꼬리가 없잖아요. 785
메가라인	아직 어려서 그렇지, 다 자라면 길고 굵고 붉은 꼬리[131]를 갖게 될 거요. 그러나 기르고 싶다면, *(다른 소녀를 자루에서 꺼내며)* 이 새끼 돼지가 안성맞춤이죠.
디카이오폴리스	한 가족이라 그런지 둘의 음문이 쏙 빼닮았군.
메가라인	아버지와 어머니가 같으니까. 녀석들이 살이 찌고 790 음모가 자라면, 아프로디테에게 제물로 바치기에 더없이 좋은 돼지가 될 거요.
디카이오폴리스	하지만 돼지는 아프로디테에게 제물로 바치지 않는데요.
메가라인	돼지는 아프로디테에게 제물로 바치지 않는다고? 그녀[132]야말로 돼지가 제물로 바쳐지는 유일한 신이죠. 795 내 돼지들의 고기는 당신 꼬챙이[133]에 꿰면 맛 좋을 거요.
디카이오폴리스	당신의 새끼 돼지들은 벌써 어미 없이도 먹을 수 있나요?
메가라인	포세이돈에 맹세코, 그렇소. 또 아버지의 허가 없이도 먹을 수 있소.[134]
디카이오폴리스	그것들은 정확히 뭘 먹죠?
메가라인	당신이 주는 대로 먹죠. 직접 물어보시오.
디카이오폴리스	새끼 돼지야, 새끼 돼지야!

130 디오클레스(Diokles)는 메가라 출신 영웅이다.
131 남근.
132 여기서 아프로디테는 성교를 뜻한다.
133 남근.
134 디카이오폴리스는 '젖을 뗐냐?'는 뜻으로 말한 것을 메가라인은 '어미의 허락 없이도 먹을 수 있다'는 뜻으로 이해한 것이다.

첫 번째 소녀	꿀꿀, 꿀꿀!
디카이오폴리스	병아리콩[135] 먹을래?
첫 번째 소녀	(미심쩍어하며)

꿀꿀, 꿀꿀!

| 디카이오폴리스 | 피발리스[136]의 마른 무화과는 어때? |
| 첫 번째 소녀 | (열심히) |

꿀꿀, 꿀꿀!

| 디카이오폴리스 | (두 번째 소녀에게) |

너는 어때? 너도 먹을래?

| 두 번째 소녀 | 꿀꿀, 꿀꿀, 꿀꿀! |
| 디카이오폴리스 | 너희들, '무화과'라는 말에 날카롭게 꿀꿀대는구나! |

누가 이 새끼 돼지들을 위해 무화과를 좀 내오너라.

(무화과를 내오자 소녀들에게 던져주며) 그들이 먹을까?

저런! 우적우적 씹어 먹는구먼. 오오, 존경받는 헤라클레스여!

이 돼지들은 어디서 왔지? 걸신들린 듯이 먹어치우는군.

| 메가라인 | (혼잣말로) |

저 애들이 무화과를 다 먹은 건 아냐.

이 한 알은 내가 따로 빼돌렸으니까.

| 디카이오폴리스 | 제우스에 맹세코, 저 가축들은 훌륭한 한 쌍인 것 같소. |

말해보시오. 이 돼지들을 사려면 얼마를 내야 하오?

| 메가라인 | 여기 이 녀석 값으로 마늘 한 단을 내시고, |

다른 녀석 값으로, 원하신다면, 소금 4분의 1말을 내시오.

| 디카이오폴리스 | 내가 이들을 사겠소. 여기서 기다리시오. |
| 메가라인 | 그러죠. (디카이오폴리스, 집 안으로 퇴장) |

장사의 신 헤르메스이시여, 그 값이라면

내가 아내와 어머니까지 파는 것을 허락해주소서!

(밀고자 등장)

밀고자 이봐요, 당신 어디서 왔소?

메가라인 나는 메가라에서 온 돼지 장수요.

밀고자 그렇다면 내가 이 돼지들을 적산(敵産)으로 고발하겠소.
그리고 당신도.

메가라인 또 그 이야기로군! 820
우리의 고통이 시작된 곳으로 되돌아가자는 거로군!¹³⁷

밀고자 메가라 말을 했으니 혼쭐나야지. 그 자루 놓지 못해!

메가라인 (큰 소리로)
디카이오폴리스 씨, 디카이오폴리스 씨, 누가 나를 밀고하려 하오.

디카이오폴리스 (밖으로 나오며)
누가? 밀고하려는 자가 누구죠? (가죽 채찍들에게) 감독관들,
밀고자들을 내쫓지 않는 거요? (밀고자에게) 머리에 대체 825
뭐가 들었다고 심지도 없이 사물을 밝히려¹³⁸ 든단 말인가?

밀고자 적을 밀고하면 안 되나요?

디카이오폴리스 (위협적인 자세로) 그러면 후회할걸. 밀고하려면 딴 데 가서나 해.

(밀고자, 도망친다)

메가라인 이건 아테나이에 재앙인데요.

디카이오폴리스 걱정 마시오, 메가라인 친구여. 자, 당신 새끼 돼지들 대금 830
여기 있소. 이 마늘과 소금을 가져가시오. 자, 편히 가시오.

메가라인 편안하라고요? 그건 우리하고는 거리가 먼데요.

---

135 원어 erebinthos에는 남근이라는 뜻도 있다.
136 피발리스(Phibalis)는 메가라 아니면 앗티케 지방의 어떤 지역 이름이라고 하는데, 확실하지는 않다.
137 517~522행 참조.
138 밀고자의 원어 sykophantes의 phantes는 phaino(밝히다)에서 유래한 말이다.

디카이오폴리스	내가 실언했다면 미안하오.
메가라인	*(딸들에게)*

새끼 돼지들아, 너희 아비가 없더라도 소금을 친 보리빵을
우적우적 먹도록 해라.¹³⁹ 누가 너희에게 주면 말이다.　　　　835

(메가라인 떠나고, 디카이오폴리스는 두 소녀를 데리고 집 안으로 들어간다)

코로스	이 사람이야말로 행복하도다. 만사가 그의 뜻대로

된다는 말을 그대는 듣지 못했는가? 그는 시장에
가만히 앉아서 큰돈을 벌게 생겼으니 말이오.
크테시아스¹⁴⁰ 같은 자나 다른 밀고자가
감히 그곳에 들어와 앉으려다간　　　　　　　　　　　　　840
그에게 혼쭐이 날 것이오.
그대는 물건값을 속지도 않을 것이고,
프레피스¹⁴¹가 널찍한 엉덩이를 그대에게 문지르는 일도,
클레오뉘모스¹⁴²가 그대를 밀치는 일도 없을 것이오.
그대는 깨끗한 외투를 입은 그대로　　　　　　　　　　845
시장을 돌아다니게 될 것이며, 휘페르볼로스¹⁴³를 만나
그의 고발로 더럽혀지는 일도 없을 것이오.

그대는 간부(姦夫)처럼 삭발하고는¹⁴⁴ 그대를 향해 걸어오는
크라티노스¹⁴⁵를 시장에서 만나는 일도
없을 것이며, 너무 성급하게 작곡하는 천하악당　　　　850
아르테몬¹⁴⁶을 만나는 일도 없을 것이오.
그자의 겨드랑이에서는, 전에 그의 아버지가 그랬듯이,
염소의 누린내가 나지요.

그대의 시장에서는 극악한 파우손[147]도,

콜라르고스 구역의 치욕인 뤼시스트라토스도 855

그대를 놀리는 일이 없을 것이오.

온통 가난에 찌든 그자[148]는

한 달 중 30일 이상을 줄곧

추위와 배고픔에 시달린다오.

(테바이인 등장. 식료품을 잔뜩 짊어진 그의 노예 이스메니아스와

피리 연주자들이 그 뒤를 따른다)

테바이인 *(테바이 사투리로)*

헤라클레스에 맹세코, 내 어깨는 퍼렇게 멍이 들었어. 860

---

139 '소금을 친'(eph' halis)은 phallos(남근)와 발음이 비슷하고, 여기서 '우적 우적 먹다'로 번역한 paiein(치다)는 '성교하다'라는 뜻도 있어, 메가라인의 이 대사가 성교를 뜻하는 것으로 보는 이도 있다.

140 크테시아스(Ktesias)에 관해서는 달리 알려진 바 없다.

141 프레피스(Prepis)는 아테나이에서는 드문 이름인데, 여기에서는 에우페로스(Eupheros)의 아들을 말한다고 한다.

142 88행 참조.

143 『구름』 551~558행, 『기사』 739, 1315행, 『평화』 679~692행 참조. 그는 처음에 검사로 출세하기 시작했던 것 같다.

144 크라티노스는 대머리였다고 한다.

145 아리스토파네스 전(前) 세대의 대표적인 희극작가. 1173행, 『기사』 400, 531~534행, 『평화』 700행, 2권의 『개구리』 357행 참조.

146 아르테몬(Artemon)은 기원전 6세기의 서정시인 아나크레온(Anakreon)과 동시대인이다.

147 아리스토텔레스, 『시학』 1448a6에서도 언급된 화가. 그는 가난뱅이로 유명했고(『기사』 1266행, 『벌』 1311~1313행 참조), 익살꾼으로도 유명했다 (『벌』 787~795, 1308~1310행 참조).

148 뤼시스트라토스.

	이봐, 이스메니아스, 그 박하를 얌전히 내려놔.	
	테바이에서 나와 동행한 너희 피리 연주자들은 모두	
	뼈로 만든 피리를 꺼내 「개 엉덩이」[149]를 연주하도록 해!	
디카이오폴리스	(음악 소리를 듣고 밖으로 나오며)	
	그만해, 빌어먹을! 이 벌 떼야, 대문 앞에서 꺼져버려!	
	카이리스[150]의 자손들인 이 뒝벌 떼가 도대체	865
	어디서 내 집 대문으로 날아왔지?	
테바이인	이올라오스[151]에 맹세코, 이들을 쫓아버리시오, 주인장.	
	그러면 그대는 내게 호의를 베푸는 셈이오. 테바이에서	
	오는 내내 이들이 내 뒤에서 피리를 불어대는 바람에	
	내 박하꽃이 다 지고 말았다니까요. 그건 그렇고, 내가	870
	가져온 물건들 좀 사시오. 병아리도 있고, 메뚜기도 있어요.	
디카이오폴리스	안녕하시오, 거친 보리빵을 먹고 사는 보이오티아인 친구여,	
	뭘 가져왔죠?	
테바이인	간단히 말해, 보이오티아에서 나는 좋은 것들은	
	다 가져왔지요. 마요라나, 박하,	
	골풀 멍석, 램프 심지, 오리, 어치, 자고, 쇠물닭,	875
	굴뚝새, 농병아리 말이오.	
디카이오폴리스	당신의 새들은	
	찬바람을 타고 그야말로 우박처럼 내 시장에 쏟아졌군요.	
테바이인	나는 또 거위, 산토끼, 여우, 두더지,	
	고슴도치, 고양이, 오소리, 담비, 수달,	
	코파이스 호(湖)[152]에서 나는 뱀장어도 가져왔소이다.	880
디카이오폴리스	세상에서 가장 맛 좋은 별미를 가져온 이여, 그대가 정말로	
	뱀장어들을 가져왔다면, 내가 뱀장어들에게 말하게 해주시오.	
테바이인	(뱀장어 한 마리를 자루에서 꺼내며)	

	자, 쉰 명의 코파이스 소녀들 가운데 맏이여,	
	이리 나와 우리 주인장을 즐겁게 해드리도록 하라!	
디카이오폴리스	*(비장하게)* 오래전부터 사모하던 내 사랑아, 네가 돌아왔구나.	885
	희극 코로스들이 애타게 그리고, 모뤼코스[153]가	
	좋아하던 네가. 하인들아, 화덕과 풍구를 어서	
	이리 내오도록 하라.	

(화덕과 풍구가 밖으로 운반되고 디카이오폴리스의 자녀들도 집에서 나온다)

애들아, 보아라, 이 가장 훌륭한 뱀장어를. 우리가
그토록 그리워했건만 7년 만에 겨우 돌아왔구나.   890
애들아, 뱀장어에게 인사해라. 바로 이 손님을
존중하는 뜻에서 내가 너희에게 숯을 주겠다.
자, 뱀장어를 갖고 들어가거라. 나는 근대 잎에 싸여
식탁에 차려진[154] 너와 죽어도 헤어지고 싶지 않아.

테바이인 *(뱀장어와 요리 기구가 치워지자)*

뱀장어 값은 어디서 받지요?   895

디카이오폴리스 나는 당신이 뱀장어를 시장 사용료로 주는 줄 알았는데.
그 밖에 또 팔 것들이 있다면 말해보시오.

테바이인 이게 다 팔 물건들이오.

---

149 대중가요의 곡명인 것 같다.
150 16행 참조.
151 이올라오스(Iolaos)는 헤라클레스의 조카인데, 그의 모험에도 몇 차례 참가했다.
152 코파이스 호(Kopais limne)는 보이오티아 북서부에 있는 호수로, 그곳에서 나는 뱀장어를 아테나이인들은 별미로 여겼다. 『평화』 1005행, 2권의 『뤼시스트라테』 36, 702행 참조.
153 미식가.
154 『평화』 1014행.

디카이오폴리스	자, 어떤 조건으로 팔 것인지 말해보시오.
	맞돈을 받겠소, 아니면 이곳 물건을 그리로 가져가겠소?
테바이인	저기, 아테나이에는 있으나 보이오티아에는 없는 걸로 가져갈래요.
디카이오폴리스	그렇다면 팔레론[155] 만의 젓어리나, 도기를 사 갖고 가시오.
테바이인	젓어리나 도기라고요? 그런 건 그곳에도 있어요.
	내가 원하는 것은 우리에게는 없고 여기에는 많은 것이라오.
디카이오폴리스	그렇다면 알겠소. 밀고자를 데려가시오.
	도자기처럼 짚으로 조심스럽게 싸 가지고.
테바이인	두 분 신[156]께 맹세코, 내가 밀고자 한 명을 데려가면
	큰돈을 벌 것 같아요. 그를 심술궂은 원숭이로 전시할 참이니까요.
디카이오폴리스	저기 마침 니카르코스가 당신을 밀고하러 오고 있군요.
테바이인	그는 키가 작은데요.
디카이오폴리스	하지만 악 덩어리라오.
니카르코스	*(테바이인의 자루에 손을 얹으며)* 이거 누구 짐이오?
테바이인	테바이에서 온, 내 짐이오. 제우스께서 증언해주실 거요.
니카르코스	그렇다면 이걸 내가 적산으로 고발하겠소.
테바이인	당신 뭐 잘못된 것 아니야?
	이런 작은 새들에게 전쟁과 전투를 시작하겠다니!
니카르코스	그리고 이 물건들에 덧붙여 나는 당신도 밀고하겠소.
테바이인	내가 뭘 잘못했다고?
니카르코스	내가 당신에게 말하겠소. 관객들을 위하여.
	당신은 적국에서 램프 심지를 수입하고 있소.
디카이오폴리스	그러니까 당신은 심지 때문에 그를 밀고하는 거요?
니카르코스	*(심지 하나를 손에 들고)* 이거 하나면 조선소를 불바다로 만들 수 있소.
디카이오폴리스	심지 하나가 조선소를 불바다로 만든다고? 어떻게?
니카르코스	어떤 보이오티아인이 심지를 바퀴벌레에 집어넣은 다음

	강한 북풍이 불기를 기다렸다가 불을 붙여 하수구를 통해	
	조선소로 들여보내는 거죠. 그리하여 일단 함선들에	
	불이 옮겨 붙으면, 모든 게 순식간에 불바다가 되는 거죠.	
디카이오폴리스	*(니카르코스를 때려주며)* 이 천하에 고약한 악당 같으니라고.	
	뭐, 바퀴벌레 한 마리와 심지 하나 때문에 불바다가 된다고?	925
니카르코스	*(코로스에게)* 여러분이 증언해주시오.	
디카이오폴리스	*(테바이인에게)* 그자의 입을 막으시오.	
	(하인에게) 짚 좀 가져와. 도중에 깨지는 일이 없도록	
	내가 이자를 도자기처럼 포장할 수 있게 말이야.	

(좌)

코로스장	*(디카이오폴리스가 비명을 지르는 니카르코스를 포장하자)*	
	이것 보시오, 이방인을 위해 상품을	
	잘 포장하시오. 운반 도중 깨지지 않도록.	930
디카이오폴리스	조심해서 포장해야죠. *(밀고자의 머리를 치자 비명이 들린다)*	
	불 속에서 터지는 듯, 신들도 싫어하시는 요란한 소리가 나니까.	
코로스장	이자를 대체 어디에다 쓰려는 걸까요?	935
디카이오폴리스	다용도 용기(容器)로 쓰겠죠.	
	악을 위한 희석용 동이, 소송을 함께 넣어 부수는 절구통,	
	퇴직 공직자들¹⁵⁷을 비춰줄¹⁵⁸ 램프, 분쟁을 일으킬 술잔 따위로 말이오.	

---

155 아테나이의 구항(舊港).
156 여기에서는 테바이 성을 쌓은(『오뒷세이아』 11권 262~265행 참조) 암피온(Amphion)과 제토스(Zethos)를 말한다.
157 당시 아테나이의 공직자들은 임기 만료 때 회계감사를 받게 되어 있었다.
158 부정부패를 폭로할.

	(우)	
코로스장	하지만 이렇게 줄곧 깨지는 소리가 나는데,	940
	이런 그릇을 어떻게 믿고 집 안에서 쓸 수 있겠소?	
디카이오폴리스	이봐요, 이건 튼튼해서,	
	거꾸로만 매달지 않으면 깨지지 않아요.	945
코로스장	(테바이인에게) 이제 잘 포장됐소이다.	
테바이인	그렇다면 내 짐을 운반해야겠죠.	
코로스장	착한 테바이인이여, 싸 가지고 가서 아무 데고	
	당신이 원하는 곳에 내던지시구려, 이 만능 밀고자를!	950

디카이오폴리스   이 악당을 포장한다는 게 장난이 아니네.
　　　　　　　자, 이 도자기 들고 가시오, 보이오티아인이여!

테바이인　　　(노예에게)
　　　　　　　이스메니아스, 이 짐을 어깨에 짊어져!

디카이오폴리스   조심해서 집으로 날라가시오. 당신이 운반하려는 것은   955
　　　　　　　좋지 못한 것이니까. 그럼에도 불구하고 운반하시오.
　　　　　　　당신은 이번 거래로 덕을 보게 될 것이오.
　　　　　　　밀고자들이 당신에게 행운을 가져다줄 테니까요.

(테바이인들, 퇴장. 디카이오폴리스가 그들의 물건들을 집 안에 들여놓기 전에 라마코스의 집에서 노예 한 명이 달려온다)

노예　　　　　디카이오폴리스 씨!
디카이오폴리스   누구지? 왜 날 부르는 거야?
노예　　　　　왜냐고요? 라마코스께서 '포도주 항아리 축제'[159]를 개최하고   960
　　　　　　　싶어서, 여기 2드라크메를 받고 개똥지빠귀들을, 그리고 또
　　　　　　　3드라크메를 받고 코파이스 호의 뱀장어 한 마리를 파시래요.
디카이오폴리스   뱀장어를 찾는 게 어떤 라마코스지?

노예	고르고의 머리와, 투구에 그림자를 드리우는 세 개의
	깃털 장식을 흔들어대는, 겁나고 무시무시한 라마코스죠. 965
디카이오폴리스	그에게는 아무것도 안 줘. 설사 그의 방패를 준다 해도.
	투구의 깃털 장식을 흔들어 자반이나 구해보시라지.
	그가 시끄럽게 항의하면 난 시장 감독관들을 소집할래.
	(노예 퇴장) 이 물건들은 내가 가질 거야. 그리고 나는
	개똥지빠귀들과 찌르레기들의 날개를 달고 집에 들어갈래. 970

두 번째 파라바시스 (971~999행)

(좌)

코로스	모든 시민 여러분, 더없이 지혜로운 이 현명한 사람이 휴전조약을
	체결한 뒤로 어떤 상품들을 사들이는지 보이지 않으시오?
	더러는 가사에 필요한 것이고, 더러는 익혀먹기에 좋은 것이오. 975
코로스장	그에게는 좋은 물건들이 저절로 굴러들어가고 있소.
	나는 결코 전쟁[160]을 집에 받아들이지 않을 것이며,
	전쟁이 내 식탁 가에서 「하르모디오스」[161]를 노래하는 일은

---

159 지금의 2월 말에서 3월 초에 아테나이에서는 사흘 동안 안테스테리아 (Anthesteria: '꽃 축제'라는 뜻)라는 주신 디오뉘소스의 축제가 열렸는데, 첫날에는 새 포도주를 맛보고 디오뉘소스의 제단에 바치는 피토이기아 (pithoigia: '항아리 개봉하기'라는 뜻) 축제, 둘째 날에는 '포도주 항아리' 라는 뜻의 코에스(choes) 축제, 셋째 날에는 사자(死者)들을 달래기 위해 온 갖 채소를 삶아서 헤르메스 크토니오스(Chthonios '저승의 신')에게 바치 는 퀴트로이(chytroi '냄비들') 축제가 열렸다.

160 Polemos.

161 기원전 514년 친구 아리스토게이톤과 힘을 모아 참주 힙피아스의 아우 힙 파르코스를 암살한 하르모디오스에 관한 권주가.

결코 없을 것이오. 전쟁은 주정뱅이니까요.
우리가 온갖 행복을 누릴 때 전쟁은 술자리에 끼어들며 980
온갖 악을 끌어들여, 뒤엎고, 엎지르고, 싸움을 붙이곤 하죠.
게다가 내가 전쟁에게 거듭해서 "반쯤 기대 앉아 서로
우정의 잔을 주고받도록 해요!"라고 말해도, 그럴수록
전쟁은 더욱더 우리 포도나무 받침대들에 불을 놓아,
우리 포도덩굴들에서 포도주를 억지로 땅에 엎지르지요. 985

(우)

코로스 한데 이 사람은 온갖 새 요리를 식탁에 차리고, 자신의 행운에 긍지를
느끼며 어떻게 사는지 여봐란듯이 깃털들을 대문 앞에 던져놓았구나.
고운 퀴프리스[162]와 사랑스런 카리스[163] 여신들의 아우인 화해(和解)[164]여,
코로스장 그대의 얼굴이 그렇게 고운 줄 나는 미처 몰랐소. 990
그림 속에서처럼 화관을 쓴 사랑의 신 에로스[165]가
그대와 나를 함께 결합시켰으면 좋으련만!
하지만 그대가 보기에 나는 너무 늙은 것 같나요?
내가 그대를 갖게 되면 세 가지 공물을 그대에게 바칠 수 있소.
첫째, 나는 어린 포도나무들을 한 줄로 길게 심을 수 있고, 둘째, 995
그 옆에다 무화과나무 어린 가지들을 심을 수 있으며, 셋째로
이미 재배된 포도나무들을 한 줄 심을 수 있소, 비록 늙었지만.
그리고 정원 전체를 돌아가며 올리브나무를 심을 수도 있소.
신월제(新月祭) 때 우리가 거기서 나는 올리브유를 바를 수 있도록.

(전령, 등장)

전령 들으시오, 여러분! 대대로 내려오는 관습에 따라 트럼펫 소리에 1000
맞춰 포도주 항아리를 비우시오. 맨 먼저 항아리를 비운 사람이

크테시폰¹⁶⁶처럼 뚱뚱한 포도주 가죽부대를 받게 될 것이오.

디카이오폴리스 *(집에서 나오며 집 안의 가족에게)*

애들아, 여자들아, 듣지 못했어? 뭣들 하고 있는 거야?

전령이 하는 말 듣지 못했어? 산토끼를 가져와

조리고, 굽고, 돌리고, 꼬챙이에서 빼도록 해, 어서! 1005

화관들도 준비해. *(곁에 있는 노예들 중 한 명에게)*

꼬챙이들을 건네줘. 개똥지빠귀들을 꿸 수 있게.

(좌)

코로스 이봐요, 나는 당신의 현명한 처신이,

아니, 지금 이곳에 차려진

당신의 진수성찬이 부럽소이다. 1010

디카이오폴리스 내가 개똥지빠귀들을 굽는 것을 보면

무슨 말을 할래요?

코로스 당신의 그 말도 옳은 것 같아요.

디카이오폴리스 불을 쑤석거려!

코로스 듣지 못했소, 그가 주방일을 1015

얼마나 깔끔하게, 얼마나 주방장답게,

얼마나 미식가답게 잘 해치우는지?

---

162 아프로디테의 별명 가운데 하나.
163 우미(優美)의 여신.
164 2권의 『뤼시스트라테』 1114행 이하 참조.
165 화가 제욱시스(Zeuxis)가 아테나이에 있는 아프로디테의 신전에 장미 화관을 쓴 에로스를 그렸다고 한다.
166 크테시폰(Ktesiphon)에 관해서는 달리 알려진 바 없지만, 술배가 나왔던 것 같다.

(데르케테스, 흐느끼며 등장)

데르케테스   세상에 이럴 수가!

디카이오폴리스   맙소사, 이게 누구지?

데르케테스   불운한 사람이오

디카이오폴리스   그렇다면 제 발로 가시오!

데르케테스   친구여, 당신만 휴전조약을 체결했으니,   1020

내게도 평화를 좀 나눠주시오. 단 5년이라도.

디카이오폴리스   당신, 어떤 일을 당했는데?

데르케테스   난 망했소. 소 두 마리를 잃었으니 말이오.

디카이오폴리스   어디서 잃었소?

데르케테스   퓔레[167] 구역에서 보이오티아인들이 잡아갔다오.

디카이오폴리스   참으로 불운하구려. 그 뒤에도 여전히 흰옷을 입고 다니시오?[168]

데르케테스   나는 쇠똥 속에 있으면[169] 더없이 편안하니까요.   1025

디카이오폴리스   그래서 지금 원하는 게 뭐요?

데르케테스   나는 내 소들을 잃고 엉엉 우느라 시력을 잃었소.

퓔레 구역의 데르케테스가 조금이라도 염려된다면

당장 내 두 눈에 당신의 평화의 연고를 발라주시오.

디카이오폴리스   불쌍한 친구여, 나는 공의(公醫)가 아니오.   1030

데르케테스   제발 부탁이오. 그래주시면 내 소들을 도로 찾게 될지 누가 아오.

디카이오폴리스   안 돼요. 가서 핏탈로스[170]의 제자들에게 우는소리 해보시오.

데르케테스   나의 이 작은 갈대 줄기 안에 평화를 단 한 방울만이라도

떨어뜨려주시오.

디카이오폴리스   병아리 눈물만큼도 못 주오. 딴 데 가서 하소연해보시오.   1035

데르케테스   *(떠나며)* 아아, 괴롭다! 밭갈이하던 내 한 쌍의 소!

(우)

코로스	저 사람은 휴전조약으로 재미를 보았으나,	
	보아하니, 누구에게도	
	그걸 나눠주지 않을 모양이구려.	
디카이오폴리스	*(노예에게)* 순대에는 꿀을 치고,	1040
	오징어는 석쇠에 굽도록 하라.	
코로스	자네, 그가 목청 돋우는 것 들었나?	
디카이오폴리스	*(집 안의 노예들에게)*	
	뱀장어를 석쇠에 올려놓도록 해!	
코로스	당신이 우리를 굶겨 죽이는구려,	
	이웃들에게 생선 굽는 냄새를 풍기며	1045
	큰 소리로 그런 말을 해대다니!	

디카이오폴리스 *(노예들에게)* 이것들을 노릇노릇 보기 좋게 구우란 말이야.

(신랑 들러리, 신부 들러리와 함께 등장)

신랑 들러리	디카이오폴리스 씨!	
디카이오폴리스	누구지? 이 사람이 누구지?	
신랑 들러리	어떤 신랑이 결혼잔치에서 당신에게 이 고기를 보냈어요.	
디카이오폴리스	그가 누구건 고맙소.	1050
신랑 들러리	고기를 주는 대신 그는 이 기다란 화병(花甁)에다 평화를	
	한 잔 가득 부어달랬어요. 그가 싸움터로 나가지 않고	
	집에 머물며 아내와 재미 볼 수 있도록 말이오.	
디카이오폴리스	고기 가져가요. 내게 주지 말고 가져가란 말이오.	

167 파르네스 산에 있는 구역으로 보이오티아와의 국경에 가깝다.
168 검은 상복(喪服)을 입지 않고.
169 '이 옷을 입으면' 대신 예상외로 쓰였다
170 아테나이의 공의(公醫).

|신랑 들러리| 1천 드라크메를 준대도 나는 평화는 한 방울도
부어주지 않을 거요. 그런데 이 여자는 누구지?

신랑 들러리 신부 들러리요.
그녀는 신부에게서 당신에게 따로 뭔가를 전하고 싶어 해요.

디카이오폴리스 자, 할 말이라는 게 뭐요? *(신부 들러리가 그의 귀에 대고 속삭인다)*
정말 재미있군. 신부가 내게 그런 부탁을 하다니! 그녀는 신랑의
남근이 집에 머물러 있게 해달라고 진지하게 부탁하고 있어.
자, 내 휴전조약 좀 이리 가져와. 그녀에게만은 떼어주고 싶어.
그녀는 여자고, 따라서 전쟁에 책임이 없으니까.
여인이여, 병을 이렇게 곧추 대고 있어요.
(병에다 포도주를 조금 따라준다) 이걸 어떻게 쓰는지 아시오?
신부에게 이렇게 전하시오. 징병(徵兵)이 시작되면
밤에 이걸 남편의 남근에 발라주라고! *(신랑 들러리와 신부 들러리, 퇴장)*
이봐, 휴전조약 도로 갖다둬! 포도주 국자 좀 갖다줘!
포도주 항아리 축제를 위해 항아리에 포도주를 담을 수 있도록.

코로스장 보시오, 저기 어떤 사람이 우리에게 무서운 소식을
전하려는 듯 이맛살을 찌푸리고 급히 다가오고 있어요.

사자 1 *(급히 라마코스의 집으로 달려가)*
오오, 노역들과 전투들과 라마코스들이여!

라마코스 *(문을 열며)*
대체 누가 청동으로 장식된 내 집이 울리도록 소리를 지르는가?

사자 1 장군들의 명령이오. 그대는 오늘 당장 깃털 장식들을 꽂은 채
부대원들을 거느리고 급히 출동하여, 눈 덮인
고갯길들을 지키라고 하십니다. 누군가의 보고에 따르면,
'포도주 항아리 축제'와 '냄비들 축제'를 틈타
보이오티아인 약탈자들이 우리나라에 쳐들어오려 한대요. *(퇴장)*

라마코스	오오, 수만 많았지 아무짝에도 쓸모없는 장군들이여!
	내가 축제에도 참석할 수 없다니, 너무한 것 아닌가?
디카이오폴리스	오오, 호전적인 라마코스의 원정대여! 1080
라마코스	빌어먹을! 자네 지금 날 비웃는 거야?
디카이오폴리스	(땅에 떨어진 깃털들을 주워 모아 머리 위로 쳐들며)
	게뤼온[171]이여, 날개가 넷 달린 자와 싸우고 싶으시오?
라마코스	아아!
	그 전령은 내게 어떤 소식을 전했던가!
디카이오폴리스	아아!
	이 전령은 내게 어떤 소식을 전하러 달려오는 걸까?
사자 2	(뛰어들어오며) 디카이오폴리스 씨!
디카이오폴리스	왜 그러시오?
사자 2	어서 잔치에 참석하되, 1085
	당신의 바구니와 포도주 항아리를 갖고 오시오.
	당신은 디오뉘소스의 사제에게 초대받았소이다.
	서두르시오. 손님들이 아까부터 당신을 기다리고 있소.
	긴 의자, 시트, 쿠션, 담요, 화관,
	향유, 후식 등 다른 것들은 모두 1090
	준비됐소. 그곳에는 기생들[172]도 있고,
	생과자, 케이크, 참깨빵, 파이,
	사랑스러운 무희들과 권주가 하르모디오스도 있소.
	자, 어서 서두르시오!

---

171 게뤼온(Geryon)은 헤라클레스에게 소 떼를 빼앗긴 머리 셋에 몸 셋인 거한(巨漢)이다.
172 원어 pornai는 엄밀히 말해 '창녀들'이라는 뜻이다.

라마코스   나야말로 불운하구나!

디카이오폴리스 그건 그대가 이 거대한 고르고 머리를 보호자로 택했기 때문이죠. 1095
            (노예에게) 문 잠가! 누군가는 음식들을 바구니에 챙기도록 하라!

라마코스   (자신의 노예에게) 이봐, 이봐, 내 휴대용 식량 자루 이리 내오도록 해!

디카이오폴리스 이봐, 이봐, 내 도시락 상자[173] 이리 내오도록 해!

라마코스   이봐, 백리향으로 맛을 낸 소금 가져와. 양파들도.

디카이오폴리스 내게는 생선을 내와! 난 양파는 딱 질색이니까. 1100

라마코스   이봐, 내게는 무화과 잎에 싼 묵은 자반을 내오도록 해!

디카이오폴리스 내게는 가축의 비계를 싼 무화과 잎을 내와! 거기 가서 해먹게.

라마코스   내 투구에 꽂을 깃털 장식 두 개 이리 내와!

디카이오폴리스 내게는 비둘기들과 개똥지빠귀들을 내와!

라마코스   이 타조 깃털은 얼마나 아름답고 흰가! 1105

디카이오폴리스 이 비둘기고기는 얼마나 기름지고 노릇노릇한가!

라마코스   (디카이오폴리스에게) 이봐, 내 무장을 비웃는 일일랑 이제 그만두시지.

디카이오폴리스 (라마코스에게) 여보시오, 내 개똥지빠귀들을 훔쳐보지 않으면 안 돼요?

라마코스   내 깃털 장식 세 개를 넣어둘 깃털 장식 상자 내와!

디카이오폴리스 내게는 산토끼고기를 넣어둘 단지 하나 갖다줘! 1110

라마코스   뭣이, 좀이 내 깃털 장식들을 갉아 먹었다고?

디카이오폴리스 뭣이, 내가 식전에 산토끼고기를 먹으려 한다고?

라마코스   이봐, 내게 말 안 걸면 안 되나?

디카이오폴리스 그게 아니라, 내가 잠시 내 노예를 나무라는 중이오.
            (노예에게) 너 라마코스를 판관 삼아, 나와 내기하고 싶어? 1115
            메뚜기와 개똥지빠귀 중에서 어느 쪽이 더 맛있는지 말이야.

라마코스   이런 뻔뻔스러운 자가 있나!

디카이오폴리스 그는 메뚜기를 훨씬 선호하는 것 같은데요.

라마코스   이봐, 이봐, 창걸이에서 창을 내려 이리 갖고 나와!

디카이오폴리스	이봐, 이봐, 불에서 순대를 내려 이리 갖고 와!	
라마코스	내가 창집에서 창을 꺼내도록 도와줘! 이봐, 단단히	1120
	붙잡고 있어! *(노예가 창을 붙잡고 있자 라마코스가 커버를 벗긴다)*	
디카이오폴리스	그리고 너는 이걸 붙잡고 있어!	
	(노예가 꼬챙이를 붙잡고 있자 디카이오폴리스가 순대를 뽑는다)	
라마코스	이봐, 내 방패를 지탱해줄 방패 받침대 가져와!	
디카이오폴리스	*(자신의 배를 가리키며)* 내 이것을 지탱해줄 빵 덩이들을 오븐에서 내와!	
라마코스	고르고의 머리를 새겨 넣은 내 둥근 방패 이리 갖고 와!	
디카이오폴리스	내게는 동글납작한 치즈케이크 갖고 와!	1125
라마코스	이건 사람들 보는 앞에서 까놓고 비웃는 게 아닌가?	
디카이오폴리스	이건 누가 보더라도 맛 좋은 케이크가 아닌가?	
라마코스	이봐, 방패에 기름을 부어. *(방패에 광을 내며)* 비겁하다고	
	고소당하게 될 한 노인이 청동에 비치는 게 보이는구나.	
디카이오폴리스	케이크에 꿀을 쳐라. 여기서도 고르가소스[174]의 아들 라마코스에게	1130
	통곡하라고 명령하는 한 노인의 모습이 분명히 보이는구나.	
라마코스	이봐, 전쟁터에 입고 나가는 내 흉갑을 이리 갖고 와.	
디카이오폴리스	이봐, 내게도 흉갑을 내와. 내 포도주 항아리 말이다.	
라마코스	이것을 입고 가서 나는 적과 맞설 것이다.	
디카이오폴리스	이것을 가져가 나는 술친구들을 만날 것이다.	1135
라마코스	이봐, 내 침구를 방패에 묶도록 하라!	
디카이오폴리스	이봐, 내 먹을거리를 상자 안에 챙겨 넣도록 해!	
라마코스	그러면 내 휴대용 식량은 내가 손수 들고 갈 것이다.	
디카이오폴리스	그리고 나는 내 외투를 들고 외출할 것이다.	

173 이 축제에 초대받은 손님들은 술, 빵, 반찬 등을 각자 따로 준비해갔다.
174 Gorgasos. 괴물 고르고에서 따온 이름인 것 같다.

라마코스	이봐, 방패를 들고 가자꾸나. 눈이 오네!	1140
	어휴! 바야흐로 겨울철이로구나! *(한쪽으로 퇴장)*	
디카이오폴리스	내 먹을거리를 들어라….	
	바야흐로 술잔치가 시작될 시간이로구나! *(다른 쪽으로 퇴장)*	

코로스장　당신들 두 사람에게 무운(武運)을 비오.
하지만 당신들은 얼마나 다른 길을 가는가!
한 명은 추위에 떨며 파수 보러 가고,　　　　　　　　　　1145
다른 한 명은 화관을 쓰고 술을 마시다가
거시기가 닳아서 쓰리도록 한창때의 아가씨와
잠자리를 같이하러 가니 말이오.

코로스　(좌)

법안 입안자이자 엉터리 서정시인인, 소나기의 아들[175]　　1150
안티마코스를, 솔직히 말해, 제우스께서 박살내셨으면!
레나이아 제의 코레고스[176]였을 때 그자는
불쌍한 나를 저녁도 먹이지 않고 떠나보냈으니까.
잘 요리되어 소금을 알맞게 친 채 따끈따끈하게　　　　　1155
방금 식탁에 올린 오징어가 먹고 싶어
그가 손을 내미는 순간
개가 오징어를 낚아채어 달아나는 광경을　　　　　　　　1160
내가 볼 수 있었으면!

(우)

그게 그에게 비는 한 가지 불운이고, 다른 불운은
밤에 닥치기를! 그가 승마 연습을 하고 신열이 나서　　　1165

집에 가는데, 술 취해 제정신이 아닌 오레스테스[177]가
그의 머리를 들이받기를! 그래서 그가
돌멩이를 집어 들려다가 어둠 속에서
방금 싸놓은 똥을 손에 들게 되기를! 1170
그리고 그 번쩍이는 무기를 들고
적에게 돌진하다가 과녁을 빗맞혀
크라티노스[178]를 맞히게 되기를!

(사자 3 등장하여 라마코스의 대문을 두드린다)

사자 3　라마코스가(家)의 하인들이여,
더운 물을, 들통에 더운 물을 준비하라. 1175
천, 밀랍 고약, 기름 먹인 양모와
그분의 복사뼈를 묶을 붕대도 준비하라.
그분은 참호를 뛰어넘으시다가
말뚝에 부상당하셨는데, 발목을 삐시고,
돌에 넘어지며 머리를 다치시고, 1180
방패 위에서 잠자던 고르고를 깨우셨소.
그리고 그분은 투구의 큼직한 허풍선이 깃털 장식이
바위 위에 떨어진 것을 보자 무섭게 소리치셨소.
"내 영광스러운 보물이여, 내 이제 마지막으로
너를 보고 네 곁을 떠나는구나, 내 생명의 빛이여! 1185
난 끝장났어." 참호에 쓰러졌을 때 그분은

175　말할 때 입에서 침이 튀어서 붙인 별명이라고 한다.
176　코레고스(choregos)는 코로스의 의상비와 훈련비를 대는 부유한 시민이다.
177　여기에서는 노상강도.
178　849행 참조.

그렇게 말씀하셨소. 그러시더니 다시 일어나
도망병들을 제지하려 하셨고,
창을 휘두르며 약탈자들을 추격하셨소.
(라마코스, 부상당한 채 두 병사의 부축을 받으며 등장)
여기 그분이 오셨소. 문 열어!

|라마코스| 아아, 세상에 이럴 수가 있나! 1190
이 쓰라린 고통! 소름이 돋는구나. 기구한 내 팔자!
나는 적의 창에 맞아 죽어가고 있구나!
그러나 내 마음을 가장 아프게 하는 것은 1195
내가 부상당한 모습을 보고는 디카이오폴리스가
내 불운을 비웃는 것이겠지.

디카이오폴리스 *(양쪽에 창녀 한 명씩 끼고 등장하며)* 아아, 세상에 이럴 수도 있구나!
이 젖가슴들! 마르멜루 열매처럼 탱탱하구나!
내게 진하게 키스해줘, 사랑스러운 것들. 1200
한 명은 입술을 넓게 펴서 하고, 한 명은 깊숙이 해줘!
내 잔[179]은 내가 먼저 비워야 하니까.

라마코스 아아, 이 잔인한 운명! 불운에 불운이 겹치는구나!
아아, 이 쓰라린 상처들! 1205

디카이오폴리스 ......[180]
하하, 안녕하시오, 내 친애하는 라마킵포스 나리![181]

라마코스 가증스러운 내 운명! 힘겨운 내 운명!

디카이오폴리스 *(창녀들에게)* 왜 내게 키스하지? 왜 나를 깨물지?[182]

라마코스 나는 가련하게도 얼마나 혹독한 대가를 치러야 했던가! 1210

디카이오폴리스 혼자 '포도주 항아리 축제'를 준비했는데 참가자들이 비용을
갹출하지 않았나요?

라마코스	오오, 파이안, 파이안![183]
디카이오폴리스	하지만 오늘은 파이안의 축제가 아닌데요.
라마코스	붙잡아줘, 내 두 다리를 붙잡아줘. 아아,
	꼭 붙잡아줘, 친구들이여! 1215
디카이오폴리스	그리고 너희 둘은 내 남근 한가운데를
	꼭 붙잡아줘, 내 여자 친구들이여!
라마코스	나는 돌에 머리를 맞아 현기증이 나고
	어지러워!
디카이오폴리스	나도 눕고 싶어. 발기가 되어 1220
	성적 충동을 느끼니까.
라마코스	나를 공의(公醫) 핏탈로스의 집으로 싣고 가
	그의 치유하는 손에 맡겨다오.
디카이오폴리스	나를 심사위원들에게 데려다줘! 왕[184]은 어디 있지? 여러분,
	상(賞)으로 내놓은 포도주 담는 가죽부대는 내게 주시오! 1225

179　입술에 키스하는 것을 가죽부대에서 포도주를 빨아 마시는 것에 비유한 것 같다.

180　1행이 없어진 것으로 추정된다.

181　라마킵포스(Lamachippos)는 라마코스와 힙포스(hippos '말'이라는 뜻으로 주로 명문가 사람들에게 붙여졌다)의 합성어이다. 여기에서는 경멸해서 붙인 이름이다.

182　여기서 N.G. Wilson은 "힘겨운 내 운명!"은 디카이오폴리스에게, "왜 내게 키스하지?"는 라마코스에게 배정하고 있는데, 부자연스러운 것 같아 A. H. Sommerstein에 따라 읽었다.

183　치유의 신으로서의 아폴론의 별명.

184　여기서 '왕'(basileus)이란 1년 임기로 선출되는 9명의 아르콘(archon) 가운데 두 번째인 아르콘 바실레우스(archon basileus)를 말한다. 전에 왕이 도맡았던 대부분의 종교 의식뿐 아니라 이 희극이 공연된 레나이아 제의 드라마 경연도 그가 주재했다.

라마코스	*(실려 나가며)*
	창이 더없이 고통스럽게 내 뼈를 꿰뚫었구나!
디카이오폴리스	*(자신의 포도주 항아리를 보여주며)*
	보시오들, 비었소이다. 내가 이겼소. 내가 이겼단 말이오.
코로스장	노인장, 당신이 요구하니까 말인데, 당신이 이겼소이다.
디카이오폴리스	게다가 나는 물 타지 않은 포도주를
	잔에 가득 채워 단숨에 쭉 들이켰소이다.
코로스장	장한 우승자여, 당신이 이겼소. 이 가죽부대를 가져가시오!
디카이오폴리스	그렇다면 여러분, "우승자, 만세!"라고 노래하며 나를 따르시오!
코로스	우리는 당신의 뜻대로, 당신과
	당신의 가죽부대를 위해 "우승자 만세!"라고 노래하며
	당신을 따르겠소이다.

1230

(코로스가 노래하는 가운데 전원 퇴장)

평화
Eirene

작품 소개

『평화』는 기원전 421년 대(大)디오뉘소스 제의 희극 경연에서 2등을 차지한 작품이다.

펠로폰네소스 전쟁은 벌써 10년이나 계속되었는데, 기원전 422년 암피폴리스 전투에서 양쪽의 주전론자인 아테나이의 클레온과 스파르테의 브라시다스(Brasidas)가 전사하자 평화협상 분위기가 무르익기 시작했다. 그러므로 이 희극은 이 작품이 공연된 지 10일 뒤에 체결된 이른바 '니키아스 휴전조약'의 선취(先取)라고 할 수 있을 것이다.

앗티케에서 포도를 재배하는 트뤼가이오스는 전쟁이 계속되면서 식료품이 달려 고생이 심해지자 날개 달린 말 페가소스를 타고 하늘로 오르려 했던 벨레로폰테스를 흉내 내어 쇠똥구리를 타고 하늘로 오르고자 쇠똥구리 한 마리를 몸집이 엄청나게 불어날 때까지 사육한다. 그리하여 그는 무사히 여행을 마치게 된다. 그러나 문지기 헤르메스한테서, 제우스와 다른 신들은 인간들의 전쟁에 염증을 느끼고는 다른 곳으로 가버렸고, 지금은 '전쟁'이 그곳을 맡아 관리하고 있는데 '전쟁'이 '평화'를 동굴 깊숙이 가두어놓은 터라 '평화'가 다시 밖으로 나오기는 어려울 것이며, '전쟁'은 그 밖에도 모든 나라를 절구에 넣고 빻을 준비를 하고 있다는 말을 듣는다.

그러나 전쟁의 '절굿공이'들인 아테나이의 클레온과 스파르테의 브라시다스가 죽어 절굿공이를 빌려올 수 없게 된다. 그러자 '전쟁'이 절굿공이를 찾아나서는데, 그사이 트뤼가이오스와 코로스를 구성하는 농부들이 헤르메스를 매수한 다음 힘을 모아 '평화'를 그녀의 시녀들인 '풍요' '축제'와 함께 동굴에서 구해내 그리스로 데려간다. 무기 제조업자들 말고는 모두들 환호하는 가운데 트뤼가이오스와 '풍요'의 결혼식 준비가 진행된다.

등장인물

하인 1 트뤼가이오스의

하인 2 트뤼가이오스의

트뤼가이오스(Trygaios) 포도 재배인

딸 트뤼가이오스의

헤르메스

전쟁(Polemos)

소란(Kydoimos)

코로스

히에로클레스(Hierokles) 신탁 장수

낫 제작자

무기상(武器商)

소년 1 라마코스의 아들

소년 2 클레오뉘모스의 아들

그 밖에 무언 배우로 트뤼가이오스의 딸들, 평화(입상), 풍요(Opora), 축제(Theoria), 옹기장이, 투구 제작자, 방패 제작자이 작품의 대본은 *Aristophanis Fabulae*. ed. by N.G. Wilson, 2vols., Oxford 2007의 그리스어 텍스트이다. 주석은 A.H. Sommerstein (Warminster 2005), S.D. Olson (Oxford 1998), M. Platnauer (Oxford 1964)의 것을 참고했다. 현대어 번역으로는 A.H. Sommerstein, J. Henderson (Loeb Classical Library 1998), The Athenian Society (El Paso, Texas 2006), P. Roche (New American Library 2005)의 영어 번역과 L. Seeger의 독어 번역을 참고했다.

장소 트뤼가이오스 집의 한쪽 옆문 밖에서 하인 2가 통 안에서 쇠똥으로
케이크를 빚고 있다. 하인 1이 문밖으로 나와 급히
그에게 다가가며 명령을 전한다.

하인1 자, 어서 빨리 쇠똥구리에게 먹일 케이크 하나 줘!

하인2 옜다. *(하인 1, 급히 집 안으로 다시 들어간다)* 그 빌어먹을 녀석에게
그걸 갖다줘! 아마 그렇게 맛있는 케이크는 처음일걸.

하인1 *(되돌아오며)*
다른 케이크를 줘. 당나귀 똥으로 갠 걸로 말이야.

하인2 옜다, 다른 것. 방금 준 것은 어디다 갖다 뒀어? 5
설마 녀석이 먹지는 않았겠지.

하인1 무슨 소리!
녀석은 그걸 받아 두 발로 이리저리 굴리더니 통째로 꿀꺽
삼켜버렸어. 어서 빨리 케이크를 빚어줘, 찰기 있는 것으로 많이!
(똥으로 빚은 케이크를 들고 집 안으로 들어간다)

하인2 *(관객에게)*
똥을 주워 모으는 이들이여, 제발 나를 도와주시오.
내가 숨 막히는 꼴을 보고 싶지 않다면 말이오. 10

하인1 *(집에서 나오며)*
다른 걸로 줘! 몸 파는 소년의 똥으로 빚은 걸로 말이야.
녀석은 잘 다져진 것이 좋대나.

하인2 예 있다. *(하인 1이 안으로 들어가자 관객에게)*
여러분, 나는 적어도 한 가지 점에서는 결백하다고 생각하오.
내가 이걸 빚으며 맛을 봤다고 아무도 말하지 못할걸요.

평화 **351**

하인1   *(악취가 나는 듯 고개를 한쪽으로 돌리고 집에서 나오며)*

어이쿠, 지독해! 다른 걸로, 다른 걸로, 다른 걸로 줘!

그리고 계속해서 더 빚어!

하인2   맙소사, 그렇게는 못해.

이 역한 똥물은 도저히 더 이상 견딜 수 없단 말이야.

하인1   그렇다면 이 똥물을 내가 갖고 들어갈래.

(통을 들고 안으로 들어간다)

하인2   *(뒤에서 부르며)*

녀석이 제발 지옥으로 떨어졌으면 좋겠어! 자네도 함께.

(관객에게) 여러분 중에 어디 가면 구멍 나지 않은

코를 살 수 있는지 아시는 분 있으면, 말해주시오.

쇠똥구리에게 먹을거리를 빚어 바치는 것보다

더 역겨운 일은 세상 어디에도 없을걸요.

돼지나 개는 우리의 배설물이 떨어지는 대로

군말 없이 게걸스레 먹어치우는데, 녀석은

거드름을 피우며 제가 무슨 버르장머리 없는

숙녀라도 되는 양 온종일 이겨서

환(丸)을 지어 바치지 않으면 먹으려 하지 않아요.

녀석이 다 먹었는지 한번 들여다봐야지.

눈치채지 못하게 문을 이렇게 조금만 열고.

(안을 들여다보며) 먹어, 쉬지 말고 먹어.

너도 모르게 배가 터질 때까지.

(문에서 물러나며) 녀석이 먹는 꼬락서니하고는.

녀석은 레슬링 선수처럼 머리를 숙이고는

턱을 좌우로 움직이며, 머리와 두 팔을

이렇게 *(쇠똥구리의 동작을 흉내 낸다)* 굴리고 있어,

화물선에 쓸 밧줄을 꼬는 사람들처럼 말이야.

하인1　*(집에서 나오며)* 저 녀석은 더럽고 냄새나고 게걸스러운 녀석이야.

어떤 신이 저런 재앙을 우리 집에 보냈는지

알 수 없단 말이야. 아프로디테나 카리스 여신들이　　　　　　　　　　40

보내지 않은 것은 확실해.

하인2　그렇다면 누가 보냈지?

하인1　천둥을 배설하시는 제우스께서 보내신 괴물이 분명해.

하인2　관객 가운데 자신이 현명하다고 생각하는 젊은이는

아마 지금쯤 이렇게 말하겠지요. "뭘 하자는 거야?

쇠똥구리가 의미하는 게 대체 뭐야?"라고.

하인1　그러면 그의 옆에 앉아 있는　　　　　　　　　　　　　　　　　　45

한 이오니아[1]인이 그에게 말하겠지요.

"내 생각에 쇠똥구리는 클레온[2]을 암시하는 것 같은데요.

그자는 저승에 가서 똥물을 먹고 있으니까 말이오."[3]

1　소아시아 서부 해안과 그 부속도서들. 이오니아인들을 포함한 여러 동맹국 주민들은 조공을 바치러 아테나이에 왔다가 3월 말에 개최되는 대디오뉘소스 제에 참석하곤 했다.

2　클레온은 기원전 427년부터 암피폴리스(Amhipolis) 전투에서 전사할 때까지 아테나이에서 매우 영향력이 컸던 정치가 중 한 명으로 아리스토파네스의 숙적이었다. 그가 스파르테와의 화평(和平)을 거부한다는 이유로 아리스토파네스는 그를 민중선동가라고 규정하며 여러 작품에서 그를 공격하고(『벌』 1284~1291행, 『아카르나이 구역민들』 377~382, 502~503행 참조), 『기사』에서는 심지어 그를 야만족인 '파플라고니아인'으로 희화화했으며, 그가 죽은 뒤 발표된 『평화』에서도 아리스토파네스는 조금도 공격의 고삐를 늦추지 않는다. 269~272, 313~320, 647~656, 753~758행 참조.

3　'똥물을 먹는다'는 표현에 관해서는 2권의 『개구리』 145행 참조. '똥물'의 원어 spatile는 '짐승 가죽'이라는 뜻의 그리스어 spatos와 발음이 비슷한데, 이는 클레온 집안이 가죽을 무두질하여 큰돈을 벌었음을 암시한다.

나는 쇠똥구리에게 마실 것을 주려고 안으로 들어가요.

(집 안으로 퇴장)

하인2 그래서 나는 아이들, 미성년자들, 남자들, 50
높은 자리에 있는 분들 그리고 저 위쪽의
초인(超人)처럼 당당한 분들에게
어찌 된 사연인지 사건의 전말을 설명할까 해요.
우리 주인은 머리가 돌았어요. 새로운 식으로.
여러분이 돈 것과는 다른 전혀 새로운 식으로. 55
그분은 온종일 입을 벌린 채 *(하늘을 향하여 머리를 뒤로 젖히고)*
이렇게 하늘만 쳐다보며 제우스에게 험담을
늘어놓아요. "제우스이시여, 대체 의도가 무엇이옵니까?
마당비를 내려놓으시고, 헬라스를 쓸어버리지 마소서!"
쉿, 쉿! 60
조용히 해요. 목소리가 들리는 것 같아요.

트뤼가이오스 *(안에서)*

제우스이시여, 우리 백성들에게 이게 무슨 짓이옵니까?
부지중에 우리 도시들을 쑥대밭으로 만드시겠어요.

하인2 *(여전히 관객에게)*

바로 저게 내가 방금 말했던 그분의 병(病)이랍니다.
그분의 정신착란 증세가 어떤 것인지 들었겠지요. 65
그분이 처음 병에 걸렸을 때 무슨 말을 했는지,
한번 들어보세요. 그분은 자신에게 "어떻게 하면 내가
곧장 제우스에게 갈 수 있을까?"라고 말했어요.
그러고는 가볍고 작은 사다리들을 만들게 하더니
그 사다리들을 타고 하늘로 올라가려 했어요. 70
그러나 곧 굴러떨어져 머리를 심하게 다쳤지요.

그러고 나서 그분은 어제 밖에 나가 대체 어디서 구했는지
거대한 아이트네[4]산(産) 쇠똥구리 한 마리를
구해오더니, 내가 그 쇠똥구리의 마부가 되도록 강요했어요.
그분은 그것을 망아지인 양 쓰다듬으며 말해요. 75
"내 작은 페가소스[5]야, 내 순종의 새야,
자, 나를 태우고 곧장 제우스에게 날아오르도록 하라."
여기 이 구멍으로 그분이 뭘 하는지 들여다봐야지.

(잠시 대문 안을 들여다보다가 깜짝 놀라 뒤로 물러선다)

사람 살려! 어서 이리 와요, 이웃들이여!
우리 주인이 쇠똥구리를 말처럼 타고 80
대기 속으로 떠오르고 있단 말이오.

트뤼가이오스 살살 부드럽게 날아라, 쇠똥구리야.
네 힘을 믿고 처음부터
너무 세게 날지 말고!
날개를 젓느라 땀이 나고 85
사지의 힘줄이 유연해질 때까지는.
그리고 제발 내게 악취 좀 뿜어대지 마.
네가 악취를 뿜어대면,
집에 있는 마구간에 너를 세워둘래.

하인2 (트뤼가이오스를 부르며)

오오, 주인 나리, 정말로 머리가 도셨네요. 90

트뤼가이오스 조용히 해! 조용히 하란 말이야!

하인2 머리가 돌지 않으셨다면, 왜 공연히 대기를 헤치며 나아가세요?

---

4 시칠리아 섬의 화산과 도시. 그곳에 사는 쇠똥구리는 유난히 컸다고 한다.
5 날개 달린 말.

트뤼가이오스	나는 모든 헬라스인들을 위해 날아가는 중이며,	
	전례 없는 모험을 하기로 작정했단다.	
하인 2	날아가시는 목적이 뭐죠? 왜 공연히 어리석은 짓을 하세요?	95
트뤼가이오스	너는 상서로운 말을 하고, 불길한 말은	
	입 밖에 내지 말고 환성을 올리도록 하라.	
	그리고 침묵을 지키고,	
	새 벽돌로 변소와 시궁창을 봉하고,	
	항문을 막으라고⁶	100
	사람들에게 이르도록 하라!	
하인 2	저로서는 입을 다물고 있을 수 없지요. 나리께서	
	어디로 날아가려는 것인지 말씀해주시기 전에는.	
트뤼가이오스	어디긴 어디야, 하늘의 제우스에게지.	
하인 2	의도가 뭐죠?	
트뤼가이오스	그분께서 헬라스인들 전체를 도대체 어떻게	105
	하시려는 것인지 물어보려고.	
하인 2	그분께서 나리께 말씀해주시지 않는다면?	
트뤼가이오스	헬라스를 메디아⁷인들에게 팔아먹으려 했다고 그분을 고발할래.	
하인 2	디오뉘소스에 맹세코, 제발 그러지 마세요. 제가 살아 있는 동안에는.	
트뤼가이오스	다른 뾰족한 수가 없잖아.	110
하인 2	아아, 이럴 수가! *(집 안을 향하여 큰 소리로)* 아기씨들,	
	아버지께서 아기씨들만 남겨두고 몰래 하늘로 가셨어요.	
	(트뤼가이오스의 딸, 집 밖으로 나온다)	
	불운하신 아기씨들, 아버지께 간절히 빌어보세요.	
	(딸들이 손을 모아 트뤼가이오스에게 비는 사이, 그중 한 명이 노래한다)	
딸	아빠, 아빠, 우리 집에 들려오는 이 소문이	
	사실인가요? 아빠께서는 새들과 함께하시려고	115

	저를 버리셨으며, 바람을 타고 저 위 까마귀들에게	
	가시려 한다면서요? 이게 사실인가요?	
	아빠, 절 사랑하신다면 말씀해주세요.	
트뤼가이오스	너희도 짐작하겠지만, 내 딸들아, 사실 나는	
	무척 괴로웠단다. 너희가 나를 '아빠'라고 부르며	120
	밥을 달라고 졸라대는데 집 안에 돈 한 푼 없을 때 말이야.	
	내가 성공해서 돌아오면 너희는 곧 큼직한 빵 덩이를	
	갖게 되고, 양념으로 알밤도 한 대씩 먹게 될 거야.	
딸	거기까지 어떻게 가시려고요?	
	아빠를 그곳에 태워다줄 배도 없는데.	125
트뤼가이오스	날개 달린 망아지가 날 태워줄 거야. 난 바닷길로 안 가니까.	
딸	하지만 대체 무슨 생각이 드셨기에, 쇠똥구리에 마구를 채우고	
	신들께서 계시는 곳으로 타고 올라가시려는 거죠, 아빠?	
트뤼가이오스	아이소포스[8]의 우화에서 신들의 나라에 도달할 수	
	있었던 것은, 내가 알기로는 날짐승뿐이었단다.	130
딸	하지만 아빠, 악취가 나는 동물이 신들의 나라에 갔다는	
	아빠의 그 이야기는 믿을 수 없어요.	
트뤼가이오스	쇠똥구리가 전에 그곳에 간 것은, 독수리의 알들을	
	둥지 밖으로 굴림으로써 독수리에게 복수하기 위해서였단다.	
딸	신들에게 더 비극적인 인상을 주기 위해서라면	135
	페가소스의 날개에 마구를 채웠어야 하지 않을까요?	

6 쇠똥구리가 구린내를 맡고 흥분하여 타고 있는 사람을 내던지지 않도록.
7 카스피 해 남동지방. '메디아인들'은 대개 '페르시아인들'이라는 뜻으로 쓰인다.
8 이솝의 그리스어 이름. 여기에 나오는 이솝 우화에 관해서는 『벌』 1448행과 주 214 참조.

트뤼가이오스	하지만 그랬더라면, 내 귀염둥이야, 식량이 두 배로 필요했겠지. 한데 내가 식량으로 무엇을 먹든 간에 쇠똥구리는 내 배설물을 식량으로 먹을 수 있지.
딸	쇠똥구리가 바다의 심연에 빠지기라도 하면 어떡하죠? 날개가 있는데 도망쳐 나올 수 있을까요?	140
트뤼가이오스	*(자신의 남근을 보여주며)* 그럴 때 쓰려고 노를 가져왔지 그러면 내 배는 낙소스⁹에서 만든 쇠똥구리 배가 되겠지.
딸	그리고 아빠가 표류하실 때 어떤 항구가 아빠를 받아주죠?
트뤼가이오스	페이라이에우스¹⁰에는 쇠똥구리 항¹¹이 있잖아.	145
딸	거기서 미끄러져 아래로 굴러떨어지지¹² 않도록 조심하세요. 아빠가 불구자가 되시면 에우리피데스가 와서 아빠를 주제로 비극을 만들어낼 테니까요.
트뤼가이오스	그 일은 내가 알아서 하마. 너희들, 잘 있거라!

(딸들과 노예, 안으로 퇴장. 관객에게)

내가 이런 노고를 하는 것은 여러분을 위해서인 만큼, 150
여러분은 사흘 동안 방귀도 뀌지 말고 똥도 누지 마시오.
이 녀석이 공중을 날다가 그 냄새를 맡게 되면
나를 거꾸로 던져버리고 꼴을 뜯으러 갈 테니까요.

(여태까지 대기 속에 정지해 있던 쇠똥구리가 트뤼가이오스를 하늘로 나르기 시작한다. 쇠똥구리는 움찔움찔 움직이면서 때로는 등에 탄 사람을 내동댕이칠 듯이 급강하한다)

| 트뤼가이오스 | 자, 페가소스야, 어서 가자. 두 귀를 쫑긋 세우고, 코 굴레와 | 155
|---|---|
| | 황금 재갈을 즐겁게 울리며. 뭐 하는 거니? 뭐 하는 거야? 왜 콧구멍을 시궁창 쪽으로 기울이지? 용감하게 대지에서 훌쩍 뛰어올라 |

경주하는 날개를 활짝 펴고는   160

곧장 제우스의 궁전으로 향하도록 하라,

인분과 인간이 먹는 모든 음식으로부터

네 코를 멀리하며.

이봐, 거기 페이라이에우스의 사창가에서

똥을 싸고 있는 사람아, 뭘 하고 있는 거요?   165

당신이 나를 죽이는구먼. 똥 덩이를 묻고는

그 위에다 흙무더기를 쌓고, 백리향을 심고,

향수를 쏟아부어주지 않겠소? 왜냐하면

내가 이 위에서 떨어져 무슨 변고라도 당하면,

내 죽음 때문에 키오스 나라가   170

5탈란톤의 벌금을 물게 될 텐데,¹³

그게 다 당신 항문 탓이 될 테니 말이오.

(이제 쇠똥구리가 가장 높이 날다가 그것이 매달린 기중기가 움찔움찔하자

트뤼가이오스가 앞뒤로 몹시 흔들린다)

어이쿠, 무서워! 나 지금 농담하는 게 아니오.

기중기 기사, 조심하시오. 내 배꼽 주위에서 벌써

바람이 으르렁거린단 말이오. 당신이 조심하지 않으면   175

---

9 에게 해의 섬. 기원전 6세기 말까지만 해도 막강한 해군력을 보유하고 있었다.
10 아테나이의 외항.
11 페이라이에우스의 세 항만 중 맨 서쪽에 있고 가장 규모가 큰 지금의 켄트리코스 항만(Kentrikos Limen)을 말한다. 그 이름은 칸타로스(Kantharos '쇠똥구리')라는 영웅의 이름에서 따온 것이다.
12 에우리피데스의 벨레로폰테스처럼.
13 아테나이인이 아테나이의 동맹국에서 살해당하면 그 나라는 5탈란톤이라는 큰 벌금을 물었는데, 이 희극이 공연되기 얼마 전에 이오니아 앞바다의 섬 키오스에서 그런 일이 일어난 것 같다.

내가 쇠똥구리에게 먹을거리를 주게 생겼소.

(쇠똥구리가 이제 부드럽게 움직이며 내려가기 시작한다)

아, 이제야 신들의 궁전 가까이 온 것 같군.
실제로 제우스의 궁전이 보이니까 말이야.

(내려서 제우스의 문간으로 다가가더니 문을 두드린다)

제우스의 문지기가 누구요? 문 열어주시오!

헤르메스　*(안에서)*

어디서 사람 냄새가 나지? *(문을 열고 트뤼가이오스와 쇠똥구리를 보고는)*　180
맙소사, 이게 도대체 무슨 괴물이야?

트뤼가이오스　말〔馬〕쇠똥구리요.

(다음 대화가 이어지는 사이 쇠똥구리가 기중기에 의해 무대에서 들려 나간다)

헤르메스　이 역겹고 대담하고 파렴치한 불한당아,
이 불량하고도 불량한 천하에 몹쓸 불한당아,
어떻게 여기 왔지, 천하제일의 불한당아?
네 이름이 뭐야? 말하지 못해?

트뤼가이오스　천하제일의 불한당이올시다.　185

헤르메스　네 아버지가 누구냐?

트뤼가이오스　내 아버지요? 천하제일의 불한당이올시다.　187

헤르메스　넌 어느 나라 사람이냐? 말해봐!

트뤼가이오스　천하제일의 불한당이올시다.　186

헤르메스　대지의 여신에 맹세코, 네 이름이 뭔지
당장 말하지 않으면 넌 죽은 목숨이야.

트뤼가이오스　나는 아트모논[14] 구역 출신의 트뤼가이오스로,　190
포도 재배에 능하며 밀고자도 아니고 토론을 좋아하지도 않아요.

헤르메스　무슨 일로 여기 왔지?

트뤼가이오스　당신께 이 고기를 드리려고요. *(고기를 건넨다)*

360

헤르메스	*(고기를 받으며 말투를 바꿔)* 자네, 정말 그 때문에 여기 왔단 말인가?
트뤼가이오스	이 대식가 양반, 보시다시피,
	당신은 나를 더 이상 천하제일의 불한당으로 여기지
	않는 것 같군요. 자, 가서 제우스 좀 불러주세요.
헤르메스	하하하! 자넨 신 근처에 갈 수도 없어.
	신들은 가고 없어. 어제 이곳을 떠났지.
트뤼가이오스	지상 어느 곳으로 떠났나요?
헤르메스	'지상'이라고 했나?
트뤼가이오스	그래요. 그런데 어디로 갔지요?
헤르메스	아주 멀리. 하늘의 둥근 지붕 가장자리 바로 아래로 갔어.
트뤼가이오스	그렇다면 왜 당신만 혼자 여기 남았지요?
헤르메스	난 신들이 두고 간 가재도구들을 지키는 중이야.
	단지, 가구, 항아리 나부랭이 말이야.
트뤼가이오스	신들께서 집을 비운 이유가 뭐죠?
헤르메스	신들이 헬라스인들에게 화가 났기 때문이지. 신들은
	자신들이 살던 이곳에 전쟁이 살게 하고는 그자에게
	자네들을 마음대로 할 수 있는 전권(全權)을 위임했지.
	그리고 자신들은 되도록 높은 곳에 새 주거를 마련했어.
	이제 더는 자네들이 싸우는 꼴도 안 보고,
	자네들이 기도하는 소리도 안 들으려고 말이야.
트뤼가이오스	왜 신들께서 우리를 그렇게 대하죠? 말씀해주세요.
헤르메스	신들은 자네들에게 누차 평화조약을 맺을 기회를 주었건만,
	자네들은 전쟁을 택했어. 라코니케[15]인들이

---

14 아테나이 북동쪽에 있는 구역.
15 스파르테 주변 지역. 흔히 스파르테와 동의어로 쓰인다.

	좀 유리해지면 그들은 이렇게 말하곤 했지.	
	"쌍둥이 신¹⁶에 맹세코, 이제 앗티케인들이 혼쭐이 나겠지."	
	반면에 너희들 앗티케인들이 좀 성공을 거두어	215
	라코니케인들이 휴전협상을 하자고 찾아오면, 자네들은	
	대뜸 말하지. "아테나 여신에 맹세코, 우리는 속고 있었소."	
	— "제우스에 맹세코, 우리는 설득당해서는 아니 되오.	
	우리가 퓔로스를 점유하고 있으면¹⁷ 그들은 또 올 거요."	
트뤼가이오스	그건 분명 우리 백성들이 함 직한 말이네요.	220
헤르메스	그래서 난 자네들이 앞으로 평화를 보게 될지 의문이야.	
트뤼가이오스	왜죠? 평화가 어디 갔는데요?	
헤르메스	전쟁이 그녀를 깊은 구덩이에 던져버렸어.	
트뤼가이오스	어떤 구덩이죠?	
헤르메스	*(트뤼가이오스를 무대 건물의 가운데 문으로 데려가더니)*	
	저 아래 있어. 그리고 자네도 보다시피,	
	전쟁은 그 위에다 돌무더기를 쌓아올렸어. 그래서	225
	자네는 결코 평화를 도로 끌어낼 수 없을 거야.	
트뤼가이오스	그리고 전쟁이 우리에게 무슨 짓을 하려는지 말씀해주세요.	
헤르메스	내가 아는 것은 한 가지뿐이야. 어제 저녁 그자가	
	거대한 절구통 하나를 집에 들여놓았다는 것 말이야.	
트뤼가이오스	그자는 그 절구통을 어디에 쓰대요?	230
헤르메스	헬라스의 도시들을 그 안에 넣고 빻을 작정이래.	
	난 가야겠어. 밖에 그자가 오고 있는 것 같아.	
	밖에서 떠들썩한 소리가 들리니 말이야. *(급히 퇴장)*	
트뤼가이오스	이거 야단났구먼! 이쪽으로 그자를 피해야지. 저 무서운	
	전쟁의 절구통 소리가 벌써 들리는 것 같으니 말이야.	235
	(트뤼가이오스, 숨는다. 전쟁, 거대한 절구통과 먹을거리가 든 바구니를 들고	

(제우스의 집에서 등장)

전쟁 오오, 인간들이여, 인간들이여, 비참한 인간들이여,
　　　이제 곧 너희 턱들이 으스러질 테니 얼마나 아플까!

트뤼가이오스 *(숨어 있는 곳에서 밖을 엿보며)*

　　　아폴론 왕이시여! 저 절구통 크기 좀 봐! 그리고
　　　전쟁의 얼굴 표정에는 얼마나 많은 악이 깃들어 있는가!
　　　저게 우리가 피하는, 무자비하고 무시무시하고 놀라서　　　240
　　　다리에 똥을 싸게 만드는 바로 그 신이란 말인가?

전쟁 *(바구니에서 부추[18]를 꺼내 절구통에 던져 넣으며)*

　　　오오, 세 배나 비참하고 다섯 배나 비참하며 수십 배나 비참한
　　　프라시아이[19]여, 너는 오늘 중으로 쑥대밭이 되리라!

트뤼가이오스 *(관객에게 혼잣말로)*

　　　여러분, 그건 아직 우리와는 상관없어요.
　　　그건 라코니케 땅의 재앙이니까요.　　　245

전쟁 *(마늘[20]을 섞으며)*

　　　오오, 메가라여, 메가라여, 너는 곧 완전히 빻아져,
　　　얼마나 맛 좋은 다진 고기가 될 것인가!

16　카스토르(Kastor)와 폴뤼데우케스(Polydeukes).
17　기원전 425년 펠로폰네소스 반도 서남 해안에 있는 퓔로스 곶을 점령하고 요새화한 데모스테네스 휘하의 아테나이군은 그곳을 탈환하러 온 스파르테군을 그 앞바다의 스팍테리아 섬에서 크게 무찌르고 300명 정도를 사로잡은 적이 있다. 『구름』 186행과 주 33 참조.
18　prason 복수형 prasa.
19　프라시아이(Prasiai)는 라코니케 해안의 소도시로, 기원전 430년 아테나이인들에게 약탈당한 적이 있다.
20　마늘은 아테나이 서쪽에 있는 메가라(Megara) 시의 주요 수출품 가운데 하나였다.

트뤼가이오스   (혼잣말로)
　　　　　아아, 맙소사! 저자는 메가라인들을 위해
　　　　　얼마나 요란하고 쓰라린 통곡을 섞어 넣었는가!

전쟁   (치즈를 섞으며)
　　　　　아아, 시켈리아[21]여, 너도 망하게 되어 있노라!　　　　　　　　　　250

트뤼가이오스   (혼잣말로)
　　　　　가련하도다, 그런 도시가 빻아지게 되어 있다니!

전쟁   (꿀을 섞으며)
　　　　　절구통에 여기 이 앗티케산(産) 꿀도 부어야지.

트뤼가이오스   (혼잣말로) 여보시오, 부탁이오. 다른 꿀을 쓰도록 해요.
　　　　　앗티케 꿀은 아끼시오. 그건 4오볼로스나 해요.

전쟁   (집 안에 대고) 이봐, 이봐! 소란!

소란   (집 밖으로 나오며) 왜 절 부르시죠?

전쟁   수수방관하다니, 너 혼쭐나고 싶어?　　　　　　　　　　　　　　　　255
　　　　　옛다, 한 대 먹어라! (소란에게 따귀를 한 대 올린다)

트뤼가이오스   (혼잣말로) 얼마나 아플까!

소란   어이쿠! 아파 죽겠어요, 주인 나리!

트뤼가이오스   (혼잣말로) 당신, 그 가격(加擊)에 설마 마늘은 집어넣지 않았겠지?

전쟁   (소란에게)
　　　　　가서 절굿공이 좀 가져와!

소란   하지만 나리,
　　　　　우리에겐 절굿공이가 없는데요. 어제 이사 와서요.　　　　　　　　260

전쟁   그렇다면 어서 달려가 아테나이에서 구해오지 못할까?

소란   구해올게요. (혼잣말로) 안 그러면 또 혼쭐날 테니까. (퇴장)

트뤼가이오스   (관객에게)
　　　　　아아, 우리들 가련한 백성은 어떻게 되는 걸까요?

여러분도 보다시피, 우리는 큰 위험에 처해 있소. 소란이
절굿공이를 갖고 돌아오면, 전쟁이 앉아서 헬라스 도시들을
묵사발로 만들어놓을 테니까요. 디오뉘소스여, 심부름꾼이
도중에 죽어 절굿공이를 갖고 돌아오지 못하게 해주소서!

소란 *(돌아오며)* 저, 거시기!

전쟁 뭐야? 안 가져왔어?

소란 저, 거시기,
아테나이인들은 절굿공이를 잃어버렸어요.
온 헬라스를 쑥대밭으로 만든 가죽 장수[22] 말예요.

트뤼가이오스 *(혼잣말로)*
존경스러운 여신 아테나이시여! 그자가 죽었다니 잘됐구나.
도시의 처지에서 보면 그자는 딱 알맞은 시기에 죽었으니까.

전쟁 *(소란에게)*
그렇다면 급히 달려가 라케다이몬[23]에서 다른 절굿공이를
구해왔어야 할 것 아닌가?

소란 네, 알겠나이다, 주인 나리! *(급히 퇴장)*

트뤼가이오스 *(관객에게)*
여러분, 우리는 대체 어떻게 되는 걸까요?
지금은 위기요. 여러분 가운데 사모트라케의 비의에
입문한 자가 있다면,[24] 지금이야말로 우리 심부름꾼이
양쪽 발목을 다 삐게 해달라고 기도할 때요.

---

21 시칠리아의 그리스어 이름.
22 클레온. 『구름』 581행과 주 101 참조.
23 스파르테.
24 에게 해 북부 사모트라케(Samothraike) 섬에서 거행되던 비의에 입문한 자가 특히 바다에서 위험에 빠졌을 때 기도하면 효험이 있었다고 한다.

소란	(돌아오며) 아아, 나야말로 불운하구나. 아아, 정말 불운하다니까요!	280
전쟁	뭐야? 설마 가져오지 못했단 말을 하려는 건 아니겠지?	
소란	라케다이몬인들도 절굿공이를 잃어버렸어요.	
전쟁	그게 무슨 소리야, 이 악당아?	
소란	그들은 트라케의 해안지방에서 쓰도록	
	절굿공이를 다른 백성들에게 빌려줬다가 거기서 잃어버렸대요.²⁵	
트뤼가이오스	(혼잣말로)	
	디오스쿠로이들²⁶이시여, 그들이 그렇게 되길 다행이오.	285
	사필귀정이겠지요. 용기를 내시라, 인간들이여!	
전쟁	(소란에게) 이 도구들을 챙겨서 도로 갖고 들어오도록 하라.	
	안에 들어가 내가 손수 절굿공이를 만들겠다.	

(전쟁이 집에 들어가자 소란이 절구통과 바구니를 들고 뒤따른다)

트뤼가이오스 (숨어 있던 곳에서 나오며)

그렇소. 지금이야말로 전에 다티스²⁷가 한낮에
용두질을 하며 부르곤 하던 노래를 부를 때요.   290
"나는 얼마나 즐겁고, 행복하고, 기분 좋은지 몰라!"
헬라스인들이여, 지금이야말로 우리 모두에게 상냥한 평화를
구덩이에서 끌어냄으로써 우리가
고통과 전쟁에서 해방될 절호의 기회올시다.
다른 절굿공이가 우리를 방해하기 전에 말이오.   295
농부, 상인, 목수, 장인,
재류외인(在留外人), 이방인, 섬 주민들 할 것 없이,
모두들 되도록 빨리 이리 오시오. 삽과 쇠지레와
밧줄을 갖고 말이오. 지금은 착한 정령²⁸에게 바친 술잔에서
우리가 한 모금 죽 들이켤 때니까요.   300

(코로스, 삽과 쇠지레 따위를 갖고 등장)

| 코로스장 | 모두들 우리의 구원을 위해 열심히 곧장 이리 오시오.
모든 헬라스인들이여, 우리 서로 도웁시다. 지금이 아니면
다시는 기회가 없소. 군사 대형과 가증스러운 유혈에서
벗어납시다. 이제야 라마코스²⁹가 싫어하는 날이 밝았으니까요.
(트뤼가이오스에게) 당신은 우리가 뭘 해야 하는지 말해주고   305
우리 지도자가 되시오. 지레와 온갖 도구로 모든 여신들 가운데
가장 위대하시고 포도덩굴을 가장 사랑하시는 여신을 햇빛으로
끌어 올릴 때까지 나는 오늘 결코 지치지 않을 것 같으니까요. |
|---|---|
| 트뤼가이오스 | 조용히 해요. 상황이 호전됐다고 당신이 환성을 올리다가
저 안에 있는 전쟁에 다시 불을 지르는 일이 없도록 조심하시오.   310 |
| 코로스장 | 하지만 우리가 그런 포고를 듣고 어찌 기뻐하지 않을 수 있겠소.
그것은 "사흘 치 식량을 갖고 오라!"는 명령이 아니니까 말이오. |
| 트뤼가이오스 | 이제는 저승의 문지기 개 케르베로스³⁰를 조심합시다.
그자가 지상에 있었을 때처럼 입에 게거품을 물고 짖어대며 |

25 스파르테 장군 브라시다스는 펠로폰네소스 전쟁 때 혁혁한 전과를 올린 뒤 기원전 422년 트라케 해안지방의 암피폴리스 시를 방어하다가 치명상을 입는다. 아리스토파네스는 클레온을 휴전조약 체결을 방해하는 아테나이 쪽 걸림돌로, 브라시다스를 스파르테 쪽 걸림돌로 보고 있다.
26 카스토르와 폴뤼데우케스.
27 다티스(Datis)는 기원전 490년 마라톤에서 패배한 페르시아 원정대의 사령관 중 한 명이다.
28 고대 그리스인들은 식사가 끝나고 본격적인 주연(酒宴)이 시작되기 전에 헌주 삼배를 했는데, 그중 첫 번째 잔은 '착한 정령'(agathos daimon)에게 바쳤다. 『벌』 주 77 참조.
29 아테나이의 호전적인 장군. 270, 566~625, 959~968, 1071~1149, 1174~1226행 참조.
30 여기에서는 클레온을 말한다. 『기사』 1017~1124, 1030행, 『벌』 894~994, 1031행 참조.

	우리가 여신을 구출하지 못하게 방해할지도 모르니까요.	315
코로스장	여신이 일단 우리 수중에 들어오면 우리한테서 여신을 빼앗아갈 자는 아무도 없을 것이오. 만세, 만세!	
트뤼가이오스	여러분, 여러분이 환성을 자제하지 않으면 나는 끝장이오. 전쟁이 뛰쳐나와 모든 것을 두 발로 짓밟아놓을 테니까요.	
코로스장	그자더러 뒤죽박죽으로 만들고, 모든 것을 뒤엎고 짓밟으라고 하시오. 오늘은 우리가 기뻐하지 않을 수 없소이다.	320

(코로스, 춤추기 시작한다)

트뤼가이오스 이 무슨 불운인가? 여러분, 무엇에 씌었지요? 제발
　　　　　　 여러분의 춤으로 이 절호의 기회를 놓치는 일이 없게 하시오.
코로스장　　 실은 내가 춤추기를 원하는 게 아니오. 기쁜 나머지 두 다리가
　　　　　　 내가 움직이지 않는데도 절로 춤을 추는 것이라오.　　　　325
트뤼가이오스 그렇다면 이제 더 이상 춤추지 마시오. 자, 춤추기를 멈추시오.
코로스장　　 자, 보시오. 멈췄소이다. (그러나 코로스, 계속 춤춘다)
트뤼가이오스 말은 그렇게 하지만 아직도 멈추지 않았소이다.
코로스장　　 이 동작 하나만 더 추고 더는 추지 않을게요.

(그러나 계속 춤춘다)

트뤼가이오스 (코로스가 춤을 다 추자)
　　　　　　 됐어요. 이제 다른 동작은 안 돼요. 더는 추지 마시오.
코로스장　　 우리가 춤추지 않는 게 당신에게 도움이 된다면 추지 않을게요.　330

(그러나 코로스, 계속 춤춘다)

트뤼가이오스 보시오. 여러분은 아직도 멈추지 않았어요.
코로스장　　 정말이오.
　　　　　　 여기 이 오른쪽 다리로 한 번만 더 내차고 끝낼게요.
트뤼가이오스 자, 그걸 허락해줄 테니, 제발 더는 나를 짜증 나게 하지 마시오.
코로스장　　 하지만 왼쪽 다리로도 그렇게 하지 않을 수 없소이다.

(왼쪽 다리로 높이차기를 한 뒤에도 코로스, 여전히 계속 춤춘다)

난 기쁘고 행복해, 방귀를 뀌며 웃고 있어. 방패에서 벗어났으니까.   335
노년(老年)을 벗어던졌다 해도 이렇지는 않을 거야.

트뤼가이오스   아직은 기뻐하지 마시오. 아직은 확신할 수
없으니까요. 그러나 우리가 여신을 갖게 되면,
그때는 기뻐하고 환성을 올리고 웃으시오.
그때부터 여러분은 항해하거나   340
집에 머무를 수도, 동침하거나 잠잘 수도,
큰 축제에 참석할 수도, 잔치를 벌일 수도,
콧타보스 게임[31]을 할 수도,
흥청망청 살 수도,
"만세, 만세!"라고 외칠 수도 있을 테니까요.   345

(좌)

코로스   이제 드디어 그날을 볼 수 있었으면!
나는 고생도 수없이 했고,
혹독한 포르미온[32] 제독이 나눠준 짚자리에서도
수많은 밤을 보냈으니까.
그대도 보게 되겠지만, 나는 더 이상 종전처럼
까다롭고 괴팍스러운 배심원이 되지 않을 것이며,   350
가혹하지도 않을 것이오.
오히려 고통에서 해방되면 나는
더 부드럽고 훨씬 젊어질 것이오.

31 『구름』 주 176 참조.
32 『기사』 563행, 2권의 『뤼시스트라테』 804행 참조.

너무나 오랫동안 우리는 우리 자신을
죽이고 있었고, 창과 방패를 들고
터벅터벅 걸어서 뤼케이온[33]으로 가느라, 355
뤼케이온에서 오느라, 지쳐 있었으니까.
우리가 어떻게 해야 가장
당신 마음에 들겠소? 잘 말해보시오.
행운이 당신을 우리 사령관으로
뽑아주었으니 말이오. 360

트뤼가이오스 *(가운데 문 쪽으로 다가가며)*
어떻게 해야 이 돌들을 치울 수 있을는지, 어디 봅시다.
(안으로 들어가려다가 옆문으로 등장한 헤르메스의 목소리를 듣고 멈칫한다)

헤르메스 이 간 큰 불한당아, 어떻게 하겠다는 겐가?
트뤼가이오스 나쁜 짓이 아니라, 킬리콘[34]과 같은 짓을 하려는 것이오.
헤르메스 자넨 끝장이야, 이 불운한 자여!
트뤼가이오스 그래야겠죠, 제비뽑기에 의해 내가 당첨된다면.[35]
 당신은 헤르메스인 만큼 제비뽑기는 당신이 주관하실 테니까요. 365
헤르메스 자넨 끝장이야, 완전히 끝장이야.
트뤼가이오스 어느 날에 끝장나죠?
헤르메스 지금 당장.
트뤼가이오스 하지만 난 죽기 직전에 먹게
 보릿가루와 치즈를 아직 가져오지 않았는데요.
헤르메스 자넨 완전히 말살되었단 말이야.
트뤼가이오스 내가 그런 특혜를 받고도 몰랐다니, 어찌 된 일이죠? 370
헤르메스 자넨 여신을 파내다가 발각된 자에게 제우스께서 사형을
 선고하신 것도 모르나?

트뤼가이오스	그렇다면 난 지금 어쩔 수 없이 죽어야 하나요?
헤르메스	물론이지.
트뤼가이오스	그렇다면 새끼 돼지36를 사게 3드라크메만 빌려주세요.
	죽기 전에 비의에 입문하고 싶으니까요.
헤르메스	*(하늘을 우러러 두 손을 모으고)* 천둥 번개의 주인이신 제우스이시여….
트뤼가이오스	제발 부탁이에요. 우리를 고발하지 마세요, 나리.
헤르메스	난 입 다물고 가만히 있을 수 없어.
트뤼가이오스	내가 열성을 다해 당신에게 바친 고기를 봐서라도 입 다물어주세요.
헤르메스	그러나 가련한 자여, 내가 목청을 돋우어 이 사실을
	알리지 않으면 제우스께 완전히 박살 나고 말 텐데.
트뤼가이오스	소리 지르지 마세요. 부탁이에요, 헤르메스 님! *(코로스에게)*
	왜 그러고 있소, 여러분? 왜들 멍청하게 서 있는 게요?
	바보같이, 침묵하지 마시오. 그러면 이분이 소리 지를 거요.

(우)

코로스	그러지 마세요, 그러지 마세요,
	헤르메스 님, 제발 그러지 마세요.
	전에 내가 제물로 바친 새끼 돼지를
	기꺼이 드신 적이 있다면, 지금 이 순간

---

33 뤼케이온(Lykeion)은 아테나이의 성벽 동쪽에 있는 운동장 겸 연병장이다.
34 킬리콘(Killikon)은 조국을 배신하려다 붙잡히자 '좋은 일만' 하고 있다고 주장했다고 한다.
35 아테나이인들은 여러 명이 사형 선고를 받으면 한꺼번에 다 처형하지 않고 제비뽑기로 하루에 한 명씩 처형했다고 한다.
36 사후(死後)의 행복한 삶을 약속하는 엘레우시스 비의에 입문하려면 먼저 새끼 돼지 한 마리를 제물로 바쳐야 했다.

트뤼가이오스	그런 제물을 적다고 여기지 마세요.
트뤼가이오스	그들이 애걸복걸하는 소리가 들리지 않나요, 나리?
코로스	우리의 간청에
	적개심을 품지 마시고,
	우리가 평화를 손에 넣게 해주소서.
	신들 가운데 인간들에게 가장 상냥하시고
	가장 후하신 분이시여,
	자비를 베풀어주소서! 페이산드로스[37]의
	투구 깃털 장식과 이마[38]가 지긋지긋하시다면.
	그러면 우리는 신성한 제물과
	긴 행렬로 당신께
	언제까지나 충성을
	다할게요, 나리!

트뤼가이오스	부디 그들의 목소리를 불쌍히 여기세요.
	그들이 오늘처럼 당신을 공경한 적은 없어요.
헤르메스	그건 그들이 여느 때보다 더 큰 도둑이기 때문이지.
트뤼가이오스	그러면 중대하고도 무서운 일을 말씀드릴게요.
	신들에 맞서 음모가 꾸며지고 있단 말예요.
헤르메스	어디, 말해봐. 자네가 나를 설득할 수 있을지도 모르니까.
트뤼가이오스	달과 못된 해가 꽤 오래전부터
	여러분에게 맞서 음모를 꾸미고 있어요,
	헬라스를 야만인들에게 넘겨주려고요.
헤르메스	그래서 뭐 하게?
트뤼가이오스	우리는 제물을 당신들께 바치는데 야만인들[39]은
	달과 해에 바치기 때문이죠. 그래서 달과 해는

|헤르메스| 당연히 우리가 모두 없어지기를 바라는 거죠.
신들 중에 자기들만이 제물을 받으려고요.

헤르메스 아아, 그래서 그 고약한 것들이 오래전부터 일수(日數)를 몰래
훔치며 한 해의 주기를 야금야금 갉아 먹었던 게로구나.[40] 415

트뤼가이오스 그렇다니까요. 그러니 헤르메스 님, 진심으로
우리를 도와 평화를 끌어낼 수 있게 해주세요.
그러면 우리는 당신을 위해 판아테나이아 제는 물론이요,
비의, 디폴리에이아 제, 아도니스 제[41] 등, 그 밖에 신들의
다른 축제들도 거창하게 개최할게요, 헤르메스를 위해. 420
다른 나라들도 고통에서 해방되면 재앙을 물리친 헤르메스에게
도처에서 제물을 바칠 거예요. 당신은 그 밖에도 다른 혜택을
많이 받을 텐데, 우선 이것을 당신께 선물로 드릴게요.

(헤르메스에게 황금 헌주 잔을 건넨다) 헌주할 때 쓰시라고.

---

37 아테나이의 호전적인 장군인데, 때로는 대식가로, 때로는 겁쟁이(『새』 1556~1564행 참조)로 나온다.
38 눈썹이 짙었거나, 눈썹을 모으고 노려봄으로써 상대방을 위압하려 했던 것 같다.
39 특히 페르시아인들. 그들은 의인화된 신들을 믿지 않고 하늘, 해, 달, 대지, 불, 물, 바람 등에 제물을 바쳤다.
40 태음력을 사용하던 고대 아테나이의 달력에서 한 달의 일수가 들쭉날쭉한 것을 말한다. 『구름』 615~626행 참조.
41 판아테나이아 제는 지금의 7월 말경 여신 아테나를 위해 개최되던 아테나이의 중요한 축제 가운데 하나로, 4년에 한 번씩 육상경기와 경연을 곁들인 큰 축제가 열렸다. 이때 아테나 여신에게 새 옷이 봉헌되었다. '비의'란 지금의 9월에 데메테르와 페르세포네 여신을 위해 엘레우시스에서 개최되던 비의를 말한다. 디폴리에이아 제(Dipolieia)는 지금의 6월경 개최되던 제우스를 위한 축제이다. 아도니스 제(Adonia)는 아프로디테의 사랑을 받다가 요절한 미소년 아도니스(Adonis)를 기리던 축제이다.

헤르메스	*(술잔을 받으며)* 황금 잔이라면 난 항상 좋아했지.	425
트뤼가이오스	*(코로스에게)*	

                여러분, 이제는 여러분이 나설 차례요. 자, 안에 들어가서

                가져온 삽으로 되도록 빨리 돌멩이들을 치우도록 하시오.

코로스장   그렇게 할게요. *(코로스 대원 중 몇 명은 삽과 밧줄을 들고 가운데 문을 지나*

                안으로 들어가고, 코로스장은 헤르메스를 향해 돌아선다)

                신들 가운데 가장 영리한 분이시여, 우리의 감독이 되어

                장인답게 우리가 무엇을 해야 하는지 말씀해주세요.

                우리는 당신의 명령에 선선히 따르겠나이다.   430

                (이때 집 안에 들어갔던 자들이 나와서 안에 있는 손수레에 밧줄을 묶은 다음 나머지

                대원들과 합류한다. 대원 중 한 명이 포도주 항아리를 가져와 트뤼가이오스에게 건넨다)

트뤼가이오스 *(헤르메스에게)* 자, 어서 이 포도주 항아리를 내미세요. 우리가 신들께

                기도하고 나서 우리가 해야 할 일에 착수할 수 있도록.

헤르메스   헌주로다, 헌주! 경건하게 침묵하라! 경건하게 침묵하라!

트뤼가이오스 헌주하면서 우리 기도해요, 헬라스인들에게 오늘   435

                이날이 수많은 축복의 시작이 되게 해달라고.

                그리고 밧줄을 잡고 열심히 도와주는 사람은

                다시는 방패를 들 필요가 없게 해달라고.

코로스장   그야 물론이죠. 그는 평화롭게 인생을 살아가기를,

                첩(妾)을 껴안고는, 그리고 숯불을 쑤셔 일으키며.   440

트뤼가이오스 그리고 전쟁을 더 선호하는 자는….

코로스장   디오뉘소스 왕이시여, 팔꿈치의 척골(尺骨)[42]에서

                쉴 새 없이 화살촉을 뽑게 되기를!

트뤼가이오스 그리고 누가 장수가 되고 싶어, 여신이시여, 당신이 햇빛으로

                복귀하는 것을 시기하는 자가 있다면, 그자는 전쟁터에서….   445

코로스장   클레오뉘모스처럼 겁쟁이가 되기를![43]

트뤼가이오스	그리고 어떤 창 제작자나 방패 장수가 장사가	
	잘되기를 바라고 전쟁을 원한다면….	
코로스장	도둑 떼에게 사로잡혀 보리만 먹게 되기를!	
트뤼가이오스	그리고 누가 장군이 되고 싶어 도와주기를 거절하거나,	450
	어떤 노예가 적진으로 도주할 음모를 꾸미고 있다면….	
코로스장	바퀴 위에 길게 묶이는 고문을 당하면서 동시에 매질당하기를!	
트뤼가이오스	그러나 우리에게는 행운이 따르기를! 만세, 파이안,[44] 만세!	
코로스장	"파이안"[45]이라 하지 말고, "만세!"라고만 하시오.	
트뤼가이오스	그럼 "만세!" "만세!" "만세!"라고만 할게요. *(포도주 항아리를 들고 조금씩 부으며)* 헤르메스를 위하여! 카리스 여신들을 위하여! 계절의 여신들을 위하여! 아프로디테를 위하여! 애욕을 위하여!	455
코로스장	그러나 "아레스[46]를 위하여!"는 하지 마시오.	
트뤼가이오스	하지 않겠소.	
코로스장	"에뉘알리오스[47]를 위하여!"도 하지 마시오.	
트뤼가이오스	하지 않겠소.	
	(코로스가 밧줄을 잡고 잡아당길 태세를 취한다)	
헤르메스	자, 밧줄을 힘껏 당겨 끌어 올리도록 하라!	

---

42 조금만 다쳐도 몹시 아픈 부위이다.
43 673~678, 1295~1304행, 『구름』 353~354행, 『벌』 15~27, 592, 822~823행, 『새』 290, 1473~1481행 참조.
44 치유의 신으로서의 아폴론의 별명.
45 파이안(Paian)은 '치다'는 뜻의 paiein과 발음이 비슷하기 때문이다. 실제로 원전에는 paiein으로 되어 있는 것을 문맥에 맞게 번역해보았다.
46 전쟁의 신.
47 에뉘알리오스(Enyalios)는 대개 전쟁의 신 아레스(Ares)와 동일시되지만 (『일리아스』 13권 519~522행 참조), 아테나이인들은 둘을 구별한다.

(좌)

코로스장 (밧줄을 어깨에 메고 당긴다)
이영차!

코로스 영치기 영차!

코로스장 이영차! 460

코로스 영치기 영차!

코로스장과 코로스 이영차! 이영차!
사람들이 동시에 당기지 않는구먼.
협조하지 않을 거요? 젠체하지 말고! 465
혼쭐나고 싶소, 보이오티아[48]인들이여!

코로스장 자, 이영차!

코로스 영치기 영차!

코로스장 (헤르메스와 트뤼가이오스에게) 당신들 둘도 함께 끌어당기시오.

트뤼가이오스 (밧줄 한 가닥을 잡으며) 나더러 당기지 않는다고요? 밧줄에 매달려 470
두 발이 공중에 뜰 정도로 온 힘을 다해 끌어당기고 있는데.

코로스장 그런데 왜 일이 진척되지 않지요?

트뤼가이오스 라마코스, 당신은 우리의 작업을 방해할 권리가 없소.
여보시오, 우리는 당신의 그 도깨비[49]가 필요 없단 말이오.

헤르메스 이들 아르고스[50]인도 아까부터 전혀 당기지 않는구먼, 475
남들이 고통받는 것을 즐기며. 그들은 양쪽에서 일당을
받음으로써[51] 일용할 양식을 구하고 있는데도 말이야.

트뤼가이오스 하지만 나리, 라코니케인들은 남자답게 끌어당기고 있어요.

헤르메스 뭘 모르는군. 열심히 도우려는 자들은 차꼬를 차고 앉아 있는
자들[52]뿐이야. 그러나 대장장이들이 그들을 놓아주지 않아.[53] 480

트뤼가이오스 메가라인들[54]도 도움이 안 되기는 마찬가지예요. 하지만
그들은 힘차게 끌고 있어요, 강아지처럼 이빨을 드러내며.

헤르메스	그야 굶어 죽게 생겼으니 그렇지.	
코로스장	여러분, 우리가 이래 봐야 소용없소이다.	
	자, 우리 모두 한마음 한뜻으로 다시 붙잡아요!	485
	이영차!	
코로스	영치기 영차!	
코로스장	이영차!	
코로스	영치기 영차!	
코로스장과 코로스	조금밖에 움직이지 않는군.	490
트뤼가이오스	이건 참으로 어리석은 짓이 아닌가?	
	누구는 이쪽에서 당기고, 누구는 저쪽에서 당긴다면.	
	혼쭐날 줄 아시오, 당신들 아르고스인들!	
코로스장	이영차!	
코로스	영치기 영차!	495
코로스장	*(여전히 작업이 진척되지 않자)* 우리 중에 누군가 배신자들이 있소이다.	

48 앗티케 서북쪽에 있는 보이오티아(Boiotia)인들은 펠로폰네소스 전쟁 때 스파르테 편이었으며, 아테나이와 스파르테가 이른바 '니키아스(Nikias) 평화'라는 휴전협정을 체결하는 것을 마지못해 받아들였다.

49 라마코스의 방패에 새겨진, 보는 이를 돌로 변하게 한다는 괴물 고르고의 머리 문장(紋章)을 말한다. 『아카르나이 구역민들』 574, 964행 참조.

50 아르고스는 펠로폰네소스 전쟁 때 중립을 지켜 재미를 보았다. 더구나 스파르테와 맺은 30년 휴전조약이 곧 만료되게 되어서 스파르테와 아테나이가 사이좋게 지내는 것이 자신들에게 불리하다고 여겨, 두 나라가 휴전조약을 체결하는 데 비협조적이었다.

51 아르고스인들은 아테나이 함선들뿐 아니라 스파르테 함선들에도 노 젓는 선원으로 근무하고 일당을 받았다.

52 퓔로스 항 앞바다의 스팍테리아 섬에서 포로로 잡혀온 스파르테인들.

53 차꼬를 차고 있어서 도울 수 없다는 뜻이다.

54 메가라인들도 보이오티아인들처럼 휴전조약을 거부했다.

트뤼가이오스	적어도 평화를 열망하는 여러분은
	용감하게 끌고 있어요.
코로스장	그러나 훼방꾼들이 있소.
헤르메스	메가라인들이여, 너희는 지옥으로 꺼져버려라! 500
	여신은 너희를 미워해. 너희가 맨 처음으로 마늘로
	여신을 화나게 했음을 기억하고 있기 때문이지.⁵⁵
	그리고 아테나이인들에게 이르노니, 너희가 지금
	끌어당기고 있는 장소를 고집하지 마라. 너희는
	배심원 노릇 말고는 제대로 하는 게 아무것도 없어. 505
	너희가 진실로 이 여신을 끌어내기를 바란다면
	바다 쪽으로 조금 물러나도록 하라.⁵⁶
트뤼가이오스	자, 여러분, 우리 농부들끼리 밧줄을 잡도록 해요.

(코로스, 다시 당기기 시작한다)

헤르메스	이것 봐, 너희가 당기니까 일이 훨씬 더 잘 진척되는구면.
코로스장	일이 잘 진척된다잖소. 그러니 다들 힘을 한데 모으시오! 510
헤르메스	일을 진척시키는 것은 다름 아닌 농부들뿐이라니까.
코로스장	자, 다들 이리 오시오!
헤르메스	이제야 힘이 한데 모아졌군.
코로스장	그렇다면 해이해지지 말고 더욱 남자답게 끌어당깁시다. 515
헤르메스	그래, 바로 그거야.

(손수레가 문에서 나오는 것이 보인다. 그러나 그 위의 형상들은 아직 보이지 않는다)

코로스	이영차, 모두들 이영차!
	이영차, 이영차, 이영차!
	이영차, 이영차, 모두들 이영차!

(이제 손수레가 완전히 문밖으로 나온다. 그 위에는 평화의 입상이 서 있고, 양옆에는 두 시녀 풍요와 축제가 시립[侍立]해 있다)

트뤼가이오스	(평화에게)	
	포도송이를 주시는 여신이시여, 무슨 말로 그대에게	520
	인사드려야 하나요? 그대에게 드릴 수천 마디 인사말을	
	대체 어디서 찾을 수 있지요? 내 집에는 없으니까요.	
	오오, 반갑도다, 풍요여, 그리고 그대 축제도!	
	사랑스러운 여신이시여, 그대의 얼굴은 얼마나 고운가!	
	그대의 숨결은 얼마나 달콤한가! 내 가슴에 와 닿는	525
	그 향내, 동원(動員) 해제나 향수처럼 더없이 감미롭구려.	
헤르메스	군사의 식량 배낭에서 나는 것 같은 냄새가 아니란 말이지?	
트뤼가이오스	"나는 가증스런 자의 더없이 가증스런 배낭에 침을 뱉고 싶소."[57]	
	그것은 양파 먹고 트림하는 냄새가 나지만, 여기 이분한테서는	
	추수, 잔치, 디오뉘소스 축제, 피리, 비극 경연,	530
	소포클레스의 노래, 개똥지빠귀고기, 에우리피데스의	
	명언명구 냄새가 나니까요.	
헤르메스	그녀를 그렇게 비방하다가는 후회하게 될걸. 법정에서 쓰는	
	문구[58]들을 지어내는 시인을 그녀는 좋아하지 않으니까.	

---

55 싸움닭을 더 공격적으로 만들기 위해 마늘을 먹였다고 한다. 『기사』 494, 946행, 『아카르나이 구역민들』 166행 참조. 또 메가라인들은 평화의 달콤한 냄새를 전쟁의 악취로 바꿔놓았다는 말도 나온다. 525~538행 참조. 메가라와 마늘의 관계에 관해서는 246행 참조.

56 기원전 425년부터 아테나이는 육지에서 영토를 확장하는 정책을 추구하다 실패하는데, 아리스토파네스가 말하고자 하는 바는, 스파르테는 육지에서 강자가 되고 아테나이는 해상에서 강자가 되면 두 강대국이 '함께 헬라스를 지배할 수 있다'는 것이다.

57 에우리페데스, 『텔레포스』 단편 727에서 '아이'를 '배낭'으로 바꾸어 인용한 것이다.

58 에우리피데스의 비극에 나오는 수사학적 요소를 빗대어 한 말이다.

트뤼가이오스	(못 들은 척) 담쟁이덩굴, 포도주 거르는 체, 매매 울어대는 양 떼,	535
	들판에 심부름 가는 여인들의 젖가슴, 술 취한	
	여자 노예, 주둥이가 아래로 기울어진 포도주 항아리,	
	그 밖에도 많은 다른 일들의 냄새가 나니까요.	
헤르메스	자, 이제는 봐. 도시들이 서로 화해하고 이야기를	
	나누며 좋아서 웃고 있어.	540
트뤼가이오스	그렇군요. 비록 그들 모두 눈에 피멍이 심하게 들어	
	몸에 부항단지들을 붙이고 있긴 하지만.	
헤르메스	이번에는 관객의 얼굴 표정을 살펴봐.	
	그러면 그들의 직업이 뭔지 알게 될 거야.	
트뤼가이오스	맙소사!	
헤르메스	(관객을 가리키며)	
	적어도 제 머리털을 뽑고 있는 저기 저 깃털 장식 제작자는	545
	보일 테지?	
트뤼가이오스	네. 그리고 곡괭이 제작자는	
	저기 저 칼 제작자에게 방금 방귀를 뀌었어요.	
헤르메스	그리고 낫 제작자가 기뻐하는 모습은 안 보여?	
트뤼가이오스	그는 창 제작자를 조롱하고 있는 건가요?	
	이젠 가서 농부들더러 집으로 떠나라고 하세요.	550
헤르메스	백성들은 내 말을 들어라! 농민들은 농기구를 챙겨 들고	
	되도록 빨리 이곳을 떠나 시골로 돌아가되,	
	창과 칼과 투창은 가져가지 마라. 온 세상이	
	농익은 평화로 가득 찼기 때문이니라. 모두들	
	파이안을 부르며 시골의 일터로 떠나도록 하라!	555
코로스장	오오, 올바른 사람들과 농민들이 애타게 그리던 날이여,	
	너를 보니 반갑구나. 이제는 내 포도덩굴에 인사하고 싶구나.	

	그리고 내가 젊었을 때 심은 무화과나무들을
	오랜만에 껴안아보는 것이 내 간절한 소망이로다.
트뤼가이오스	여러분, 이제 투구의 깃털 장식과 방패의 고르고 머리 560
	문장(紋章)에서 우리를 구해주신 여신께 먼저
	기도드리도록 합시다. 그런 다음 농가에서 먹을
	맛 좋은 자반을 사 들고 우리의 시골로 달려가도록 합시다.

(그사이 농기구들이 운반되어 코로스에게 분배되자, 코로스가 행군을 앞둔 부대처럼 대오를 정비한다.)

헤르메스	포세이돈에 맹세코, 그들의 대오는 얼마나 멋져 보이는가!
	촘촘하고 위압적인 게, 보리 케이크나 잔뜩 차려진 잔치 같구먼. 565
트뤼가이오스	보시라, 일할 준비가 되어 있는, 흙덩이를 깨는 큰 망치는
	얼마나 번쩍이며, 쇠스랑은 또 햇빛 속에서 얼마나 반짝이는가!
	포도밭은 저것들을 만나면 분명 줄이 가지런해지겠지.
	나도 시골로 돌아가 그토록 오래 묵혀두었던 내 농토의 흙을
	곡괭이로 갈아엎고 싶구나. *(코로스에게)* 570
	여러분, 여러분은 평화가
	전에 우리에게 베풀어준
	옛날의 생활방식을
	기억하시오. 마른 무화과와
	신선한 무화과, 도금양 열매, 575
	달콤한 해포도주,
	우물가의 제비꽃 화단,
	꿈에 그리던
	올리브나무 말이오.
	이런 것들을 주신 여신께 580
	지금 감사하다고 인사드리시오.

(종가)

코로스   *(평화에게)* 어서 오세요, 더없이 사랑스러운 분이시여,
돌아와주셔서 반가워요. 나는 그대를 향한 그리움을
감당할 수 없었고, 시골로 돌아가고 싶은 야릇한
열망을 느끼고 있으니까요.   585

. . . . . . .⁵⁹
우리가 그리던 분이시여,
시골에서 일하며 살아가는 우리에게
그대는 가장 큰 축복이시며,
그대만이 우리에게 도움을 주시니까요.   590
그 옛날 그대가 계셨을 때는
달콤하고 사랑스러운 많은 것들이
우리에게 거저 주어졌었지요.
그대는 시골 백성들에게 밀개떡이자   595
구원(救援)이었으니까요.
그러니 포도덩굴과 어린 무화과나무와
그 밖에 다른 식물들이 웃으며
그대를 반가이 맞을 거예요.   600

코로스장 *(헤르메스에게)*
그토록 오랫동안 이 여신은 우리와 떨어져 대체
어디에 가 계셨지요? 설명해주세요, 가장 호의적인 신이시여!

헤르메스 "오오, 가장 현명한 농부들아, 내 말을 명심해서 들어라!"⁶⁰
어떻게 해서 여신이 없어졌는지 자네들이 알고 싶다면.
우리의 불운은 페이디아스⁶¹가 불행해지면서 시작됐어.   605
그러자 같은 운명을 당할까 겁이 난 페리클레스가

여차하면 물어뜯는 자네들의 기질이 두려워서
자신이 변을 당하기 전에 메가라 법령[62]이라는
작은 불꽃을 던져 도시에 불을 질렀던 거지.
그리고 그가 부채질로 큰 전쟁을 불러일으키는 바람에 610
저쪽과 이쪽[63]의 모든 헬라스인들이 연기에 눈물을 흘렸지.
불이 번지면서 첫 번째 포도덩굴이 본의 아니게 탁탁 소리를 내고,
첫 번째 포도주 독이 한 대 맞고 분풀이로 다른 독을 걷어차자[64]
제지할 수 있는 사람은 아무도 없었고, 그래서 여신은 사라졌지.

트뤼가이오스 아폴론에 맹세코, 그런 이야기는 금시초문인데요. 그리고 615
페이디아스가 여신과 관련이 있다는 말도 처음 들었어요.

코로스장 나도 금시초문이오. 그녀 얼굴이 그렇게 고운 것은 페이디아스와
관련이 있어서군요. 우리가 모르는 게 참 많기도 하지.

헤르메스 그 뒤 자네들이 다스리던 나라들은 자네들이 화가 나
서로 이를 드러내는 것을 보자 자네들에게 더 이상 620
공물을 바치지 않으려고 수천 가지 음모를 꾸몄고,
라코니케의 유력자들을 뇌물로 매수하려고 했지.[65]

59 1행이 없어진 것으로 추정된다.
60 아르킬로코스(Archilochos)의 시(단편 109)에서 '시민들'을 '농부들'로 바꾸어 인용한 것이다.
61 조각가 페이디아스는 페리클레스의 친구인데, 파르테논 신전에 아테나 상을 세울 자금을 횡령했다고 고발당하자 재판받기 전에 국외로 망명했다.
62 메가라인들에게 아테나이의 항구와 앗티케 시장에 출입을 금하는 기원전 433/2년에 의결된 법령을 말하는 듯하다. 투퀴디데스, 『펠로폰네소스 전쟁사』 1권 67장 참조.
63 펠로폰네소스와 아테나이.
64 전쟁이 일어나 펠로폰네소스인들이 앗티케를 약탈하자, 아테나이인들도 그 보복으로 펠로폰네소스를 약탈하기 시작했다는 뜻이다.
65 아테나이가 공격당하면 반란을 일으키기가 쉬울 테니까.

	이들은 탐욕스럽고 이방인들에게는 음흉한지라,[66]	
	평화를 비참하게 내치고 대신 전쟁을 택했지.	
	그런데 그자들의 이익이 농부들에게는 손해였어.	625
	그 보복으로 이곳에서 파견된 삼단노선들이	
	무고한 농민들의 무화과를 먹어치우곤 했으니까 말이야.	
트뤼가이오스	그래도 싸지요. 그자들은 내 손으로 심고 가꾼,	
	검은 무화과가 열리는 나무를 베어버렸으니까요.	
코로스장	정말이에요, 나리. 그래도 싸요. 6메딤노스[67]들이 내 뒤주를	630
	그자들이 돌로 쳐서 부숴버렸으니까요.	
헤르메스	그리고 그 뒤 이곳에는 시골에서 농촌의 일꾼들이 몰려왔는데,	
	그들은 자신들도 마찬가지로[68] 팔려나간다는 것을 몰랐지.	
	그들은 씹어 먹을 포도씨조차 없어 마른 무화과가 그립던 터라,	
	민중선동가들만 쳐다보고 있었으니까. 그런데	635
	민중선동가들은 빈민은 약하며 빵이 필요하다는 것을 알고는	
	평화가 이 나라를 그리며 제 발로 나타날 때마다	
	쇠스랑처럼 날카로운 고함 소리로 여신을 몰아내곤 했지.	
	뿐만 아니라 민중선동가들은 동맹국들의 돈 많은 부자들을	
	'브라시다스의 지지자'라는 평계로 괴롭히기 시작했지.	640
	그러면 자네들은 강아지 떼처럼 그 사람을 갈기갈기 뜯었지.	
	도시에서는 모두들 배고파 핼쑥하고 주눅이 들었던 터라,	
	사소한 모함이라도 던져주면 얼씨구나 하고 받아먹었으니까.	
	그래서 이방인들은 자기들이 심하게 얻어맞는 것을 보고는	
	그렇게 모함하는 자의 입을 황금으로 막기 시작했지. 그리하여	645
	그자들[69]은 부자가 되었지만, 헬라스는 자네들도 모르는 사이	
	황폐해질 수도 있어. 그리고 이 모든 것의 장본인은 가죽 장수[70]야.	
트뤼가이오스	그만하세요, 헤르메스 나리. 더는 말씀하지 마세요.	

그자는 저 아래 어디에 있든 거기 있게 내버려두세요.

그자는 이미 우리 사람이 아니라 당신 사람이니까요. 650

당신이 그에 관해 무슨 말씀을 하시든 —

설사 그자가 살아 있을 때는 악당이고,

허풍선이고, 밀고자고, 선동가고,

말썽꾸러기였다손 치더라도 —

지금 그런 말씀을 하시는 것은 655

당신 사람을 욕하는 거예요.

(평화에게)

말씀해보세요, 왜 말씀이 없으시죠?

헤르메스 그녀는 이 관객들에게는 말하고 싶지 않은가 봐.

자기를 그토록 고생시킨 이들에게 화가 난 거야.

트뤼가이오스 그렇다면 당신에게만 귓속말을 하라고 하세요. 660

헤르메스 *(평화에게 다가가)* 이들에게 어떤 감정을 품고 있는지 내게 말해보시오,

가장 사랑스러운 이여! 자, 방패를 가장 싫어하는 여자여!

자, 내가 듣고 있소. *(평화가 헤르메스의 귀에다 속삭인다)*

그게 그대의 불만이라고? 알겠소. *(관객에게)*

자네들은 모두 들어라, 왜 그녀가 자네들을 나무라는지.

66 스파르테인들의 탐욕에 관해서는 에우리피데스, 『안드로마케』 451행 참조. 스파르테인들이 이방인들을 수시로 추방한 일에 관해서는 『아카르나이 구역민들』 308행, 2권의 『뤼시스트라테』 628~629행, 에우리피데스, 『안드로마케』 445~453행, 헤로도토스, 『역사』 9권 54장, 투퀴디데스, 『펠로폰네소스 전쟁사』 5권 105장 참조.
67 1메딤노스(medimnos)는 약 52리터이다.
68 펠로폰네소스 농민들과.
69 아테나이의 정치가들.
70 클레온.

|그녀의 말인즉, 퓔로스 사건[71]이 있은 뒤 그녀가 자네들에게 | 665
휴전조약을 한 바구니 듬뿍 주려고 제 발로 이곳을 찾았지만,[72]
민회에서 표결에 의해 세 번이나 배척당했다고 하는구나.

트뤼가이오스 그건 우리 불찰이에요. 하지만 용서해주세요.
그때 우리 마음은 구두의 가죽 안에 들어가 있었으니까요.[73]

헤르메스 *(다시 평화의 말에 귀를 기울이고 나서)*
자, 이번에는 그녀가 내게 뭐라고 했는지 들어라. | 670
그녀는 여기서 누가 그녀에게 가장 적대적이었으며,
누가 그녀의 친구로서 전쟁을 끝내려고 애썼느냐고 물었다.

트뤼가이오스 그녀의 절친한 친구는 단연 클레오뉘모스[74]였지요.

헤르메스 그렇다면 전쟁터에서 대체 어떻게 행동했는가,
클레오뉘모스는?

트뤼가이오스 용감무쌍한 전사였지요. | 675
그가 자기 아버지라고 주장하는 사람의 아들이
아니었다는 것 말고는. 원정길에 오를 때마다
그는 무구들을 내던지곤 했으니까요.

헤르메스 *(다시 평화의 말에 귀를 기울이고 나서)*
이번에 또 그녀가 내게 무엇이라고 했는지 들어라. 그녀는
지금 프뉙스[75] 언덕의 바위를 지배하는 자가 누군지 물었다. | 680

트뤼가이오스 지금은 휘페르볼로스가 그곳을 차지하고 있어요.
(평화에게) 아니, 왜 그러세요? 고개를 어디로 돌리시는 거죠?

헤르메스 그런 사악한 지도자를 선출한 게 못마땅해서
그녀는 백성들에게서 돌아서고 있는 것이란다.

트뤼가이오스 앞으로 우리는 더 이상 그자에게 의지하지 않을 것이오. | 685
(평화가 다시 청중 쪽으로 얼굴을 돌린다)
다만 지금 당장은 백성들이 보호자도 없고 입을 옷도 없는

	벌거숭이인지라, 임시로 그자를 입고 있는 것이라오.
헤르메스	*(다시 평화의 말에 귀를 기울이고 나서)*
	그녀는 그게 도시에 어떻게 도움이 될 것인지 묻고 있다.
트뤼가이오스	우리는 정책을 더 잘 판단할 수 있게 되겠지요.
헤르메스	어떻게?
트뤼가이오스	그는 램프 제작자니까요.[76] 그래서 전에는 우리가 690 어둠 속에서 문제를 더듬었지만, 이제는 램프 불빛을 받으며 모든 걸 계획하게 되겠지요.
헤르메스	*(다시 평화의 말에 귀를 기울이고 나서)* 오오, 그녀가 나더러 자네에게 좀 물어보라 그러는데.
트뤼가이오스	그게 뭐죠?
헤르메스	이것저것. 특히 그녀가 여기를 떠났을 적의 옛일들 말이야. 그녀는 무엇보다도 소포클레스가 어떻게 지내는지 물었어. 695
트뤼가이오스	잘 지내고 있어요. 그러나 그에게 놀라운 일이 일어났어요.
헤르메스	그게 뭐지?
트뤼가이오스	그는 소포클레스에서 시모니데스[77]로 변했어요.
헤르메스	시모니데스라고? 어떻게?

---

71 219행 참조.
72 스파르테인들은 퓔로스 항 앞바다의 스팍테리아 섬에서 참패한 뒤 아테나이에 거듭 사절단을 파견하여 휴전조약을 맺자고 제안했다.
73 '골이 비다' '멍청하다'는 뜻이다. 가죽을 클레온과 관련시켜 '어리석게도 클레온의 조언을 따랐다'로 해석하는 이들도 있다.
74 446행 참조.
75 민회가 열리던 언덕. 여기서 '바위'란 연단을 말한다.
76 『구름』 1065행, 『기사』 739, 1315행 참조.
77 고대 그리스의 서정시인. 욕심이 많기로 유명했다.

트뤼가이오스	그는 늙고 기력이 쇠했는데도[78] 이익을 위해서라면 멍석을 타고 바다로 나갈 테니까요.
헤르메스	현명한 크라티노스[79]는 어떻게 됐지? 살아 있나?
트뤼가이오스	죽었어요, 라코니케인들이 쳐들어왔을 때. 700
헤르메스	어떻게?
트뤼가이오스	어떻게라고요? 졸도했지요. 그는 포도주가 가득 든 독이 깨지는 것을 차마 보고 있을 수가 없었던 거지요.[80] 그 밖에도 도시에 얼마나 많은 불상사가 일어났는지 몰라요. 그래서 여신이시여, 우리는 절대로 그대와 헤어지지 않을래요. 705
헤르메스	그런 조건이라면, 자, 여기 이 풍요를 자네 아내로 삼게. 그리고 그녀와 함께 시골에 살면서 자네를 위해 포도송이들[81]을 생산하도록 하게.
트뤼가이오스	(풍요에게) 더없이 사랑스러운 이여, 이리 와 내 키스를 받아요. 헤르메스 나리, 어떻게 생각하세요? 내가 오랫동안 710 절제하다가 풍요와 교접한다면 몸에 해로울까요?
헤르메스	아니, 나중에 박하를 조금 마시면 괜찮아.[82] 이제는 여기 이 축제를 데리고 가서 되도록 빨리 의회에 데려다 주어라. 그녀는 의회 소속이니까.[83]
	(축제를 데려가 트뤼가이오스에게 넘겨준다)
트뤼가이오스	축제를 갖다니, 의회는 참 행복하기도 하지! 715 사흘 동안 수프를 얼마나 많이 마시고, 삶은 순대와 고기를 얼마나 많이 먹게 될 것인가! 오오, 헤르메스 나리, 부디 안녕히 계세요.
헤르메스	오오, 인간이여, 자네도 편히 잘 가고, 나를 잊지 말게!
트뤼가이오스	(쇠똥구리를 두고 온 곳을 향하여) 쇠똥구리야! 자, 우리, 집으로 날아가자꾸나! 720

(쇠똥구리가 가고 없음을 발견한다)

헤르메스 여보게, 쇠똥구리는 여기 없네.

트뤼가이오스 어디로 갔지요?

헤르메스 "제우스의 수레에 매여 벼락을 나르고 있네."[84]

트뤼가이오스 하지만 그 가련한 녀석이 이 위 어디에서 먹을거리를 구하죠?

헤르메스 가뉘메데스[85]의 신식(神食)[86]을 먹게 될걸세.

트뤼가이오스 그렇다면 나는 어떻게 도로 내려가죠?

헤르메스 문제없으니 걱정 말게. 여기, 여신 바로 옆을 지나가게! 725

(헤르메스가 가리키는 대로 트뤼가이오스는 무대 건물의 가운데 문으로 다가가며 풍요와 축제에게 어서 따라오라고 손짓한다)

트뤼가이오스 나를 따라 이리 오세요, 처녀들이여!

어서 빨리. 수많은 사람들이 그대들을

애타게 기다리고 있어요, 발기가 되어.

(트뤼가이오스, 풍요, 축제, 무대 건물 안으로 사라지고, 헤르메스, 측면 통로를 지나 나온다)

---

78 기원전 421년 소포클레스는 75세쯤 되었다.
79 아리스토파네스 전 세대의 주요 희극작가로, 기원전 453~423년에 경연에서 9번이나 우승했다.
80 크라티노스는 이름난 애주가였다고 한다.
81 '자식들' 대신 쓴 예상외 표현이다.
82 박하는 배 아플 때 먹었다. 헤르메스는 '교접하다'는 말을 '먹다'로 들었던 것이다.
83 각종 축제에 축하사절단을 파견하는 일은 의회(boule) 소관이었다.
84 에우리피데스, 『벨레로폰테스』 단편 312. 여기에서는 날개 달린 말 페가소스를 두고 한 말이다.
85 트로이아의 미남 왕자. 독수리에게 하늘로 납치되어 제우스의 술 따르는 미동이 되었다고 한다.
86 ambrosia.

파라바시스 (729~818행)

코로스장 잘 가시오. 그리고 행운이 함께하기를! 한편 우리는 이 모든 도구를
하인들에게 맡겨 안전하게 지키게 합시다. 이곳에서는   730
도둑 떼가 무대 건물 주위를 돌아다니며 못된 짓을 하니까요.

(코로스가 자신들의 농기구들을 하인들에게 맡긴다)

자, 너희는 이것들을 잘 지키도록 하라! 그리고 우리는
관객에게 우리의 논지(論旨)와 의도를 말하도록 합시다.
사실 희극작가가 관객 앞에 나서서 약약강격 운각으로 자화자찬한다면
당연히 관원(官員)에게 매를 맞아야겠지요.   735
하지만 제우스의 따님[87]이시여, 옛날에도 지금도 세상에서
가장 훌륭하고 가장 이름난 희극작가의 명예를 높여주는 것이
온당하다면, 그는 극찬받아 마땅하다고 우리 시인[88]이 말하는 것을
허용해주소서. 무엇보다도 경쟁자들이 늘 넝마를 조롱하고,
이와 전쟁하는 것[89]을 제지한 것은 세상에 우리 시인뿐이오.   740
그리고 밀가루를 반죽하거나 배고파하는 헤라클레스[90]들을
불법화하고 무대에서 추방한 것도 그가 처음이라오.
그는 또 도주하거나 매 맞는 노예들도 무대에서 내쫓았는데,
노예들이 매 맞는 것은 순전히 동료 노예가 그의 상처를 보고
묻게 하려는 것이오. "이 불쌍한 친구야, 자네 가죽이   745
대체 어떻게 된 거야? 설마 강모 채찍이 자네 양 옆구리로
세차게 덤벼들면서 자네 등을 짓이겨놓은 것은 아니겠지?"
그런 저질스럽고 점잖지 못한 우스개를 제거한 뒤 우리 시인은
우리를 위하여 위대한 예술을 만들었고, 그것을 위대한 문구와
원대한 사상과 저속하지 않은 익살로 탑처럼 높이 쌓아올렸소.   750
그는 평범한 남녀의 사생활을 풍자하지 않고 헤라클레스처럼

용감무쌍하게 가장 큰 괴물들과 맞붙었소, 지독한 가죽 냄새[91]와
진흙 같은 마음에서 내뱉는 위협을 무릅쓰고 말이오.
그 괴물들 가운데 맨 먼저 나[92]는 이빨이 톱니 같은 자와 싸웠는데,
그 눈에서는 퀸나[93]의 무시무시한 눈빛이 비쳐 나왔고, 그 머리   755
주위에서는 저주받을 아첨꾼들[94]의 머리 백 개가 핥고 있었소.
또 그 목소리가 목숨을 앗아가는 급류와도 같았고, 물개 냄새가
났으며, 라미아[95]의 씻지 않은 불알과 낙타 엉덩이를 가졌소.
그런 괴물을 보고도 주눅이 들기는커녕 여러분과 섬 주민들[96]을
위해 끝까지 버티고 서서 싸웠소. 그러니 지금 여기서 여러분이   760
그 일을 기억하고 내 호의에 보답하는 것이 합당할 거요.
무엇보다 나는 전에 성공을 거두었을 때 레슬링 도장[97]을
돌아다니며 소년들을 유혹하려 하지 않고, 무대장치들을
챙겨 들고 곧장 집으로 떠났지요. 고통은 적게 주고,

87   시가(詩歌)의 여신 무사.
88   didaskalos.『아카르나이 구역민들』628행 이하에서처럼 didaskalos(연출자)와 poietes(시인)는 사실상 같은 인물을 가리킨다.
89   불결하고 이가 득실대는 빈민을 조롱하는 것이다.
90   그리스의 대표적인 영웅 헤라클레스는 희극에서 대개 대식가로 등장한다.
91   클레온을 연상케 하는 말이다.
92   3인칭이 갑자기 1인칭으로 바뀌고 있다..
93   아테나이의 악명 높은 창녀. 여기에서 그녀가 언급된 것은 여름 더위의 원인이라고 생각되는 천랑성(天狼星 Kuon, 속격 Kynos)과 발음이 비슷하기 때문이다. 따라서 '퀸나의 눈빛'이란 '살인적 광선'이라는 뜻이다.
94   대표적인 아첨꾼 테오로스에 관해서는 『벌』42~46, 419, 1236~1242행 참조. 클레오뉘모스도 『벌』592에서 아첨꾼으로 분류되고 있다.
95   『벌』주 132 참조.
96   아테나이와 동맹관계에 있는.
97   당시 레슬링 도장은 동성애자들이 서로 상대를 고르는 장소였다.

기쁨은 많이 주고, 주어야 할 것은 다 주고 나서.

그러니 성인들도 소년들도   765

내 편이 되어야 할 것이오.

그리고 우리는 모든 대머리[98]들에게

우승하려는 내 노력에 동참하기를 권하오.

내가 우승하면 식탁 머리에서도 연회에서도

모두들 말하게 될 테니까요.   770

"이걸 대머리에게 갖다주고,

이 안주도 대머리에게 줘.

가장 고상한 시인과 똑같은 이마를 가진 자에게

인색하게 굴지 말고."

(좌)

코로스 무사 여신이시여, 그대는 전쟁을

몰아내고 친구인 나와 춤추세요,   775

신들의 결혼식과 인간들의 연회와

복 받은 자들의 축제를 축하하시며.

그것들이 원래 그대의 주제였으니까요.   780

그러나 카르키노스[99]가 와서

자기 아들들과 춤춰달라고 부탁하면

거절하시고 그들의 조수로 동행하지   785

마세요. 그리고 그들 모두를

집에서 자란 메추라기로, 자라목을 가진

난쟁이 춤꾼으로, 염소 똥으로, 기발한

무대장치만을 추구하는 자들로 여기세요.   790

그들의 아버지 주장에 따르면, 그건 그가 뜻밖에 연출하게 된

드라마를 어느 날 저녁 족제비[100]가 삼켜버렸기 때문이라나.　　　　795

(우)

현명한 시인이라면 마땅히
머릿결이 고운 카리스 여신들의 노래와도 같은
이런 노래들을 불러야 해요,
제비가 제 목소리에 취해 봄노래를 부를 때.　　　　800
그리고 모르시모스도 멜란티오스[101]도 코로스를
배정받지 못할 때.[102] 나는 전에 멜란티오스의
귀청이 터질 듯 새된 목소리를 들은 적이 있어요.　　　　805
그와 그의 형이 비극 코로스를 배정받았을 때 말예요.
그들 형제로 말하면 한 쌍의 고르고 같은 대식가요,
홍어를 노리는 하르퓌이아이들[103]이요,
늙은 할멈이나 겁주는 비열한 자들이며,　　　　810
겨드랑이의 암내로 물고기를 죽이는 자들이라오.
오오, 무사 여신이시여, 그자들에게는 똥이나　　　　815

98　아리스토파네스도 대머리였다. 『구름』 545행, 『기사』 550행 참조.
99　비극작가. 그에게는 적어도 3명의 아들이 있었는데, 그들은 『벌』 1500~1537행에서 춤추는 게로 나온다.
100　그리스에 고양이가 도입되기 전에는 족제비가 쥐를 잡았는데, 워낙 탐욕스러운 짐승이라 가끔은 집 안에 있는 고기까지 먹어치웠다고 한다. 일설에 따르면 카르키노스의 그 드라마는 제목이 『생쥐 떼』였다고 하는데, 비극의 제목으로 적합하지 못하다고 이의를 제기하는 사람들도 있다.
101　모르시모스와 멜란티오스는 둘 다 희극에서 놀림감이 되는 비극작가로, 전자는 아이스퀼로스의 종손자이다.
102　코로스의 의상과 훈련에 소요되는 엄청난 비용은 시인이 아니라 국가에서 지정한 부유한 시민, 이른바 코레고스가 부담했다.
103　하르퓌이아이들(Harpyiai)은 여자의 얼굴을 한 괴물 새들이다.

한 무더기 싸주고, 이 축제기간에 나와 함께 놀아요.

(트뤼가이오스, 풍요와 축제를 데리고 옆문을 통해 다시 등장)

트뤼가이오스 *(관객에게)* 신들에게 간다는 게 얼마나 힘든 일인지 몰라요. 820
아무튼 나는 다리가 아파 죽겠어요.
저 위에서 보니 여러분은 작아 보였어요. 그리고
하늘에서 본 여러분은 아주 사악한 자들
같더니, 여기서 보니까 더 사악한 것 같군요.

(하인 한 명이 트뤼가이오스의 집에서 나온다)

하인 나리, 정말로 돌아오신 거예요?
트뤼가이오스 그래, 그렇다고 들었어.
하인 나리께 무슨 일이 있었나요?
트뤼가이오스 먼 길을 여행하다 보니 다리가 아프군. 825
하인 자, 말씀해주세요….
트뤼가이오스 뭘 말인가?
하인 나리 말고도 다른 사람이 대기를 지나
여행하는 것을 보셨나요?
트뤼가이오스 아니, 못 봤어.
디튀람보스[104] 작가 두세 명의 혼백 말고는 말이야.[105]
하인 그들은 뭘 하고 있었죠?
트뤼가이오스 그들은 구름 잡는 듯한 830
서곡을 위한 시상(詩想)을 주워 모으며 떠다니고 있더군.
하인 그러니까 우리가 죽으면 하늘의 별이 된다는 그들의 말은
사실이 아니라는 뜻인가요?
트뤼가이오스 그건 사실이야.
하인 그렇다면 거기서는 지금 누가 별이죠?

트뤼가이오스	몇 년 전 이 아래 있을 때 '샛별'을 작곡한	835
	키오스 출신 이온[106]이 별이지. 그가 그곳에 올라가자	
	모두들 그를 '샛별'이라고 불렀으니까.	
하인	그러면 화염에 싸여 하늘을 질주하는 별들은	
	대체 누구죠?	
트뤼가이오스	그들은 말이야	
	만찬이 끝난 뒤 불이 켜진 등불을 손에 들고	840
	집으로 돌아가는 부자(富者) 별들이지.	
	(풍요를 가리키며) 자, 이 아가씨를 곧장	
	안으로 모셔가되, 욕조를 청소하고 더운 물을 데우고	
	나와 이 아가씨를 위해 결혼 침상을 펴도록 하라.	
	그러고 나서 다시 이리 돌아오너라. 그 사이 나는	845
	이 다른 아가씨를 의회에 돌려주겠다.	
하인	이 아가씨들은 어디서 데려오셨나요?	
트뤼가이오스	어디서냐고? 하늘에서 데려왔지.	
하인	난 앞으로 신들을 위해 한 푼도 못 내요.	
	신들도 우리 인간들처럼 포주 노릇을 한다면.	
트뤼가이오스	다 그런 건 아냐. 그곳에도 아가씨들을 뜯어먹고 사는 이들이	
	있긴 하지만.	850
하인	*(풍요에게)* 자, 가요.	
	(트뤼가이오스에게) 말씀해주세요, 이 아가씨에게	
	먹을 걸 좀 줄까요?	

104 디튀람보스(dithyrambos)는 주신 디오뉘소스에게 바치는 찬가(讚歌)이다.
105 『구름』 333~339행, 『새』 1372~1409행 참조.
106 이온(Ion)은 기원전 480년경에 태어난 다재다능한 작가로, 아테나이를 자주 방문했다.

트뤼가이오스　아무것도 주지 마.

그녀는 저 위 신들 곁에서 신식(神食)을 핥아 먹어 버릇해서

빵도 케이크도 먹으려 하지 않을 테니까.

하인　그렇다면 여기서도 그녀를 위해 핥아 먹을 걸 준비해야겠네요.　855

(풍요를 데리고 안으로 퇴장)

(좌)

코로스　지금 상황으로

미루어 판단하건대,

영감은 참으로 행복하도다!

트뤼가이오스　이제 곧 내가 눈부신 신랑으로 나타나면 뭐라 할 거요?

코로스　노인이 향유를 바르고　860

다시 한 번 젊어졌으니,

부러움을 사게 되겠지요.

트뤼가이오스　그렇겠지요. 내가 그녀와 누워 젖꼭지를 만지면 뭐라 할 거요?

코로스장　그렇다면 그대는 카르키노스의 팽이들[107]보다 더 행복하겠지요.

트뤼가이오스　그럴 만도 하지 않나요? 나만이 쇠똥구리를 타고 올라가　865

헬라스인들을 구했고, 그래서 그들은 모두

시골에서 안심하고 교접하며 잠을 잘 수 있으니까요.

하인　*(집에서 돌아오며)* 아가씨는 목욕을 했고, 엉덩이도 예뻐졌어요.

케이크도 구워졌고, 깨과자도 빚고 있어요.

다른 것은 다 준비돼 있는데 남근만 없어요.　870

트뤼가이오스　그렇다면 우리 어서 가서 여기 이 축제를 의회에

넘겨주도록 하자꾸나.

하인　*(축제라는 말을 듣고 깜짝 놀라며)*

트뤼가이오스	
하인	

뭐라 하셨죠? 여기 이 축제라니요?

여기 이 아가씨가, 전에 우리가 거나하게 취해서

브라우론[108]으로 갈 때 교접하곤 하던 그 축제란 말인가요?

트뤼가이오스 그렇다니까. 그런데 그녀를 잡기가 쉬운 일이 아니야.

하인 그런데 나리, 그녀의 엉덩이가 엄청 커요. 875

(트뤼가이오스와 하인, 축제를 앞으로 데리고 나와 관객에게 보인다)

트뤼가이오스 좋았어. 여러분 가운데 누가 정직하오? 누구냔 말이오?

누가 이 아가씨를 데려가 의회를 위해 안전하게 맡아두겠소?

(축제의 몸에 손을 내밀고 있던 하인에게)

이봐, 거기다 뭘 그리고 있는 겐가?

하인 저 거시기, 이스트모스 경기[109] 때

내 남근을 위해 천막을 칠 야영장을 예약해두려고요. 880

트뤼가이오스 *(관객에게)* 아직도 이 아가씨의 보호자를 임명하지 않는 거요?

(축제를 데리고 의회 의원들이 앉는 좌석 쪽으로 다가가더니 그녀에게)

이리 와요. 내가 몸소 그대를 데려가 저들 한가운데에 앉히겠소.

하인 *(관객 쪽을 가리키며)* 저기 누가 고개를 끄덕이는데요.

트뤼가이오스 누구지?

107 '어느 누구보다도' 대신 쓰인 예상외 표현이다. '카르키노스의 팽이들'이란 빙글빙글 돌며 춤추는 '카르키노스의 아들들'이라는 뜻이다.『벌』1517, 1523, 1528~1531행 참조.

108 브라우론(Brauron)은 앗티케 동부지방에 있는 성역으로, 4년마다 소녀들의 성년식이 열린 곳이다. 아르테미스 여신을 위한 이 축제는 풍기가 문란하기로 유명했다.

109 고대 그리스의 4대 경기 중 하나인 이스트모스 경기는 코린토스의 지협에서 격년으로 열렸는데, 이런 큰 경기를 관람하러 사방에서 몰려온 사람들은 대개 천막을 치고 잤다. 이스트모스(Isthmos)는 두 지역 사이의 '좁은 목'이라는 뜻인데 여기에서는 두 허벅지 사이의 좁은 곳, 즉 성기를 가리킨다.

하인	누굴까? 아리프라데스[110]군요.
	축제를 자기에게 데려다 달라고 부탁하고 있어요.
트뤼가이오스	이봐, 그는 안 돼. 그녀에게 엎어져 국물을 핥아 먹을 테니까. 885
	(축제에게) 먼저 옷을 벗어 땅에 내려놓아요. *(축제, 옷을 벗는다)*
	의회 의원 여러분, 시의원 여러분, 축제를 보세요.
	여러분에게 내가 어떤 축복을 주려고 가져왔는지
	보시란 말이오. 여러분은 그녀의 두 다리를
	공중에 들어 올려놓고 희생제[111]를 치를 수 있어요. 890
	그녀의 오븐[112] 좀 보시오!
하인	참 멋있다!
	그래서 새카매진 게로구나. 전쟁이 일어나기 전에는
	의회가 거기서 요리를 하곤 해서 말이야.
트뤼가이오스	이제 축제를 되찾았으니, 여러분은 내일부터라도
	아주 멋진 경기를 시작할 수 있을 것인즉, 895
	그녀와 땅바닥에서 레슬링을 하고, 네 발로 그녀와 맞서고,[113]
	몸에 기름을 바르고 판크라티온[114] 경기에서처럼
	그녀를 힘차게 주먹으로 치고 남근으로 파낼 수 있소.
	그리고 모레는 기마 경기를 하게 될 텐데,
	기수가 다른 기수를 추월하게 될 것이고,[115] 900
	전차가 다른 전차를 들이받아 서로 뒤엉킨 채
	숨을 헐떡이게 될 것이오. 그런가 하면
	다른 기수들은 발기되어 껍질이 까진 채
	반환점에 쓰러져 있을 것이오.
	시의원 여러분, 축제를 받으시오. *(축제를 의장에게 건넨다)* 905
	보시오, 의장이 내게서 축제를 선선히 받았소이다.
	(의장에게) 뭔가 생기는 게 없다면 당신은 그렇게 받지 않고,

오히려 "잠깐만 쉬었다 하겠소"라고 말했겠죠.

(우)

코로스 정말이지 이런 사람은 910
모든 시민들에게
유익하다오.

트뤼가이오스 포도 수확철이 되면 여러분은 내가 어떤 사람인지 훨씬 더 잘
알게 될 거요.

코로스 지금도 우리는 분명히 알고 있소.
그대는 전 인류에게
구원자가 되었으니까요. 915

트뤼가이오스 새 포도주를 한 잔 마시기 전에는 나를 그렇게 칭찬하지 마시오.

코로스장 우리는 신들 말고는 그대를 으뜸가는 자로 여길 것이오.

트뤼가이오스 하긴 여러분은 아트모논 구역 출신인 나 트뤼가이오스에게서
크나큰 혜택을 입었지요. 나는 민중과 농민을 920
힘겨운 고역에서 해방해주고, 휘페르볼로스를 제지했으니까요.

하인 자, 다음에는 뭘 하죠?

110 여성 성기에 대한 구강 성교자로 악명이 높다. 『기사』 1274~1289행, 『벌』 1280~1283행 참조.
111 '희생제'(Anarrysis)는 아파투리아(Apatouria)의 두 번째 날 축제이다. 아파투리아는 시민의 아들이 부족회에 등록되는 3일간의 축제인데, 여기서 '희생제'는 섹스 파티라는 뜻으로 쓰였다.
112 성기.
113 여자가 암사자처럼 엎드린 자세를 말한다.
114 레슬링과 권투를 합친 격렬한 경기.
115 여자가 남자 위에 올라탄다는 뜻이다.

트뤼가이오스	뭘 하긴, 데친 채소가 든 냄비들로 평화의 여신을 안치해야지.
하인	투덜대는 작은 헤르메스[116]처럼 냄비들로 안치하신다고요?
트뤼가이오스	무엇으로 안치해야 된다고 생각하나? 살찐 황소로 할까요, 여러분? 925
코로스	황소? 안 돼요. 우린 어디서도 황소처럼 고함 치고 싶지 않아요.
트뤼가이오스	그러면 살지고 큰 돼지로 할까요?
코로스	안 돼요.
트뤼가이오스	왜 안 되죠?
코로스	우리가 테오게네스[117]처럼 돼지같이 될까 두려워서요.
트뤼가이오스	그럼 그것 말고 어떤 제물이 좋겠소?
코로스	양이요.
트뤼가이오스	양이라고요?
코로스	그렇다니까요.
트뤼가이오스	하지만 그건 이오니아 방언 아닌가요?[118] 930
코로스	일부러 그랬어요. 민회에서 누가 우리더러 싸움터로 나가야 한다고 말하면 청중이 듣고 놀라서 이오니아 방언으로 에에헤, 에에헤[119] 하고 울게 말예요.
트뤼가이오스	좋은 생각이오.
코로스	그 밖에도 우리는 또 유순해지겠지요. 그래서 우리끼리도 양처럼 온순해지고, 935 동맹국들에 대해서도 훨씬 상냥해지겠지요.
트뤼가이오스	그렇다면 가서 되도록 빨리 양을 몰고 오시오. 나는 우리가 제물을 바칠 제단을 마련하겠소.

(하인, 집 안으로 퇴장)

(좌)

| 코로스 | 보시오, 신께서 원하시고 운이 따르니 |

| | 만사가 형통하고, | 940 |
| | 모든 게 척척 맞아떨어지는구려. | |

트뤼가이오스 (무대 위의 제단을 가리키며)

과연 옳은 말이오. 여기 문 앞에 제단이 마련되어 있으니 말이오.

코로스 자, 서둘러요, 전쟁의 세찬 바람이

신의 가호로 풍향을 바꾸는 동안.

지금부터는 분명 신의 도움으로 945

만사가 좋은 방향으로 호전되겠지요.

(그 사이 하인이 제물 바치는 데 필요한 물건들을 갖고 돌아와 트뤼가이오스에게 건넨다)

트뤼가이오스 여기 보리와 리본[120]과 칼이 든 바구니가 있소.

여기는 또 불도 있소. 이제 양만 오면 되오.

(하인 다시 집 안으로 퇴장. 트뤼가이오스도 제단 가에 불을 붙인 다음 집 안으로

퇴장한 사이 코로스가 노래한다)

코로스 어서 서두르시오. 카이리스[121]가 950

그대들을 보게 되면 불청객으로 다가와

피리를 불어댈 것이고,

그러면 그대는 숨을 헐떡이며

불어대는 그자에게 십중팔구

---

116 아테나이의 수많은 가정집 앞에 서 있던 헤르메스 입상을 말한다. 『구름』 1478행 참조.
117 부자라고 떠들고 다니는 허풍쟁이. 『새』 822, 1127행 참조. 또한 그는 더러운 돼지로 풍자되기도 했다.
118 양의 그리스어 ois의 여격은 이오니아 방언으로 oi이다.
119 이오니아 방언으로는 '오이, 오이'.
120 제물을 장식할.
121 서투른 피리 연주자이자 뤼라 연주자. 『아카르나이 구역민들』 15~16, 866행, 『새』 857행 참조.

		제물에서 조금 떼어주게 될 테니까요.	955

(하인은 양을 몰고 오고, 트뤼가이오스는 손 씻을 물이 든 그릇과 도금양 가지로 만든 화관들을 들고 나와 하인과 함께 머리에 화관을 쓴다. 그런 다음 바구니에서 리본을 꺼내 양의 뿔에 묶는다)

트뤼가이오스 *(하인에게)* 자, 바구니와 손 씻을 물이 든 그릇을 들고 어서 제단을 돌도록 해. 왼쪽에서 오른쪽으로.¹²²

하인 *(바구니와 손 씻을 물이 든 그릇을 들고)* 자, 돌았어요. 다음 분부는 뭐죠?

트뤼가이오스 *(제단에서 불타는 장작을 꺼내며)*

자, 나는 이 불타는 장작을 꺼내 물에 담그겠다.

(불타는 장작을 물에 담갔다가 제단과 양 위에서 흔들어댄다.

양이 아무 반응을 보이지 않자 양에게) 어서 고개를 끄덕여!

(마침내 양이 고개를 끄덕이자 하인에게) 보리 좀 갖다줘!   960

(하인 손에 들린 바구니에서 보리를 조금 꺼내 제단과 양의 머리에 뿌린 뒤 손을 씻는다)

바구니를 내게 넘기고 너도 손을 씻어.

그러고 나서 관객에게도 보리를 좀 뿌리도록 해!

하인 *(시키는 대로 하며)* 자요!

트뤼가이오스 벌써 뿌렸단 말이야?

하인 물론이죠. 그래서 관객 중에

보리가 없는 사람은 아무도 없어요.   965

트뤼가이오스 하지만 여자들은 보리가 없잖아.¹²³

하인 여자들에게는 오늘 저녁 남편들이 주겠죠.

트뤼가이오스 *(바구니에서 칼을 꺼내며)*

우리 기도하자꾸나. 여기 누가 있소?¹²⁴ *(관객이 조용하자)*

어디 가면 착한 사람들이 많을까?

하인 *(코로스에게 물을 뿌리며)*

이들에게 뿌릴래요. 이들은 많기도 하고 착하기도 하니까요.

(하인이 물을 뿌리자 코로스 대원 중 일부가 물을 피해 대오를 이탈했다가 도로 제자리로 돌아온다)

트뤼가이오스 넌 저들이 착하다고 생각했나?

하인 물론이죠. 우리가 저들에게 물을 쏟아부었는데도 970
저들은 되돌아와 아까 섰던 자리에 섰으니까요.

트뤼가이오스 자, 우리 어서 기도하자꾸나!

하인 그래요, 우리 기도해요.

(트뤼가이오스가 양의 이마에서 털을 조금 잘라 일부는 하인에게 주고, 일부는 기도하는 동안 자신이 들고 있다)

트뤼가이오스 오오, 가장 존엄하신 여신이시여,
코로스와 결혼식을 주관하시는 975
존경스러운 평화의 여신이시여,
우리의 이 제물을 받아주소서!

코로스 가장 존경하는 여신이시여,
부디 이 제물을 받아주시고,
화냥년들처럼 행동하지 마소서. 980
화냥년들은 앞문을 빠끔 열고
내다보다가 누가 그들을 보면
도로 안으로 들어가지만

---

122 고대 그리스인들은 오른쪽을 길한 방향으로 여겼다.
123 드라마 경연에 여자 관객은 참석하지 않았다는 것이 통설이지만 확실한 증거는 없다. 따라서 여자들이 보리를 받지 못한 이유가 아예 참석하지 않았기 때문인지, 아니면 참석은 했으나 무대에서 먼 뒷자리에 앉아 있었기 때문인지 확실히 알 수 없다.
124 공공 제물을 바칠 때 공직자나 전령이 "여기 누가 있소?"라고 물으면 군중은 살인 등으로 부정을 탄 자는 아무도 없다는 뜻으로 "착한 사람들이 많이 있소"라고 대답하곤 했다고 한다.

그 사람이 가고 나면
다시 내다보지요. 985
우리에게 그렇게는 하지 마소서!

트뤼가이오스 제발 그러지 마시고, 점잖게
지난 13년 동안 그대를 애타게
그리며 사모하는 우리에게
그대의 전부를 보여주소서. 990
그리고 전투와 소란에서 우리를
구하시어 그대를 뤼시마케[125]라고
부르게 하시고, 우리가 지나치게
의심하여 사소한 일로 서로
티격태격하는 일을 끝내주소서. 995
우리 헬라스인들을 다시 한 번
우정의 액즙으로 섞으시고,[126]
우리 마음에 남을 용서하는
온유한 감정을 불어넣어주소서.
그리고 우리 장터에 좋은 물건들이 1000
넘쳐나게 하소서. 메가라에서는 마늘,
조생종 오이, 사과, 석류, 노예들이 입는
짧은 모직외투가 들어오고, 보이오티아에서는
거위, 오리, 비둘기, 굴뚝새를 들여오는 게 보이고,
코파이스 호에서는 뱀장어 바구니들이 오게 하소서. 1005
그리고 이런 것들 주위로 우리 모두 몰려와
장을 보며, 모뤼코스,[127] 텔레아스,[128]
글라우케테스[129]와 그 밖에 다른
많은 대식가들과 서로 밀고 밀리게 하소서.

그리고 멜란티오스[130]는 장터에 늦게 왔다가　　　　　　　　1010
매진되는 바람에 비명을 지르다가
『메데이아』[131] 중에서 노래 한 곡을 부르게 하소서.
"나는 망했어, 망했단 말이야. 근대 잎 속에
숨어 있던[132] 뱀장어를 잃어버렸으니!"
그리고 사람들이 그의 비명을 듣고 기뻐하게 하소서.　　　　1015
가장 존경받는 여신이시여, 기구하건대, 이런 것들을 베풀어주소서.

(기도를 마치며 양의 머리에서 베어낸 털을 제단 불에 던지자 하인도 따라 한다)

(하인에게) 자, 칼을 들고 전문가답게 양을 죽이도록 해!

하인　이건 안 돼요.

트뤼가이오스　왜 안 된다는 거야?

하인　평화는 분명 살육을 좋아하시지 않으며, 평화의 제단이
피로 물든 적은 없어요.

트뤼가이오스　그럼 양을 몰고 들어가 안에서　　　　　　　　1020
제물로 바친 뒤에 넓적다리뼈[133]들을 이리 갖고 나오너라.

125　뤼시마케(Lysimache)는 '전쟁의 여자 해결사'라는 뜻으로 아테나 폴리아스 (Athena Polias '도시의 수호여신 아테나')의 여사제 이름이었다고 한다.
126　우리에게서 신맛과 떫은맛이 나지 않도록.
127　『벌』 506, 1142행, 『아카르나이 구역민들』 887행 참조.
128　그리 유명하지 않은 정치가.
129　『테스모포리아 축제의 여인들』 1033행에서 대식가로 언급되고 있다.
130　804행 참조.
131　에우리피데스의 비극이 아니라 멜란티오스가 쓴 비극이었던 것 같다.
132　뱀장어는 흔히 근대 잎에 싸여서 식탁에 올려졌다. 『아카르나이 구역민들』 894행 참조.
133　가축을 제물로 바칠 때 신들에게는 살코기가 아닌 넓적다리뼈들을 기름 조각에 싸서 태워 올렸다. 『오뒷세이아』 3권 456~461행 참조.

그렇게 하면 우리 후원자[134]가 양을 잃지 않게 될 테니까.

(하인, 트뤼가이오스한테서 칼을 받아 들고 양을 집 안으로 몰고 간다)

(우)

코로스 그 사이 바깥에 머물러 있는 여러분은

여기에 장작개비들을 갖다 놓고,

그 위에 얹을 것들을 빠짐없이 준비하시오.   1025

트뤼가이오스 *(제단 불 위에 장작개비들을 얹으며)*

어때요, 화목을 다루는 내 솜씨가 진짜 예언자 같지 않나요?

코로스 어찌 그렇지 않겠어요? 현명한 사람이 반드시

알아야 할 것치고 그대가 모르는 것이 어디 있겠어요?

지혜와 대담한 창의력에서 걸출한 사람이면 반드시   1030

알아야 할 것치고 그대가 모르는 게 어디 있겠어요?

트뤼가이오스 아무튼 장작에 불이 붙었소. 이러면 스틸비데스가 살기 어려워지지.[135]

식탁은 내가 손수 가져와야지, 하인의 손을 빌릴 것 없이.

(집 안으로 퇴장)

코로스 누가 찬양하지 않겠는가,

수많은 고통을 감내하며

신성한 도시를 구해준   1035

저런 사람을?

따라서 그대는 언제까지나

만인의 부러움을 사게 될 것이오.

(트뤼가이오스가 요리기구와 소금 등이 놓여 있는 식탁을 들고 나오고, 이어서 하인이 양의 넓적다리뼈들과 둔부와 혀를 들고 나온다)

하인 자요, 넓적다리뼈들을 받아 불 위에 얹으세요.

|||||||||||| 저는 내장과 보릿가루를 가지러 가요. |||| 1040

(가져온 넓적다리뼈들을 트뤼가이오스의 손에 쥐여주고 안으로 들어가려고 돌아선다)

트뤼가이오스 이 일은 내가 알아서 하마. *(집 안을 향해)* 네가 지금쯤은 와야 하는데.

하인 *(한 손에 꼬챙이에 꿴 양의 내장을, 다른 손에는 보릿가루를 들고 집에서 나오며)*

보세요, 왔잖아요. 설마 제가 농땡이 친다고 여기신 건 아니겠죠?

트뤼가이오스 *(보릿가루를 받아 넓적다리뼈들과 두부 위에 뿌리며)*

이제는 이것들을 잘 굽도록 하라. 누군지

저기 월계관을 쓰고 이리로 오고 있으니까.

하인 *(트뤼가이오스가 가리킨 쪽을 바라보며)*

저 사람이 대체 누구죠?

트뤼가이오스 사기꾼 같구먼. 1045

하인 예언자일까요?

트뤼가이오스 아니야. 그는 오레오스[136] 출신 신탁 장수 히에로클레스가 분명해.

하인 무슨 말을 하려는 걸까요?

트뤼가이오스 저자는 분명

휴전조약에 이의를 제기하려는 거야.

하인 아니, 제물의 냄새에 이끌려온 거예요. 1050

트뤼가이오스 그렇다면 우리는 그를 못 본 척하자꾸나.

하인 좋은 말씀이에요.

---

134 코로스의 의상비용과 훈련비용을 부담하는 부유한 시민인 코레고스를 말한다. 코레고스는 공연이 끝난 뒤 코로스에게 한턱내기도 했지만, 무대 위에서 제물을 바치는 장면을 실연하는 것은 종교적인 이유에서도 경제적인 이유에서도 바람직하지 않다고 여겼다.

135 트뤼가이오스 같은 문외한까지 제단의 불을 다룰 줄 안다면 스틸비데스(Stilbides) 같은 직업 예언자가 여러 가지 특권을 잃게 될 것이라는 뜻이다.

136 에우보이아 섬 북안의 도시.

히에로클레스	*(다가오며)* 이건 어떤 신에게 바치는 어떤 제물이오?
트뤼가이오스	*(하인에게)* 굽는 동안에는 조용히 하고, 둔부에는 손대지 마!
히에로클레스	누구에게 제물을 바치는지 내게 말해주지 않을 참이오?
트뤼가이오스	*(제물을 살펴보며)* 꼬리는 좋은 전조를 보이는군.
하인	좋은 전조네요. 오오, 사랑스러운 평화의 여신이시여! 1055
히에로클레스	자, 첫 번째 제물을 조금 잘라내어 내게 주시오.
트뤼가이오스	먼저 충분히 익히는 게 좋겠지요.
히에로클레스	*(꼬챙이에 꿰인 내장을 살펴보며)* 이건 벌써 익었잖소.
트뤼가이오스	누군지 몰라도 주제넘으시군요. *(하인에게)* 썰기 시작해.
히에로클레스	식탁은 어디 있죠?
트뤼가이오스	*(집 안에 대고 큰 소리로)* 헌주할 술 가져와!
히에로클레스	혀는 따로 잘라놓았군요.
트뤼가이오스	알고 있소. 당신에게 충고 한마디 할까요? 1060
히에로클레스	그러시오.
트뤼가이오스	우리에게 일절 말을 걸지 마시오. 우리는 평화의 여신께 제물을 바치고 있소.
히에로클레스	"오오, 가련하고 어리석은 인간들이여…."
트뤼가이오스	당신 머리에나 대고 그러시오.
히에로클레스	"…생각이 모자라 신들의 마음을 알지 못하기에 인간들이 매섭게 노려보는 원숭이들[137]과 조약을 체결했지…." 1065
트뤼가이오스	하, 하, 하.
히에로클레스	뭐가 그리 우습지요?
트뤼가이오스	'매섭게 노려보는 원숭이들'이 재미있어서요.
히에로클레스	"…그리고 겁 많은 비둘기처럼, 혼도 마음도 교활하기 짝이 없는 새끼 여우들에게 자신을 맡기는구나."
트뤼가이오스	*(구운 내장을 맛보고 나서)*

	이 사기꾼아, 당신 폐가 이렇게 따듯하면 좋으련만.
히에로클레스	"왜냐하면 요정들이 바키스¹³⁸를 속이지 않고, 바키스가 인간들을 속이지 않고, 요정들이 다시 바키스를 속이지 않았다면…." 1070
트뤼가이오스	계속해서 바키스나 팔아먹으려면 뒈지시오.
히에로클레스	"…휴전조약이 깨지도록 정해져 있는 것은 아니지만, 그 전에 반드시 먼저 행하여야 하느니라…."
트뤼가이오스	*(하인에게)* 고기에 소금을 치도록 해!
히에로클레스	"왜냐하면 늑대가 양과 결혼하기 전에는 전쟁을 중단하는 것이 1075 축복받은 신들의 마음에 들지 않기 때문이니라."
트뤼가이오스	빌어먹을, 늑대가 어떻게 양과 결혼할 수 있단 말이오? 1076a
히에로클레스	"뿌리를 파먹는 쇠똥구리가 도망치면서 지독한 냄새가 나는 방귀를 뀌고, 암캐가 진통 끝에 눈먼 새끼들을 낳는 한, 휴전조약을 체결한다는 것은 옳지 못할 것이니라."
트뤼가이오스	우리가 어떻게 했어야 한단 말이오? 전쟁을 계속해야 하나요? 1080 아니면 우리가 조약을 맺고 함께 헬라스를 다스릴 경우, 어느 쪽이 더 고통받아야 할지 제비뽑기라도 해야 한단 말이오?
히에로클레스	"그대는 결코 게를 똑바로 걸어가게 할 수 없느니라."
트뤼가이오스	전쟁이 끝나면 당신은 결코 시청에서 무료로 식사할 수 없고, 당신의 시구(詩句)들을 지을 필요가 없게 되겠지요. 1085
히에로클레스	"그대는 결코 고슴도치의 가시를 부드럽게 할 수 없느니라."
트뤼가이오스	당신이 아테나이인들을 속이기를 그만둘 때가 올까요?
히에로클레스	당신은 어느 신탁에 따라 신들께 넓적다리뼈들을 태워드렸소?

137 스파르테인들. 그들은 아테나이인들에게는 의리 없는 사기꾼들로 보였다. 『기사』 887행, 『아카르나이 구역민들』 907행 참조.
138 예언자 바키스에 관해서는 『기사』 123~124행, 『새』 962~980행 참조.

(이때 하인이 헌주용 잔과 포도주 항아리를 집에서 들고 나와 식탁에 올려놓는다)

트뤼가이오스 *(헌주 잔을 들며)* 그야 호메로스가 지은 더없이 아름다운 시구에 따라서죠.

"이렇게 그들은 전쟁의 가증스러운 먹구름을 흩어버리고   1090
평화를 선택한 다음 제물을 바쳐 안치했노라.
그리고 그들이 넓적다리뼈들을 태워드리고 내장을 먹고
술잔으로 헌주했을 때, 내가 길을 안내했지요."[139]
그러나 번쩍이는 술잔을 신탁 장수에게 권하는 사람은 아무도 없었소.

히에로클레스 그건 나와 무관하오. 시뷜라[140]가 말한 것이 아니니까요.   1095

트뤼가이오스 현명한 호메로스는 또 다음과 같은 옳은 말도 했소.
"끔찍한 내전을 좋아하는 자야말로
친족도 없고 법률도 없고 가정도 없는 자요."[141]

히에로클레스 "조심하시오, 솔개가 꾀로 그대의 마음을 속이고
빼앗아가지 않도록…."

트뤼가이오스 *(하인에게)* 이봐, 조심해.   1100
이 신탁이 뜻하는 것은 내장이 위험해질 수 있다는 거니까.
어서 술을 헌주하고 내게 내장을 조금 다오.

(하인이 트뤼가이오스의 술잔에 포도주를 따르고 내장을 부위별로 조금씩 건넨다)

히에로클레스 당신이 정 그렇게 나가겠다면 나도 보고만 있지 않겠소.

(자신의 헌주 잔을 꺼내 들고 잔을 채울 요량으로 식탁에 다가가지만, 트뤼가이오스와 하인이 못 본 척한다)

트뤼가이오스 헌주요! 헌주요!

히에로클레스 *(자신의 잔을 내밀며)*
내게도 좀 따르고, 내장도 한몫 건네시오.   1105

트뤼가이오스 그러나 그것은 축복받은 신들의 마음에 들지 않소. 그 전에
먼저 행해야 할 것은, 우리는 헌주하고 당신은 떠나는 것이오.
(기도하며) 평화의 여신이시여, 평생 동안 우리와 함께하소서!

히에로클레스	*(트뤼가이오스가 제단에 술을 부어 올리자)*
	그 혀는 내게 주시오!
트뤼가이오스	당신은 당신 혀나 갖고 가시오. 헌주요!
하인	당신의 헌주와 함께 어서 이거나 덤으로 가져가시오!

1110

(내장을 조금 떼어 히에로클레스의 머리에 던진다)

히에로클레스	내게는 아무도 내장을 안 줄 참이오?
트뤼가이오스	우리는 주려야 줄 수 없으니까, 늑대가 양과 결혼하기 전에는.
히에로클레스	*(트뤼가이오스의 발 앞에 엎드려서 탄원자처럼 그의 두 무릎을 잡으려 하며)*
	제발 부탁이오. 그대의 무릎을 잡고 빌겠소.
트뤼가이오스	이봐요, 탄원해도 소용없어요.
	당신은 결코 고슴도치의 가시를 부드럽게 할 수 없을 테니까.
	(관객에게)
	자, 관객 여러분, 와서 우리와 함께 내장을 듭시다.

1115

히에로클레스	나는 어떻게 되는 거죠?
트뤼가이오스	당신은 시빌라나 먹어요!
히에로클레스	천만의 말씀! 당신 둘이서 이걸 다 먹지는 못하지.
	안 주면 내가 낚아채겠소. 가져가라고 있는 거니까.
	(식탁에서 내장을 낚아채려 트뤼가이오스에게 제지당한다)
트뤼가이오스	*(히에로클레스를 치며)*

139 이것은 호메로스의 시구들을 고치고 짜깁기한 것으로, 1090행은 『일리아스』 16권 251행과 17권 243행을 짜깁기한 것이다. 1091행은 트뤼가이오스가 임의로 지어낸 것이고, 1092행은 『일리아스』 1권 464행이며, 1093행은 『오뒷세이아』 7권 137행과 6권 261행을 고쳐서 짜깁기한 것이다.

140 전설적인 신들린 예언녀. 나중에는 여러 명으로 늘어나는데, 그중에서 가장 유명한 것이 이탈리아 나폴리 만에 있는 쿠마이(Cumae 그/Kyme)의 시빌라이다.

141 『일리아스』 9권 63~64행.

	이자를 쳐라! 이 바키스를 쳐라!
히에로클레스	다들 증언해주시오!
트뤼가이오스	나도 증언해주지, 당신은 욕심 많은 사기꾼이라고.

(제단 앞의 장작더미에서 굵은 장작개비를 가져온 하인에게)

그 장작개비로 계속 패주어라, 이 협잡꾼을!

하인	*(트뤼가이오스에게 장작개비를 주며)*

그건 나리께서 하세요. 저는 이자에게서 협잡으로

얻은 이 양가죽을 벗길래요. *(히에로클레스에게)*

그 양가죽을 벗어, 이 돌팔이 사제야!

트뤼가이오스	*(위협적으로)* 들었어?

(히에로클레스, 양가죽을 벗어던지고 도주한다) 오레오스에서

웬 까마귀¹⁴²가 날아온 거야? 어서 엘륌니온¹⁴³으로 날아가지 못해!

(트뤼가이오스와 하인, 집 안으로 퇴장)

(좌)

코로스	나는 기쁘오, 정말 기쁘오,

투구에서 해방되어,

치즈와 양파¹⁴⁴에서 해방되어.

내가 좋아하는 것은 전투가 아니라,

친구들과 어울려 불가에서 통음(痛飮)하는 거니까.

여름에 파내어놓았다가 잘 말린

통나무들에 불을 피워놓고,

완두콩을 볶고 도토리를 구우며,

그리고 아내가 목욕하는 사이

하녀 트랏타¹⁴⁵와 키스하며.

코로스장	땅에 뿌려놓은 씨에 신께서 비를 촉촉이 내려주시는데

이웃이 다음과 같이 말할 때보다 더 즐거운 일은 없지요.
"여보게, 코마르키데스,[146] 우리 어떻게 시간을 보내지?"—
"신께서 이렇게 잘해주시니, 내가 하고 싶은 건
술 마시는 것일세. 여보, 마누라! 콩 세 코이닉스[147]를 볶되
거기에 밀을 좀 섞고, 무화과도 좀 내오구려.   1145
쉬라를 시켜 마네스[148]도 포도밭에서 불러오게 하구려.[149]
땅이 너무 젖어서 오늘은 포도덩굴의 가지를 치거나,
진흙 속을 걸어다닌다는 게 도저히 불가능하니까요."
"그리고 누가 집에서 개똥지빠귀와 되새 두 마리를
가져오게 하시오. 집에는 또 초유(初乳)와 산토끼고기   1150
4인분도 있었소. 엊저녁에 족제비가 물어가지 않았다면.
집 안에서 야단법석을 떠는 소음이 났기에 하는 말이오. 이봐,[150]
그중 셋은 우리에게 가져오고 하나는 아버지께 갖다드려라.
그리고 아이스키네스에게 열매가 달린 도금양 가지[151]
여섯 개를 달라고 하고, 그리로 가는 길에 카리나데스[152]도   1155

142 까마귀도 솔개와 마찬가지로 대담한 도둑 새이다.
143 엘륌니온(Elymnion)은 오레오스에서 멀지 않은 에우보이아 섬의 성소(聖
     所)이다.
144 치즈와 양파는 군인들의 대표적인 먹을거리였다.
145 트라케 출신 여자라는 뜻. 『벌』 828행, 『아카르나이 구역민들』 273행, 2권
     의 『테스모포리아 축제의 여인들』 279~293행 참조.
146 Komarchides. '주당들의 우두머리'라는 뜻.
147 1코이닉스(choinix)는 1.08리터이다.
148 쉬라(Syra '쉬리아 여자')와 마네스(Manes)는 둘 다 노예의 이름으로 많이
     쓰인다.
149 같이 시중들게.
150 하인에게 하는 말이다.
151 화관을 만들어 쓰도록.

부르도록 하라. 그가 우리 술자리에 합석하도록.
신께서 우리에게 호의를 베푸시고
우리 농사를 도와주시니까."

(우)

코로스 그리고 매미가 감미로운
선율로 노래할 때, 1160
나는 즐거운 마음으로 렘노스의
포도송이들이 벌써 익어가는지
살펴보고(그것들은 조생종이니까),
야생 무화과가 부푸는 것을 1165
즐겨 관찰한다오. 그러다가 무화과가 익으면
나는 먹고 또 먹으며, "사랑스러운 계절이여!"라 말하고,
백리향을 빻아 음료수를 만든다오.¹⁵³ 1170
그러면 그해 여름 나는 살이 포동포동 찐다오.

코로스장 투구에 깃털 장식을 세 개나 꽂고 자칭 진짜 사르데이스¹⁵⁴산(産)
물감으로 염색했다는 진홍색 외투를 입은 대장 앞에
차려 자세로 서 있을 때보다는 더 살찌요.
하지만 그는 그 외투를 입고 싸워야 한다면, 1175
그때는 퀴지코스의 은금(銀金)¹⁵⁵처럼 창백해져서 맨 먼저
도망치겠지요. 황갈색 말닭¹⁵⁶처럼 깃털 장식을 흔들어대며.
나는 토끼 사냥 때 그물을 지키는 사람처럼 서 있는데 말이오.
그리고 다시 아테나이로 돌아오면 그자들의 태도는 참을 수
없어요. 그자들은 우리 이름을 더러는 병적(兵籍)에 올리기도 하고 1180
더러는 지우기도 해요. 되는대로 두 번 세 번씩. 내일 출동하는데,
더러는 식량을 구입하지 못했어요. 출동하는지 몰라서요.

그러면 그는 판디온¹⁵⁷의 입상 앞에 멈춰 서서 제 이름을 보고는
어리둥절해 한달음에 달려가지요, 불운에 시무룩해진 표정으로.
그자들은 우리 농민들에게 그런 짓을 한다오. 도시 사람들에겐   1185
그렇게까지는 하지 않아요. 신들과 인간들이 보는 앞에서
방패를 던져버리는¹⁵⁸ 그자들은. 그래서 나는 그자들에게
책임을 물을 것이오, 신의 뜻이라면. 그자들은 내게
불의한 짓을 많이 저질렀고, 집에서는 사자처럼 행동하지만
싸움터에서는 여우처럼 행동하니까요.   1190

(트뤼가이오스와 하인, 집에서 나온다)

트뤼가이오스 야호, 야호!
결혼 피로연에 참 많이들 모였구나!
자, 이 깃털 장식으로 식탁을 청소하도록 하라.
이것은 이제 아무짝에도 쓸모없게 되었으니까.
그러고 나서 케이크와 개똥지빠귀를 쌓아올리고   1195
산토끼고기와 롤빵도 수북이 쌓도록 해.

*(하인은 안으로 들어가고 트뤼가이오스도 들어가려는데, 낫 제작자와 옹기장이가
각자 자기가 만든 물건들과 먹을거리를 한 바구니씩 들고 들어온다)*

152 『벌』 232행에서는 노(老)배심원 가운데 한 명의 이름이다.
153 소화제로 쓰려고.
154 사르디니아 섬의 그리스어 이름.
155 퀴지코스(Kyzikos)는 지금의 마르마라 해 소아시아 쪽 도시로, 그곳에서
 주조한 담황색 은금 주화는 그리스에서도 유통되었다.
156 말닭(hippalektryon)은 앞쪽은 말이고 뒤쪽은 수탉에 날개가 달린 전설의
 동물이다. 『새』 800행, 2권의 『개구리』 930~934행 참조.
157 판디온(Pandion)은 아테나이의 전설적 왕이다.
158 방패를 던지고 도주하는 것은 비겁한 자가 하는 짓이다.

낫 제작자	트뤼가이오스는 어디 있소? 어디 있냔 말이오?
트뤼가이오스	나는 개똥지빠귀들을 조리고 있소.
낫 제작자	오오, 가장 친애하는 트뤼가이오스, 당신은 평화가
	이루어지게 함으로써 우리에게 참 좋은 일을 했소이다.
	지금까지 내 낫은 푼돈에도 팔리지 않았으나, 지금은 1200
	50드라크메씩에 팔고 있으니 말이오. 그리고 여기
	이 사람은 시골사람들을 위해 옹기를 3드라크메씩에
	팔고 있소. 트뤼가이오스, 이 낫과 옹기를 원하는 만큼
	가지시오, 공짜로 말이오. 그리고 이 먹을거리도 받으시오.
	우리가 장사를 해서 이익을 보았기에 그대를 위해 1205
	이런 결혼 선물을 가져오는 것이니까요.
트뤼가이오스	좋아요. 그 물건들을 내 옆에 내려놓고 되도록 빨리
	식사하러 들어가요. 보시다시피, 저기 무기상이
	얼굴을 잔뜩 찌푸리고 다가오고 있으니 말이오.

(무기상이 짐을 잔뜩 지고 등장하고 이어서 투구 제작자와 창 제작자가 등장하는데,
창 제작자는 손에 창 몇 자루를 들고 있다)

무기상	이봐요, 트뤼가이오스! 당신 때문에 나는 완전히 망했소이다. 1210
트뤼가이오스	이봐요, 뭐가 잘못됐지요? 설마 깃털 장식 병을 앓는 건 아니겠죠?
무기상	당신은 내 사업과 생계를 망쳐놓았단 말이오. 그리고
	이 사람과 여기 이 창 제작자의 경우도 마찬가지고요.
트뤼가이오스	좋아요. 내가 이 두 깃털 장식 값으로 얼마를 내면 되겠소?
무기상	*(깃털 장식들을 꺼내 보여주며)* 얼마 주시겠소?
트뤼가이오스	얼마 주겠냐고요? 말하기가 좀 거북한데. 1215
	깃털 장식을 투구에 꽂는 부분에 많은 공을 들였으니
	깃털 장식 두 개 값으로 마른 무화과 3코이닉스를 주겠소.
	그것들로 식탁이나 청소할까 해서 말이오.

무기상	*(깃털 장식들을 건네며)* 좋아요. 안에 들어가 무화과를 가져오시오.

(트뤼가이오스, 안으로 들어간다)

(일행에게) 이봐요, 아무것도 못 받는 것보다는 낫지요. 1220

트뤼가이오스	*(뛰쳐나와 깃털 장식들을 무기상에게 던지며)*

가져가요. 이것들을 갖고 지옥으로 꺼져버리시오.

깃털들이 빠지면서 아무짝에도 못 쓰게 되었으니 말이오.

그 값으로 나는 마른 무화과 한 알도 내고 싶지 않소이다.

무기상	*(흉갑을 보이며)*

아아, 내 팔자야. 10므나의 값어치가 있는 이 흉갑은

어떡하지? 이렇게 더없이 아름답게 만들어놨는데. 1225

트뤼가이오스	그거라면 당신이 손해는 보지 않겠네요.

그걸 내게 원가로 파시오.

(흉갑을 건네받으며) 똥 누기에는 그만이겠구려.

무기상	좋은 물건들을 이제 그만 모욕하시오!
트뤼가이오스	*(흉갑을 땅바닥에 내려놓고 요강을 타듯 그 위에 쭈그리고 앉으며)*

이렇게, 돌 세 개로 괴어놓고. 어때요, 괜찮겠지요? 1230

무기상	밑은 대체 어떻게 닦지, 이 멍청한 양반아?
트뤼가이오스	*(흉갑의 팔을 꿰는 부분으로 밑에서 한 손을 올리며)*

이렇게, 한 손을 노의 구멍으로 통과시키면서. 또 이렇게!

(다른 손도 노의 구멍으로 통과시킨다)

무기상	뭐, 두 손을 한꺼번에 쓴다고?
트뤼가이오스	물론이죠. 내 배의 노를

선원도 배치하지 않고 놀렸다고[159] 고소당하고 싶지 않으니까요.

무기상	정말로 10므나짜리 흉갑에 앉아 똥을 눌 참이시오? 1235

---

[159] 나라에서 인건비를 받고도.

트뤼가이오스 그야 물론이지, 이 고약한 양반아. 내 엉덩이가
1천 드라크메[160]의 값어치도 없는 줄 아시오?

무기상 좋아요. 가서 돈 가져오시오.

트뤼가이오스 *(엉덩이가 아픈 듯 그 자리에 서서)*
이봐요, 엉덩이가 쑤시는 것 같아요.
(흉갑을 돌려주며) 이거 도로 가져가시오. 나는 사지 않겠소.

무기상 *(나팔을 보여주며)*
이 나팔은 또 어디에 쓰지? 1240
전에 60드라크메나 주고 샀는데.

트뤼가이오스 여기 이 구멍에 납을 붓고 입에 대고 부는 부분에
기다란 막대를 꽂으면 콧타보스 놀이의 표적이 되겠구먼.

무기상 빌어먹을, 당신 날 놀리는 거요?

트뤼가이오스 또 다른 생각이 떠오르는군. 1245
아까 말한 대로, 납을 붓고 여기에다[161]
노끈에 매달린 저울 접시를 하나 붙이시오.
그러면 농촌에서 하인들에게 무화과를 달아줄
저울이 하나 생길 것이오.

무기상 *(한 쌍의 투구를 보여주며)*
"달랠 길 없는 악령이여, 너는 나를 어떻게 망쳐놓았는가?"[162] 1250
이것들도 1므나나 주고 샀기에 하는 말이오.
이제 어떡한담. 누가 이것들을 살까?

트뤼가이오스 가서 아이귑토스인들에게나 파시오. 그것들은
하제(下劑)를 다는 데 안성맞춤인 것 같으니까.

무기상 맙소사! 투구 제작자, 우리는 재수가 옴 붙었구려. 1255

트뤼가이오스 그는 전혀 손해 볼 게 없어요.

무기상 하지만 누가 투구를 어디에 쓴단 말이오?

트뤼가이오스	*(투구 제작자의 귀를 가리키며)*
	그가 이와 같은 손잡이들을 만드는 법을 배운다면
	지금보다 더 비싼 값을 받게 될 것이오.¹⁶³
무기상	우리 그만 갑시다, 창 제작자 양반!
트뤼가이오스	아니, 가지 마시오. 1260
	내가 그에게서 그 창들을 사줄 테니까.
무기상	얼마 주겠소?
트뤼가이오스	창들을 두 동강으로 자른다면
	100개에 1드라크메씩 주고 가져가 포도나무 받침대로 쓰겠소.
무기상	우리를 모욕하는 거요. 자, 친구여, 여기를 떠납시다.
	(일행과 함께 떠난다)
트뤼가이오스	잘 생각했소. 손님들이 데려온 아이들이 벌써 1265
	오줌 누러 나오고 있으니까. 아마도 그들이
	노래하게 될 서곡을 연습하려는 것 같군.
	(소년 두 명이 집에서 나온다)
	얘야, 들어가기 전에 여기 내 곁에 서서
	네가 부르려는 노래의 서곡을 들려다오.
소년 1	"이번에는 더 젊은 전사들의 영광을 노래하기 시작하세!"¹⁶⁴ 1270
트뤼가이오스	전사들은 그만 찬미해. 이 못된 녀석, 평화로운 지금

160 10므나.
161 마우스피스.
162 비극에서 인용한 것 같으나 출전은 알 수 없다.
163 투구를 뒤집으면 바가지로 쓸 수 있는데, 손잡이 달린 바가지가 손잡이 없는 바가지보다 값이 더 나갈 것이라는 뜻이다.
164 이른바 서사시권 서사시 『후예들』(*Epigonoi*)의 서두부로, 아르고스의 일곱 장수가 테바이를 공격하다가 실패한 뒤 그들의 아들들이 다시금 공격하여 테바이를 함락시킨다는 내용이다.

	그런 노래를 하다니! 무식하고 괘씸한 녀석 같으니라고!
소년1	"그리고 그들이 서로 다가가 거리가 가까워졌을 때,
	둥근 방패들과 배가 불룩한 방패들을 맞부딪쳤노라."¹⁶⁵
트뤼가이오스	방패들이라고? 이제 방패라는 말은 입에 담지도 마!
소년1	"그러자 전사들의 신음소리와 환성이 동시에 일었노라."¹⁶⁶
트뤼가이오스	전사들의 신음소리라고? 디오뉘소스에 맹세코, 네가 신음소리와
	배가 불룩한 방패로 또 우리를 괴롭히면 울부짖게 해줄 테다.
소년1	무슨 노래를 할까요? 마음에 드는 주제가 있으면 말씀해주세요.
트뤼가이오스	"이렇듯 그들은 쇠고기 잔치를 벌였노라" 같은 거 말이야.
	"그들 앞에는 아침식사로 온갖 산해진미가 차려져 있었노라."
소년1	"이렇듯 그들은 쇠고기 잔치를 벌이고 나서 땀에 젖은 말갈기를
	멍에에서 풀었으니, 전쟁에 물렸기 때문이라네."¹⁶⁷
트뤼가이오스	좋았어. 그들은 전쟁에 물려 식사하기 시작했다고!
	그걸 노래해봐. 전쟁에 물린 뒤 어떻게 식사했는지.
소년1	"그들은 식사를 마치자 무장을 하고…."
트뤼가이오스	물론 포도주로 무장했겠지.
소년1	"무구로 무장하고 성탑에서 쏟아져나가니, 꺼질 줄 모르는 함성이
	일었노라."¹⁶⁸
트뤼가이오스	이 고약한 꼬마 녀석, 네 전투들과 함께 너도 망해버려라!
	넌 전쟁밖에 노래하지 않는구나. 너 도대체 누구 아들이니?
소년1	저 말인가요?
트뤼가이오스	그래, 너 말이야.
소년1	라마코스의 아들이에요.
트뤼가이오스	이키! 네 노래를 들었을 때, 어쩐지 전쟁을 하고 싶어 하다가
	전쟁 뒤에는 눈물을 흘리는 어떤 전사의 아들이 아닌가 싶더라니.
	어서 꺼져! 가서 창수(槍手)들에게나 노래해!

(소년 1, 옆문으로 퇴장)

클레오뉘모스[169]의 아들은 어디 있지?   1295

(소년 2, 앞으로 나온다)

안에 들어가기 전에 노래 좀 해봐! 네 아버지는 신중한 사람이라 넌 틀림없이 투쟁에 관해서는 노래하지 않을 테니까.

소년 2   "어떤 사이오이족[170]이 지금쯤 내가 본의 아니게 덤불 가에 버려두고 온 나무랄 데 없는 내 방패를 자랑하고 있겠지."[171]

트뤼가이오스   말해봐, 꼬마야. 지금 네 아버지에 관해 노래하는 거니?   1300

소년 2   "그러나 나는 목숨을 구했지…."[172]

트뤼가이오스   그리고 네 부모에게 치욕을 안겨주었지.
자, 안으로 들어가자꾸나. 나는 네가 그런 아버지의
아들인 만큼 방패에 관한 그 노래를
결코 잊지 않을 줄 잘 알고 있었지.

(그들이 안으로 들어가기 시작한다. 트뤼가이오스는 코로스 쪽으로 돌아서서 낫 제작자와 옹기장이가 두고 간 선물들에 주의를 환기시킨다)

---

165 『일리아스』 4권 446~449행을 조금 고쳐서 인용한 것이다.

166 『일리아스』 4권 450행.

167 기원전 6세기에 쓰여진 것으로 추정되는 『호메로스와 헤시오도스의 경연』 (*agon Homerou kai Hesiodou*) 107~108 Allen을 조금 고쳐서 인용한 것이다.

168 『일리아스』 16권 267행에서 '함선들'을 '성탑들'로 고쳐 인용한 것이다.

169 446행 참조.

170 사이오이족(Saioi)은 트라케의 부족이다.

171 『아르킬로코스』 단편 5의 서두부. 파로스 출신 서정시인인 그는 에게 해 북부 타소스 섬에 오래 머물렀는데, 그곳의 그리스 이민자들은 맞은편 육지에 사는 트라케인들과 가끔 전투를 했다.

172 앞서 말한 아르킬로코스의 시에 이어지는 부분으로 그 뒤는 다음과 같다. "방패야 아무러면 어때! 없어질 테면 없어지라지. 나는 더 나쁘지 않은 다른 방패를 갖게 될 테니까."

	여기 남아 있는 여러분이 할 일은 여기 이 음식을	1305

여기 남아 있는 여러분이 할 일은 여기 이 음식을   1305
차례차례 남김없이 먹어치우는 것이지, 빈둥빈둥
노를 끌어당기는 것이 아니라오. 남자답게 덤벼들어
두 턱으로 우적우적 씹으시오. 가련한 자들이여,
씹지 않는다면 하얀 이가 무슨 소용 있겠소.   1310

코로스장 *(트뤼가이오스가 집 안으로 퇴장하자)*
그 일이라면 우리가 알아서 하겠소. 일깨워주어
고맙소이다. *(코로스 대원들에게)* 여러분은 여태 굶었으니
이 산토끼고기를 실컷 드시오.
케이크가 이렇게 임자 없이 널려 있는 것은
날이면 날마다 있는 일이 아니니까요.   1315
그러니 드시오. 안 그러면 곧 후회하게 될 거요.

(코로스가 음식을 덜어 먹는데 트뤼가이오스가 신랑으로 차려입고 집에서 나온다)

트뤼가이오스 경건한 마음으로 침묵을 지키고, 신부를 밖으로
데리고 나옵시다. 그리고 횃불들을 가져오고, 모두들
함께 기뻐하게 합시다. 그리고 춤추고 헌주하고
휘페르볼로스를 내쫓은 다음 우리 모두 농기구를 들고
지금 당장 시골로 돌아가 신들께 기도합시다,   1320
헬라스인들에게 부(富)를 내려주시고,
우리 모두 똑같이 보리와
포도와 후식으로 먹을 무화과를
많이 수확하게 해주시고,
우리 아내들이 아이를 낳게 해주시고,   1325
우리는 잃어버린 좋은 것들을
처음처럼 다시 모으게 해주시고,
번쩍이는 칼날은 끝장나게 해주십사고.

(풍요가 신부로 차려입고 시종들의 시중을 받으며 집에서 나온다)

트뤼가이오스 *(풍요에게)*
　이리 오세요, 여보, 시골로
　오세요. 아리따운 이여, 그대는 1330
　내 곁에 누워야 보기 좋아요.

첫 번째 반코로스 　오오, 휘멘, 휘메나이오스![173]

두 번째 반코로스 　오오, 휘멘, 휘메나이오스!

코로스장 *(트뤼가이오스에게)*
　오오, 세 배나 행복한 자여, 그대가
　지금 이런 복을 받는 것은 당연하오.

첫 번째 반코로스 　오오, 휘멘, 휘메나이오스! 1335

두 번째 반코로스 　오오, 휘멘, 휘메나이오스!

(풍요를 코로스 쪽으로 데려와 두 코로스 대원의 어깨에 올린다)

코로스장 　우리가 신부를 어떻게 할까요?

코로스 　우리가 신부를 어떻게 할까요?

코로스장 　우리는 그녀의 열매를 따 모을 것이오.[174]

코로스 　우리는 그녀의 열매를 따 모을 것이오. 1340

코로스장 　맨 앞줄에 있는 우리는
　신랑을 번쩍 들어 올려
　나르도록 합시다, 여러분.

첫 번째 반코로스 　오오, 휘멘, 휘메나이오스!

두 번째 반코로스 　오오, 휘멘, 휘메나이오스! 1345

코로스장 　그대들 둘은 행복하게 살 것이오.

173　휘멘(Hymen)과 휘메나이오스(Hymenaios)는 둘 다 결혼의 신이다.
174　원형 trygao는 트뤼가이오스의 이름을 연상시킨다.

	근심 걱정 없이	
	무화과를 따 모으며.	
첫 번째 반코로스	오오, 휘멘, 휘메나이오스!	
두 번째 반코로스	오오, 휘멘, 휘메나이오스!	1350
첫 번째 반코로스장	신랑의 무화과는 크고 굵으며….	
두 번째 반코로스장	신부의 무화과는 달콤하다네.	
트뤼가이오스	실컷 먹고 포도주를 실컷 마시는 동안에는	
	만사형통이라고 그대는 말하겠지요.	
첫 번째 반코로스	오오, 휘멘, 휘메나이오스!	1355
두 번째 반코로스	오오, 휘멘, 휘메나이오스!	
트뤼가이오스	*(관객에게)*	
	여러분, 부디 행복하시오.	
	그리고 나를 따라오면 여러분은	
	케이크를 먹게 될 것이오.	

(코로스, 트뤼가이오스와 풍요를 높이 들고 퇴장)

새
Ornithes

작품 소개

『새』는 기원전 414년 대(大)디오뉘소스 제의 경연에서 2등을 차지했다. 1년 전인 기원전 415년에 아테나이는 펠로폰네소스 전쟁에서 스파르테를 후원하던 시칠리아의 항구도시 쉬라쿠사이(Syrakousai)를 함락하고자 엄청난 규모의 함대를 시칠리아로 파견했다. 이 함대는 기원전 413년 괴멸하여 결국 아테나이에 치명타를 안겨주지만 아직 승패는 가려지지 않은 상태였다.

아테나이의 두 현실도피주의자 페이세타이로스와 에우엘피데스는 아테나이인들의 생활방식과 광적인 재판 열기에 환멸을 느낀 나머지, 새(鳥)로 변신한 테레우스가 혹시 살 만한 곳을 알려줄까 싶어 그를 찾아간다. 테레우스가 몇몇 나라를 추천하지만 마음에 들지 않자 페이세타이로스가 기발한 제안을 한다. 새들이 모두 힘을 모아 공중에 성곽도시를 세우고 인간들이 신들에게 바치는 제물의 연기를 가로챔으로써 인간과 신을 동시에 지배하자는 것이다.

처음에는 적대적이던 새들의 코로스가 설득되자, 페이세타이로스와 에우엘피데스의 지도 아래 새들은 재빨리 '구름뻐꾹나라'라는 도시를 세운다. 그러자 온갖 불청객들이 찾아와 귀찮게 군다. 마침내 신들이 사절단을 보내 협상하게 하지만, 프로메테우스를 통하여 필요한 정보를 미리 입수한 페이세타이로스는 신들과 새들이 화해하는 가운데 제우스의 왕홀을 인수하고 제우스의 딸 바실레이아(Basileia) 공주와 결혼하여 최고신으로 추대받는다.

등장인물

에우엘피데스(Euelpides)

페이세타이로스(Peisetairos)

시종 후투티의

후투티

코로스 새들로 구성된

전령

사제

시인

예언자

메톤 측량기사

감찰관

법령 장수

사자(使者) **1**

사자 2

사자 3

이리스 신들의 여사자(女使者)

불효자

키네시아스 디튀람보스 시인

밀고자

프로메테우스

포세이돈

트리발로스

헤라클레스

그 밖에 무언 배우인 여러 새들과 노예들과 연주가들과 공주이 작품의 대본은 *Aristophanis comoediae*, ed. by F.W. Hall and W.M. Geldart, 2vols., Oxford ²1907의 그리스어 텍스트이다. 주석은 N. Dunbar (Oxford 1998 student edition), A.H. Sommerstein (Warminster 1987), Th. Kock (Berlin 31895)의 것을 참고했다. 현대어 번역으로는 S. Halliwell, B.B. Rodgers, W. Arrowsmith, A.H. Sommerstein의 영어 번역과 L. Seeger의 독어 번역을 참고했다.

장소	바위투성이의 황량한 시골. 나이 지긋한 아테나이인 두 명이 노예들에게 이삿짐을 들리고 등장한다. 둘 중 에우엘피데스는 손에 어치를, 페이세타이로스는 까마귀를 들고 있다.

에우엘피데스[1]	*(손에 든 어치를 보고)* 저기 저 나무 있는 데로 곧장 가란 말이지?	
페이세타이로스[2]	*(손에 든 까마귀를 보고)*	
	이 찢어 죽일 새 같으니라고! *(에우엘피데스에게)* 이 녀석이 우리더러 되돌아가래!	
에우엘피데스	바보 같은 녀석, 왜 이리 갔다 저리 갔다 하는 거지? 공연히 오락가락하다가 녹초가 되고 말 텐데.	
페이세타이로스	까마귀를 믿고 1천 스타디온[3]도 더 되는 길을 돌아다니다니, 나야말로 한심하구나!	5
에우엘피데스	어치를 믿고 발톱이 닳아빠지도록 돌아다녔으니, 나야말로 한심하구나!	
페이세타이로스	우리가 대체 어디쯤 와 있는지 아직도 감이 잡히질 않네.	
에우엘피데스	자네 여기서 고향으로 돌아가는 길을 찾을 수 있겠나?	10
페이세타이로스	제우스에 맹세코, 엑세케스티데스[4]도 찾지 못할걸.	

---

1 '희망의 아들' '낙천가'라는 뜻.
2 텍스트에는 피스테타이로스(Pistetairos '믿음직한 친구')라고 되어 있으나 N. Dunbar, A.H. Sommerstein, J. Henderson(Loeb Classical Library 2000)에 따라 페이세타이로스(Peisetairos '친구를 설득하는 자')로 읽는다.
3 약 185킬로미터. 스타디온에 관해서는 『구름』 주 83 참조.
4 누군지 알 수 없지만, 외국에서 태어나 자라다가 나중에 아테나이 시민이 된 것 같다.

새 431

에우엘피데스	*(발을 헛디뎌 넘어질 뻔하며)* 빌어먹을!
페이세타이로스	여보게, 자네나 그 길로 가게!
에우엘피데스	우리 둘 다 새 장수한테 바가지 쓴 거야. 좌판에다
	새를 놓고 파는 미치광이 필로크라테스[5]한테 말일세.
	그자는 이 두 마리 새가 사람에서 후투티로 변신한 15
	테레우스[6]에게 우리를 안내해줄 것이라며,
	타르렐레이도스의 아들[7]이라는 여기 이 어치는
	1오볼로스[8]에, 그리고 이 까마귀는 3오볼로스에 팔았지.
	그런데 이것들이 할 수 있는 일이래야 쪼는 것밖에 더 있어!
	(어치에게) 왜 또 주둥아리를 놀려? 우리더러 저 암벽들 밑으로 20
	내려가라는 거야 뭐야? 거기엔 길이 없잖아.
페이세타이로스	제우스에 맹세코, 거기엔 길이라고는 흔적도 없어.
에우엘피데스	자네의 그 까마귀는 길에 관해 무슨 말 안 해?
페이세타이로스	울기는 우는데 자꾸 이랬다저랬다 하지 뭐야.
에우엘피데스	길에 관해 뭐랬는데? 25
페이세타이로스	내 손가락들을 물어서 끊어버리겠대.
에우엘피데스	*(관객들에게)*
	우리는 까마귀들한테 가고 싶어
	만반의 준비를 했건만 그리로 가는 길을
	찾을 수 없으니, 이런 고약한 일이 어디 있겠소?
	이 자리에 와 계신 관객 여러분, 우리가 앓고 있는 병은 30
	스퀴타이족[9]의 병과는 정반대이기 때문이오.
	그자는 도회인이 아닌지라 아테나이인들 사이로
	억지로 밀고 들어오려 하지만, 우리는 남에게 존경받는 부족과
	씨족에게서 태어나 시민으로서 시민들과 더불어 살다가
	쫓겨난 것이 아니라, 자진하여 고향을 훌쩍 떠났으니까요. 35

두 발로 말이오. 이는 우리가 그 도시를 미워해서가 아니오.
그 도시는 역시 위대하고 번창하고, 송사(訟事)로
재산을 날리고 싶은 모든 사람들에게 열려 있으니까요.
매미들이 나뭇가지 위에서 노래하는 것은
고작 한두 달인데, 아테나이인들은 40
평생 동안 법정에서 노래를 해대니 말이오.¹⁰
그런 이유에서 우리는 바구니와 항아리와
도금양 가지¹¹를 들고 이리로 와서
한적한 곳을 찾는 중이라오.
그곳에 안주하려고 말이오. 45

5　새 장수 필로크라테스에게는 나중에(1073~1083행) 거액의 현상금이 걸린다.
6　트라케 왕. 그는 아테나이 왕 판디온의 딸 프로크네(Prokne)와 결혼하여 이튀스(Itys)라는 아들을 낳았으나 처제 필로멜레(Philomele)를 납치해 강간하고 혀까지 자른다. 이 사실이 드러나자 프로크네가 복수하기 위해 아들 이튀스를 죽여서 그 고기로 요리를 만들어 테레우스에게 먹인다. 이 사실을 안 테레우스가 두 자매를 죽이려 하자 제우스가 테레우스는 후투티로, 프로크네는 밤꾀꼬리로, 필로멜레는 제비로 변신시킨다. 그러나 이 희극에서 후투티로 변신한 테레우스는 새(鳥) 사회의 존경받는 일원으로서 지난날의 불행을 잊고 밤꾀꼬리로 변신한 프로크네와 사이좋게 살고 있다.
7　타르렐레이도스(Tharreleidos)의 아들이 누군지, 그가 어치와 무슨 관계가 있는지는 달리 알려진 바 없다.
8　당시 화폐단위에 관해서는 『구름』 주 5 참조.
9　『기사』 주 92 참조. 여기서 '스퀴타이족'이란 비극작가 아케스토르를 가리킨다. 부모 중 어머니만 아테나이인이었던 그는 몇 년 동안 재류외인(在留外人 metoikos)으로 살다가 펠로폰네소스 전쟁 말기에 아테나이 시민이 되었다고 한다.
10　당시 아테나이인들은 재판광(裁判狂)이었다.
11　도금양 가지는 축제 참가자들이 행렬을 지어 제단으로 나아갈 때 손에 들거나, 사제들이 제물을 바칠 때 화관을 만들어 머리에 썼다고 한다.

그래서 우리 일행은 테레우스를, 후투티를
찾는 중이라오. 그가 주위를 날아다니다가
그런 곳을 본 적이 있는지 물어보려고.

페이세타이로스 여보게!

에우엘피데스 무슨 일이지?

페이세타이로스 까마귀가 아까부터 저 위쪽을 가리키고 있어. 50

에우엘피데스 그러고 보니 여기 어치도 내게 뭔가를 보여주려는 듯,
저 위쪽을 향해 입을 벌리고 있군. 틀림없이 이곳에 새들이
있나 봐. 우리가 요란하게 소리 질러보면 곧 알게 되겠지.

페이세타이로스 자네 어떻게 해야 하는지 아나? 발로 이 바위를 냅다 차보게!

에우엘피데스 자네가 머리로 받아보게. 그러면 갑절로 요란한 소리가 날 테니. 55

페이세타이로스 그럼 돌멩이를 주워서 두드려보게!

에우엘피데스 좋아, 그러지. 이리 오너라. 게 아무도 없느냐?

페이세타이로스 그게 무슨 소리야? 후투티를 보고 "이리 오너라"라니!
"이리 오너라" 대신 "후투티님!"이라고 불러야지.

에우엘피데스 후투티님! 한 번 더 두드려야겠지. 후투티님!

(문이 열리면서 부리가 엄청나게 큰 새 한 마리가 보인다)

시종 게 뉘시오? 누가 우리 나리를 큰 소리로 부르는 게요? 60

(에우엘피데스와 페이세타이로스가 잠시 정신을 잃고 쓰러진다.
그 틈에 그들의 새들이 날아가버린다)

에우엘피데스 아이, 깜짝이야. 쩍 벌린 저 주둥이 좀 봐!

시종 이키, 큰일 났구나. 둘 다 새 사냥꾼 아냐?

에우엘피데스 그런 끔찍한 말을 하다니! 그건 예의가 아니지.

시종 둘 다 뒈져버려!

에우엘피데스 하지만 우리는 인간이 아니야.

시종 그럼 뭐야?

에우엘피데스	나는 리뷔에[12]에서 온 겁쟁이새야.	65
시종	헛소리 마!	
에우엘피데스	그럼 여기 내 발 사이에 떨어진 것[13]한테 물어봐!	
시종	*(페이세타이로스를 가리키며)* 그럼 여기 이것은 무슨 새지?	
페이세타이로스	나는 똥새야. 파시스[14] 강에서 온.	
에우엘피데스	*(시종에게)* 그런데 너는 대체 무슨 동물이지?	
시종	난 노예새야.	70
에우엘피데스	투계(鬪鷄)에서 졌단 말이지?	
시종	아니. 우리 나리께서 후투티가 되셨을 때 나도 새가 되어 시중을 들어달라고 부탁하셨어.	
에우엘피데스	새도 시종이 필요한가?	
시종	그분은 그러셔. 아마 전에는 인간이었기에 그러신가 봐. 가끔 팔레론[15] 만의 정어리를 잡숫고 싶어 하시면 내가 접시를 들고 정어리를 구하러 달려가곤 하지. 그리고 완두 수프 생각이 나고 주걱과 냄비가 필요하시면, 내가 그것을 구하러 달려가곤 해.	75
에우엘피데스	네가 바로 달리는 새로구나. 이봐, 달리는 새, 네가 뭘 해야 하는지 알고 있나? 네 주인 좀 불러줘!	80
시종	지금 주무시고 계셔. 도금양 열매와 각다귀를 조금 잡수시고 나서.	

---

12 지금의 북아프리카.
13 에우엘피데스는 시종새의 엄청나게 큰 부리에 놀라 바지에 똥을 쌌던 것이다.
14 파시스(Phasis)는 흑해 동안으로 흘러드는 지금의 리오니(Rioni) 강이다.
15 팔레론은 기원전 5세기 초 서쪽의 페이라이에우스 항이 개발되기 전에는 아테나이의 주항(主港)이었다. 그곳에서 잡히는 정어리가 별미 중 하나였다고 한다.

에우엘피데스	그래도 깨워!	
시종	틀림없이 역정을 내실 텐데. 하지만 너희들을 위해 깨울게.	
	(퇴장)	
페이세타이로스	뒈져버려! 놀라 죽을 뻔했네.	85
에우엘피데스	빌어먹을! 내가 놀라는 바람에 어치가 날아가버렸네.	
페이세타이로스	이 겁쟁이 짐승 같으니라고. 겁이 난다고 어치를 날려 보내?	
에우엘피데스	말해봐. 자네는 넘어지는 바람에 까마귀를 날려 보내지 않았나?	
페이세타이로스	난 아냐!	
에우엘피데스	그럼 어디 있어?	
페이세타이로스	정말 날아가버렸네.	90
에우엘피데스	그런데도 날려 보내지 않았다고? 참 용감하기도 해라.	
후투티	*(무대 뒤에서)*	
	숲을 열어라! 내가 나갈 수 있게.	
	(문이 열리며 부리가 길고 볏이 큰 후투티가 나온다)	
에우엘피데스	오오, 헤라클레스 님! 이게 대체 무슨 짐승이지? 무슨 깃털이지?	
	세 겹의 볏은 또 어디 식(式)이야?	
후투티	누가 날 찾나?	95
에우엘피데스	열두 신께서 당신에게 너무 심하게 하신 것 같구려.	
후투티	당신들 설마 내 날개를 보고 비웃는 것은 아니겠지?	
	이방인들이여, 나는 전에는 인간이었소.	
에우엘피데스	당신을 비웃는 게 아니오.	
후투티	그럼 무얼 비웃는 거요?	
에우엘피데스	당신의 부리가 우스워 보여서요.	
후투티	소포클레스가 그의 비극에서 나를	100
	이 꼴로 만들어놓았소.[16] 이 테레우스를 말이오.	
에우엘피데스	당신이 새라고? 당신은 새요, 공작이오?[17]	

후투티	새지요.
에우엘피데스	그럼 깃털은 어디 있소?
후투티	빠져버렸지요.
에우엘피데스	병에 걸려서?
후투티	그게 아니라, 새들은 겨울에는 모두 털갈이를 하죠. 그런 다음 새 털이 생겨나죠. 그건 그렇고, 말해보시오. 당신들은 대체 뉘시오?
에우엘피데스	우리 둘 다 말이오? 우린 둘 다 인간이오.
후투티	어디서 왔소?
에우엘피데스	훌륭한 전함들의 나라에서요.[18]
후투티	설마 배심원[19]들은 아니겠지요?
에우엘피데스	정반대죠. 우리는 반(反)배심원들이오.
후투티	그곳엔 그런 종자[20]도 뿌리나요?
에우엘피데스	시골에 가서 찾으면 조금 구할 수도 있겠죠?
후투티	여긴 무슨 용건으로 왔소?
에우엘피데스	당신과 면담하고 싶어서요.

16 지금은 남아 있지 않은 소포클레스의 비극 『테레우스』에서 테레우스가 후투티로 변신한 모습으로 등장했다는 뜻이다.

17 아리스토파네스가 즐겨 쓰는 예상외 표현 가운데 하나로, "새요, 사람이오?"라고 묻는 대신 예상과 달리 그렇게 묻는 것이다. 예상외 표현에 관해서는 『구름』 주 147 참조. 당시 공작은 인도에서 페르시아를 거쳐 아테나이에 소개된 지 얼마 안 됐을 때라 희귀조로 취급되었다고 한다.

18 페르시아 전쟁 때 그리스는 아테나이의 해군력에 힘입어 페르시아의 침공을 물리칠 수 있었다.

19 당시 아테나이에서는 모든 성인 시민이 제비뽑기로 번갈아가며 배심원이 되었다.

20 여기서 '종자'란 반(反)배심원을 말한다.

후투티	무엇에 관해?
에우엘피데스	첫째, 당신은 인간이었고— 우리 두 사람처럼,
	빚을 졌었고— 우리 두 사람처럼, 115
	빚을 갚고 싶어 하지 않았소— 우리 두 사람처럼.
	그다음 당신은 외모가 새로 바뀌어
	육지와 바다 위를 두루 날아다녔고,
	인간의 지혜와 새의 지혜를 겸비하고 있소.
	그래서 우리 두 사람은 탄원자로서 당신을 찾아온 것이오. 120
	부드럽게 감싸주는 모피 담요처럼 포근한 도시를
	혹시 당신이 우리에게 일러줄 수 있을까 해서 말이오.
후투티	당신은 바위투성이의 아테나이보다 더 큰 도시를 찾고 있소?
에우엘피데스	더 큰 도시가 아니라 우리 두 사람에게 더 쾌적한 도시를 찾고 있소.
후투티	당신은 분명 귀족들의 지배를 받기를 원하는 것 같군요. 125
에우엘피데스	내가? 천만의 말씀! 난 스켈리오스의 아들[21]은 딱 질색이오.
후투티	그렇다면 어떤 도시에서 가장 살고 싶소?
에우엘피데스	다음과 같은 일이 가장 중요한 일이 되는 나라에서요.
	이른 아침에 친구가 찾아와 우리 집 대문을 두드리며
	이렇게 말하는 것이오. "올륌포스의 제우스[22]에 맹세코, 130
	여보게, 아침에 세수하고 나서 애들 데리고
	우리 집에 들르게. 결혼 피로연이 있으니까.
	거절하지 말아주게. 자네가 거절한다면,
	내가 어려울 때[23] 나를 찾지 말게!"
후투티	제우스에 맹세코, 당신은 힘겨운 일을 좋아하나 보구려. 135
	(페이세타이로스에게) 당신은 어떻소?
페이세타이로스	나도 그와 같은 일을 좋아하오.
후투티	어떤 일 말이오?

페이세타이로스 그곳에서는 어떤 잘생긴 소년의 아버지가 길에서 나를 만나
무슨 모욕이라도 당한 듯 나를 이렇게 나무라지요.
"이봐, 스틸보니데스!²⁴ 그래 잘하는 짓이다! 내 아들이
목욕하고 체육관에서 돌아오다가 자네를 만났는데   140
자네는 키스도 해주지 않고, 말도 걸지 않고, 데려가지도 않고,
불알도 만져주지 않았다지. 우리 집안의 오랜 친구인데도!"

후투티 오오, 가련한 친구. 그런 고생을 사서 하려 하다니!
아닌 게 아니라 그런 환락의 도시가
홍해²⁵ 바닷가에 있기는 하지요.   145

에우엘피데스 바닷가는 절대 안 돼요. 꼭두새벽에 살라미니아²⁶호(號)가
소환장을 갖고 갑자기 수면 위로 모습을 드러낼 테니 말이오.
헬라스²⁷에 있는 도시를 일러줄 수는 없을까요?

---

21 스켈리오스(Skellios)의 아들 아리스토크라테스(Aristokrates)는 기원전 421년 스파르테와의 니키아스 평화조약에 서명한 아테나이 사절단 가운데 한 명인데, 변덕스럽고 야심이 많아 경계의 대상이었다고 한다. 여기서 에우엘피데스가 말하고자 하는 바는, 그가 아리스토크라테스('귀족주의자'라는 뜻)를 싫어하듯 귀족정치(aristokratia)도 싫다는 것이다.

22 그리스 신화에서 최고신.

23 고주석에 따르면 여기서 아리스토파네스는 '잘나갈 때…'(kalos)라는 속담을 '어려울 때…'(kakos)로 바꿔놓았다고 한다.

24 스틸보니데스(Stilbonides)라는 이름은 동사 stilbo('빛나다' '번쩍이다')와 관계가 있는 것으로 보이며, 동성연애자 또는 멋쟁이를 암시하는 이름인 것 같다.

25 여기서 말하는 '홍해'란 지금의 페르시아 만을 가리킨다. '홍해 바닷가의 도시'란 여기에서 가장 멀리 떨어져 있는 페르시아 만의 해안도시라는 뜻인 듯하다.

26 살라미니아호는 파랄로스(Paralos)호와 더불어 아테나이 시의 관용선(官用船)이었다.

27 그리스의 그리스어 이름.

후투티	그럼 왜 엘리스[28] 지방의 레프레온[29]에 가서 살지 않소?	
에우엘피데스	신들에 맹세코, 아직 본 적은 없지만	150
	레프레온은 딱 질색이오. 멜란티오스[30] 때문에.	
후투티	그럼 로크리스의 오푸스[31]인들도 있으니, 그리 가서 사시오!	
에우엘피데스	뭐라고요! 나더러 오푼티오스[32]가 되란 말이오?	
	만금을 준대도 그건 싫소이다.	
	여기서 새들하고 살면 어떨까요?	155
	당신은 잘 알고 있겠지요?	
후투티	살기가 나쁜 편은 아니지요.	
	우선 여기서는 지갑이 필요 없어요.	
에우엘피데스	그럼 사기(詐欺)도 많이 줄어들겠네요.	
후투티	우리는 정원에서 흰깨와 도금양 열매와	
	양귀비 열매와 박하 잎을 쪼아 먹고 살지요.	160
에우엘피데스	그렇다면 당신들은 신혼생활을 하는 거로군요.	
페이세타이로스	그래, 그래. 새들의 종족을 위한 원대한 구상이 보이는군.	
	당신들은 권력을 장악할 수 있소. 당신들이 내 말을 듣겠다면.	
후투티	우리가 당신 말을 듣다니, 어떻게 말이오?	
페이세타이로스	어떻게냐고요? 첫째, 입을 짝 벌리고 사방을 날아다니지	165
	마시오. 그건 위엄 없는 짓이오. 저 아래 지상(地上)에서는	
	누가 경박한 무리를 보고 "저게 무슨 새지?"라고 물으면,	
	텔레아스[33]는 당장 이렇게 말하지요.	
	"저자는 안정감이 없고 언제나 날아다니고	
	이랬다저랬다 하며 한곳에 머무는 때가 없는 새라오."	170
후투티	디오뉘소스 신에 맹세코, 당신의 비난은 정당하오.	
	그럼 우리가 어떡해야 하오?	
페이세타이로스	당신들은 한 도시에 살도록 하시오.	

후투티	우리 새들이 어떤 도시에서 살 수 있겠소?
페이세타이로스	그런 걸 묻다니, 정말 바보 같은 질문이군요. 저 아래를 보시오!
후투티	자, 보고 있소이다.
페이세타이로스	이번에는 저 위를 보시오!
후투티	보고 있소.
페이세타이로스	고개를 빙 돌리시오!
후투티	맙소사! 내가 목을 삔다고 무슨 이득이 생길까?
페이세타이로스	보이는 게 있소?
후투티	구름과 하늘이 보이오.
페이세타이로스	당신은 그게 새들의 영역[34]이라고 생각지 않소?
후투티	영역이라니, 어째서 그렇소?
페이세타이로스	새들의 공간이라고 해도 좋겠지요. 하늘을 찾는 이가 많고 모든 것이 하늘을 통과하기에 영역이라 불리는 거죠. 만약 거기다 집을 짓고 울타리를 칠 수 있다면, 그 영역이라는 게 도시가 되겠지요. 그때는 당신들이

175

180

28 엘리스(Elis)는 펠로폰네소스 반도 서북부 지방이다.
29 여기서 남(南)엘리스 내륙에 있는 도시 레프레온(Lepreon 또는 Lepreos)을 언급한 것은 lepreos('살갗이 검은 남자')와 발음이 비슷하기 때문이다.
30 멜란티오스('검정색의')는 당시의 비극작가로 피부병을 앓았던 것 같다.
31 오푸스(Opous)는 그리스 반도 중동부 에우리포스(Euripos) 해협에 있는 동(東)로크리스(Lokris)의 수도이다.
32 오푼티오스(Opountios '오푸스인')라는 이름은 1294행에도 나오는데, Opountioi('오푸스인들')의 단수형이다. 오푼티오스는 아테나이인으로 어떤 신체적 결함이 있었던 것 같은데, 애꾸눈이가 되었다는 설도 있다.
33 1024~1025행에서도 언급되는 것으로 미루어 텔레아스는 당시 아테나이에서 잘 알려진 인물 같지만, 더 이상 알려진 바 없다.
34 영역(polos)과 도시(polis)의 발음이 비슷한 것을 두고 언어유희를 하고 있다.

	메뚜기 떼를 지배하듯 인간들을 지배하게 될 것이며,	185
	신들도 멜로스[35] 섬의 주민들처럼 굶겨 죽일 수 있을 것이오.	
후투티	어떻게?	
페이세타이로스	하늘과 땅 사이엔 공기가 있소. 델포이[36]에 가려면	
	우리가 보이오티아[37]인들에게 통행 허가를 받아야 하듯,	
	인간들이 신들에게 제물을 바칠 때도	190
	신들이 당신들에게 공물을 바치지 않으면	
	신들을 위해 인간들이 넓적다리뼈를 태우는 구수한 냄새가	
	당신들 도시의 공간을 통과하지 못하게 하란 말이오.	
후투티	야호, 야호! 대지와 올가미와 그물에 걸고 맹세하노니,	
	나는 아직 그런 묘책을 들어본 적이 없소이다.	195
	나는 당신과 함께 그 도시를 세우겠소.	
	다른 새들이 찬성한다면.	
페이세타이로스	그럼 누가 이 계획을 다른 새들에게 설명할 거요?	
후투티	당신이 하시오. 전에는 알아듣지 못할 야만족의 말을 쓰던 그들에게	
	내가 오랫동안 함께 지내며 헬라스 말을 가르쳐놓았으니까요.	200
페이세타이로스	그렇다면 그들을 소집해줄 수 있겠소?	
후투티	그야 쉬운 일이죠. 내가 곧장 저기 저 덤불 속으로 들어가	
	내 밤꾀꼬리[38]를 깨워 가지고	
	둘이서 그들을 부를 것이오. 그러면 우리 둘의	
	목소리를 듣자마자 그들은 서둘러 달려올 것이오.	205
페이세타이로스	가장 사랑하는 새님, 그렇다면 거기 우두커니 서 있지	
	마시오. 제발 부탁이오. 자, 어서 빨리 저기 저	
	덤불 속으로 들어가 당신의 밤꾀꼬리를 깨우시오!	

(후투티 퇴장. 곧이어 밤꾀꼬리를 깨우는 그의 노랫소리가 안에서 들려온다)

(노래 209~222행)

후투티   자, 내 짝꿍이여, 잠에서 깨어나

신과 같은 입으로 당신과 나의   210

눈물겨운 아들인 이튀스[39]를 애도하는

신성한 노랫가락을 풀어놓아요.

떨리는 목청의 유창한 멜로디로

공기를 진동시켜요. 그러면 해맑은 소리가

잎이 무성한 덩굴을 지나   215

제우스의 옥좌에 닿을 것이고,

그러면 그곳에서 금발의 포이보스[40]가

당신의 애절한 노래를 듣고 상아로 만든

포르밍크스[41]로 화답하며 신들의 코로스를

세울 것이오. 그러면 불사신들의 입에서   220

동시에 합창이 쏟아져나올 것이오.

축복받은 신들이 당신의 슬픔을 소리 내어 애도할 때.

(안에서 밤피꼬리 소리를 흉내 내는 피리 소리가 들린다)

페이세타이로스   (황홀하여) 오오, 제우스 왕이시여, 저 작은 새의 저 고운 목소리!

온 숲을 꿀처럼 달콤한 소리로 가득 채우는구나!

에우엘피데스   여보게!   225

---

35   펠로폰네소스 전쟁 때 멜로스 섬 주민들이 중립을 고집하자, 기원전 416년 아테나이가 포위 공격해 남자들은 죽이고 여자들은 노예로 삼았다.

36   아폴론의 신전이 있던 중부 그리스의 도시.

37   아테나이 북서쪽 지방. 그 수도가 테바이다.

38   주 6 참조.

39   주 6 참조.

40   아폴론의 별명.

41   포르밍크스(phorminx)는 현이 3~5개뿐인 단순한 발현악기이다.

페이세타이로스	왜 그래? 입 다물지 못해?
에우엘피데스	뭣 때문에?
페이세타이로스	후투티가 또 노래하려 한단 말이야.
후투티	에포포이 포포포포포포이![42]

이오이오, 이리 와 이리 와 이리 와!
씨앗을 잘 뿌려놓은 농부들의 밭에서
먹고 사는 온갖 새들이여,   230
보리를 먹고 사는 수많은 부족들이여,
빨리 날아와 부드러운 목소리를
토하도록 하라! 밭고랑에 모여 부서지는
흙덩이 주위에서 쾌적한 목소리로
티오티오 티오티오 티오티오라고   235
지저귀는 온갖 새들도,
정원의 담쟁이덩굴 잎 속에서
먹고 사는 온갖 새들도,
야생 올리브를 먹고 사는,
딸기를 먹고 사는 산새들도.   240
내가 부르는 소리 듣고 어서 날아오라!
트리오토 트리오토 토토브릭스!
계곡의 늪지대에서 주둥이가 날카로운 모기를 낚아채는
온갖 새들도, 이슬 젖은 들판과   245
마라톤[43]의 초원에 사는 온갖 새들도,
날개가 알록달록한 자고도, 자고도.
그리고 바다의 부풀어오른 물결 위에서   250
물총새들과 함께 날아다니는 부족들도
이리 와서 놀라운 소식을 듣도록 하라!

> 목이 긴 새의 부족들은
> 모두 여기 모여라!
> 어느 영리한 노인이 여기 왔는데,
> 그는 새로운 발상으로
> 새로운 일을 계획하고 있노라.
> 그러니 의논하게 모두들 오라,
> 이리로, 이리로, 이리로, 이리로!
> 토로토로토로토로틱스!
> 키카바우 키카바우!
> 토로토로토로토롤릴릴릭스!

페이세타이로스 *(에우엘피데스에게)* 여보게, 새가 보이나?

에우엘피데스 아폴론 신에 맹세코, 안 보여, 입을 벌리고 하늘을 쳐다봐도.

페이세타이로스 그러니까 후투티가 덤불 속에 들어가 알을 품거나
물떼새처럼 숨바꼭질을 할 필요가 없었던 것 같네.

새 *(오르케스트라에 들어서며)* 토로틱스 토로틱스!

파로도스[44] (268~433행)

페이세타이로스 여보게, 저기 새 한 마리가 다가오고 있네.

에우엘피데스 정말 새로구나. 어떤 새일까? 설마 공작은 아니겠지?

페이세타이로스 *(후투티가 덤불에서 나오는 것을 보고)*
저 후투티가 말해줄 수 있겠지. *(후투티에게)* 이게 무슨 새죠?

---

42 새들의 노래를 흉내 내는 의성어는 되도록 원전을 따랐다.
43 『구름』 주 163 참조. 마라톤에는 지금도 모기 떼가 많다고 한다.
44 『구름』 주 44 참조.

후투티	이건 당신들이 늘 보는 흔해빠진 새가 아니라 늪에 사는 새라오.
에우엘피데스	아아, 정말 아름답구나! 불꽃처럼 빨간 게.
후투티	당연하죠. 그래서 홍학이라 불린다오.
에우엘피데스	여보게, 자네 말일세.
페이세타이로스	왜 불러?
에우엘피데스	저기 또 다른 새가 오고 있어.
페이세타이로스	정말이네. 저것도 색깔이 별나군그래. 어떤 새일까? 산속을 거니는 이국풍의 예언조(豫言鳥)일까?
후투티	아닌 게 아니라 메디아[45] 새라고 불린다오.
페이세타이로스	메디아 새라고? 오오, 헤라클레스 왕이시여! 메디아 새라면 낙타도 없이 어떻게 예까지 올 수 있었지?
에우엘피데스	저기 또 다른 새가 오고 있네. 머리에 깃털 달린 투구를 쓰고.
페이세타이로스	참 이상도 하지. 그렇다면 당신이 유일한 후투티가 아니라 또 다른 후투티가 있단 말이오?
후투티	쟤는 후투티의 아들인 필로클레스[46]의 아들이니, 내가 곧 저 녀석의 할아비죠. 칼리아스[47]의 아들이 힙포니코스고, 힙포니코스의 아들이 다시 칼리아스인 경우와 같다고나 할까요.
페이세타이로스	그러니까 저 새는 칼리아스로군요. 털갈이를 하고 있는 걸 보니.
에우엘피데스	가문이 좋다 보니 무고(誣告)하는 자들에게 털을 뜯긴 탓이겠지. 그리고 암컷들이 그의 털을 마저 뜯었을 테고.
페이세타이로스	오오, 포세이돈[48]이시여! 저기 색깔이 다채로운 새가 또 한 마리 오고 있네. 저 새는 이름이 뭐죠?
후투티	저 새는 대식조(大食鳥)라오.
페이세타이로스	클레오뉘모스[49] 말고도 다른 대식가가 있었나?
에우엘피데스	클레오뉘모스라면 왜 깃털 달린 투구를 던져버리지 않았지?
페이세타이로스	새들의 머리 위 깃털은 어디다 쓰는 거죠?

275

280

285

290

	무장경주(武裝競走)[50] 하러 왔나요?
후투티	새들은 카리아[51]인들처럼 산마루에 산다오. 안전 때문에.
	(24가지 다른 새들로 분장한 코로스 단원들이 양쪽 입구에서 들어온다.)[52]
페이세타이로스	맙소사! 자네는 불결한 새 떼가 얼마나 몰려드는지 보이지 않나?
에우엘피데스	오오, 아폴론 왕이시여. 구름 같군그래. 정말 놀랍구나!
	그들이 날개를 퍼덕이니 입구가 보이지 않을 정도라니까.
후투티	이건 자고, 저건 들꿩이 분명하오.
	이건 들오리고, 저건 물총새 암컷이오.

295

45 카스피 해 남쪽 지방. 대개 페르시아와 동의어로 쓰인다.
46 아이스퀼로스의 조카로 비극작가들인 모르시모스와 멜란티오스의 아버지. 그도 100편의 비극을 썼다고 한다. 필로클레스는 문체와 외모 때문에 가끔 희극작가들의 놀림감이 됐지만, 비극 경연에서 소포클레스의 『오이디푸스 왕』을 이기고 우승한 바 있다. 그도 테레우스 전설을 소재로 『테레우스 또는 후투티』라는 비극을 썼다고 한다.
47 아테나이의 부유한 명문가 출신으로, 희극작가들에 의해 여자를 밝히는 씀씀이가 헤픈 탕아로 그려지곤 했다고 한다. 칼리아스의 아들이 힙포니코스(Hipponikos)이고 힙포니코스의 아들이 다시 칼리아스가 되는 식으로 손자가 할아버지의 이름을 쓰는 것이 일반적이었으며, 아들이 아버지의 이름을 쓰는 경우도 더러 있었다.
48 해신(海神).
49 여자만 밝히는, 수염도 나지 않은 나약한 남자.
50 올륌피아 경기에서는 투구를 쓰고 방패를 들고 중무장보병으로 완전무장한 채 달리는 무장경주가 기원전 520년부터 시작되었다고 한다.
51 소아시아 남서지방. 투구에 깃털 장식을 꽂는 것은 카리아인들이 생각해낸 것이라고 한다. 그래서 여기서 '카리아인들'이라고 말을 시작했다가, 투구 깃털 장식의 그리스어 lophos에 '언덕' '산마루'라는 뜻도 있는 까닭에 말의 방향을 이렇게 엉뚱하게 바꿔버린 것이다. 그리스 이민들이 그곳의 해안지대에 사는 것과는 달리, 카리아인들은 산마루의 소도시들에서 가축을 치며 살았다고 한다.
52 비극의 코로스가 12~15명인 것과 달리 그 무렵 희극의 코로스는 24명으로 구성되었으며, 새·개구리·구름·벌 따위로 분장하곤 했다.

페이세타이로스	그 뒤에 있는 것은 뭐죠?	
후투티	뭐냐고요? 이발새죠.	
페이세타이로스	이발새라는 새도 있나요?	
후투티	왜요, 스포르길로스[53]도 이발사가 아닌가요?	300
	저기 저건 올빼미고요.	
에우엘피데스	뭐라고요? 누가 올빼미[54]를 아테나이로 데려왔죠?	
후투티	*(새들을 가리키며)*[55]	

까치, 염주비둘기, 종다리, 개개비, 검은 딱새, 흑비둘기, 매, 참매,

산비둘기, 뻐꾸기, 붉은발도요, 홍방울새, 검은 뇌조 암컷,

황조롱이, 농병아리, 여새, 수염수리 그리고 딱따구리.

페이세타이로스	아아, 저 새들 좀 봐. 아아, 저 찌르레기들 좀 보라니까!	305
	짹짹거리면서 다투어 소리 지르며 뛰어다니는구나.	
	(에우엘피데스에게) 저들이 우리를 위협하려는 것 같네.	
	부리를 쫙 벌리고 자네와 나를 노려보고 있으니 말일세.	
에우엘피데스	내가 보기에도 그런 것 같네.	
	(코로스가 계속해서 날개를 퍼덕이는 동안 코로스장이 소리친다)	
코로스장	어어어어어어어어디 있소, 날 부른 이는?	310
	어느 곳에 살고 있소?	
후투티	아까부터 나는 여기 있소이다.	
	나는 친구들을 버리지 않을 것이오.	
코로스장	무무무무무무무무슨 좋은 소식을 가져왔지요?	315
후투티	모두와 관계되는 안전하고 그럴듯하고 달콤하고 유익한 소식이오.	
	영리한 사상가인 두 명의 인간이 이리로 나를 찾아왔소이다.	
코로스장	어디에? 어떻게? 방금 뭐라 했지요?	
후투티	나이 지긋한 두 인간이 여기를 찾아왔다고 했소.	320
	그들은 거창한 계획의 나무 밑동을 가져왔단 말이오.

코로스장	내가 태어난 이래로 당신은 이보다 더 큰 실수를 저지른 적이 없소. 그래, 무슨 말을 하려는 것이오?
후투티	내 말 듣고 놀라지 마시오.
코로스장	당신 도대체 우리에게 무슨 짓을 하려는 거요?
후투티	우리와 함께 살고 싶다고 해서 내가 두 사람을 받아주었소.
코로스장	정말로 그런 짓을 저질렀단 말이오?
후투티	그런 일을 해서 나는 기쁘오.
코로스장	둘 다 벌써 여기 우리 곁에 와 있나요?
후투티	내가 지금 여러분 곁에 있는 게 사실이라면.

325

코로스 좌 (327~335행)

아아, 아아!
우리는 배신당하고 모욕당하고 수난을 당했소.
같은 들판에서 우리와 나란히
먹이를 구하던 한 친구가   330
예부터 내려오는 우리 법을 어기고
새들의 맹세를 저버렸으니 말이오.

---

53 스포르길로스(Sporgilos)는 이발사였다고 한다.
54 올빼미(glaux)는 아테나 여신에게 바쳐진 새로 지금도 아테나이와 그 부근에 많이 살고 있다고 한다. '올빼미를 아테나이로 가져간다'는 것은 안 해도 될 일을 한다는 뜻이다. 이 드라마의 첫머리에서 페이세타이로스와 에우엘피데스는 아테나이에서 먼 길을 왔다고 말하고 있긴 하지만, 연출자는 296, 445~447행에서처럼 사건이 아테나이의 디오뉘소스 극장에서 진행되고 있음을 상기시켜주곤 하므로 관객들은 그런 표현에 그다지 거부감을 느끼지 않았을 것이다.
55 앞서 코로스를 구성하는 6가지 새 이름이 나왔고, 이제부터는 나머지 18가지 새 이름이 나온다.

	그는 나를 올가미 속으로 꾀어들였고, 태어난 뒤로 줄곧 나를	
	적대시하는 사악한 종족에게 나를 넘겼소이다.	335

코로스장 여기 이자[56]와는 나중에 따지기로 하고
그 두 영감태기에게는 지금 당장 벌을 내려
둘 다 갈기갈기 찢어버리도록 합시다.

페이세타이로스 아아, 이제 우리는 끝장일세.

에우엘피데스 아, 모든 불행은 다 자네 책임일세.
어쩌자고 자네는 나를 그곳[57]에서 데려왔지?

페이세타이로스 자네와 함께하려고. 340

에우엘피데스 내가 비통하게 울게 하려고 그랬겠지.

페이세타이로스 거 말도 안 되는 소리 좀 작작 하게!
두 눈을 다 쪼아내버리는데 울긴 어떻게 울어?

코로스 우 (343~351행)

자, 자, 인솔하시오. 공격하시오. 원수에게
피비린내 나는 전쟁을 안기시오!
사방에서 에워싸고 날개로 그를 치시오! 345
저들은 둘 다 비명을 지르며
부리를 위한 먹이가 되어야 하오.
울창한 산도, 하늘의 구름도,
잿빛 바다도, 내게서 도망치는 저들을 350
받아주지 않을 것이오.

코로스장 자, 더 이상 망설이지 말고 저들을 쪼고 뜯으시오!
대장은 어디 있소? 오른쪽 날개를 인솔하시오!

에우엘피데스	내가 뭐랬나? 어디로 달아나지? 불쌍한 내 신세!	
페이세타이로스	이봐, 버티고 서 있지 못해!	
에우엘피데스	저들한테 갈기갈기 찢기라고?	
페이세타이로스	저들을 어떻게 피할 작정인데?	355
에우엘피데스	어떻게냐고? 나도 몰라.	
페이세타이로스	그렇다면 내 말 듣게. 우리는 버티고 서서 이 항아리들을 들고 싸워야만 하네.	
에우엘피데스	항아리가 우리에게 무슨 도움이 되지?	
페이세타이로스	올빼미는 우리한테 덤비지 못할 거야.[58]	
에우엘피데스	하지만 이 구부정한 발톱들은 어떡하지?	
페이세타이로스	여기 이 꼬챙이[59]를 갖고 가서 몸 앞에 꼭 들고 있게!	
에우엘피데스	그럼 내 눈은 어떻게 되는 거지?	360
페이세타이로스	여기 이 식초병이나 접시로 가리도록 하게!	
에우엘피데스	자네는 천재일세. 기발한 발상이자 뛰어난 작전일세. 전투용 기계에서는 니키아스[60]도 자네를 못 당할걸.	

56 테레우스.

57 아테나이.

58 올빼미가 왜 항아리를 피하는지 알 수 없다. 올빼미는 아테나 여신에게 바쳐진 새이고, 아테나 여신은 아테나이 도공(陶工)들의 수호신이므로, 올빼미는 도공들의 제품을 존중하지 않을 수 없을 것이라고 해석하는 이들도 있다.

59 43행의 이삿짐 목록에는 꼬챙이가 포함되어 있지 않지만, 제물을 구워서 바칠 때 쓰려고 가져온 것으로 생각된다.

60 니케라토스(Nikeratos)의 아들 니키아스는 아테나이의 정치가이자 장군이다. 그는 이 희극이 공연된 기원전 414년 아테나이의 시칠리아 원정 함대를 지휘하던 장군들 중 한 명이었으나, 기원전 412년 그의 우유부단한 작전 탓에 원정 함대가 전멸할 때 그도 전사했다.

코로스장	부리로 겨누고 돌격하시오! 물러서지 마시오! 찢고, 뜯고, 치고, 가죽을 벗기시오. 먼저 항아리부터 깨버리시오! 365
후투티	*(가로막으며)* 말해봐! 이 가장 사악한 짐승들아! 아무 해코지도 하지 않은 두 사람을 도대체 왜 찢어 죽이려는 거야? 그들은 내 아내의 친족들이자 동향인들일세.[61]
코로스장	저들을 용서하느니 늑대를 용서하지. 저들은 우리가 응징해야 할 가장 가증스러운 적이란 말이오. 370
후투티	저들이 본성은 적이지만 마음속으로는 여러분 친구라면? 그리고 여러분에게 뭔가 유익한 것을 가르쳐주러 왔다면?
코로스장	저들이 어떻게 우리에게 유익한 것을 가르쳐주거나 말해줄 수 있겠소? 저들은 조상대대로 우리의 적인데.
후투티	하지만 현명한 자들은 적에게서도 많은 것을 배운다오. 375 매사는 불여(不如) 튼튼이라. 이런 것은 친구한테서는 배우기 어렵지만, 적은 싫어도 당장 배우게 해주지요. 예컨대 도시들이 높은 성벽을 쌓고 전함을 보유하는 것은 친구가 아니라 적에게서 배운 것이오. 그리고 이런 배움이 그들의 자식들과 가정과 재산을 지켜주는 것이라오. 380
코로스장	*(코로스에게)* 일단 저들의 말을 들어보는 것도 유익할 듯하오. 적에게서도 현명한 것을 배울 수 있으니 말이오.
페이세타이로스	*(에우엘피데스에게)* 저들의 노기가 가라앉는 것 같네. 한발씩 물러서도록 하세!
후투티	*(코로스장에게)* 당연히 그래야죠. 그리고 나중에 당신은 내게 감사해야 할 것이오.
코로스장	정말이지 우리는 어떤 일에도 당신 뜻을 거역한 적이 없소. 385
페이세타이로스	*(에우엘피데스에게)* 저들은 우리와 화해하기로 한 것 같네.

	그러니 항아리와 접시들을 내려놓음세.	
	그리고 창 대신 꼬챙이를 들고	
	항아리를 내려놓은 그 안쪽을 따라	
	진지(陣地)를 순찰하면서	390
	적을 감시해야 하네.	
	도망치면 안 되네.	
에우엘피데스	하지만 우리가 목숨을 잃게 되면	
	어디에 묻히는 거지?	
페이세타이로스	*(항아리를 가리키며)* 케라메이코스[62]가 우리 둘을 받아주겠지.	395
	우리가 국비(國費)로 묻히도록	
	장군들에게 말하는 거야.	
	우리 두 사람은 오르네아이[63]에서	
	적군과 싸우다 전사했다고 말일세.	
코로스장	*(코로스에게)* 여러분은 원래 대형으로 돌아가시오!	400
	그리고 기개(氣槪)의 창을 접어	
	전의(戰意)[64]의 방패 옆에 내려놓으시오.	
	중무장보병처럼. 그리고 이자들이 누구며,	

---

61 테레우스의 아내 프로크네는 아테나이 왕 판디온의 딸이다. 주 6 참조.
62 아테나이 전사들이 외지에서 전사하면, 화장한 유골을 아테나이로 운반해 그 북서쪽 케라메이코스('도공들의 구역')에 있는 국립묘지에 국비로 매장했다.
63 이 희극이 공연되기 약 1년 전인 기원전 416/5년 겨울, 아테나이는 아르골리스(Argolis) 지방의 오르네아이(Orneai)에 중무장보병들을 보내 포위하게 한 적이 있지만 주민들이 야반도주하는 바람에 전투는 벌어지지 않았다. 여기에서는 Orneai와 ornea('새들')의 발음이 비슷한 것을 두고 언어유희를 하고 있다.
64 창과 방패가 없는 새들에게는 기개와 전의가 곧 창이자 방패인 셈이다.

	어디서 왔으며, 여기에 온 의도가 무엇인지	
	물어보도록 합시다.	405
	이봐요, 후투티 양반! 내 당신을 부르고 있소.	
후투티	무엇이 듣고 싶어 날 부르는 거요?	
코로스장	저자들은 누구며, 어디서 왔소?	
후투티	그들은 내 손님들로 지혜로운 헬라스 땅에서 왔소이다.	
코로스장	대체 어떤 운명이 저 둘을	410
	새들의 나라로 데려다주었지요?	
후투티	여러분의 생활방식과 관습에 대한	
	사랑이 그랬지요. 그들은	
	여러분과 함께 살고	
	언제까지나 여러분과 함께하기를 원하오.	415
코로스장	지금 뭐라 했소? 저들이 내세우는 논거가 무엇이오?	
후투티	들어도 도무지 믿기지 않을 것이오.	
코로스장	저자는 여기 머무르는 것이 이득이라고	
	생각하나요? 말하자면 저자는 여기서	
	우리와 함께함으로써 적을 물리치고,	420
	친구들을 도울 수 있을 것이라고 믿나요?	
후투티	그는 말할 수도, 믿을 수도 없는	
	엄청난 행복을 약속하고 있소.	
	그는 여기 있는 것도, 저기 있는 것도,	
	저 위에 있는 것도 모두 여러분 것이라고 말함으로써	425
	여러분을 설득하게 될 것이오.	
코로스장	저자가 혹시 실성한 건 아니오?	
후투티	아니, 그는 말할 수 없이 영리하오.	
코로스장	마음속에 지혜도 들어 있던가요?	

후투티	여우치고도 가장 교활한 여우요.	430
	그는 책략과 협잡과 노련과 교활 덩어리요.	
코로스장	그럼 저자에게 말하라고 명령하시오.	
	난 당신이 하는 말만 듣고도	
	온통 들뜨기 때문이오.	
후투티	*(자신의 두 시종에게)* 자, 너와 너는 여기 이 무구(武具)를 들고 가서	435
	행운이 함께하도록 부엌 시렁에 쳐놓은	
	나무못에 걸어두도록 하라.	
	(페이세타이로스에게) 그대는 이들에게	
	내가 소집한 까닭을 말하시오! 자, 설명하시오!	
페이세타이로스	절대로 못하오. 원숭이[65]가 ― 칼 장수 말이오 ―	440
	자기 아내와 맺었다는 계약을 이들이 나하고	
	맺기 전에는. 나를 물지도, 불알을 잡아당기지도,	
	쿡쿡 찌르지도 않겠다고 맹세하기 전에는 말이오.	
코로스장	*(페이세타이로스의 항문을 가리키며)* 여기 말이오? 그런 일은 없을 거요.	
페이세타이로스	그게 아니라 내 두 눈 말이오.	
코로스장	나는 그 계약에 동의하오.	
페이세타이로스	그럼 맹세해주시오!	
코로스장	맹세하지요. 심사원들도 관객들도 모두 내가 우승하도록[66]	445
	투표해준다는 조건이라면 말이오.	

---

65 여기서 '원숭이'란 요리사의 아들인 파나이티오스(Panaitios)를 두고 하는 말이라고 한다.

66 희극 경연의 우승을 가리기 위해 아테나이의 각 부족에서 1명씩 모두 10명의 심사원이 제비로 뽑혔는데, 아르콘(archon)은 그중 5명의 의견만 무작위로 뽑아 우승을 결정했다. 이때 심사원들은 관객들의 반응에 영향을 받았다고 한다.

| 페이세타이로스 | 그렇게 될 것이오. |
| 코로스장 | 내가 만일 맹세를 어긴다면 우리가 단 한 표 차[67]로 우승하게 되기를! |
| 전령 | 백성들은 내 말을 들으시오! 중무장보병들은
이제 무구들을 집어 들고 집으로 돌아가되,
우리가 게시판에 내건 공고들을 잘 살펴보도록 하시오! 450 |

아곤[68] (451~626행)

| 코로스 | 좌 (451~459행)
인간은 언제 어디서나 본디 교활한 존재이지요.
하지만 그대는 내게 말하시오.
어쩌면 그대는 나에게서 어떤 좋은 점을 보는지 말해줄 수 있거나,
아니면 내가 생각이 모자라 방치해둔   455
나의 더 큰 힘을 말해줄 수 있을 테니까요.
그대가 보는 것을 공공연히 말하시오.
그대가 내게 유익한 것을 제공하면
그게 무엇이든 공유물이 될 테니까요. |

| 코로스장 | 그대는 대체 어떤 목적을 가지고 그렇게 자신만만하게   460
이곳을 찾아온 것이오? 안심하고 말하시오. 그대가
말하기도 전에 우리가 휴전협정을 위반하는 일은 없을 것이오. |
| 페이세타이로스 | 좋아요. 그러잖아도 나는 말하고 싶어 미칠 지경이오.
할 말을 이미 이겨놓았으니 그것을 빚는 데 어려움이
없을 것이오. *(노예에게)* 여봐라, 화관을 가져오너라. 그리고
누가 내 손에 부을 물을 가져오너라![69] |
| 에우엘피데스 | 우리가 지금 잔치를 벌이자는 거야 뭐야? |

페이세타이로스	천만에! 나는 아까부터 저 새들의 마음을 뒤흔들어놓을	465
	크고 걸쭉한 말을 찾는 중일세. *(코로스에게)* 나는 전에는	
	왕들이었던 여러분의 처지가 하도 안타까워서….	
코로스장	우리가 왕들이었다고? 무엇의 왕들이었죠?	
페이세타이로스	여러분은 만물의, 그러니까 나와 *(에우엘피데스를 가리키며)*	
	여기 이 친구와 제우스의 왕이었지요. 그리고 여러분은	
	크로노스와 티탄 신족(神族)[70]과 대지보다 먼저 태어났지요.	
코로스장	대지보다도?	
페이세타이로스	아폴론 신에 맹세코, 그렇다니까요.	
코로스장	제우스에 맹세코, 그건 금시초문인데요.	470
페이세타이로스	그것은 그대가 무식하고 활동적이 아닌 데다 아이소포스[71]를	
	읽지 않았기 때문이오. 그가 이야기하기를, 종다리가	
	모든 새 중에서 맨 먼저, 대지보다 먼저 태어났는데,	
	그 뒤 아버지가 죽자 그때는 아직 대지가 없어 절망한 나머지	
	결국 자신의 머리에 묻었다고 했소.[72]	475
에우엘피데스	그러니까 종다리의 아버지는 케팔레[73]에 묻혔다는 말이로군.	

67 '단 한 표 차'란 3 대 2라는 뜻이다. 참고로, 아리스토파네스의 『새』는 기원전 414년 대디오뉘소스 제에서 2등을 했다.
68 『구름』 주 155 참조.
69 그때는 대중 앞에서 연설하거나 사적인 만찬 또는 제의에 참가할 때는 으레 화관을 썼다. 그리고 주연이 시작되기 전에 손님이 대야 위로 손을 내밀면 노예가 물을 부어주고 수건을 건넸다.
70 『구름』 주 151 참조.
71 우화작가 이솝의 그리스어 이름.
72 이 우화는 지금 남아 있지 않다.
73 케팔레(Kephale '머리')는 앗티케 지방의 여러 구역(demos) 가운데 하나로, 당시 그곳에는 큰 공동묘지가 있었다.

페이세타이로스	그러니까 새들이 대지보다, 신들보다 먼저 태어났다면,
	왕권(王權)은 당연히 먼저 태어난 새들의 것이 아니겠소?
에우엘피데스	물론이지. 하지만 그대는 앞으로 부리를 더 키워야 할 것 같소.
	제우스는 딱따구리에게 쉽게 왕홀을 내주려 하지 않을 테니까요. 480
페이세타이로스	옛날에 인간들을 지배한 것은 신들이 아니라 새들이었으며,
	새들이 왕이었음을 입증해줄 증거들이 수두룩하오.
	예컨대 나는 먼저 수탉이 왕이었음을 보여주겠소. 수탉은
	다레이오스나 메가바조스[74]보다 훨씬 먼저 페르시아인들을 지배했고,
	그래서 그때의 통치로 말미암아 여전히 페르시아 새라고 불리지요.[75] 485
에우엘피데스	그래서 수탉은 오늘날에도 머리에 두건을 똑바로 쓰고[76]
	대왕(大王)[77]처럼 뽐내며 거닐지요. 새들 중에 오직 수탉만이 말이오.
페이세타이로스	수탉은 그때 그만큼 힘 있고 위대하고 강력했기 때문에
	지금도 수탉이 새벽 노래를 부르면 모두들 그때의 위대성을
	생각하고는 벌떡 일어나 일하러 가지요. 대장장이도, 490
	도공도, 무두장이도, 구두 수선공도, 목욕 시중드는 자도,
	보릿가루 장수도, 악기와 방패 제작공도. 그들은
	동이 트기도 전에 샌들을 매어 신고 밖으로 나가지요.
에우엘피데스	그 일이라면 나한테 물어보시오. 나는 재수 없게
	수탉 때문에 프뤼기아[78]산(産) 모직 외투를 잃어버렸으니까요.
	나는 어떤 아이의 명명일(命名日)[79] 잔치에 시내(市內)로
	초대받았는데, 술을 조금 마시고는 그만 잠이 들었어요. 495
	남들이 아직 만찬을 시작하기도 전에. 그때 수탉이 울지 뭐요.
	그래서 새벽인 줄 알고 할리무스[80]로 가려고 성벽 밖으로 나오는데
	노상강도가 몽둥이로 내 등을 내리치는 바람에
	쓰러져 고함을 지르려 했지만, 그자가 이미 내 옷을 벗겨간 뒤였소.
페이세타이로스	그때는 솔개가 헬라스인들을 지배했지요.

코로스장	헬라스인들이라고?	
페이세타이로스	그리고 솔개가 다스리던 동안 처음으로 솔개 앞에서 부복(俯伏)하는 관습을 들여왔지요.[81]	500
에우엘피데스	그래요. 아무튼 나는 솔개 앞에서 부복한 적이 있어요. 그런데 입을 벌리고 엎드려 있던 나는 그만 입에 물고 있던 오볼로스[82]를 삼켜버렸고, 그래서 빈 곡식자루를 들고 집으로 돌아갔지요.	
페이세타이로스	또 뻐꾸기는 아이귑토스와 전(全) 포이니케[83]의 왕이었어요. 그래서 뻐꾸기가 '뻐꾹' 하고 부를 때마다 포이니케인들은	505

74 이 희극이 공연된 기원전 414년 그리스인들은 다레이오스라는 이름의 페르시아 왕을 두 명 알고 있었다. 한 명은 기원전 490년 그리스를 침공했다가 마라톤 전투에서 패퇴한 다레이오스 1세이고, 다른 한 명은 기원전 424년에 통치하기 시작한 다레이오스 2세이다. 메가바조스(Megabazos 또는 Megabyzos)라는 이름의 페르시아 왕은 없지만 장군들은 있었는데, 그중 한 명은 기원전 510년 트라케에서 다레이오스의 군대를 지휘했고, 다른 한 명은 다레이오스의 아들 크세르크세스(Xerxes)의 함대를 지휘하던 네 명의 제독 중 하나이다.

75 수탉은 페르시아에서 그리스로 들어온 것 같다.

76 페르시아인들이 쓰던 원추형 모자 티아라(tiara)를 두고 한 말인데, 이 모자는 꼭대기 부분이 앞으로 숙여지고 턱밑에 끈으로 매게 되어 있다.

77 대왕(basileus ho megas)은 페르시아 왕의 명칭이다.

78 소아시아 서북부 해안지대와 중앙의 고원지대를 포함하는 지방으로 고급 모직물의 산지였다.

79 생후 10일째가 되는 명명일 잔치 때 아이들에게 이름을 지어주었다.

80 할리무스(Halimous)는 아테나이에서 남서쪽으로 6킬로미터 남짓 떨어진 해안지대의 구역이다.

81 당시 봄의 전령 솔개가 나타나면 특히 농촌 주민들은 반가워서 땅바닥에 뒹굴었다고 한다.

82 당시 아테나이인들은 가끔 소액 주화를 입에 물고 다녔다. 『벌』 609, 791행 참조.

83 아이귑토스는 이집트, 포이니케는 페니키아의 그리스어 이름이다.

	모두 달려나가 들판에서 밀과 보리를 수확하곤 했지요.	
에우엘피데스	그러니까 그 말의 참뜻은 '뻐꾹, 대머리들이여, 들판으로'[84]겠지.	
페이세타이로스	새들이 그만큼 강력하게 통치한 까닭에, 아가멤논이든 메넬라오스[85]든 누구든 헬라스 도시들에서 왕이 되면 홀 위에 새를 앉히고는[86] 어떤 뇌물이든 새와 나눠 갖곤 했지요.	510
에우엘피데스	그건 금시초문인데. 그래서 나는 비극에서 프리아모스[87] 같은 사람이 새[88]를 들고 나오는 걸 볼 때마다 어리둥절해하곤 했지. 새가 거기 앉아 뤼시크라테스[89]가 어떤 뇌물을 받나 지켜봤던 게로군.	
페이세타이로스	그러나 가장 결정적인 것은, 지금의 통치자 제우스가 왕으로서 머리에 독수리를, 그의 딸 아테나는 올빼미를, 그리고 아폴론은 시종처럼 매를 이고 서 있다는 것이오.[90]	515
에우엘피데스	옳은 말일세. 하지만 뭣 때문에 신들이 새를 갖고 다니지?	
페이세타이로스	그건 누가 제물을 바칠 때 관습에 따라 내장을 신들의 손에 놓으면 새들이 제우스보다 먼저 내장을 가져가기 위해서죠. 전에는 사람들은 누구나 다 신이 아니라 새의 이름으로 맹세했죠. 지금도 람폰[91]은 사기 치려고 할 때면 거위의 이름으로 맹세하죠. 이처럼 전에는 모든 사람들이 여러분을 위대하고 신성하다고 믿었으나, 지금은 멍청한 노예들로 여기고 있소. 그리고 사람들은 여러분이 실성한 양 여러분에게 돌을 던져대죠. 신전 안에서조차 말이오. 사람들은 지금 너나없이 새 사냥꾼이 되어 고와 덫과 연한 가지와 올가미와 망사와 그물과 새장을 놓지요. 그들은 여러분을 잡아 무더기로 내다 팔고, 그러면 다른 사람들이 와서 여러분을 만져보고 사가죠. 그리고 일단 사가지고 가면 여러분을	520

525

530 |

그냥 구워 먹는 것으로 만족하지 않고,
         여러분에게 강판에 간 치즈와
         기름과 회향과 식초를 입히고 나서
         달고 기름진 또 다른 소스를 만들어   535
         여러분 위에 뜨겁게 붓곤 하지요.
         마치 상해빠진 고기인 양 말이오.

코로스   우 (539~547행)

         인간이여, 그대의 말을 들으니 참으로, 참으로
         가슴 아프구려! 내 조상들의 비겁함에   540
         눈에서 절로 눈물이 나는구려!
         그분들이 선조들한테서 물려받은 명예를 잃어버려

84 무슨 뜻인지 확실하지 않으나, 당시 아테나이인들에게는 잘 알려진 음담패설인 것 같다. '대머리'란 발기되어 포피가 까진 남근을, '들판'이란 여성 또는 남성의 성기를 뜻하는 것으로 보는 이들도 있다.
85 아가멤논(Agamemnon)은 트로이아 전쟁 때 그리스군 총사령관이고, 메넬라오스(Menelaos)는 그의 아우로 절세미인 헬레네의 남편이다.
86 당시 왕들이 손에 들고 다니던 홀(笏)의 윗부분은 독수리나 매로 장식되어 있었다.
87 프리아모스(Priamos)는 트로이아 전쟁 때 트로이아의 왕이다.
88 윗부분에 새가 새겨진 홀을 말하는 듯하다.
89 뤼시크라테스는 당시 아테나이에서 흔한 이름이었는데, 여기서는 누구를 가리키는 것인지 알 수 없다.
90 신들이 새를 홀이나 손이나 어깨 위가 아니라 머리에 이고 다닌다는 것은 생각하기 어렵다. 그래서 신상(神像)들이 쓰는 투구에 새 장식이 있었다는 뜻으로 해석하는 이들도 있다.
91 람폰은 아테나이의 유명한 신탁 해설가로 종교 문제의 권위자였으며, 기원전 421년 니키아스 평화조약의 서명자 중 한 명이기도 하다.

내게 손실을 안겨주었기 때문이오.
그러나 지금 어떤 신이, 어떤 행운이
그대를 구원자로 데려다주었으니, 545
나는 앞으로 새끼들과 나 자신을
그대에게 맡기고 살림을 꾸려나갈 것이오.

코로스장 자, 우리가 어떡해야 하는지 지시해주시오. 어떻게든 우리의
왕권을 되찾지 못하면 산다는 것이 우리에겐 무의미하니까요.
페이세타이로스 그렇다면 여러분에게 지시하건대, 새들은 모두 한 도시에 살도록 550
하시오! 그런 다음 하늘과 대지 사이의 이 모든 대기 주위에다
큼직한 구운 벽돌로 성벽을 두르시오. 바빌론[92]처럼 말이오.
후투티 오오, 케브리오네스와 포르퓌리온[93]이여, 얼마나 두려운 도시인가!
페이세타이로스 도시가 다 일어서거든 제우스에게 통치권을 돌려달라고 하시오.
만일 그가 거절하거나 원치 않거나 당장 양보하지 않으면 555
그에게 성전(聖戰)을 포고하고, 신들이 연장[94]을 꼿꼿이 세워 갖고[95]
여러분의 영토를 통과하지 못하게 하시오.
그들이 전에 알크메네들과 알로페들과 세멜레[96]들과 바람피우러
내려갔듯이 말이오. 그래도 신들이 고집을 피우면 그들의
꼿꼿이 선 연장에다 봉인하시오. 여인들을 건드리지 못하도록. 560
내 이르노니, 여러분은 또 다른 새를 인간들에게 사자(使者)로
보내, 앞으로는 새들이 왕이니 새들에게 제물을 바치고,
그런 다음 신들에게 바치라고 전하게 하시오. 그런 다음
신들마다 잘 어울리는 새를 적절히 배정하시오. 그리하여
아프로디테[97]에게 제물을 바칠 때는 쇠물닭에게 보리를,[98] 565
누가 포세이돈에게 양을 바칠 때는 들오리에게 밀을,
헤라클레스에게 제물을 바칠 때는 갈매기[99]에게 호두를 가득 채운

	꿀 바른 잎들을, 그리고 제우스에게 거세하지 않은 숫양을 바칠 때는	
	이제는 굴뚝새가 왕이니,[100] 제우스보다 먼저 굴뚝새에게	
	거세하지 않은 모기를 제물로 바쳐야 할 것이오.	
에우엘피데스	재미있다. 모기를 제물로 바치다니! 제우스가 천둥을 칠 테면 치라지 뭐!	570
코로스장	하지만 어떻게 인간들이 우리를 어치가 아니라	
	신으로 여기겠소? 날개로 날아다니는 우리를 말이오.	
페이세타이로스	어리석긴! 헤르메스[101]도 신이면서 날개로 날아다니지 않소?	
	그런 신이 어디 한둘이오? 예컨대 황금날개의 니케[102]도 날아다니고,	

92 바뷜론(Babylon)의 성벽에 관해서는 헤로도토스, 『역사』 1권 178~179장 참조.
93 포르퓌리온(Porphyrion)은 새 이름이자 신들에게 대항하여 싸운 기가스(Gigas)들의 왕 이름이다. 케브리오네스(Kebriones)는 새 이름인지 기가스들 중 한 명의 이름인지 아니면 둘 다인지 알 수 없다.
94 남근.
95 그리스 신들은 바람둥이들이다.
96 알크메네(Alkmene)는 제우스에 의해 영웅 헤라클레스를, 알로페(Alope)는 포세이돈에 의해 힙포토온(Hippothoon)을, 세멜레는 제우스에 의해 주신 디오뉘소스를 낳았다.
97 사랑과 성애의 여신. 여인들은 그녀의 이름으로 맹세하곤 했다.
98 '쇠물닭'의 그리스어 phaleris는 남근의 그리스어 phallos와 발음이 비슷하다. '보리'의 그리스어 krithe에는 남근이라는 뜻이 있다.
99 헤라클레스는 희극에서 대식가로 나오곤 하는데, 갈매기도 게걸스러운 새여서 그에게 배정된 것 같다.
100 이솝이 썼다는 한 우화에 따르면, 굴뚝새는 빨리 날기 경기에서 독수리의 어깨 위에 숨어 있다가 갑자기 앞으로 내달아 목표에 먼저 도달함으로써 독수리를 이겼다고 한다. 굴뚝새를 독일어로 Zaunkönig('울타리의 왕'이라는 뜻)라고 하는데, könig('왕'이라는 뜻)라는 말은 이 우화에 잘 맞는 것 같다.
101 신들의 전령.
102 승리의 여신. 날개 달린 모습으로 그려지곤 했다.

	에로스[103]도 마찬가지요. 호메로스도 이리스[104]를 겁 많은 비둘기	
	같다 했소.	575
에우엘피데스	그러면 제우스가 천둥을 치며 우리에게 날개 달린 번개를 보내지	
	않을까?	
페이세타이로스	그럼에도 인간들이 무식하여 여러분을 아무것도 아니라 여기고	
	올륌포스에 있는 자들을 신으로 여긴다면, 그때는 참새들과	
	흑비둘기들이 구름처럼 일어 그들의 밭에서 씨앗을 먹어치우시오.	
	그런 다음 데메테르[105] 여신이 굶주린 그들에게 밀을 나눠주게 하시오!	580
에우엘피데스	나눠주려 하지 않을걸! 두고 봐. 그녀는 이런저런 핑계를 댈 테니.	
페이세타이로스	그리고 까마귀들을 시켜 함께 밭을 가는 한 쌍의 황소와	
	양 떼의 눈을 파내게 하시오. 시험 삼아. 의사인 아폴론[106]이	
	과연 치료해주는지. 그는 보수를 받으니 말이오.[107]	
에우엘피데스	그러지 말게. 우리 집 황소 두 마리를 팔아버리기 전에는 말일세.	585
페이세타이로스	그러나 인간이 그대를 신으로, 생명으로, 대지로, 크로노스로,	
	포세이돈으로 여긴다면 큰 덕을 보게 될 것이오.	
후투티	그중 한 가지만 말해보시오!	
페이세타이로스	첫째, 메뚜기 떼가 인간의 포도덩굴을 갉아 먹지 못할 것이오.	
	올빼미와 황조롱이 부대 하나면 그것들을 다 없애버릴 테니까요.	
	개미 떼와 파리 떼도 더 이상 그들의 무화과를 갉아 먹지 못할 것이오.	590
	지빠귀 떼 하나면 그것들을 깨끗이 쪼아 없앨 텐데요.	
후투티	하지만 우리가 어떻게 그들을 부자로 만들어주죠?	
	그들이 가장 바라는 게 그것일 텐데.	
페이세타이로스	인간들이 신탁을 물으러 오면 새들이 그들에게 훌륭한 광산을	
	일러주는 거죠. 그들은 또 어디서 장사해야 이익인지 알게 될 것이오.	
	그러면 선주(船主)[108]는 아무도 익사하지 않게 될 것이오.	
후투티	어떻게 그런 일이 일어난다는 거죠?	595

페이세타이로스 누가 항해에 관해 물으면, 새가 이렇게 대답하는 거죠.
"지금은 출항하지 마시오. 곧 폭풍이 불어요."
"지금 출항하시오. 돈 벌게 될 것이오."

에우엘피데스 그럼 나도 배를 사서 선주 돼야지! 더는 여러분 곁에 머물 수 없소.

페이세타이로스 새들은 또 인간에게 옛사람들이 묻어둔 은붙이 같은 보물들을 일러줄 수 있을 것이오. 새들만 알고 있을 테니까. 그래서 모두들 이렇게 말하죠. "내 보물이 묻힌 곳을 아는 이는 없어. 새 말고는." 600

에우엘피데스 그럼 난 배를 팔아 괭이를 사서 보물단지들을 파내야지!

후투티 하지만 새들이 어떻게 인간에게 건강을 주죠? 건강은 신의 선물인데.

페이세타이로스 번영을 누리게 되면, 그게 바로 건강이 아니고 뭐겠소? 고생하는 사람은 사실 아무도 건강하지 못하니까요. 605

후투티 그러나 인간이 어떻게 장수하게 되죠? 장수 역시 올림포스에 있는데? 인간들은 어려서 죽어야 하나요?

페이세타이로스 천만의 말씀! 새들이 인간들에게 300년을 덤으로 얹어주게 될 거요.

후투티 하지만 어디서?

페이세타이로스 어디서냐고요? 자신들에게서죠.

103 날개 달린 성애의 신. 아프로디테의 아들이라 불리는가 하면, 우주의 근원적인 힘으로 간주되기도 한다.
104 신들의 여사자(女使者). 호메로스의 양대 서사시 어디에도 이리스가 겁 많은 비둘기 같다는 표현은 없다. 『일리아스』 5권 778행에 헤라와 아테나가 그리스군을 도우러 달려갈 때 '걸음걸이가 겁 많은 비둘기 같다'는 표현이 나오긴 하지만 날개와는 무관하다.
105 농업과 곡물의 여신.
106 아폴론은 예언과 음악의 신이면서 동시에 의술의 신이기도 하다.
107 어떤 형태로든 대가를 받지 않는 의사는 없다는 뜻이다.
108 그때는 장삿배의 선주가 몸소 배를 타고 다니면서 장사를 하는 것이 관행이었다.

	까옥까옥 까마귀는 인간의 다섯 세대를 산다는 것도[109] 모르시오?	
에우엘피데스	하하, 제우스보다는 새들이 왕이 되는 게 우리에게 훨씬 낫겠구먼!	610
페이세타이로스	훨씬 낫지 않고!	

첫째, 우리는 새들을 위해

돌로 신전을 짓고 금박 입힌 나무로

문을 달아줄 필요가 없을걸세.

새들은 덤불이나 수풀에서   615

살게 되겠지. 가장 존엄한 새에게는

올리브나무가 신전이 되겠지.

우리는 더 이상 델포이나 암몬[110]을 찾아가

그곳에 제물을 바치지 않고,

딸기나무들이나   620

야생 올리브나무들 사이에 서서

보리나 밀을 뿌리며 두 손을 들고 새들에게

기도하게 되겠지. 우리 몫의 복을

내려달라고. 그러면 즉시 우리에게

복이 내려지겠지. 우리가 던져준   625

약간의 곡식에 대한 보답으로.

코로스	원수에서 절친한 친구로 변한 노인이여,	

내 자진하여 그대의 계획에서 멀어지는 일은

결코 없을 것이오. 그대의 말에

자신감이 생겨 경고하며 맹세해두겠소.   630

그대가 나와 한마음 한뜻이 되어

내 전우로서 정의롭고 정직하고 경건하게

신들과 맞서겠다면,

그리고 우리가 서로 사이좋게

	계획을 세운다면, 신들은 더 이상	635
	내 홀을 손에 쥐지 못할 것이오.	
코로스장	힘으로 행동해야 할 때는 우리가 나설 것이나,	
	지혜로 의논해야 할 때는 모든 게 그대 손에 맡겨져 있소.	
후투티	정말이지 이제는 더 이상 꾸벅꾸벅 졸거나	
	니키아스[111]처럼 꾸물댈 때가 아니오.	640
	되도록 빨리 행동해야 하오.	
	먼저 그대들은 내 보금자리로 들어가	
	— 그것은 잔가지들과 마른 가지들로 만들어졌소만—	
	우리에게 그대들의 이름을 말해주시오!	
페이세타이로스	그건 쉬운 일이오. 내 이름은 페이세타이로스이고,	
	여기 이 사람은 크리오아[112]에서 온 에우엘피데스요.	
후투티	두 분 다 잘 오셨소.	645
페이세타이로스	고맙소.	
후투티	자, 안으로 드시오!	
페이세타이로스	앞장서시오. 따라가리다.	
후투티	따라오시오!	
페이세타이로스	하지만 저 거시기, 뱃머리를 되돌리시오.	
	이봐요, 말해보시오. 날개도 없는 우리가	

---

109 까마귀는 인간의 아홉 세대를 산다고 한다. 헤시오도스(Hesiodos) 단편(斷片) 304 참조.
110 암몬(Ammon)은 이집트의 신으로 제우스와 동일시되곤 했다. 리비아 사막의 시와(Siwah) 오아시스에 있는 암몬 신탁소는 뒷날 알렉산드로스 대왕이 찾을 만큼 유명했다.
111 주 60 참조.
112 크리오아(Krioa)는 앗티케의 여러 구역 중 하나이다.

	어떻게 날개 달린 그대들과 함께할 수 있겠소?	650
후투티	좋아요.	
페이세타이로스	아이소포스의 우화에 왜 이런 이야기가 있지요.	
	언젠가 여우가 독수리와 함께하다가	
	큰 낭패를 봤다고 말이오.	
후투티	염려 마시오. 뿌리가 하나 있는데,	
	그걸 씹으면 그대들에게도 날개가 돋아날 것이오.	655
페이세타이로스	그렇다면 안으로 듭시다. (노예들에게) 자, 크산티아스와	
	마르도니오스는 짐을 들도록 하라!	
코로스장	(후투티에게)	
	여보시오, 거기, 거기, 내 말 좀 들어보시오!	
후투티	왜 날 부르시오?	
코로스장	당신은 이분들을 모시고 가서 식사 대접을 잘해드리시오.	
	그러나 무사 여신[113]들과 합창하는 달콤한 노래의 밤꾀꼬리는	
	여기 우리에게 내보내시오. 우리도 그녀와 놀 수 있도록.	660
페이세타이로스	그래요. 그들을 위해 그렇게 하겠다고 하시오.	
	그 작은 새를 골풀 덤불에서 나오게 하시오.	
에우엘피데스	제발 그녀를 나오게 하여 우리 두 사람도	
	밤꾀꼬리를 볼 수 있게 해주시오.	
후투티	그대들 소원이라면 그렇게 하죠. 여보, 프로크네!	665
	자, 나와서 손님들에게 당신 모습을 보여주시구려!	
	(문이 열리며 피리 연주자가 프로크네로 분장하고 나온다)	
페이세타이로스	오오, 존경받는 제우스여! 얼마나 아름다운 새인가?	
	얼마나 부드러우며, 얼마나 흰가!	
에우엘피데스	알겠나? 난 그녀의 사타구니 사이로 밀고 들어가고 싶단 말일세.	
페이세타이로스	저 많은 황금 장신구들 좀 봐! 꼭 처녀 같아.	670

에우엘피데스	그녀에게 키스할 수 있었으면!
페이세타이로스	바보 같으니라고! 그녀의 부리는 꼭 두 개의 꼬챙이 같아.
에우엘피데스	*(프로크네에게 다가가며)*

먼저 그대의 머리에서 겉껍질[114]을 벗겨야겠구나. 달걀껍질처럼.

그러고 나서 키스해야지. 요렇게.

후투티	*(재촉하며)*

자, 갑시다!

페이세타이로스	앞장서시오. 행운이 우리와 함께하기를!	675

(후투티에 이어 페이세타이로스와 에우엘피데스 퇴장)

파라바시스[115] (676~800행)

코로스	(676~684행)

오오, 사랑스러운 금발머리여,

오오, 가장 귀여운 새여,

내 노래 친구여,

내 동반자인 밤꾀꼬리여,

왔구려, 왔구려, 나타났구려.

감미로운 노랫소리를 가지고. 680

오오, 봄의 소리[116]로

---

113 시가(詩歌)의 여신.
114 프로크네 역을 맡은 배우가 밤꾀꼬리처럼 보이기 위해 입고 쓰던 새의 가면을 말하는 것 같다.
115 『구름』 주 90 참조.
116 밤꾀꼬리의 목소리는 전통적으로 봄을 알리는 목소리로 간주됐으며, 이 희극이 공연된 대디오뉘소스 제도 봄의 축제였다.

고운 목소리의 피리를 연주해주오!
자, 단단장격[117] 리듬을 시작하시구려!

코로스장 *(관객들을 향하여 위엄 있게)*

오오, 본디 암흑 속에 사는, 나뭇잎과 같은 인간들이여,   685
허약한 진흙의 형상들이여, 그림자 같은 무기력한 종족들이여,
날개 없는 하루살이들이여, 꿈과 같은 가련한 인간들이여,
우리가 하는 말을 귀담아 들으시오. 우리는 영생불멸하는 존재로
대기 속에 살고 나이를 모르고 불멸의 것을 계획한다오.
여러분은 우리한테서 새의 본성과 신과 강과 에레보스와   690
카오스[118]의 탄생 같은 하늘의 현상의 진상을 듣게 될 것인즉,
진상을 안 뒤에는 프로디코스[119]에게 앞으로는 눈물을 흘리란다고
내 말을 전하시오. 태초에 카오스와 밤과 검은 에레보스와
넓은 타르타로스[120]가 있었고, 대지도 하늘도 없었소. 에레보스의
끝없이 넓은 품속에서 검은 날개의 밤이 최초의 무정란을 낳자,   695
거기에서 세월이 흐르면서 그리움을 일깨우는 에로스가 나오니,
등은 황금날개로 빛나고 빠르기가 회오리바람 같았지요.
에로스가 날개 달린 카오스와 밤에 동침해 넓은 타르타로스에서
우리들 새 종족을 부화하여 처음으로 햇빛 속으로 데리고
올라왔지요. 에로스가 모든 것을 섞기 전에는 불사신의 종족은   700
없었소. 상이한 것들이 서로 섞이자 하늘과 오케아노스[121]와
대지와 축복받은 온갖 신들의 종족이 생겨났지요. 이렇듯
우리는 모든 불사신보다 훨씬 연장자들이라오. 우리가
에로스의 자손이라는 것은 많은 증거에 의해 명백하오.
우리도 에로스처럼 날아다니고, 사랑에 빠진 자들과 함께하니까.   705
많은 소년들이 소년기가 끝날 무렵 요구에 응하지 않겠다고

맹세했다가 사랑하는 남자 친구한테서 메추라기나 자줏빛
쇠물닭이나 거위나 수탉을 선물 받고는 우리의 힘에 의해
사타구니를 허용하게 되지요. 인간의 모든 중대사는
우리한테서 비롯되지요. 첫째, 우리는 봄, 여름, 겨울의 계절을 710
알려주지요. 두루미는 리뷔에로 날아가며 씨를 뿌리라고
외치고,¹²² 선주에게는 겨울이 오니 노를 걸어두라고¹²³ 알려주며,
오레스테스¹²⁴에게는 추위서 남의 옷을 벗기는 일이 없도록
외투를 짜라고 일러주며, 그 뒤 솔개가 나타나 계절이
바뀌었음을 알리면 그것은 양 떼의 봄 털을 깎을 때고, 715
이어서 제비가 나타나면 그것은 무거운 겨울 외투를 팔고
가벼운 여름옷을 살 때지요. 여러분에게 우리는 암몬이고,
델포이고, 도도네¹²⁵고, 포이보스 아폴론이라오. 여러분은
장사든 재산 취득이든 결혼이든 매사에 이렇게 먼저
새들을 찾아가지요.¹²⁶ 여러분은 결정적인 예언을 하는 것은 720

117 단단장격(anapaistos ∪∪−)은 행진이나 무용에 적합한 운각이다.
118 에레보스는 태초의 암흑이고, 카오스는 대지와 하늘 등이 나타나기 전 태초의 허공을 말한다.
119 소피스트.
120 『구름』 주 34 참조.
121 『구름』 주 47 참조.
122 겨울이 우기(雨期)인 그리스에서는 11월에 씨를 뿌려 5월에 수확한다.
123 그리스에서는 항해하지 않는 겨울에는 노를 거두어 굴뚝 등에 걸어두었다.
124 오레스테스는 여기서 아가멤논의 아들이 아니라, 특히 남의 외투를 벗겨가는 노상강도의 별명이다.
125 도도네(Dodone)는 그리스 북서부에 있는 지역으로, 제우스의 가장 오래된 신탁소가 있었다.
126 고대 그리스인들은 새가 날아가는 방향이나 울음소리 또는 제물로 바친 가축의 간(肝)의 생김새를 보고 미래를 점치곤 했다.

새 **471**

무엇이든 새[127]라고 부르지요. 여러분에게는 뜻밖의 말[128]도

새점[鳥占]이지요. 여러분은 또 재채기[129]도, 뜻밖의 만남도,

소리도, 당나귀도 새점이라 부르지요.[130] 그러니 우리는

여러분에게 예언자 아폴론이 아니고 뭐겠소? 여러분이

우리를 신으로 여긴다면, 미풍 부는 봄이든, 겨울이든,   725

여름이든, 더위가 누그러지는 가을이든 사시사철

우리를 예언하는 무사 여신들로 쓸 수 있을 것이오.

우리는 결코 여러분을 피해 저 위 구름 속에

근엄하게 앉지 않을 것이오. 제우스처럼 말이오.

우리는 가까이에서 여러분과 자식들과   730

자식들의 자식들에게 부와 건강과 행운과

살림살이와 평화와 젊음과 웃음과

가무(歌舞)와 잔치와 새들의 젖[131]을

줄 것이오. 그래서 여러분은

복에 겨워하게 될 것이오.   735

그만큼 여러분은 모두 호강하게 될 것이오.

코로스 좌 (737~752행)

(프로크네에게) 덤불의 무사 여신이여,

　 __티오 티오 티오 티오 티오 티오 티오팅크스__

다양한 노래의 무사여, 내 그대와 더불어

골짜기들과 산마루에서   740

　 __티오 티오 티오 티오팅크스__

잎이 무성한 물푸레나무 위에 앉아

　 __티오 티오 티오 티오팅크스__

떨리는 목청으로 판[132] 신에게

신성한 노랫가락을,   745

산의 어머니¹³³에게 엄숙한 춤을 보냈노라.

__토토토토토토토토토팅크스__

거기서 프뤼니코스¹³⁴는 꿀벌처럼

신식(神食) 같은 노래의 열매를 빨아 먹고는

감미로운 노래를 만들곤 했다네.   750

__티오 티오 티오 티오팅크스__

코로스장 *(관객들에게)* 관객 여러분, 여러분 중에 누가 새들과 더불어 행복한 여생을
보내고 싶다면 우리를 찾아오시오. 여기서는¹³⁵ 수치스럽고
법으로 금지된 모든 것이 저기 우리 새들 사이에서는   755
멋있는 것으로 통하니까요. 여기서는 아버지를 치는 것이
법에 따라 수치스러운 짓으로 간주되지만, 거기 우리 사이에서는

127 여기서 '새'란 새점 또는 점이라는 뜻이다.
128 20년 만에 거지꼴로 귀향한 오뒷세우스는 제우스에게 기도하는 동안 집 안에서 한 하녀가, 당장 구혼자(求婚者)들이 파멸케 해달라고 기도하는 소리를 듣고 이를 길조로 여긴다. 『오뒷세이아』 17권 100~119행.
129 오뒷세우스의 아내 페넬로페(Penelope)는 남편의 귀향을 기구하자마자 아들 텔레마코스(Telemachos)가 재채기하는 소리를 듣고 이를 길조로 여긴다. 『오뒷세이아』 17권 541행 참조.
130 그 밖에 당나귀의 울음소리나 아침에 어느 하인을 만나느냐에 따라 운수를 점치곤 했다.
131 '새들의 젖'이란 여기서 극단적인 사치를 뜻한다.
132 산과 숲과 목자(牧者)의 보호신. 흔히 사람의 몸통과 팔에 염소의 다리와 뿔을 가진 것으로 그려지곤 했다.
133 소아시아의 지모신(地母神) 퀴벨레(Kybele).
134 아이스퀼로스보다 조금 앞서 활동했던 비극작가.
135 아테나이.

누가 아버지에게 달려들어 패주고 나서 "싸우겠다면, 어디
발톱을 들어보시지!"[136]라고 말하는 것이 자랑스러운 일이라오.
여러분 사이에서는 노예가 도망치다 붙잡히면 낙인이 찍히지만,   760
우리 사이에서는 얼룩빼기 자고라는 이름을 얻게 된다오.
여기서는 누가 스핀타로스[137] 못지않은 프뤼기아[138]인이라도
거기서는 필레몬[139]의 친척인지라 피리새가 되지요.
누가 엑세케스티데스[140]처럼 카리아인 노예라도 우리한테 와서
깃털만 자라나게 되면 친족들이 나타나지요. 시민권을   765
박탈당한 자들[141]에게 페이시아스의 아들[142]이 성문을 열어주려 하면
자고가 되게 하시오. 그러면 그 아비에 그 아들이 되겠지요.
우리 사이에서 자고의 계략[143]을 쓰는 것은 치욕이 아니니까요.

코로스 우 (769~784행)

그렇게 백조들도
　티오 티오 티오 티오 티오 티오 티오팅크스　 770
날개 소리에 맞춰
큰 소리로 아폴론을 찬양했다네.
　티오 티오 티오 티오팅크스　
헤브로스[144] 강둑에 모여 앉아
　티오 티오 티오 티오팅크스　 775
그들의 고함 소리가 구름을 지나 하늘에 닿으니,
얼럭덜럭한 짐승들의 무리가 몸을 웅크리고
바다는 바람 한 점 없이 잔잔했다네.
　토토토토토토토토팅크스　
올림포스 전체가 메아리치자   780
그 임자들은 두려움에 사로잡혔고, 올림포스의

카리스[145] 여신들과 무사 여신들이 노래로 화답했다네.

―티오 티오 티오 티오팅크스―

코로스장 날개가 있다는 것보다 더 좋고 즐거운 것은 하나도 없소. 785
예컨대 관객 여러분 중에 누가 날개가 있다면,
배가 고프거나 비극의 코로스에 싫증이 날 때는
집으로 날아가 아침을 먹고[146] 배를 채운 다음
여러분에게 도로 날아와 앉을 수 있을 것이오.
여러분 중에 파트로클레이데스[147] 같은 사람이 790
똥이 마렵다면, 겉옷에 쌀 것 없이 날아가

136 여기서 '발톱'이란 수탉의 며느리발톱을 말하는데, 이 구절은 젊은 수탉이 늙고 힘없는 아버지 수탉을 마당에서 내쫓는 장면을 연상시킨다.
137 스핀타로스(Spintharos)에 관해서는 달리 알려진 바 없다.
138 당시 아테나이에 와 있던 프뤼기아인들은 대부분 노예였다.
139 필레몬(Philemon)에 관해서는 달리 알려진 바 없으나, 문맥상 순수 아테나이인이 아니었던 것 같다.
140 주 4 참조.
141 여기서 '시민권을 박탈당한 자들'이란 기원전 415년 헤르메스 상(像)을 훼손한 죄로 또는 엘레우시스 비의를 모독한 죄로 고발되어 외국으로 도주한 까닭에 궐석재판에서 사형을 선고받은 자들을 말하는 것으로 추정된다.
142 페이시아스(Peisias)의 아들에 관해서는 달리 알려진 바 없다.
143 자고라는 새는 새끼들이 위험에 빠지면 다친 척 절뚝절뚝 걸어서 사냥꾼들의 관심을 자기에게로 돌린다고 한다.
144 헤브로스(Hebros)는 에게 해 북동쪽으로 흘러드는 트라케 지방의 강이다.
145 우미의 여신.
146 이 구절을 토대로 당시 대디오뉘소스 제에서 비극 3부작을 오전에 공연했다는 것을 알 수 있다.
147 파트로클레이데스(Patrokleides)는 아테나이의 정치가인데, 기원전 405년 아테나이가 펠로폰네소스 전쟁에서 군사적인 위기를 맞았을 때 시민권을 박탈당한 자들의 권리를 회복해주자고 발의한 바 있다.

새 **475**

방귀를 뀌고 숨을 돌린 다음 도로 날아올 수 있을 것이오.
여러분 중에 혹시 누가 간통자라면, 그녀의 남편이
여기 위원들을 위한 특별석에 앉아 있는 것을 보고는
날개를 써서 여러분 사이에서 날아올라 그녀와   795
재미 보고 나서 그곳에서 도로 날아와 앉을 수 있을 것이오.
그러니 날개가 있다는 것은 만금의 가치가 있는 것이 아니겠소?
디에이트레페스[148]는 날개래야 잔가지를 입힌 병(甁)의 손잡이[149]밖에
없었는데도 기병 대장으로 기병 사령관으로 선출되었으니,
미꾸라지 용 됐지요. 지금은 말닭[150]처럼 으스대지만.   800

(페이세타이로스와 에우엘피데스, 날개를 달고 등장)

페이세타이로스 꼴좋다! 이렇게 우스꽝스러운 것은
정말이지 난생처음 본다네.

에우엘피데스 자네, 뭘 보고 웃나?

페이세타이로스 자네 깃털을 보고 웃지. 날개 달린 자네 모습이
뭐 같은 줄 알아? 아무렇게나 그려놓은 거위 같네그려.   805

에우엘피데스 자넨 대접을 엎어놓은 것처럼 머리를 깎은 지빠귀 같네그려.

페이세타이로스 우리의 이런 비유는 아이스퀼로스를 따른 것이네.
남들이 아니라 우리 자신의 깃털로 말미암은 것이니까.[151]

에우엘피데스 이젠 어떻게 해야 하지?

페이세타이로스 먼저 우리 도시에 거창하고 인상적인 이름을 지어주고   810
그런 다음 신들에게 제물을 바치도록 하세!

에우엘피데스 나도 동감일세.

후투티 자, 도시에 어떤 이름을 지어주죠?

에우엘피데스 그대들은 라케다이몬[152]에서 유래한 거창한 이름을 원하시오?
도시를 스파르테라고 부를까요?

페이세타이로스	맙소사! 나는 우리 도시에 스파르테라는 이름을 지어주고	815
	싶지 않네. 고급 노끈이 있는데 에스파르토 노끈은 싫네.¹⁵³	
에우엘피데스	그렇다면 도시에 어떤 이름을 지어주지?	
후투티	이곳의 구름과 허공에서 유래한,	
	공기와도 같이 가벼운 이름이라야 하오.	
페이세타이로스	구름뻐꾹나라¹⁵⁴는 어때요?	
후투티	만세! 정말 멋있고 거창한 이름을 찾아냈소그려!	820
에우엘피데스	바로 그 구름뻐꾹나라가 테오게네스의 많은 재산과	
	아이스키네스¹⁵⁵의 전 재산이 있는 곳인가?	
페이세타이로스	그런 목적을 위해서라면	
	그곳은 신들이 대지의 아들들¹⁵⁶을 패배시킨	

148 디에이트레페스는 여기에서 벼락출세한 기병 대장으로 그려져 있지만, 사실은 아테나이의 명문가 출신이라고 한다.

149 바깥쪽을 버들가지로 입힌 병의 목 부분에 양쪽으로 가죽 끈이 하나씩 매달려 있는데, 이 가죽 끈을 당시에는 '날개'라고 했다고 한다.

150 말닭(hippalektryon)은 앞쪽은 말이고 뒤쪽은 닭인 전설의 동물로, 선수상(船首像)으로 사용되었다.

151 아이스퀼로스의 비극 단편 『뮈르미도네스족』(Myrmidones)에서 아킬레우스는 친구 파트로클로스(Patroklos)에게 자신의 무구를 내주면서, 자신의 행위를 제 깃털이 달린 화살에 맞아 죽은 독수리에 비겼다고 한다.

152 라케다이몬과 스파르테에 관해서는 『구름』 주 39 참조.

153 Sparte와 sparton('에스파르토 노끈')의 발음이 비슷한 것을 두고 언어유희를 하고 있다. 에스파르토(esparto)는 일종의 골풀로, 바구니를 엮거나 새끼를 꼬는 데 썼다.

154 '구름뻐꾹나라'의 그리스 원어 Nephelokokkygia는 nephele('구름')와 kokkyx('뻐꾸기', 속격은 kokkygos)의 복합어이다.

155 테오게네스와 아이스키네스는 둘 다 돈도 없으면서 자신들이 큰 부자라고 허풍 치는 아테나이인들이다.

156 대지의 여신 가이아(Gaia)의 아들들로, 올륌포스 신들에게 맞서 싸운 기가스(Gigas 복수형 Gigantes)들.

	플레그라¹⁵⁷ 들판보다 더 나은 곳이지.	825
후투티	얼마나 훌륭한 도시인가! 어느 신이 수호신이 되죠?	
	어느 신에게 우리가 옷을 지어드리는 거죠?	
에우엘피데스	아테나 폴리아스¹⁵⁸를 그대로 모시면 왜 안 되지?	
페이세타이로스	여신이 완전무장하고 서 있고,¹⁵⁹	
	클레이스테네스¹⁶⁰가 베틀 가에 앉아 있는 도시가	830
	어떻게 가지런히 정돈될 수 있겠나?	
에우엘피데스	그럼 도시의 성채는 누가 지키지?	
후투티	새가 지키죠. 페르시아 혈통의 새¹⁶¹ 말이오.	
	그것은 아레스의 병아리¹⁶²로. 어디서나	
	가장 용맹스러운 자라는 평을 듣지요.	835
에우엘피데스	오오, 병아리여! 우리 주인이여!	
	그는 바위 위에 살기엔 안성맞춤의 신이지.	
페이세타이로스	*(에우엘피데스에게)*	
	자, 자네는 지금 공중으로 올라가	
	성벽 쌓고 있는 자들을 도와주게.	
	웃옷을 벗어부치고는 자갈을 나르고, 회반죽을 개고,	
	질통을 메어 올리고, 사다리에서 떨어지게!	840
	보초를 세우고, 불씨가 꺼지지 않도록 간수하고,	
	종을 들고 돌아다니고, 그곳에서 자도록 하게!	
	그리고 전령 한 명을 신들에게 올려보내고,	
	다른 한 명은 인간들에게 내려보내게!	
	그런 다음 내게로 돌아오게!	845
에우엘피데스	*(볼멘소리로)* 자네는 여기 그대로 있다가 뒈져버리게!	
페이세타이로스	친구여, 내가 보내는 곳으로 가보게!	
	자네 없이는 아무 일도 안 되니까.	

(에우엘피데스 퇴장)

나는 새로운 신들에게 제물을 바치고 행렬을 인도할

사제(司祭)를 불러야지. *(안으로 들어가 노예들에게)*

게 아무도 없느냐? 제물 바구니와 성수를 가져오너라! 850

코로스 좌 (851~858행)

나도 참가하오. 나도 동행하오.

나도 찬성하오.

신들의 호감을 사기 위해

신들에게 장엄한 행렬을 보내고 855

덧붙여 새끼 양을 제물로 바치는 일에.

신에게 퓌토의 환성[163]을 올리고 또 올리고

카이리스[164]가 우리 노래를 반주하게 해요!

157 플레그라(Phlegra)는 동마케도니아 지방에 있는 팔레네(Pallene) 반도의 옛 이름이다.
158 폴리아스(Polias '도시의 수호여신')는 아테나이 시 수호신으로서의 아테나의 별명이다.
159 아테나 여신은 대개 투구를 쓰고 창을 든 채 서 있는 모습으로 그려지거나 조각되곤 했다.
160 여자 같은 남자.
161 수탉. 485행 참조.
162 싸움닭. 아레스는 그리스 신화에서 전쟁의 신이다.
163 델포이의 옛 이름. '퓌토의 환성'이란 치유의 신으로서의 아폴론에게 바치는 노래라고 주장하는 이들도 있고, 노래가 끝날 무렵 행운을 빌기 위해 코로스가 피리 반주에 맞춰 Ie Paian (또는 Paion)이라고 세 번 부르는 것을 말한다고 주장하는 이들도 있다.
164 보이오티아 지방 출신의 피리 연주자인데, 솜씨가 서툴러 조롱거리가 되었다고 한다. 여기서는 코로스가 자신들의 노래를 반주해주는 피리 연주자를 놀려주는 것이거나, 카이리스가 직접 반주를 맡았던 것으로 생각된다.

(피리 연주자가 연주하는 동안 페이세타이로스가 화관을 쓰고 염소를 든 사제와 다시 등장)

페이세타이로스   *(피리 연주자에게)* 그만 불어! 맙소사, 이게 뭐야?
정말이지, 난 별의별 것을 다 봤지만 피리를 입에   860
고정하기 위해 가죽 띠를 두른 까마귀는 난생처음인걸.
(사제에게) 자, 사제님. 새로운 신들에게 제물을 바치시오!

사제   그러지요. 제물 바구니는 어디 있소?

(노예 새가 바구니를 들고 들어온다)

그대들은 기도하시오. 새들의 헤스티아[165] 여신과   865
화로를 지키는 솔개[166]와
올륌포스의 모든
수새들과 암새들에게….

페이세타이로스   오오, 수니온[167]의 매여, 황새 왕이여!

사제   그리고 퓌토와 델로스의 백조와
메추라기의 어머니인 레토[168]와   870
황금방울새 아르테미스에게….

페이세타이로스   이제는 콜라이니스[169]가 아니라 황금방울새 아르테미스로구나.

사제   사바지오스[170] 참새와
신들과 인간들의 위대한 어머니[171]
타조에게….   875

페이세타이로스   여왕 퀴벨레여, 타조여, 클레오크리토스[172]의 어머니여!

사제   구름뻐꾹나라의 주민들 자신과
키오스[173] 섬의 주민들에게
건강과 행복을 내려달라고!

페이세타이로스   재미있다. 키오스 섬 주민들은 아무 데나 붙어다니는구나!   880

사제   그리고 새의 영웅들과 그 영웅들의 자손들과

     자줏빛 쇠물닭과 딱따구리와

     펠리칸과 공작과

     개개비와 물오리와   885

     도둑갈매기와 왜가리와

     제비갈매기와 늪박새와

     박새에게…

페이세타이로스 그만해, 빌어먹을! 그만 부르란 말이야!

     제물로 바칠 고기는 조금밖에 없는데   890

     물수리와 콘도르를 부르다니 정신 나간 것 아니오! 안 보여요?

     이것은 솔개 한 마리면 다 채어갈 수 있을 것이오.

165 가정의 화로의 여신으로, 제물을 바칠 때는 먼저 그녀에게 기도하곤 했다.
166 솔개는 대담하고 도벽이 심해 제물로 바친 고기를 제단에서 낚아챈다고 한다.
167 앗티케 지방 동남단의 곶〔岬〕.
168 아폴론과 아르테미스는 쌍둥이 남매신으로 레토가 델로스 섬에서 낳았다. 백조는 음악의 신으로서의 아폴론에게 바쳐진 새이고, 아르테미스는 사냥의 여신이자 야수들의 보호자이다. 레토를 "메추라기의 어머니"라고 한 까닭은, 일설에 따르면 레토가 아폴론은 델로스 섬에서 낳고 아르테미스는 그 옆의 오르튀기에(Ortygie '메추라기') 섬에서 낳았기 때문인 것 같다.
169 콜라이니스(Kolainis)는 앗티케 뮈르리누스(Myrrhinous) 구역에서 아르테미스를 일컫는 별명으로, 그 뜻은 밝혀지지 않고 있다.
170 당시 아테나이에 소개된 지 얼마 안 되는 프뤼기아의 신. 그의 제의에는 음주와 여인들의 함성과 북소리가 수반되었다고 한다.
171 다음에 나오는 소아시아의 지모신 퀴벨레.
172 여기서는 크고 뚱뚱한 몸매 때문에 조롱거리가 되고 있지만, 기원전 413/2년에 아르콘을 지낸 사람과 동일인이라면 실제로는 존경받는 인물이었던 것 같다.
173 이오니아 지방의 섬. 당시 아테나이인들은 키오스인들의 충성심을 높이 사 도시의 안녕을 비는 공식 기도에 으레 "키오스인들을 위해서도"라는 말을 덧붙였다고 한다.

여기서 꺼지시오! 그대도 그대의 화관도! *(사제 퇴장)*

여기 이 제물은 나 혼자서 손수 바칠 테니까.

코로스 　우 (895~902행)

　　　그렇다면 이제 또다시　　　　　　　　　　　　　895

　　　다른 노래를, 성수 의식에 맞춰

　　　경건한 노래를 부르겠소.

　　　그리하여 축복받은 신들을, 아니 그중 한 분만을

　　　부르겠소. 고기가 넉넉하기를 그대들이 바란다면　　900

　　　여기 있는 제물은

　　　턱과 뿔뿐이니까요.

페이세타이로스 　자, 우리 기도하고 깃털 달린 신들에게 제물을 바쳐요!

시인 　*(장발에 누더기를 걸치고 등장하며)* 구름뻐꾸나라를,

　　　축복받은 나라를　　　　　　　　　　　　　　　905

　　　그대의 찬가로 찬미하소서,

　　　무사 여신이시여!

페이세타이로스 　이건 또 뭐야? 말해보시오. 그대는 뉘시오?

시인 　나는 꿀처럼 달콤한 노래를 내보내는

　　　무사 여신들의 열렬한 시종이외다.

　　　호메로스에 따르면.[174]　　　　　　　　　　　　910

페이세타이로스 　그런데 종이라면서 머리를 길게 길러?[175]

시인 　그게 아니라 우리 시인들은 모두 다

　　　무사 여신들의 열렬한 시종들이외다,

　　　호메로스에 따르면.

페이세타이로스 　그렇게 열렬히 섬기니까 그대의 싸구려 여름옷이 해지지.　915

	시인 양반, 여기는 왜 와서 어슬렁거리시오?	
시인	나는 그대들의 구름뻐꾹나라를 주제로 하여	
	사랑스러운 디튀람보스[176]와 처녀들의 합창서정시와	
	시모니데스[177]풍의 시를 몇 편 썼다오.	
페이세타이로스	언제 썼지요? 쓴 지 얼마나 되었소?	920
시인	오래전부터 나는 이 도시를 찬양하고 있소.	
페이세타이로스	하지만 나는 지금 이 도시의 명명일[178]을 축하하고 있고,	
	어린아이에게 그러듯 방금 이름을 지어주었는데?	
시인	무사 여신들의 소문은	
	준마만큼 빠른 법이지요.	925
	자, 아버지시여, 아이트네[179]의 창건자이시여,	
	신성한 의식과 이름이 같은 분[180]이시여,	
	무엇이든 좋으니 머리를 끄덕이시어	

174 호메로스의 양대 서사시뿐 아니라 그가 썼다는 찬신가들에서 합성한 표현이라고 한다.
175 머리를 길게 기르는 것에 관해서는 『구름』 주 4 참조.
176 디튀람보스는 주신 디오뉘소스에게 바치는 합창서정시이고, '처녀들의 합창서정시'(partheneion)는 도리에이스족(Dorieis)의 거주 지역에서 처녀들이 부르던 제의적 성격의 합창서정시이다.
177 그리스의 유명한 서정시인.
178 당시 명명일은 태어난 지 10일째 되는 날이었으나, 여기서 시인과 관객들은 날수에는 별로 개의치 않는 듯하다.
179 아이트네는 시칠리아 섬에 있는 산으로 그 기슭에 쉬라쿠사이(Syrakousai)의 참주 히에론(Hieron)이 기원전 476/5년에 신도시를 건설하고 역시 아이트네라고 명명했다. 926~930행은 합창서정시인 핀다로스(Pindaros 기원전 518~438년)의 시행들을 짜깁기한 것이다.
180 히에론은 보통명사로는 '신성한 의식'(ta hiera. 복수 속격은 hieron)이라는 뜻이다.

페이세타이로스	기꺼이 하사하고 싶으신 것을 베푸소서! 930
페이세타이로스	이자가 되게 성가시게 굴겠구먼.
	뭘 좀 주어 떼버리지 않으면.
	(노예새에게) 이봐, 셔츠 위에 입고 있는 가죽조끼를 벗어서
	저 재주 있는 시인에게 주어라! *(시인에게)*
	이 가죽조끼를 받으시오. 그대는 몹시 추워 보이니까. 935
시인	여기 이 선물은 친애하는 무사 여신들께서도
	흔쾌히 받으실 거요.
	그대는 핀다로스의 말을 듣고
	마음에 새기도록 하시오!
페이세타이로스	저자가 이곳을 떠나지 않을 모양이구먼! 940
시인	그는 부대를 떠나 유목민족인
	스퀴타이족¹⁸¹ 사이를 헤매도다.
	베틀에서 짠 옷도 없이.
	셔츠 없는 조끼는 품위가 없는 법.
	그대는 내 말뜻을 아시겠지요. 945
페이세타이로스	알겠소. 셔츠를 갖고 싶다 이거지. *(노예새에게)*
	이봐, 셔츠를 벗어. 이 시인에게는 우리의 도움이 필요해.
	(시인에게) 자, 이것을 갖고 가시오!
시인	가고 있소. 시내에 들어가면 나는 시를 쓸 것이오. "황금 옥좌의
	무사 여신이시여, 이 한기 드는 얼어붙은¹⁸² 도시를 찬양하소서!
	나는 눈보라 치는, 길이 많은 들판에 갔었나이다. 트랄랄라." 950
	(퇴장)
페이세타이로스	제우스에 맹세코, 그대는 이미 그런 추위에서
	벗어났을 텐데. 셔츠를 손에 넣었으니 말이오. 955
	도시에 관한 소문이 그렇게 빨리 그의 귀에

	들어가다니, 그건 정말 뜻밖의 불상사로구나. *(노예새에게)*	
	너는 성수를 들고 다시 제단 주위를 돌도록 하라!	
	자, 조용히들 해요!	
예언자	염소를 죽이지 마시오!	
페이세타이로스	그대는 또 뉘시오?	
예언자	누구냐고? 예언자올시다.	960
페이세타이로스	그렇다면 뒈져버리시오!	
예언자	여보시오, 신에 관한 일을 그렇게 가벼이 보지 마시오.	
	여기 바키스[183]에게서 유래한 신탁이 있는데, 다름 아닌	
	구름뻐꾹나라에 관한 것이오.	
페이세타이로스	그렇다면 왜 내가 이 도시를 세우기 전에	
	그 신탁을 알려주지 않았소?	
예언자	신이 그러지 못하게 했소이다.	965
페이세타이로스	그렇다면 그 말씀을 듣는 수밖에 없겠지요.	
예언자	*(두루마리를 꺼내 읽는다)* "코린토스와 시퀴온[184]의 중간에 언젠가	
	늑대들과 잿빛 까마귀들이 살 것인즉…."	
페이세타이로스	코린토스인들이 나와 무슨 상관이죠?	
예언자	박키스께서는 공중을 그렇게 수수께끼처럼 말씀하신 것이오.	970
	"먼저 판도라[185]에게 흰 털의 숫양을 제물로 바칠지어다.	

181 주 9 참조.
182 공중의 도시여서 그렇게 말한 것 같다.
183 『기사』 주 19 참조.
184 코린토스와 시퀴온(Sikyon)은 펠로폰네소스 반도 북부에 서로 인접해 있는 도시들이다.
185 여기서 판도라(Pandora: '모든 것을 선물로 받은 여자'라는 뜻)는 헤시오도스의 『일과 날』(*Erga kai hemerai*) 591행 이하에 나오는 최초의 여인이라기보다는 일종의 대지의 여신으로 생각된다.

	그리고 맨 먼저 내 말을 전하는 자에게는
	깨끗한 옷과 새 샌들을 줄지어다!…."
페이세타이로스	샌들이라고 적혀 있단 말이오?
예언자	자, 책을 보시오!
	"그리고 술잔을 건네고 그의 손에 내장[186]을 잔뜩 쥐여줄지어다!" 975
페이세타이로스	정말로 내장을 주라고 적혀 있단 말이오?
예언자	자, 책을 보시오! "신의 영감을 받은 젊은이여, 내가 시킨 대로 하면
	그대는 구름 사이에서 독수리가 될 것이나, 내 지시를
	묵살하면 비둘기도, 지빠귀도, 딱따구리도 되지 못하리라."
페이세타이로스	그런 것도 거기에 적혀 있단 말이오? 980
예언자	자, 책을 보라니까요!
페이세타이로스	그건 내가 아폴론에게서 직접 받아 적은
	신탁과는 영 딴판인데.
	"어떤 돌팔이 불청객이 와서 제물을 바치는
	자들을 괴롭히고 내장을 먹으려 들면
	그자의 갈빗대 사이를 칠지어다!" 985
예언자	농담이겠죠.
페이세타이로스	자, 책을 보시오! "그런 자는 절대로 용서하지 말지어다.
	구름 속의 독수리라도, 람폰[187]이라도, 위대한 디오페이테스[188]라도."
예언자	그런 것까지 거기 적혀 있단 말이오?
페이세타이로스	자, 책을 보라니까! 꺼지지 못해! 뒈져버려! 990
예언자	(도망치며)
	아이고, 사람 살려!
페이세타이로스	예언은 다른 데 가서나 해!
메톤[189]	(측량기를 들고 등장하며)
	내가 그대들을 찾아온 것은….

페이세타이로스	또 골칫거리가 나타났군. 여기 온 목적은 무엇이며 의도는 무엇이오?
	이번 여행의 동기는 또 무엇이며, 반장화는 왜 신고 있소?
메톤	나는 대기를 측량하여 정보(町步)로 나누고 싶소. 995
페이세타이로스	맙소사! 그대는 뉘시오?
메톤	내가 누구냐고? 전 헬라스와 콜로노스[190]가 알고 있는 메톤이외다.
페이세타이로스	말해보시오. 여기 이것은 뭐요?
메톤	대기를 재는 도구들이지요. 그러니까 대기 전체는 1000
	그 모양이 시루를 엎어놓은 것과 흡사하지요.
	그래서 맨 위에다 여기 이 굽은 자를 얹어놓고
	이 콤파스를 사용하는 거죠. 알겠소?
페이세타이로스	모르겠소.
메톤	그러고는 여기 이 곧은 자로 측량하여
	원(圓) 안에다 사각형을 만들지요. 1005
	여기 한복판에 장터가 생기는데, 곧은길들은
	모두 중심인 그곳을 통과하게 되지요.
	그것은 마치 별이 그 중심은 원이지만
	그 빛은 사방으로 곧게 비치는 것과도 같지요.
페이세타이로스	탈레스[191] 같은 사람이구먼. 이봐요, 메톤…. 1010
메톤	왜 그러시오?

186   제물로 바친 가축의.
187   주 91 참조.
188   디오페이테스는 정치가로 신탁에 관심이 많았던 것 같다.
189   기원전 5세기에 활동하던 아테나이의 천문학자 겸 수학자. 그는 달의 주기와 태양의 주기를 맞추기 위해 새로운 역법을 도입한 바 있다.
190   콜로노스(Kolonos)는 앗티케의 구역 가운데 하나이자 아테나이의 아고라(agora) 인근지역이기도 한데, 여기서는 어느 곳을 말하는지 알 수 없다.
191   밀레토스 시 출신의 자연학자.

새 487

페이세타이로스	그대를 사랑하기에 한마디 하겠는데, 조용히 이곳을 떠나시오!
메톤	무슨 변고라도 생겼나요?
페이세타이로스	여기서도 라케다이몬에서처럼 외국인을 몰아내고 있고, 더러는 난동을 부리고 있소. 시내 곳곳에서 몽둥이찜질을 하고 있단 말이오.
메톤	설마 당파싸움을 하는 건 아니겠지요?
페이세타이로스	그건 아니오.
메톤	그렇다면 뭐죠?
페이세타이로스	돌팔이들은 모조리 흠씬 패주기로 만장일치로 가결되었소.
메톤	나도 물러가는 게 좋겠군요.
페이세타이로스	너무 늦지 않았나 모르겠네. *(메톤을 때려주며)* 이 주먹들이 가까이 있으니까.
메톤	아이고, 사람 살려!

(퇴장)

페이세타이로스	내가 아까 뭐랬어? 측량은 다른 데 가서나 해!
감찰관	*(투표 항아리를 들고 등장하며)*
	현지인 영사(領事)[192]들은 어디 있소?
페이세타이로스	이 사르다나팔로스[193]는 또 누구지?
감찰관	나는 투표로 선출된 감찰관으로서 이곳 구름뻐꾹나라에 왔소이다.
페이세타이로스	감찰관이라고? 누가 그대를 이리로 보냈소?
감찰관	텔레아스[194] 명의로 된 이 보잘것없는 문서가요.
페이세타이로스	뭐라고? 보수만 받고[195] 그냥 조용히 돌아가는 게 어때요?
감찰관	좋지요. 그러잖아도 나는 파르나케스[196]와의 협상 건 때문에 고향에 가서 민회에 보고해야 하니까요.
페이세타이로스	*(감찰관을 때려주며)*
	자, 여기 보수가 있으니, 받아가시지!
감찰관	이게 무슨 짓이오?

페이세타이로스	파르나케스에 관한 민회지.	1030
감찰관	*(코로스에게)*	

여러분이 증인이 되어주시오. 감찰관이 구타당하다니!

페이세타이로스	이 두 개의 투표 항아리를 들고 당장 꺼지지 못해?

(감찰관 퇴장) 너무한 거 아냐? 신들에게 제물을

바치기도 전에 도시에 감찰관을 파견하다니!

법령 장수	*(두루마리를 들고 등장하며)*	
	구름뻐꾹나라의 시민이 아테나이 시민을 모욕할 경우….	1035
페이세타이로스	이건 또 뭐야? 또 그따위 못된 책인가?	
법령 장수	나는 법령 장수로 새로운 법령을 팔려고	
	여러분을 찾아왔소이다.	
페이세타이로스	그게 어떤 건데?	
법령 장수	"구름뻐꾹나라 시민들은 올로픽소스[197] 주민들과	1040
	같은 도량형과 법령을 사용한다."	
페이세타이로스	*(법령 장수를 때려주며)*	

"올레, 나 죽네"는 당신이나 어서 하시오!

법령 장수	이게 무슨 짓이오?
페이세타이로스	*(법령 장수를 내쫓으며)*

---

192 현지인 영사(proxenos)란 다른 나라의 국익을 대변하는 현지 주민을 말한다.
193 사르다나팔로스(Sardanapallos)는 앗쉬리아 왕인데, 그리스에서는 여자처럼 차려입고 다니는 나약한 탕아로 알려져 있었다.
194 텔레아스는 아테나이의 부자로, 이 희극이 공연되었을 때 정치가로 활동했던 것 같다.
195 당시 공직자는 보수보다는 한재산 모으는 데 관심이 더 많았던 것 같다.
196 페르시아의 태수(太守).
197 올로픽소스(Olophyxos)는 에게 해 북쪽 악테(Akte) 반도에 있는 소도시로 아테나이의 동맹국이었다.

법령들을 갖고 어서 꺼지지 못해?

그러지 않으면 오늘 쓰라린 법령들을 보여주겠다.　　　　　　　1045

법령 장수　(되돌아와서)

"나는 페이세타이로스를 폭행죄로 내달 법정에 소환한다."

페이세타이로스　이자가 정말로 또 온 거야? 아직도 안 꺼졌단 말이야?

감찰관　(되돌아와서)

"공직자들을 내쫓고 돌기둥에 새겨진 법령에 따라　　　　　　　1050

영접하지 않는 자는…."

페이세타이로스　나 원 참, 기가 막혀서! 아직도 거기 있었더란 말인가?

감찰관　나는 1만 드라크메의 벌금을 물려 그대가 망하게 하겠소.

페이세타이로스　나는 그대의 항아리를 둘 다 깨버리겠소.

법령 장수　(되돌아와서)

그대는 법령을 새긴 돌기둥에다 밤에 똥을 눈 기억이 안 나시오?[198]

페이세타이로스　저런 고약한 자가 있나! (노예에게) 어서 저자를 잡아라!　　　1055

게 섰거라!

(법령 장수 도망친다) 자, 우리 어서 이곳을 떠나 집 안에서

신들에게 염소를 제물로 바치도록 해요!

두 번째 파라바시스 (1058~1117행)

코로스　좌 (1058~1071행)

앞으로는 모든 인간들이

만물을 굽어보는 전능한 나에게

감사 기도를 올리며 제물을 바치게 될 것이오.　　　　　　　　1060

나는 대지 전체를 굽어보며,

대지 위에서 그리고 나무에 앉아

무엇이든 삼켜버리는 턱으로

온갖 열매를 싹 트기가 무섭게 먹어치우는

온갖 해충을 박멸함으로써 1065

수많은 열매를 안전하게 지킬 테니까요.

나는 또 모든 향기로운 정원을

못살게 굴고 망쳐놓는 해충들도 박멸할 것이오.

그리하여 기어다니고 물어뜯는 온갖 해충들이

내 날개가 미치는 한 죽어 없어질 것이오. 1070

코로스장 다름 아닌 오늘 다음과 같이 포고되었소.

"여러분 중에 누구든 멜로스 사람 디아고라스[199]를 죽인 자는

1탈란톤을 받고, 죽은 참주라도 참주를

죽인 자 역시 1탈란톤을 받게 될 것이오"라고 말이오. 1075

그래서 우리도 여기서 다음과 같이 포고하고자 하오.

"여러분 중에 누구든 참새잡이 필로크라테스[200]를 죽인 자는

1탈란톤을, 사로잡아 넘겨주는 자는 4탈란톤을 받게 될 것이오."

그자는 검은 방울새들을 한데 묶어 가지고 1오볼로스에

일곱 마리씩 팔고, 지빠귀들은 잔인하게도 바람으로 부풀려서 1080

전시하고, 찌르레기들의 콧구멍에 깃털을 집어넣고,[201]

---

198 당시 법령들은 돌기둥에 새겼는데, 민주적 법령들에 불만이 많은 과두정치 지지자들은 고의로, 또 다른 사람들은 장난 삼아 이를 훼손하는 일이 있었다고 한다.
199 『구름』 주 144 참조.
200 14행과 주 5 참조.
201 찌르레기의 콧구멍에 제 깃털을 집어넣는 것은 고통을 주기 위한 것인지, 아니면 여러 마리를 한데 묶어 매달아두기 위한 것인지 확실하지 않다.

새 491

게다가 흑비둘기들을 잡아 가둬놓고는 그물에 묶인 채
다른 흑비둘기들을 유인하는 미끼 노릇을 하게 한 자이니까.
우리는 그렇게 포고하려 하오. 그러니 여러분 중에 누구든
새들을 뜰에 가둬놓고 기르는 자는 당장 풀어주시오.   1085
말을 듣지 않으면 우리 새들이 여러분을 잡을 것이오.
그러면 여러분도 우리 사이에서 묶인 채 다른 인간들을
유인하는 미끼 노릇을 하게 될 것이오.

코로스 **우 (1088~1101행)**

행복하도다, 깃털로 덮인
새들의 종족. 겨울에도
외투를 두를 필요가 없고,   1090
숨 막히는 삼복더위에도
멀리 내리쬐는 햇볕이 우리를 태우지
못한다네. 꽃 피는 초원들의
잎이 무성한 품속에서 나는 산다네.
신들린 매미가 한낮의 무더위 속에서   1095
해에 취해 쩌렁쩌렁 노래할 때.
겨울이면 속이 빈 동굴에서 지내며
산의 요정들과 어우러져 논다네.
그러다 봄이 되면 우리는 처녀 같은 하얀 도금양 열매와
카리스 여신들의 정원에 나는 것들을 먹고 산다네.   1100

코로스장 이번에는 경연에서의 우승과 관련해 심사원들에게 한마디 할까 하오.
우리에게 유리하게 투표해준다면 우리는 여러분 모두에게 온갖 것을
다 줄 것인즉, 여러분은 알렉산드로스[202]가 받은 것보다 훨씬 나은 것을

받게 될 거요. 첫째, 모든 심사원이 가장 바라는 것인 라우레이온[203]의 1105
은으로 주조한 올빼미 은화가 부족한 일은 여러분에게 결코
일어나지 않을 것이오. 천만의 말씀! 올빼미들은 여러분의 집에
둥지를 틀고는 여러분의 지갑에다 알을 낳아, 거기서 어린 새끼들이
기어나올 것이오. 게다가 여러분은 신전 같은 집에서 살게 될 거요.
우리가 여러분의 집을 독수리 모양으로 만들 테니까요.[204] 1110
여러분이 추첨으로 작은 공직을 얻어 돈을 좀 긁어모으고 싶다면
우리가 매의 날카로운 발톱을 여러분 손에 쥐여줄 것이오.
여러분이 외식하게 되면 우리가 여러분에게 새의 모이주머니를
보낼 것이오. 여러분이 우리에게 유리하게 투표하지 않는다면,
동상(銅像)들처럼 청동 모자를 쓰도록 하시오. 여러분 가운데 1115
누구든 청동 모자를 쓰지 않은 자는 흰 외투를 입고 있을 때,
당연한 일이지만 온갖 새들의 똥을 덮어쓰게 될 테니까요.

페이세타이로스 (등장하며)

새 여러분, 제물이 길조를 보여주었소.
한데 성벽을 쌓고 있는 곳에서는 그곳 사정을 알려줄 사자가
아무도 나타나지 않는구려. 아아, 저기 누가 1120

---

202 알렉산드로스(Alexandros)는 트로이아 왕자 파리스(Paris)의 본명이다. 파리스는 헤라, 아테나, 아프로디테가 겨루는 미녀 경연대회의 심판 역을 맡게 되는데, 아프로디테에게 유리한 판정을 해주고 그 대가로 절세미인 헬레네를 아내로 데려와 트로이아가 파멸케 한다.
203 라우레이온(Laureion 또는 Laurion)은 남앗티케 지방의 산이다. 아테나이인들은 거기에서 나는 풍부한 은으로 올빼미를 새긴 은화를 찍었다.
204 일반 가정집의 지붕은 평평했으나 신전들의 지붕은 삼각형의 박공으로 되어 있었는데, 그 모양이 날개를 편 독수리(aetos 또는 aietos) 같았다고 한다.

	올륌피아의 경주자처럼 헐레벌떡 뛰어오고 있군요.	
사자(使者) 1	*(숨을 헐떡이며)* 어어디, 어어어디, 어어어디 계시오,	
	아르콘205 페이세타이로스는?	
페이세타이로스	여기 있네.	
사자 1	성벽이 완공되었사옵니다.	
페이세타이로스	반가운 소식이로구먼!	
사자 1	더없이 아름다운 최고 걸작품이옵니다.	1125
	성벽의 윗면이 어찌나 넓은지, 허풍국의	
	프로크세니데스와 테오게네스206가 트로이아의	
	목마만큼이나 우람한 말들이 끄는 전차를 타고도	
	서로 마주 보며 넉넉히 지나갈 수 있을 정도이옵니다.	
페이세타이로스	놀랍구먼!	
사자 1	제가 직접 재어봤는데, 높이가 100오르귀이아207나 되었사옵니다.	1130
페이세타이로스	정말 크구먼! 그런데 그토록 거대한 성벽을 누가 쌓았지?	
사자 1	다름 아닌 새들이요. 벽돌을 나르는 아이귑토스208의	
	인부나 석공이나 목수는 단 한 명도 없이	
	새들이 손수 해냈사옵니다, 놀랍게도.	1135
	리뷔에에서 3만 마리의 학이 초석으로 쓸 돌들을	
	뱃속에 삼켜 가지고 왔고,209	
	그러자 그것들을 뜸부기들이 부리로 다듬었사옵니다.	
	벽돌은 1만 마리의 황새들이 만들었고,	
	물은 물떼새들과 강변에 사는 다른 새들이	1140
	저 아래에서 공중으로 날아왔사옵니다.	
페이세타이로스	진흙은 누가 그들에게 날라주었지?	
사자 1	왜가리들이 질통에 담아 날라주었사옵니다.	
페이세타이로스	하지만 왜가리들이 그걸 어떻게 질통에 담았지?	

사자1　그 문제는 정말 재치 있게 해결하더군요.

205　아르콘(archon '통치자')은 아테나이를 포함하여 대부분의 그리스 도시국가에서 사법권과 행정권을 가진 최고 관리들에게 주어진 이름이다. 기원전 11세기경 왕정이 끝나면서 아테나이에서는 귀족계급에서 선출된 3명의 아르콘이 정부를 맡았는데, 이들의 임기는 처음에는 10년이었으나 기원전 683년부터는 1년이었으며, 기원전 487년부터는 추첨으로 임명되었다. 그 중 아르콘 에포뉘모스(eponymos '이름의 원조')는 수석 아르콘으로, 그의 임기에 해당하는 해에는 널리 쓰이는 연호가 없어서 '아무개가 아르콘이었던 해'라는 식으로 그의 이름에서 연호를 따온 까닭에 그렇게 불리게 되었던 것이다. 그는 주로 재산과 가족의 보호에 관한 광범위한 권을 행사하며 판아테나이아 제(Panathenaia)와 디오뉘소스 제(Dionysia)를 주관했다. 기원전 7~6세기에는 이 관직을 차지하려고 정파끼리 치열한 각축전을 벌였으나 아르콘들이 추첨으로 임명되기 시작한 기원전 487년부터는 야심가들도 더 이상 이 관직을 탐내지 않았다. 아르콘 바실레우스(basileus '왕')는 왕정 시대에 왕들이 관장하던 여러 가지 종교적인 임무를 수행했는데, 각종 비의와 레나이아 제(Lenaia) 등을 관장했으며 아레이오스 파고스(Areios pagos) 회의도 주관했다. 아르콘 폴레마르코스(polemarchos '장군' '대장')는 원래 군대를 지휘하는 일을 맡아보았으나, 아르콘들이 추첨으로 임명되기 시작한 기원전 487년부터는 군 지휘권이 장군(strategos)들에게 넘어가면서 주로 아테나이 시민이 아닌 사람들에 관한 사법업무를 맡아보았다. 기원전 7세기 들어 언젠가 3명의 아르콘에 6명의 테스모테테스(thesmothetes '입법관')가 추가되었는데 이들은 주로 각종 소송업무를 관장했다. 기원전 6세기 초 솔론은 아르콘의 관직을 상위 두 재산등급에만 개방했으나, 기원전 457년부터는 세 번째 재산등급에도 개방되었다. 퇴직 아르콘들은 아레이오스 파고스 회의체의 종신회원이 되었지만, 나중에 그들도 추첨으로 임명되면서 정치적 영향력을 상실했다.

206　프로크세니데스와 테오게네스는 가공의 허풍선이들이다.

207　1오르귀이아(orgyia)는 약 1.85미터이다. 200오르귀이아라면 아리스토파네스가 염두에 두었을 바뷜론의 성벽(헤로도토스, 『역사』 1권 178장 참조)보다 거의 두 배나 높다.

208　이집트의 그리스어 이름.

209　당시 사람들은 학이 높이 날 때 돌풍에도 몸의 균형을 유지하기 위해 뱃속에 돌덩이를 삼킨다고 믿었다.

	거위들이 마치 삽으로 파듯 발로 진흙을 파서	1145
	질통에 담는 것이었사옵니다.	
페이세타이로스	그야말로 "발로 못할 일이 무엇이냐!"²¹⁰로군.	
사자 1	게다가 오리들도 앞치마를 두르고	
	벽돌을 날랐사옵니다. 제비들도 견습생들처럼	
	흙손을 등에다 메고, 입에는 진흙을 문 채	1150
	위로 날아올랐사옵니다.	
페이세타이로스	그렇다면 앞으로 누가 일꾼을 고용하겠나?	
사자 1	새들이 가장 솜씨 좋은 목수였사옵니다.	
	딱따구리들 말이옵니다. 그들은 도끼를 쓰듯	1155
	부리로 문짝들을 쪼았는데, 그들이 쪼아대는 소리가	
	꼭 조선소(造船所)에서 나는 소리 같았사옵니다.	
	그리하여 이제 그곳엔 빠짐없이 문짝들이 달리고,	
	문짝들엔 빗장들이 질리고, 보초도 사방에 서 있사옵니다.	
	순찰대가 순찰을 돌고 있고, 종들이 울리고 있으며,²¹¹	1160
	사방에 초소가 있고, 성탑 위에는 봉화가 타고 있사옵니다.	
	저는 가서 목욕을 해야겠으니,	
	남은 일은 나리께서 손수 보살피도록 하십시오!	
	(퇴장)	
코로스장	*(페이세타이로스에게)*	
	이봐요, 왜 그러시오? 설마 성벽이 이렇게 금세 완공되어	
	놀란 것은 아니겠지요?	1165
페이세타이로스	어찌 놀라지 않을 수 있겠소! 또 놀랄 만하고요.	
	정말이지, 꼭 거짓말 같다니까요.	
	그런데 저기 성벽에서 파수병이 소식을 전하러	
	우리를 향해 이리 달려오고 있군요. 투지만만한 모습으로.	

사자 2	*(등장하며)* 이키, 큰일 났사옵니다. 큰일 났다니까요.	1170

페이세타이로스   무슨 일인가?

사자 2   가장 우려하던 일이 일어났사옵니다. 방금 어떤 신이
낮 보초를 서고 있는 어치들 몰래 제우스의 궁전으로부터
성문을 지나 대기 속으로 날아들었사옵니다.

페이세타이로스   이런 무례하고도 괘씸한 일이 있나!   1175
그래 신들 가운데 누구더냐?

사자 2   우린 아무것도 모르옵니다. 그에게 날개가 있다는 것 말고는.

페이세타이로스   그런데도 그자를 추격하도록 즉시 국경순찰대를 보내지 않았나?

사자 2   즉시 3만의 매들을 기마사수(騎馬射手)로 내보냈사옵니다.
구부정한 발톱을 가진 것은 모두 출동했사옵니다.   1180
황조롱이도, 말똥가리도, 콘도르도, 수리부엉이도, 독수리도.
그들이 돌진하며 날개를 윙윙거려 대기가 진동하고 있사옵니다.
그자는 멀리 못 가고 틀림없이 근처 어딘가에 있을 것이옵니다.

페이세타이로스   그렇다면 당장 투석기와 활을 가져오도록 하라!   1185
보조 요원들도 모두 이리 나오도록 하라!
이봐, 활을 쏴! 누가 내게 투석기를 다오!

(각종 새들이 활과 투석기를 갖고 등장하고, 페이세타이로스가 사방을 두리번거린다)

코로스   **좌 (1188~1195행)**

전쟁이, 형언할 수 없는 전쟁이 벌어졌구나.
나와 신들 사이에. 자, 여러분은   1190

---

210   이 시행은 속담 성격의 비극 시행인데 '손'을 '발'로 대치한 것이라고 한다.
211   당시 순찰대가 초소를 순찰할 때는 종을 울려서 보초들이 깨어 있는지 점검했다고 한다.

에레보스의 자식인, 구름으로 둘러싸인 대기를 지키시오!
신이 눈에 띄지 않고 이곳을 빠져나가지 못하도록. 1195

코로스장 모두들 주위를 둘러보고 사방을 살피시오!
그 신은 벌써 요 가까이 떠 있어요.
윙윙거리는 날개 소리가 내 귀에 들려요.

(이리스가 날아 내려온다)

페이세타이로스 이봐, 아가씨, 어어어디로 날아가는 거요? 꼼짝 말고
가만히 서 있어요. 돌아다니지 말고 게 서 있으란 말이오. 1200
그대는 뉘시며, 어디서 왔소? 어서 대답해요!

이리스 나는 올륌포스의 신들한테서 오는 길이에요.

페이세타이로스 그대는 이름이 뭐요? 배요, 모자요?

이리스 날랜 이리스예요.

페이세타이로스 파랄로스호(號)요, 살라미니아호요?[212]

이리스 그게 무슨 말이죠? 1205

페이세타이로스 말똥가리가 날아올라 저 여자를 붙잡도록 해!

이리스 나를 붙잡는다고? 이런 무례가 어디 있어요?

페이세타이로스 그대는 긴 비명을 지르게 될 거요.

이리스 뭐가 뭔지 도무지 알 수가 없네.

페이세타이로스 그대는 어느 성문을 지나 성벽 안으로 들어왔소? 이 불결한 여자여!

이리스 제우스께 맹세코, 어느 성문을 지났는지 나는 몰라요. 1210

페이세타이로스 *(코로스에게)*
저 여자가 시치미 떼는 소리 들었죠?

(이리스에게)
그대는 어치 대장들을 찾아갔었소?

이리스	대답해보시오. 그리고 황새들한테 도장을 받았소?
이리스	이런 무례가 어디 있단 말예요?
페이세타이로스	받지 않았지요?
이리스	지금 제정신이에요?
페이세타이로스	그러니까 어떤 대장 새도 그대의 통행증에 도장을 찍지 않았죠?
이리스	그래요. 아무도 내 통행증에 도장을 안 찍었어요. 바보 같으니라고!
페이세타이로스	그러니까 그대는 몰래 남의 도시와 영공을 지나 이리로 날아온 거죠?
이리스	그러지 않으면 신들이 어딜 지나 날아다녀야 하죠?
페이세타이로스	제우스에 맹세코, 나는 모르오. 하지만 여긴 지나가지 마시오! 지금 그대는 불법을 저지르고 있소. 모든 이리스들 중에서도 그대를 잡아 죽일 권리가 우리에게 있다는 것을 그대는 알고 있소? 그대는 그런 벌을 받아 마땅하니까요.
이리스	나는 불사신이에요.
페이세타이로스	그래도 죽어야 하오. 우리가 다른 것을 모두 지배하는데 그대들 신들이 제멋대로 행동하고 게다가 이번에는 그대들이 강자(强者)에게 복종할 차례라는 것을 아직도 깨닫지 못하고 있다면, 우리가 큰 곤란을 당할 테니까요. 말해봐요. 그대는 두 날개로 노 저으며 어디로 가고 있었소?
이리스	나 말예요? 나는 아버지[213] 곁을 떠나 인간들에게로 날아가는 중이에요. 올륌포스의 신들에게 제물을 바치고, 제물 바치는 제단 위에서 양을 잡고, 번제(燔祭)의 구수한 냄새로 거리를 가득 메우도록 일러주려고 말예요.

1215

1220

1225

1230

212 주 26 참조.
213 제우스.

페이세타이로스	그게 무슨 소리요? 어떤 신들에게 말이오?
이리스	어떤 신들이라뇨? 우리 하늘의 신들 말이죠.
페이세타이로스	그대들이 신이라고?
이리스	우리 말고 또 어떤 신들이 있죠? 1235
페이세타이로스	인간들에게는 이제 새들이 신이오. 그러니 제우스에 맹세코, 인간들은 제우스가 아니라 새들에게 제물을 바쳐야 하오.
이리스	오오, 바보, 바보 같으니라고. 그대는 신들을 화나게 하지 마세요. 정의의 여신이 제우스의 곡괭이로 그대의 가문을 뿌리째 뒤엎지 않도록. 1240 그리고 시커먼 연기의 리큄니오스²¹⁴ 벼락으로 그대의 몸과 담장을 두른 그대의 집을 잿더미로 만들지 않도록.
페이세타이로스	내 말 들어요. 잔소리 작작 하고, 좀 가만히 있어요. 그대는 내가 그런 헛소리에 겁먹을 뤼디아²¹⁵ 또는 프뤼기아 출신 노예인 줄 아시오? 1245 잘 알아두시오. 제우스가 계속 나를 괴롭히면 나는 그의 궁전도, 암피온²¹⁶의 대청마루들도, 불을 나르는 독수리들도 잿더미로 만들어버리겠소. 나는 표범 가죽을 입은 포르퓌리온²¹⁷ 새를 자그마치 600마리나 하늘로 보낼 것이오. 1250 그 옛날에는 단 한 명의 포르퓌리온이 제우스를 괴롭혀주었다고 하지 않소. 제우스의 시녀인 그대 이리스도 나를 괴롭히면, 내가 먼저 그대의 두 다리를 잡고 사타구니 사이로 밀고 들어갈 것이오. 그러면 그대는 놀랄 것이오. 내 비록 나이는 많아도 1255 내리 세 번을 할 수 있을 만큼 발기가 될 테니까.
이리스	악당 같으니라고! 그대가 한 말에 스스로 찢겨 죽을지어다!

페이세타이로스	당장 꺼지지 못해? 후여, 후여!
이리스	*(퇴장하며)*
	내 아버지께서 그대의 이런 무례를 제지하시리라.
페이세타이로스	이키, 야단났네. 하지만 다른 데로 날아가 1260
	잿더미로 만들어줄 젊은이들을 찾아보시지!

코로스	우 (1262~1268행)
	우리는 포고하노라. 제우스에게서 태어난 신들은
	더 이상 우리 도시를 통과하지 못한다고.
	그리고 인간들은 아무도 제물을 바치는 땅바닥[218]에서 1265
	우리 도시를 지나 신들에게 연기를 올려보내지 못한다고.

페이세타이로스	이상한 일이오. 우리가 인간들에게 보낸 전령이
	아직도 돌아오지 않으니 말이오. 1270
전령	*(금관을 들고 등장하며)*

---

214 '리큄니오스 벼락'이 무엇을 뜻하는지 확실하지 않지만, 목표물을 빗맞히는 벼락이라는 뜻으로 해석하는 이들도 있다.

215 뤼디아(Lydia)는 소아시아 중서부지방이다.

216 암피온(Amphion)은 제우스와 안티오페(Antiope) 사이에서 난 아들로 탄탈로스(Tantalos)의 딸 니오베(Niobe)와 결혼하여 슬하에 아들과 딸을 여섯(또는 일곱) 명씩 두고 행복하게 살았다. 그러나 니오베가 아들과 딸을 한 명씩밖에 낳지 못한 레토보다 자기가 더 행복한 어머니라고 자랑하다가, 레토의 아들인 아폴론은 그녀의 아들들을, 레토의 딸인 아르테미스는 그녀의 딸들을 모조리 화살로 쏘아 죽이자 슬픔에 겨워 돌기둥으로 변했다고 한다. 이 부분은 아이스퀼로스의 현존하지 않는 비극 『니오베』에서 따온 것이라고 한다.

217 주 93 참조.

218 대지.

	오오, 페이세타이로스 님, 축복받은 분이여, 가장 지혜로운 분이여,		
	가장 유명한 분이여, 가장 지혜로운 분이여, 가장 세련된 분이여,		
	세 배나 축복받은 분이여! 그다음은 뭐지?		
페이세타이로스	대체 무슨 말을 하려는 겐가?		
전령	모든 백성이 나리의 지혜를 존중하여		
	여기 이 금관을 나리께 보내나이다.		1275
페이세타이로스	그렇다면 받아야지. 그런데 왜 백성들이 나를 이토록 존중하지?		
전령	오오, 가장 유명한 이 공중도시를 세운 분이시여,		
	모르시나이까? 나리께서 인간들 사이에서 얼마나		
	존경받으시는지, 나리의 이 나라를 사랑하는 사람들이		
	얼마나 많은지. 나리께서 이 나라를 세우시기 전에는		1280
	인간들이 모두 라코니케에 미쳐 머리를 길게 기르고,		
	먹지 않고 지내고, 더러워진 채로 지내고,		
	소크라테스 병에 걸리고,[219] 단장을 짚고 다녔지요.[220]		
	그런데 지금은 상황이 바뀌어 모두들 새에 미쳐		
	매사에 새들이 하는 짓을 즐겨 흉내 내고 있사옵니다.		1285
	첫째, 그들은 날이 새자마자 우리처럼 잠자리에서 일어나		
	먹을거리[221]를 찾아 동시에 날아서 나가옵니다.		
	그다음, 그들은 법률서들[222] 위에 앉아		
	거기서 법령들을 먹사옵니다.		
	인간들은 새에 미쳐		1290
	새의 이름을 쓰는 자들이 부지기수이옵니다.		
	예컨대 어떤 절름발이 소매상은 자고라 불리고,		
	메닙포스[223]는 이름이 제비고,		
	오푼티오스[224]는 애꾸눈 까마귀고,		
	필로클레스[225]는 종다리고, 테오게네스[226]는 여우거위고,		1295

뤼쿠르고스[227]는 따오기고, 카이레폰[228]은 박쥐고,
쉬라코시오스[229]는 어치이옵니다. 그리고 메이디아스[230]는
그곳에서 메추라기라고 불리는데, 그가
머리에 알밤을 맞은 메추라기를 닮았기 때문이지요.
인간들은 모두 새에 미쳐, 그들이 부르는 노래에도　　　　1300
제비나 들오리나 거위나 흑비둘기나, 아니면 날개 또는
약간의 깃털이라도 들어 있지 않은 것은 하나도

219　소크라테스와 그의 제자들은 겉모습과 건강 따위에는 관심이 없었다.
220　스파르테인들은 전언(傳言)을 전할 때 그것을 적어둔 가죽 또는 파피루스를 단장에 감아 운반했다고 한다.
221　'먹을거리'의 원어 nomos에는 '목장'이라는 뜻 말고도 '법률'이라는 뜻이 있다. 당시 아테나이인들이 재판광이었다는 점에 관해서는 『구름』 주 37 참조.
222　'법률서들'의 원어 ta biblia에는 '책들'이라는 뜻 외에 '파피루스 잎들'이라는 뜻도 있다.
223　메닙포스(Menippos)에 관해서는 달리 알려진 바 없다.
224　153행 참조.
225　주 46 참조.
226　882행에 나오는 허풍선이와 동일인이 아닌 듯하다.
227　뤼쿠르고스(Lykourgos)는 아테나이의 부잣집 출신으로 이집트와 관계가 있었던 것 같다.
228　『구름』 주 22 참조.
229　쉬라코시오스(Syrakosios)는 아테나이의 민중파 정치가이다.
230　메이디아스(Meidias)는 아테나이의 정치가였던 것 같다. 그 무렵 아테나이에서는 메추라기 머리에 알밤 먹이기 놀이가 유행했는데, 내기에 참가한 한쪽이 널빤지에 메추라기를 올려놓으면 다른 쪽이 메추라기 머리에 알밤을 먹여 주눅 들게 하는 놀이로, 이때 메추라기가 버티면 그 주인이 내기에 이기고 물러서면 졌다고 한다. 여기서 작가가 말하고자 하는 바는 메추라기 머리에 알밤 먹이는 놀이를 무척 좋아했던 메이디아스 자신이 알밤 먹은 메추라기처럼 맹한 모습을 하고 있다는 것이다.

없을 정도이옵니다. 이것이 그곳 실정이옵니다.
그러나 한 가지 말씀드릴 것은, 그곳으로부터
1만 명도 더 되는 사람들이 날개와 구부정한 발톱으로   1305
살아가는 방법을 묻고자 이리로 오고 있다는 것이옵니다.
나리께서는 새로 온 이민들에게 날개를 마련해주셔야 하옵니다.

페이세타이로스 그렇다면 우두커니 서 있을 일이 아니로구나.
(노예새에게) 너는 어서 가서 바구니와 광주리들을
모조리 날개로 가득 채우도록 하라.   1310
그리고 마네스[231]를 시켜 날개를 성문 밖으로 보내도록 하라.
나는 거기서 찾아오는 손님들을 맞을 것이니라.

(다음에 코로스와 페이세타이로스가 화답하는 동안 노예새와 마네스가
날개가 가득 든 바구니들을 들고 나온다)

좌 (1313~1322행)

코로스 머지않아 인간들 중 누군가가 우리 도시를
인구가 많은 곳이라 부르게 되겠지요.
페이세타이로스 행운만이 우리에게 다가오기를!   1315
코로스 우리 도시에 대한 사랑이 유행하게 되겠지요.
페이세타이로스 (노예새에게) 더 빨리 내오지 못할까!
코로스 이곳에는 멋있게 살기 위해
원할 수 있는 것이 다 있어요.   1320
지혜도, 사랑도, 불멸의 우아함도,
마음씨 착한 평온의
행복한 얼굴도.

페이세타이로스	*(노예새에게)* 이 굼뜨고 게을러빠진 녀석아,
	더 잽싸게 움직이지 못할까!

우 (1325~1334행)

코로스	날개 든 바구니를 어서 내오도록 하라!	1325
	(페이세타이로스에게) 저 녀석 좀 다그치시오!	
페이세타이로스	*(노예새에게 매질을 하며)* 이 녀석을 이렇게 때리란 말이죠.	
코로스	그 녀석 꼭 고집 센 당나귀 같구먼.	
페이세타이로스	마네스는 게으른 녀석이니까요.	
코로스	*(페이세타이로스에게)* 그대는 먼저 이 날개들을 분류하여	1330
	가지런히 놓으시오. 노래하는 새들의 날개는 여기,	
	예언하는 새들의 날개는 거기,	
	바닷새들의 날개는 저기. 그런 다음 사람을 봐가며	
	재치 있게 적절한 날개를 달아주시오.	
페이세타이로스	*(노예새에게)* 황조롱이에 맹세코, 네가 이렇게 게으르고	1335
	굼뜬 것을 보고는 더 이상 참을 수가 없구나!	

(마네스, 매를 맞으며 퇴장하고, 젊은 불효자 등장)

불효자	오오, 하늘 높이 나는 독수리가 되어
	추수할 수 없는 바다의
	잿빛 파도 위로 날아가고 싶어라![232]

---

231 마네스(Manes)는 당시 아테나이에서 흔히 쓰이던 노예 이름이다.
232 이 시구는 적어도 부분적으로는 소포클레스의 현존하지 않는 비극 『오이노마오스』(Oinomaos)에서 따온 것이라고 한다.

페이세타이로스	전령의 말이 거짓은 아닌 모양이구나.	1340
	누가 독수리를 노래하며 다가오고 있으니 말이야.	
불효자	아아, 얼마나 좋은가! *(페이세타이로스에게)* 날아다니는 것보다	
	더 달콤한 것은 세상에 아무것도 없어요. 나는 새에게 미쳤소.	
	나는 날고 싶고, 여러분과 살고 싶고, 여러분의 법을 따르고 싶소.	1345
페이세타이로스	어떤 법 말인가? 새들에게도 여러 가지 법이 있으니까.	
불효자	전부 다. 그중에서도 특히 새들에게는 제 아비를	
	목 조르고 무는 것이 훌륭한 일로 여겨진다는 것 말이오.	
페이세타이로스	아닌 게 아니라 우리는 젊은 새가 제 아비를 치면	
	그걸 아주 용감한 행동으로 여기지.	1350
불효자	그래서 여기 와서 살고 싶은 거예요. 나는 아버지를	
	목 졸라 죽이고 전 재산을 물려받고 싶으니까요.	
페이세타이로스	하지만 우리 새들에게는 아주 오래된 법이 하나 있는데,	
	황새들의 목판[233]에 새겨져 있지.	
	"아버지 황새가 새끼 황새들을 부양하여	1355
	모두들 날 수 있게 만든 다음에는	
	새끼들이 아버지를 부양해야 하느니라."	
불효자	내가 여기 와서 얻을 게 뭐란 말이오?	
	정말로 내가 아버지를 부양해야 한다면.	
페이세타이로스	부양하지 않아도 돼. 자네가 좋은 의도에서 예까지 왔으니	1360
	내 자네에게 고아새와 같은 날개를 달아주겠네.	
	게다가 젊은이, 내 자네에게 좋은 조언을 해주겠네.	
	이건 내가 소년시절에 몸소 배운 거라네. 자네, 아버지를	
	치지 말게. *(방패와 투구와 칼을 건네며)* 자, 여기 이 날개를 가지고,	
	또 다른 손에는 여기 이 수탉의 발톱을 들고,	1365
	그리고 이 깃털을 볏으로 여기고는 싸움터에 가서	

	보초도 서고 봉급도 받고 하여 손수 자신을 부양하고	
	아버지는 살게 내버려두게. 자네는 호전적이니까	
	트라케²³⁴ 쪽으로 날아가 그곳에서 싸우도록 하게!	
불효자	디오뉘소스 신에 맹세코, 좋은 조언을 해주신 것 같네요.	1370
	내 그대의 말대로 하겠소.	
페이세타이로스	아마도 그게 상책일 게야.	

(불효자 퇴장하고, 디튀람보스 시인 키네시아스 노래하며 등장)

키네시아스	나는 가벼운 날개 타고 올륌포스로 날아오르노라.²³⁵	
	노래의 길 따라 때로는 이리로 때로는 저리로 날아다니노라….	
페이세타이로스	저자에게는 날개가 한 짐이나 필요하겠군!	1375
키네시아스	두려움 모르는 몸과 마음으로 새로운 노래의 길을 좇아….	
페이세타이로스	어서 오시오. 보리수나무 속처럼 허약한 키네시아스!	
	웬일로 안짱다리를 끌고 이 주위를 돌아다니는 게요?	
키네시아스	나는 새가 되고파. 맑은 목소리의 밤꾀꼬리 말이오.	1380
페이세타이로스	자, 노래는 그만하고, 하고픈 말이 있으면 해보시오!	
키네시아스	*(보통 어조로)* 나는 그대한테서 날개를 얻어 가지고	
	공중으로 날아올라 구름 속에서 바람에 휘날리고	
	눈보라 치는 새로운 서곡(序曲)²³⁶들을 가져오고 싶어요.	1385

233 솔론과 드라콘(Drakon)의 법들도 목판에 새겨져 있다고 한다.
234 트라케는 에게 해 북안 지방으로 펠로폰네소스 전쟁 동안 그 지방의 여러 곳에서 전투가 벌어졌다. 이 지방의 야만족들은 가끔 경무장 용병으로 아테나이를 위해 싸웠다.
235 기원전 6세기의 서정시인 아나크레온(Anakreon)의 사랑 노래에서 따온 것이라고 한다.
236 당시 디튀람보스의 서곡은 형식은 즉흥적이고 내용과 시어는 과장되고 공허했다고 한다.

페이세타이로스	누가 구름 속에서 서곡들을 가져올 수 있을까요?
키네시아스	우리의 예술은 다름 아닌 구름에 달려 있지요.
	왜냐하면 디튀람보스의 핵심은
	바람과 그늘과 어슴푸레한 푸른빛과
	퍼덕이는 날개에 있으니까요. 들어보면 금세 알아요. 1390
페이세타이로스	사양하겠소.
키네시아스	꼭 들어야 하오.
	나는 그대와 함께 대기 전체를 지나갈 테니까요.
	(다시 노래하며) 대기 속을 달리는,
	목이 길고 날개 달린
	새들의 환영(幻影)에게로….
페이세타이로스	그만, 그만! 1395
키네시아스	바다 위를 지나
	바람의 입김을 타고 가고파!
페이세타이로스	제우스에 맹세코, 내 그대의 입김을 막아버리리라.
	(날개들로 키네시아스를 후려치기 시작한다)
키네시아스	*(이리저리 몸을 피하며)* 때로는 남쪽 길로 나아가고,
	때로는 북쪽 길로 다가가,
	대기의 항구 없는 고랑들을 가르면서.
	(더 이상 노래할 수 없어 보통 어조로)
	이게 괜찮은 발상이라고 생각되나 봐, 영감! 1400
페이세타이로스	왜, 날개를 퍼덕이고 싶다 하지 않았소?
키네시아스	여러 부족이 언제나 서로 모시려고 다투는
	디튀람보스의 원형 코로스 훈련자를 이렇게 대접하다니!²³⁷
페이세타이로스	그렇다면 왜 우리 곁에 머물며 레오트로피데스와 그의 뜸부기 부족을 1405
	위해 날아다니는 새들의 코로스를 훈련시키려 하지 않는 거요?

키네시아스	나를 조롱하는 게 분명해.	
	그러나 잘 알아두시오. 날개를 얻어 대기 속을	
	달리기 전에는 나는 결코 포기하지 않을 것이오.	
	(키네시아스 퇴장하고, 밀고자 등장)	
밀고자	날개만 얼룩덜룩하지 가진 건 아무것도 없는 저 새들은 뭐지?[238]	1410
	날개가 긴 얼룩덜룩 제비들아!	
페이세타이로스	또 큰 골칫거리가 나타났구먼!	
	저기 누가 노래를 흥얼거리며 다가오고 있으니 말이야.	
밀고자	내 한 번 더 말하노라. 날개가 긴 얼룩덜룩이들아….	1415
페이세타이로스	저자는 아마도 자신의 겉옷을 두고 노래하는 것 같아.	
	보아하니, 저자에겐 여러 마리의 제비가 필요하겠군.	
밀고자	여길 찾아온 자들에게 날개를 준다는 이가 뉘시오?	
페이세타이로스	여기 있소. 무엇이 필요한지 말해보시오!	
밀고자	날개가, 날개가 필요하오. 더는 묻지 마시오!	1420
페이세타이로스	설마 펠레네[239]로 곧장 날아가려는 것은 아니겠지요?	
밀고자	천만의 말씀! 나는 여러 섬을 돌아다니는 소환인 겸 밀고자요….	

237 디튀람보스 경연은 아테나이의 10개 부족 사이에 행해졌고, 그 코로스의 의상비용과 훈련비용은 부유한 시민들이 부담했는데 이들이 이른바 코레고스(choregos)이다. 비극의 코로스가 직사각형인 데 반해 디튀람보스의 코로스는 원형이다. 다음에 나오는 레오트로피데스(Leotrophides)는 코레고스 중 한 명으로 키네시아스처럼 호리호리했기 때문에 언급된 것 같다. '뜸부기 부족'(Krekopis phyle)이란 실재했던 케크로피스 부족(Kekropis phyle)의 이름을 약간 변형시킨 것이다.

238 밀고자(sykophantes)는 여기서 레스보스 섬 출신 서정시인 알카이오스(Alkaios)의 노래를 개작하고 있다. 코로스 단원들 중에는 제비가 없으므로, '제비들아!'라는 호격은 코로스 단원 전체를 가리키는 것 같다.

239 펠레네(Pellene)는 아카이아 지방 동북부에 있는 도시로, 이곳에서 개최되는 전차경주에서 우승하는 자에게는 모직 외투를 상으로 주었다고 한다.

페이세타이로스	참 좋은 직업이네요.
밀고자	소송거리를 찾아다니는 사람이기도 하고요. 그래서 여러 도시를
	두루 돌아다니며 소환하자면 날개가 필요하단 말이오. 1425
페이세타이로스	날개가 있으면 소환이 더 잘되나요?
밀고자	아니, 해적들에게 시달리지 않기 위해서죠.
	그리고 그곳으로부터는 바닥짐²⁴⁰ 대신 소송거리로
	모이주머니를 가득 채워 학 떼와 함께 돌아오는 거죠.
페이세타이로스	그게 그대가 하는 일이란 말이오? 말해보시오. 1430
	젊은 나이에 이방인²⁴¹들을 밀고하고 다닌다는 거요?
밀고자	나더러 어떡하라는 거요? 땅도 팔 줄 모르는데.
페이세타이로스	정말이지 그런 나이의 젊은이라면
	소송을 꾸미지 않더라도 정직하게 살아갈
	떳떳한 직업이 얼마든지 있어요. 1435
밀고자	여보시오, 설교는 그만하고 날개나 달아주시오!
페이세타이로스	난 지금 말로 그대에게 날개를 달아주고 있소.
밀고자	말이 어떻게 날개를 달아주죠?
페이세타이로스	모두들 말에 의해 들뜨게 되지요.
밀고자	모두들이라고요?
페이세타이로스	아버지들이 이발소에서 다 큰 아들들에 대해 1440
	매번 다음과 같이 말하는 것도 듣지 못했소?
	"이발사 디에이트레페스²⁴²가 말로 내 아들을
	몹시 들뜨게 해놓았소. 말[馬]을 타도록 말이오."²⁴³
	그런가 하면 자기 아들이 비극에 빠져
	마음이 들떠 있다고 말하는 사람도 있지요. 1445
밀고자	그러니까 날개를 달아주는 것이 말이라는 거요?
페이세타이로스	그렇다니까. 말에 의해 마음이 높이 날아오르고

	인간이 고양되니까. 그래서 나도 유익한 말로 그대에게	
	날개를 달아주어 점잖은 직업으로 돌아서게 하려는 것이오.	
밀고자	난 싫소.	1450
페이세타이로스	그럼 뭘 하겠다는 거요?	
밀고자	난 우리 가문을 욕되게 하고 싶지 않아요.	
	밀고는 우리 집안에서 할아버지 때부터 내려오는	
	생활방식이오. 그러니 내게 매나 황조롱이의 가볍고 날랜	
	날개를 달아주시오. 내가 이방인들을 이곳으로 소환하여	
	고소해놓고는 다시 그곳으로 날아갈 수 있도록 말이오.	1455
페이세타이로스	알겠소, 무슨 말인지. 그러니까 이방인은	
	이곳에 도착하기도 전에 패소하게 된다 이거지.	
밀고자	제대로 아시네요.	
페이세타이로스	그리고 그자가 배를 타고 이리로 오고 있는 동안	
	그대는 그리로 날아가 그자의 재산을 압류한다 이거지.	
밀고자	완전히 이해하셨네요. 팽이를 흉내 내겠다는 거죠.²⁴⁴	1460
페이세타이로스	알겠소. 팽이라고 했던가요. 여기에 바로 그런 종류의	
	코르퀴라²⁴⁵산(産) 멋진 날개가 있소. *(밀고자를 후려친다)*	
밀고자	아이고, 나 죽네! 그건 채찍이잖소.	

240 1137행과 주 209 참조.
241 여기서 '이방인'이란 비(非)아테나이인이라는 뜻이다.
242 이발사 디에이트레페스는 798행에 나오는 기병 대장과는 다른 사람이다. 당시 아테나이에서는 이발소가 만남의 장소 중 하나였다.
243 말을 탄 전차를 몰든 말을 먹이려면 예나 지금이나 비용이 많이 든다. 『구름』 주 3 참조.
244 아테나이와 여러 섬 사이를 돌아다니는 것을 한곳에서 도는 팽이에 비긴 것은 적절치 못하지만, 팽이 하면 채찍이 연상되므로 그렇게 한 듯하다.
245 당시에는 코르퀴라(Korkyra 지금의 Korfu)산 채찍이 유명했다고 한다.

페이세타이로스	아니, 한 쌍의 날개지. 이걸로 내가 그대를 팽이처럼 돌게 할 거야.	1465
밀고자	아이고, 나 죽네!	
페이세타이로스	날개를 퍼덕이며 여기서 꺼지지 못해!	

이 저주받은 악당아, 없어져버리란 말이야.

법을 왜곡하는 비열한 짓을 하면 어떻게 되는지 맛 좀 봐! *(밀고자 퇴장)*

(노예새들에게) 자, 날개들을 챙겨 갖고 떠나도록 하자!

(페이세타이로스와 노예새들 퇴장)

코로스 좌 (1470~1481행)

우리는 하늘을 날며　　　　　　　　　　　　　　　　　1470
신기하고 놀랍고 무서운 것을
많이도 내려다보았다네.
카르디아[246]보다 더 먼 곳에
기이한 나무 한 그루 자라나 있는데
이름이 클레오뉘모스라네.　　　　　　　　　　　　　　1475
그것은 아무 쓸모도 없이
덩치만 큰 겁쟁이라네.
봄이 되면 늘 거기서 잎이 돋아나
밀고자의 열매, 즉 무화과[247]들이 열리지만,
겨울이 되면 방패 노릇을 하던 잎들이　　　　　　　　　1480
하나씩 도로 떨어져 내린다네.

우 (1482~1493행)

등불이 비친 적이 없는 머나먼 암흑의
황무지에 한 나라가 있어,
그곳에서는 늘 인간들이 신들과　　　　　　　　　　　　1485

함께 식사하고 함께 지낸다네.

저녁때를 제외하고는.

밤에 신들을 만나는 것은

안전하지 못하기 때문이라네.

어떤 인간이 밤에 영웅을, 1490

오레스테스²⁴⁸를 만나게 되면

옷을 빼앗겨 알몸이 되고,

얻어맞아 오른쪽 옆구리가 마비된다네.

(프로메테우스,²⁴⁹ 머리에 외투를 뒤집어쓰고 등장)

프로메테우스 아아, 제발 제우스에게 들키지 말았으면!

페이세타이로스는 어디 있지?

페이세타이로스 아니, 이게 뭐야? 누구지? 얼굴을 완전히 가린 이자는. 1495

프로메테우스 저기 내 뒤에 혹시 어떤 신(神)이 보이지 않소?

페이세타이로스 아무도 보이지 않소. 그런데 그대는 뉘시오?

프로메테우스 지금 시간이 어떻게 됐소?

---

246 카르디아(Kardia)는 트라케의 케르소네소스(Chersonesos) 반도에 있던 그리스 식민시이다.

247 '밀고자'의 원어 sykophantes는 sykon('무화과')과 phaino('밝히다')의 합성어로, 원래 앗티케 지방의 주요 식량원인 무화과를 밀수출하는 자들을 고발하는 자라는 뜻이었다. 그러나 나중에는 직업적인 고발인, 밀고자라는 뜻이 되었다.

248 주 124 참조.

249 프로메테우스(Prometheus)는 티탄 신족의 한 명으로 올륌포스에서 불을 훔쳐 가져다줌으로써 인간이 문명생활을 할 수 있게 해주었다. 그러나 그 일로 제우스의 노여움을 사는 바람에 카우카소스(Kaukasos) 바위산에 결박당했다가 오랜 고생 끝에 풀려난다.

새 513

페이세타이로스	몇 시냐고요? 정오가 조금 지났소. 그대는 대체 뉘시오?	
프로메테우스	해 질 무렵이라 했소, 더 늦은 시간이라 했소?	1500
페이세타이로스	정말 짜증 나게 하시네.	
프로메테우스	제우스가 뭘 하고 있소? 지금 구름을 쫓고 있소, 모으고 있소?	
페이세타이로스	염병할!	
프로메테우스	그렇다면 내 이렇게 벗겠소.	
페이세타이로스	오오, 친애하는 프로메테우스!	
프로메테우스	쉿, 조용히 해요! 목소리를 낮추시오.	
페이세타이로스	왜 그러시오?	1505
프로메테우스	조용히 하고 내 이름을 부르지 마시오. 여기 있다가 제우스에게 들키면 난 끝장이오. 저 위 소식이 듣고 싶으면 여기 이 양산으로 나를 가려주시오. 내가 신들에게 들키지 않도록.	
페이세타이로스	(양산을 받아 들고) 하하, 하하! 과연 프로메테우스다운 기발한 발상이군요. 어서 이 아래로 들어오시오. 그리고 안심하고 말하시오!	1510
프로메테우스	그럼 잘 들으시오!	
페이세타이로스	듣고 있으니까 말하시오!	
프로메테우스	제우스는 끝장났소.	
페이세타이로스	언제 끝장났다는 거요?	
프로메테우스	그대들이 대기에 살기 시작한 때부터죠. 그때 이후로 신들에게 제물을 바치는 사람은 한 명도 없고, 넓적다리뼈를 태워 바치는 구수한 냄새도 우리에게 일절 올라오지 않으니까요. 우리는 테스모포리아 제[250] 때처럼 단식하고 있어요. 제물도 없이. 그래서 야만족의 신들은 배가 고파	1515 1520

	일뤼리오이족[251]처럼 아우성을 쳐대며,
	만약 제우스가 시장을 개방하여
	내장(內臟)의 수입을 보장해주지 않는다면,
	그를 위에서[252]부터 공격하겠다고 으름장을 놓고 있소.
페이세타이로스	그렇다면 그대들 위에 사는 야만족의 신들이
	따로 있단 말인가요? 1525
프로메테우스	야만족의 신들이 있지요. 엑세케스티데스[253]의 조상신처럼 말이오.
페이세타이로스	이들 야만족의 신들은 이름이 뭐죠?
프로메테우스	뭐냐고? 트리발로스들[254]이오.
페이세타이로스	알겠소. 그래서 그들이 올륌포스 신들의 큰 골칫거리가 되었겠네요. 1530
프로메테우스	그렇다니까. 내 그대에게 한 가지 분명히 일러둘 게 있소.
	제우스와 저 위의 트리발로스들로부터
	강화 협상차 사절단이 여기로 올 것이오.
	그러나 제우스가 새들에게 왕홀을 반환하고
	공주를 그대에게 아내로 주기 전에는 1535
	절대로 강화조약을 맺지 마시오.

250 테스모포리아 제(Thesmophoria)는 농업과 곡물의 여신 데메테르 테스모포로스(Demeter thesmophoros : '입법자 데메테르'라는 뜻), 즉 농경 시민사회의 창시자로서의 데메테르를 기리는 축제였다. 지금의 10월경 아테나이에서 사흘간 열렸으며, 기혼여성들만이 참가하는 이 축제의 가운데 날에는 단식을 했다고 한다.
251 일뤼리오이족(Illyrioi)은 지금의 알바니아에 살던 야만족이다.
252 '북쪽에서' '내륙에서'라는 뜻이다.
253 주 4 참조.
254 트리발로스(Triballos)들 또는 트리발로이족(Triballoi, Triballos의 복수형)은 지금의 서불가리아에 살던 트라케 부족인데, 당시 아테나이에서는 미개한 야만인으로 악명이 높았다.

페이세타이로스	공주가 누구죠?
프로메테우스	아주 멋진 처녀지요. 그녀는 제우스의 벼락과
	그가 주는 모든 것, 즉 지혜, 준법,
	절제, 조선소, 중상모략, 지출관(支出官), 1540
	3오볼로스의 일당[255]을 관장하지요.
페이세타이로스	그 모든 것을 그녀가 그를 위해 관장한단 말이오?
프로메테우스	그렇다니까요. 그에게서 그녀를 받으면 그대는 다 갖는 셈이오.
	그래서 그 말을 해주려고 내가 이리로 온 것이오.
	나는 인간들에게 언제나 호의적이니까요. 1545
페이세타이로스	맞아요. 우리는 신들 중 오직 그대 덕에 음식을 숯불에 익혀 먹으니까요.
프로메테우스	나는 신들을 다 미워하거든. 그대도 알다시피.
페이세타이로스	제우스에 맹세코, 그대는 틀림없이 신들을 미워하오.
	그대야말로 진짜 티몬[256]이시오.
프로메테우스	자, 돌아가겠으니 양산을 주시오. 제우스가 위에서 나를 보더라도 1550
	성물 바구니를 든 소녀[257]를 호위하는 것처럼 보이게!
페이세타이로스	그렇다면 이 의자[258]도 가져가시구려!

(프로메테우스, 의자를 들고 퇴장하고, 페이세타이로스는 무대 건물 안으로 퇴장한다)

코로스	좌 (1553~1564행)
	그늘 발들[259]의 나라 근처에 호수 하나가 있어,
	목욕하지 않는 소크라테스가
	거기서 혼백들을 불러낸다네. 1555
	한번은 페이산드로스[260]가
	살아 있는 자기 곁을 떠난
	혼백[261]을 보고자 그곳에 갔었다네.
	그는 새끼 낙타를 데려가

	목을 베고는 오뒷세우스처럼	1560
	뒤로 물러섰다네.²⁶²	
	그러자 그에게 저 아래로부터	
	낙타의 피를 마시러	
	박쥐²⁶³ 카이레폰이 올라왔다네.	

(포세이돈, 트리발로스와 헤라클레스를 데리고 등장)

포세이돈	우리 앞에 보이는 여기 이 도시가	1565
	우리가 사절단으로 온 구름뻐꾹나라야.	
	(트리발로스에게) 이봐, 자네 뭘 하는 거야? 겉옷을	
	왼쪽에 걸치고 있군. 이렇게 오른쪽에 두르지 않고.	
	이 멍청한 친구야, 자네가 라이스포디아스²⁶⁴인가?	
	신들이 이런 자들을 공직에 선출하다니, 민주주의여,	1570

---

255 『구름』 주 149 참조.
256 아테나이의 전설적 염세가이자 은둔자.
257 당시 판아테나이아 제 같은 민중축제의 행렬에서는 아테나이의 명문가 출신 소녀들이 제물을 잡을 칼과 제물을 축성할 보리 따위가 든 바구니를 들고 앞장섰다.
258 이때 제물 바구니를 든 소녀가 앉아서 쉴 수 있도록 하인이 의자를 들고 동행했다고 한다.
259 '그늘 발들'(Skiapodes)은 적도 부근에 산다는 가공의 부족으로, 그들의 발은 양산으로 쓸 수 있을 만큼 컸다고 한다.
260 기원전 420년대에 활동한 아테나이의 정치가.
261 여기서 '혼백'이란 기개, 용기라는 뜻이다.
262 『오뒷세이아』 11권에서 오뒷세우스도 저승에 가서 사자(死者)들의 혼백을 불러내지만 뒤로 물러서지는 않는다. 이 구절은 페이산드로스의 비겁함을 강조하기 위한 것으로 보인다.
263 『오뒷세이아』 24권 6행에서도 저승의 혼백이 박쥐에 비유되고 있다.
264 라이스포디아스(Laispodias)는 아테나이의 정치가이자 장군인데, 장딴지가 못생겨서 겉옷을 복사뼈까지 내려 입었다고 한다.

	너는 우리를 대체 어디로 인도하려는 것인가?	
트리발로스	좀 조용히 하시오!	
포세이돈	염병할! 이렇게 야만적인 신은 처음 봤다니까!	
	이봐, 헤라클레스, 우리 어떻게 하지?	
헤라클레스	아까 말했잖아요. 그자가 누구든	1575
	신들을 봉쇄하고 있는 인간을 죽이고 싶다고.	
포세이돈	하지만 이봐, 우리는 강화 사절단으로 선출된 것일세.	
헤라클레스	그러니까 두 배나 더 목 졸라 죽이고 싶어요.	

(문이 열리며 페이세타이로스가 요리 기구를 든 노예새들을 데리고 등장하자 신들이 그에게 다가간다)

페이세타이로스	치즈 강판을 이리 줘! 회향도 좀 갖다주고.	
	누가 치즈도 갖다줘. 그리고 거기 숯불도 피워!	1580
포세이돈	우리 셋은 신이지만 인간인 그대에게 인사하겠소.	
페이세타이로스	난 회향을 가는 중이오.	
헤라클레스	*(군침을 흘리며 다가서서)* 이건 어떤 고기죠?	
페이세타이로스	*(돌아보지도 않고)* 민주적인 새들에게 반항하다가	
	유죄로 판명된 새들이오.	
헤라클레스	그래서 그들에게 먼저 회향을 갈아 넣고 있는 거요?	1585
페이세타이로스	*(돌아보며)* 오오, 헤라클레스, 어서 오시오. 여긴 웬일이시오?	
포세이돈	신들이 우리를 강화 사절단으로 보낸 것이오.	
페이세타이로스	*(노예새들에게)* 병 속에 올리브유가 한 방울도 없구나!	
헤라클레스	그렇지. 새고기는 기름에 반짝반짝 윤기가 나야 제격이지.	1590
포세이돈	사실 우리도 전쟁을 해서 덕 볼 게 없지만,	
	그대들도 우리 신들과 사이좋게 지내겠다면,	
	늪이란 늪에는 빗물이 가득 괴고	
	앞으로는 늘 평온한 나날을 살아가게 될 것이오.	

	이런 점들에 관해 우리는 전권을 위임받아 왔으니까요.	1595
페이세타이로스	그대들과 먼저 전쟁을 시작한 것은	
	우리가 아니오. 지금이라도 그대들이	
	정당한 행동을 하겠다면, 우리는 휴전협정을	
	맺을 용의가 있소. 그리고 정당한 행위란	
	제우스가 우리 새들에게 왕홀을 반환하는 것이오.	1600
	우리가 이런 조건에 합의를 본다면	
	나는 사절단을 식사에 초대하겠소.	
헤라클레스	괜찮은 조건이네요. 나는 찬성이오.	
포세이돈	뭐라고? 이 얼간이! 이 바보 밥통!	
	그래 자네는 아버지의 왕위를 빼앗을 셈인가?	1605
페이세타이로스	정말로 그렇게 생각하시오? 새들이 아래에서 지배하면	
	그대들 신의 권력은 더욱더 커지지 않을까요?	
	지금은 인간들이 구름 아래 숨어서	
	그대들 이름으로 거짓 맹세를 하고 있지만,	
	그대들이 새들을 동맹군으로 삼게 되면	1610
	누가 까마귀와 제우스의 이름으로 거짓 맹세를 할 때마다	
	까마귀가 느닷없이 그자의 머리 위로 날아가	
	그자의 눈알 하나를 쪼아낼 테니까요.	
포세이돈	포세이돈에 맹세코, 거참 그럴듯한 생각이오.	
헤라클레스	나도 동감이오.	
페이세타이로스	*(트리발로스에게)*	
	그대는 어떻게 생각하시오?	
트리발로스	괜찮다해.	1615
헤라클레스	그것 보세요. 이자도 좋다고 하지 않아요!	
페이세타이로스	자, 이제 그 밖에 또 어떤 이익을	

새 519

우리가 그대들에게 가져다줄지 들어보시오.
어떤 인간이 어떤 신에게 제물을 서약해놓고도
"신들은 기다릴 줄 알아."²⁶⁵라고 궤변을 늘어놓으며
욕심 때문에 제물을 지불하지 않으면, 우리는 그것도 1620
지불하라고 명령할 것이오.

포세이돈   말해보시오. 어떤 방법으로?

페이세타이로스 그 인간이 돈을 세거나
욕실에 앉아 있을 때,
솔개가 날아 내려가 양 두 마리²⁶⁶ 값어치를
몰래 낚아채 그 신에게 갖다줄 것이오. 1625

헤라클레스 나는 왕홀을 반환하는 데 다시 한 번 찬성이오.

포세이돈   트리발로스에게도 물어보게!

헤라클레스 *(몽둥이를 들며 혼잣말로)* 트리발로스, 자네 맛 좀 볼래?

트리발로스 *(놀라서)* 몽둥이찜질하지 마해!

헤라클레스 이 친구는 아주 좋다는데요.

포세이돈   자네들 둘이 다 좋다면 나도 좋아. 1630

헤라클레스 이봐요, 우리는 왕홀을 반환하기로 결정했소.

페이세타이로스 한 가지 더 말해둘 것이 있소.
헤라²⁶⁷는 내 기꺼이 제우스에게 맡기겠지만,
공주 아씨는 내게 아내로 주어야 할 것이오.

포세이돈   *(화를 내며)*
그대는 강화할 뜻이 없는 게로군. 1635
자, 우리 집으로 돌아감세!

페이세타이로스 난 아무래도 좋소. *(노예새에게)* 이봐 요리사, 소스를 달콤하게 만들어!

헤라클레스 참 이상한 분이시네. 포세이돈 아저씨, 어딜 가세요?
여자 한 명 때문에 우리는 전쟁을 하게 되는 건가요?

포세이돈	그럼 우리가 어떻게 해야 하나?	
헤라클레스	어떻게라뇨? 강화를 하는 거죠.	1640
포세이돈	바보 같으니라고. 아까부터 속아 넘어가면서도	
	그걸 모르다니! 자네는 자네에게 해롭게 하고 있어.	
	만약 제우스가 이들에게 왕권을 넘겨주고 나서 죽으면	
	자넨 거지가 돼. 제우스가 사후에 남길 재산은	
	모두 자네 차지가 될 것이기에 하는 말이야.	1645
페이세타이로스	좀 심하시네. (헤라클레스에게) 이분은 그대를 우롱하고 있소.	
	자, 이리 오시오. 내 그대에게 할 말이 있소.	
	그대의 아저씨가 그대를 속이고 있단 말이오,	
	이 멍청한 양반아. 아버지의 재산은 그대에게는 한 푼도	
	안 돌아가요, 법률상. 그대는 적자가 아니라 서자니까.	1650
헤라클레스	내가 서자라고? 그게 무슨 말이오?	
페이세타이로스	그대는 이방의 여인[268] 한테서 태어났으니까요.	
	생각해보시오. 적자 오라비들이 있었다면	
	딸인 아테나가 어떻게 유일한 상속녀가 될 수 있었겠소?	
헤라클레스	아버지께서 돌아가시면서 재산을 서자의 유산[269]으로	1655
	내게 상속하실 수는 없을까요?	

265 이 말은 일종의 속담으로, 원래는 신들이 서두르지 않지만 일단 약속한 것은 반드시 이행한다는 뜻이다.
266 당시 아테나이에서 도둑은 훔친 물건을 돌려주는 것 외에 훔친 물건의 두 배의 값어치를 내놓아야 했다고 한다.
267 제우스의 누이이자 아내로 결혼과 출산의 여신.
268 헤라클레스의 어머니 알크메네는 인간이기 때문에 신들에게는 이방인인 셈이다.
269 당시에는 서자도 아버지의 재산을 상속받을 수 있었지만, 그 금액은 법에 따라 1천 또는 500드라크메로 한정되어 있었다고 한다.

새 521

페이세타이로스	법률상 불가능하오. 그대 대신 지금 그대를 부추기고 있는	
	여기 이 포세이돈이 맨 먼저 그대 아버지의	
	재산을 요구할 것이오. 자신이 적자 형제라고 주장하며.	
	내 그대에게 솔론[270]의 법을 말해주리다.	1660
	"적자가 있을 경우 서자에게는 상속권이 없다.	
	그러나 적자가 없을 경우 유산은	1665
	가장 가까운 친척들에게 돌아간다."	
헤라클레스	그러니까 내게는 아버지의 유산이 돌아오지 않는다는 거죠?	
페이세타이로스	전혀 안 돌아가죠. 자, 말해보시오. 그대를	
	그대 아버지께서 씨족회[271]에 데려가신 적이 있나요?	
헤라클레스	아뇨. 그래서 오래전부터 이상하다 싶었소.	1670
페이세타이로스	왜 입을 벌리고 그렇게 무서운 눈초리로	
	위를 쳐다보시오? 그대가 우리와 함께한다면	
	내 그대를 왕으로 앉히고 새들의 젖을 바칠 것이오.	
헤라클레스	내 아까부터 처녀에 대한 그대의 주장이 옳다고	
	여겼소. 내 그대에게 그녀를 넘겨주리다.	1675
페이세타이로스	*(포세이돈에게)* 그대는 어떻게 생각하시오?	
포세이돈	나는 반대표를 던지겠소.	
페이세타이로스	그럼 모든 게 트리발로스에게 달렸군요. *(트리발로스에게)* 그대 생각은?	
트리발로스	크고 예쁜 공주 아씨를 새들에게 넘겨주겠어해.	
헤라클레스	그는 넘겨주겠대요.	
포세이돈	이자는 넘겨주겠다고 한 게 아니라	1680
	그저 제비처럼 지저귀고 있을 뿐이야.	
페이세타이로스	그렇다면 그건 공주를 제비에게 넘겨주라는 뜻이겠네요.	
포세이돈	*(헤라클레스와 트리발로스에게)*	
	그렇다면 자네 둘이서 강화조약을 체결하도록 하게.	

헤라클레스	자네들이 좋다는데 내가 무슨 할 말이 있겠나!
	우리는 그대의 요구를 모두 받아들이겠소. 1685
	그러니 그대는 공주와 그 밖에 모든 것을 가지러
	우리와 함께 몸소 하늘로 갑시다!
페이세타이로스	결혼 피로연을 위해 이 새들을 때맞춰 장만해놓은 셈이 됐네요.
헤라클레스	그대들만 좋다면 나는 그동안 뒤에 남아 여기 이 고기를
	구울 테니, 그대들은 가보시구려! 1690
포세이돈	뭐, 고기를 굽는다고? 이 게걸스러운 대식가 같으니라고!
	자네, 우리와 함께 가지 못해?
헤라클레스	*(실망하며)* 그랬더라면 정말 좋았을 텐데!
페이세타이로스	*(집 안을 향하여)* 누가 나를 위해 결혼 예복을 내오도록 하라!

(페이세타이로스가 옷을 갈아입자 코로스만 남고 모두 퇴장한다)

코로스	우 (1694~1705행)
	파나이[272] 땅 클렙쉬드라 샘[273] 옆에
	자신들의 혀로 먹고사는 1695
	교활한 종족이 살고 있다네.

270 아테나이의 입법자.
271 당시 남자는 태어나자마자 아버지의 씨족회에 소개되어 정통성과 시민권을 인정받았으며, 사춘기가 되면 다시 씨족회에 소개되어 회합에 참가하는 완전 회원으로 등록되었다.
272 파나이(Phanai)는 키오스 섬의 항구인데, '밀고자'(sykophantes)라는 단어의 phantes(phaino '밝히다' '고발하다')와 발음이 비슷한 것을 두고 언어유희를 하고 있는 것이다.
273 클렙쉬드라(Klepsydra '물도둑샘')는 계절에 따라 수량의 변화가 심한 샘에 흔히 붙이는 이름이자(2권의 『뤼시스트라테』 913행 참조) 당시 소송 당사자들의 발언 시간을 재기 위해 법정에서 쓰던 물시계 이름이기도 하다.

그들은 씨 뿌려 거둬들이고

포도송이와 무화과를 따 모을 때

자신들의 혀를 쓴다네.

그들은 야만족으로서 고르기아스[274]와   1700

필립포스 같은 자들이라네.

이들 자신의 혀로 먹고사는 자들한테서,

앗티케에서는 어디서나 제사 때

제물의 혀가 따로 잘리는 관습이 비롯되었다네.[275]   1705

사자 3   *(등장하며)*

오오, 모든 점에서 형언할 수 없을 만큼 행복하고,

오오, 세 배나 축복받은 날개 달린 새들의 종족이여,

복 받은 집에 그대들의 왕을 맞으시오. 그분은 지금

일찍이 어떤 별도 황금빛으로 빛나는 집에서

그렇게 비춘 적이 없을 만큼, 그리고 멀리 비추는 햇빛도   1710

그렇게 비춘 적이 없을 만큼 찬란한 모습으로

다가오고 있소. 그런 모습으로 지금 그분은

이루 말할 수 없이 아름다운 아내를 데려오고 있소.

제우스의 날개 달린 무기인 번개를 휘두르며.

말로 표현할 수 없는 향기가 하늘의 궁륭 깊숙이 스며들고,   1715

미풍이 향연의 화환을 흩날리니,

실로 보기에 장관이오.

저기 그분이 몸소 다가오고 있소. 그러니 그대들은

무사 여신의 상서로운 전조의 신성한 노래를 들려주시오!

(페이세타이로스와 공주, 결혼 마차를 타고 등장)

| 코로스 | 물러서시오. 흩어지시오. 비켜서시오. | 1720 |

길을 내주시오. 축복받은 분 주위를 날며

축복과 갈채를 보내시오!

아아, 얼마나 싱그럽고 아름다운 신부인가!

아아, 그대의 혼인은 우리 도시를 위해 1725

가장 큰 축복이올시다. 크나큰,

크나큰 행운이 새들의 종족을 찾아왔어요.

여기 이분 덕택에.

그러니 그대들은 축혼가(祝婚歌)와

혼인의 노래들로 환영하시오,

이분과 공주님을! 1730

좌 (1731~1736행)

전에 운명의 여신들[276]도

높은 자리에서 신들을 다스리는

위대한 통치자[277]를

올륌포스의 헤라와 결혼시켰다네,

축혼가를 부르며. 1735

오오, 결혼의 신 휘메나이오스[278]여,

274　시칠리아 레온티노이 시 출신 소피스트로 유명한 수사학 교사. 필립포스는 그의 동료들 중 한 명이었던 것 같다. 『벌』 421행 참조.
275　당시에는 제물로 바친 가축의 혀를 따로 잘라서 사제나 그럴 만한 다른 사람에게 별미로 바치는 관습이 있었다고 한다.
276　운명의 여신들은 인간의 수명뿐 아니라 결혼도 관장한다.
277　제우스.
278　Hymenaios.

오오, 결혼의 신 휘메나이오스여!

우 (1737~1742행)

사랑의 축복을 듬뿍 내려주는

황금날개의 에로스[279]가

마차의 고삐를 팽팽히 당겼다네,[280]

제우스와 행복한 헤라의   1740

들러리로서.

오오, 결혼의 신 휘메나이오스여,

오오, 결혼의 신 휘메나이오스여!

페이세타이로스 축혼가에도 노래에도 나는 마음이 흐뭇하오.

그리고 가사에도 나는 감탄했소.

자, 이번에는 대지를 흔드는 천둥과   1745

불의 얼굴을 가진, 제우스의 번개와

무섭게 번쩍이는 벼락을 노래하시오!

코로스 (1748~1754행)

오오, 번개의 위대한 황금빛 섬광이여,

오오, 제우스의 불을 나르는 불멸의 창이여,

오오, 대지를 흔들고 비를 가져다주는   1750

둔중한 굉음의 천둥이여!

바로 너를 가지고 이분은 대지를 흔들고,

바로 너로 말미암아 이분은 만물을 지배하고,

제우스의 따님인 공주님이 이분과 자리를 나란히 한다네.

오오, 결혼의 신 휘메나이오스여!

(페이세타이로스와 공주, 마차에서 내린다)

| 페이세타이로스 | 날개를 가진 동포 새들이여, | 1755 |

자, 이제 결혼 하객으로 나를 따르시오.

제우스의 마룻바닥으로,

결혼 침상으로!

(공주에게) 자, 축복받은 신부여,

손을 내밀어 내 날개를 잡고　　　　　　　　　　　　1760

나와 춤춰요. 내 그대를 들어 올려

대기 사이로 가볍게 움직이게 해주겠소.

(페이세타이로스와 공주, 춤추며 집 안으로 퇴장하자 코로스가 뒤따라 퇴장하며)

코로스　(1763~1765행)

얼씨구절씨구,

승리자 만세,　　　　　　　　　　　　　　　　　　1765

최고신(最高神) 만세!

279　성애의 신.
280　여기서 들러리는 신랑 신부를 신부의 집에서 새 보금자리로 태워다주는 마차를 몰고 있다.